21世纪 高职高专会计专业项目课程系列教材

“十二五”职业教育国家规划教材
经全国职业教育教材审定委员会审定

中国人民大学教材研究与开发中心立项精品系列教材

Reading and Analysis of Financial Statement

会计报表阅读与分析

主编◎楼土明

（第2版）

中国人民大学出版社
·北京·

21世纪高职高专会计专业项目课程系列教材

编委会名单

前　言

“会计报表阅读与分析”是会计专业的核心课程之一，为了使会计专业学生更好地掌握会计报表阅读与分析的基本理论和基本方法，具有扎实的专业知识和较高的专业技能，迫切需要利用最新的会计研究成果、高职会计教育成果，深化教材改革，充分体现“以学生为中心，以能力为本位，以实践为导向”的要求，以便适应培养复合型、高技能会计人才的目标。

本书以财政部2006年颁布的《企业会计准则——基本准则》和2014年修订并颁布的《企业会计准则第30号——财务报表列报》《企业会计准则第33号——合并财务报表》等为依据，阐述了会计报表阅读与分析的基本理论和基本方法，既有会计报表阅读与分析的必备知识与理论，又有较强的可操作性。会计报表阅读就是会计报表使用者对会计报表的端详，读懂会计报表，就像会计报表使用者与会计报表在交流沟通、在窃窃私语，从而达到谙熟会计报表；而会计报表分析就是运用一定的分析技术方法，从不同的角度对会计报表数据进行分析，走出数字迷魂阵，还原数字背后的故事，为决策者提供更有用的会计信息。本书力求运用浅显易懂的语言阐述会计报表的阅读方法和分析步骤，其特点是：

1. 注重会计报表阅读与分析的实操性

针对高职会计专业学生的特点，重视学生实际操作能力的培养，力求借鉴先进的理论，汲取有关最新的研究成果，将理论阐述与应用举例相结合，以便学生边学边练，具有较强的实践指导意义。

2. 突出会计报表阅读与分析的系统性

会计报表阅读与分析是一项专业性很强的工作，需要全面、系统地熟悉业务过程，然后展开分析，既有比较分析，又有比率分析，既有纵向分析，又有横向分析等，便于学生从不同角度阅读与分析会计报表，透过现象看本质。

3. 强调会计报表阅读与分析的新颖性

教材内容力求新颖，通俗易懂，选用企业实例，培养学生发现问题、解决问题的能力，以便学以致用。

4. 创新会计报表阅读与分析的体例性

本书分为七个单元，以项目为导向，以任务为驱动，每一个任务包括任务描述、知识准备、任务设计、知识拓展、思考练习等内容。

本书既可作为高职高专院校会计专业的专业课程教材，又可作为经济管理类专业和企业经济管理人员的参考读物。

本书由金华职业技术学院经济管理学院楼土明教授担任主编，提出编写提纲，对全书进行总纂，并编写第一、二、三、四、六单元，赵晓云讲师编写第五单元和第七单元。青年汽车集团副总裁、证券特许注册会计师邱江民在百忙之中抽出宝贵的时间参与提纲的讨论，并全面、仔细地审阅了书稿。

在编写过程中，我们参考了相关书刊并借鉴了专家学者的研究成果，在此向各位作者深表感谢。此外，在出版过程中，我们得到了中国人民大学出版社领导和编辑的大力帮助和支持，在此一并表示衷心的感谢！

由于会计报表信息所处的环境不断变化，以及受自身能力所限，对会计报表的阅读与分析工作认识较为粗浅，书中难免有疏漏和不当之处，恳请读者不吝赐教，以便今后改进和提高。

楼土明

2017年5月28日于金华

目 录

第一单元

资产负债表阅读与分析

【学习目标】

通过本单元的学习，你应该能够：

- 看懂资产负债表；
- 进行资产负债表的比较分析；
- 理解偿债能力指标和营运能力指标的意义；
- 进行偿债能力的分析；
- 进行营运能力的分析。

【引导案例】

双成药业并购标的屡变脸

2015年2月，正值牛市如火如荼之时，位于海南的双成药业（002693）发布公告称要收购位于杭州的澳亚生物46%的股权。最终其使用超募资金、银行贷款、自有资金合计5.05亿元达成了这笔交易。当年，澳亚生物本来预计能有1.1亿元的净利润，但是最终只有5 117万元。

根据当时的业绩承诺，澳亚生物原控股股东承诺2016年净利润不低于1.2亿元。但是根据双成药业的公告，其全年预计实现2 100万元的净利润，只是承诺净利润的“零头”。

业绩连续两年远低于承诺，给本就业绩下滑的双成药业造成了巨大损失。2016年三季报，双成药业给澳亚生物计提了1.8亿元的减值准备；2017年1月17日，双成药业公告称2016年度预计确认减值损失2.8亿元。

是什么原因导致澳亚生物在收购当年、第二年均远远低于承诺业绩？因为澳亚生物的实际经营情况远远不达预期，2016年的订单远未达到以前年度的水平，主要是行业方面的原因，所以才计提了这么多减值损失。公司管理层以及澳亚生物都在往让其好转的方向努力，但是方案出来后不可能快速有效。

上述巨额计提令双成药业面临上市以来的首亏，不过离退市标准还很遥远，可能是为来年轻装上阵做准备。

资料来源：http://stock.inv.org.cn/media/news_conv.php?id=4719663.

这一案例表明，公司在并购后导致资产巨额减值，造成当年亏损。因此，资产负债表的阅读者要深刻领会案例内容，以便阅读与分析资产负债表。

项目一

阅读资产负债表

资产负债表反映了企业结账日那一时点的资产、负债和所有者权益结构，资产负债表的数据并非累计数据的“记录”，而是时点数据的“描述”。由于企业资金始终处于流动状态，伴随着经营活动的持续，企业的资产、负债和所有者权益也每时每刻都在发生变化。例如，企业采购原材料就会改变银行存款和存货的金额，进而影响流动资产的结构；企业实现了一单销售，就会同时改变货币资金或应收账款金额、产成品或商品存货以及所有者权益的未分配利润。因此，阅读资产负债表可以了解企业资源的总体情况、分布情况，为分析资产负债表奠定基础。在很多投资者甚至是企业管理人员眼中，利润是衡量企业价值和管理人员能力的标尺，赚取更多利润是企业管理人员的唯一目标。在这种强烈的目标驱动下，资产负债管理自然“退居二线”了，因此也导致很多企业实际上是在冒着极高的资产风险追求利润，说这是“饮鸩止渴”一点也不为过。

任务 1　阅读资产项目

※ 任务描述 ※

熟悉资产负债表中资产项目的分布状况，掌握资产项目阅读的工作步骤，了解资产项目的真实性与可靠性。

※ 知识准备 ※

资产负债表也称为财务状况表，是表示企业在一定日期资产、负债和所有者权益状况的主要会计报表。通过资产负债表，可以了解企业资产的分布、负债的构成和所有者权益的组成，可以分析企业偿债能力的强弱，可以分析企业营运能力的高低，可以预测企业未来的发展趋势。

资产是指企业过去的交易或者事项形成的、由企业拥有或者控制的、预期会给企业带来经济利益的资源。

《企业会计准则第 30 号——财务报表列报》第二十三条规定：资产负债表中的资产类至少应当单独列示反映下列信息的项目：

（1）货币资金；
（2）以公允价值计量且其变动计入当期损益的金融资产；
（3）应收款项；
（4）预付款项；
（5）存货；
（6）被划分为持有待售的非流动资产及被划分为持有待售的处置组中的资产；
（7）可供出售金融资产；

（以上为）流动资产

（8）持有至到期投资；
（9）长期股权投资；
（10）投资性房地产；
（11）固定资产；
（12）生物资产；
（13）无形资产；
（14）递延所得税资产。

（以上为非流动资产）

提 示

会计上的资产与我们通常所说的财产不能画上等号。会计上的资产不仅包括有形资产，还包括无形资产，而通常我们所讲的财产是指有形资产。

一、流动资产项目

流动资产是指企业可以在一年或者超过一年的一个营业周期内变现或者运用的资产，是企业资产中必不可少的组成部分。

阅读提示

《企业会计准则第30号——财务报表列报》第十七条规定：

资产满足下列条件之一的，应当归类为流动资产：

1. 预计在一个正常营业周期中变现、出售或耗用。
2. 主要为交易目的而持有。
3. 预计在资产负债表日起一年内变现。
4. 自资产负债表日起一年内，交换其他资产或清偿负债的能力不受限制的现金或现金等价物。

1. 货币资金

通俗地说，货币资金是指能够立即动用的流动资产，在所有的流动资产中，它是流动性最强的，主要是指企业的库存现金、银行存款和其他货币资金。企业持有货币资金一般是为了满足交易性需求、预防性需求和投机性需求。

提 示

为了提高资金的使用效率，要力求做到以下几个方面：力争现金流量同步；利用现金浮游量，即充分利用企业开出支票到收票人收到支票以及银行划款这一段时间，打一个时间差；加速收款，缩短应收账款回收的时间。

【想一想】其他货币资金包括哪些内容？

2. 交易性金融资产

交易性金融资产项目是指企业为了近期内出售而持有的金融资产的公允价值，如企业以赚取差价为目的而从二级市场购入的股票、债券、基金等。小企业的资产负债表项目中不设该项目，而是设置短期投资项目。短期投资，是指可以随时兑换成现金并且持有时间将不超过一年的投资，实际上一般是企业购买的股票、债券。短期投资的特点是持有时间短且很容易变现。当企业资金有剩余时，选择流动性强的股票、债券、国库券进行投资是最好的理财方法；一旦企业现金不足，又可以将其投资出售以获取现金。由于短期投资的这种特殊性，人们又称其为“准现金”。

短期投资是小企业运用资金的一种策略。当小企业拥有过多货币资金，存入银行又不合算时，就可以做些短期投资，如买些股票、国库券之类的有价证券，以获得更高的利润。

3. 应收账款

应收账款是指企业因销售商品、产品或者提供劳务而应当在一年之内向客户收取的销货款，也就是向其他企业收取的货款。企业为了扩大销售，提高市场占有率，经常会采用赊销的办法以促销商品，因此，出售后不能立即收回的货款便形成应收账款。

【想一想】会计上所指的应收账款包括哪些？

练一练

某企业销售甲产品 100 件，每件 500 元，按销售量给对方 5%的商业折扣，销售乙产品 800 件，每件 600 元，规定现金折扣条件为 2/10，N/30，不考虑增值税和坏账，则在资产负债表中的应收账款应列示多少？

企业的应收账款只要符合下列条件中的一项，就应该确认为坏账损失：债务人死亡，其遗产清偿后仍无法收回；债务人破产，其破产财产清偿后仍无法收回；债务人较长时间内没有履行偿还义务，并且有足够的证据表明无法收回或者收回的可能性极小。

在现行会计制度内，坏账损失的处理方法主要为备抵法。备抵法是按期估计坏账损失，形成坏账准备。当某一应收账款全部或者部分确认为坏账准备时，应根据金额冲减坏账准备，同时注销该笔应收账款。在备抵法下，坏账损失的估计方法分为应收账款余额百分比法、账龄分析法和销货百分比法三种方法。

练一练

某公司 2016 年末应收账款余额为 425 万元，坏账准备账户贷方余额为 21 250 元。2017 年 6 月底按规定确认甲客户欠款 1.5 万元和乙客户欠款 9 600 元为坏账。2017 年末，应收账款余额为 550 万元，坏账准备的计提比例为 0.5%。问：该公司 2017 年末应计提的坏账准备是多少？在资产负债表中的应收账款应列示多少？

请注意

如果碰到下列情况，严禁全额提取坏账准备：当年发生的应收账款；与关联方发生的应收账款；计划对应收账款进行重组；其他已逾期，但没有确凿证据表明不能收回的应收款项。

4. 应收票据

应收票据是指企业因销售商品、产品、提供劳务等而收到的，尚未到期、兑现的商业汇票，包括商业承兑汇票和银行承兑汇票。

【想一想】应收票据与应收账款有什么区别？

5. 其他应收款

其他应收款是指在企业发生的不是由购销活动产生的一项债权，它包括企业发生的各种应收赔款、存出保证金、备用金以及应向职工收取的各种垫付款项。有人形象地将其称为资产负债表中的“垃圾桶”。恰恰由于它是一个“垃圾桶”，企业没处归类的项目统统往此项目归类，因此，经营者应认真阅读此项目。假如一个企业生产经营活动正常，其他应收款的数额不应该大于应收账款，除非有特殊情况发生。如果企业经营者在阅读资产负债表时，遇到其他应收款金额较大的情况，应该了解背后隐含的原因，及时采取措施；假如有违反会计核算方法的，应该立即加以纠正。

6. 存货

存货是指企业在生产过程中，为销售或者耗用而储存的各种物资。在不同行业的企业中，由于各自的生产经营特点及业务性质不同，存货的种类也不尽相同。例如，工业企业的存货主要包括产成品、半成品、材料、燃料及其他周转材料等，而商品流通企业的存货则主要是指库存商品（材料物资、包装物等）。

【想一想】存货的来源有哪些？

提 示

在正常的经营循环之中，存货的期初、期末余额差额应当不大，这反映了企业的原材料采购、生产和销售活动基本平衡，存货项目没有出现过多的资金占用；反之，如果期初、期末余额差额过大，那么企业的生产经营可能出现了某些值得关注的变化。

存货异常增加的原因不外乎两种：一种是存货的质量或市场有问题；另一种是企业急于扩大销售规模，使得存货过分充足，造成资金积压。

7. 待摊费用

待摊费用是指企业已经支出，但是不应该全部由企业本期负担，而是要求企业本期和以后各期分摊的费用。从这个意义上说，报表阅读者不能把待摊费用误认为“费用项目”，而应该理解为“资产项目”。

常见的待摊费用有预付租金、预付保险金、低值易耗品的摊销等。一般来说，待摊费用的摊销期限不应超过一年，如果超过一年应该记入“长期待摊费用”项目。

请注意

作为管理者，尤其要注意“待摊费用”项目数额的异常性。现在很多不法企业经常会利用该项目作为成本、费用的“调节器”，以达到操纵利润的目的。因此，报表阅读者在阅读资产负债表时，要特别关注该项目。

二、非流动资产项目

1. 长期股权投资

长期股权投资是资产负债表中非流动资产投资项目之一，它是指企业购买其他企业股票的一项投资活动。企业通常会长期持有，不准备随时出手，投资企业作为被投资单位的股东，按所持股份比例享有权益并承担责任。长期股权投资在持有期间，根据投资企业对被投资单位的影响程度及是否存在活跃市场、公允价值是否能可靠取得进行划分，其核算方法有两种，即成本法和权益法。

长期股权投资在按照规定进行核算确定其账面价值的基础上，如果存在减值迹象，应当按照相关规定计提减值准备。减值准备一经计提，不得转回。

2. 持有至到期投资

持有至到期投资是指到期日固定、回收金额固定或者可以确定，且企业有明确意图和能力持有至到期的非衍生金融资产。通常情况下，能够被划分为持有至到期投资的金融资产，主要是指债权性投资，如从二级市场上购入的有固定利率的国债。

提　示

报表阅读者阅读资产负债表时，要注意非流动资产的合计金额。如果该项目金额较小，说明该企业仍停留在生产经营这一较低层次，忽视了资本运营对企业发展的积极作用，资本利用效率太低；如果该项目金额过大，则企业有做资本投机之嫌。

3. 固定资产

固定资产是指企业房屋、机器设备等使用年限超过一年的、单位价值较高的有形资产。

在资产负债表上，固定资产一般由固定资产、工程物资、在建工程、固定资产清理等项目列报。

【想一想】固定资产原价、累计折旧、固定资产净值三者之间的关系是怎样的?

练一练

已知某设备的原价为22.5万元，预计使用年限为5年，预计报废时的净残值为9 000元，要求采用双倍余额递减法计算第二年折旧额和年折旧率，同时计算第二年末在资产负债表中的固定资产应列示多少。

在建工程是指企业进行的与固定资产有关的各项工程。该项目反映了工程项目还未达到可使用状态。工程物资用来核算企业为建筑工程等购入的各种物资的实际成本，包括设备价款、耗用的材料以及其他工程费用支出。

固定资产清理反映企业因出售、报废、毁损等原因而发生在清理过程中的清理费用或清理收入等。在固定资产清理过程中，如果变卖固定资产的价值、残值收入、收到的赔款能够弥补清理过程中所发生的损失，则为固定资产清理净收益，计入营业外收入；反之，则为固定资产清理净损失，计入营业外支出。

请注意

报表阅读者要注意在建项目金额大小。如果在建工程项目金额比较大，会导致企业大量流动资金沉淀，最终可能导致企业流动资金周转陷入僵局。另外，在建工程项目金额较大易令人怀疑企业是否在进行利润操纵，是否违规办理结算，而使其长期挂账，导致利润不实。

4. 无形资产

无形资产是指没有实物标志的非货币性长期资产，通常包括专利权、非专利技术、商标权、著作权、土地使用权等。无形资产具有没有实物形态、可辨认性、非货币性资产等特征。无形资产按照实际成本计量，对于从不同来源取得的无形资产，其入账价值也不尽相同。

提 示

无形资产没有实物形态，且为企业带来的经济利益具有很大的不确定性，所以应该加强无形资产的管理，杜绝出现虚增资产的问题。

请注意

使用寿命有限的无形资产需要摊销，在摊销过程中要严格按照国家有关规定进行，报表阅读者要注意企业是否有利用无形资产的摊销以达到调节利润的违法行为。

通常情况下，企业自创商誉和企业内部产生的无形资产均不确认为无形资产，如企业内部产生的品牌、报刊名等。但是，由于确定研究与开发费用是否符合无形资产的定义和相关特征，能否为企业产生预期的经济利益以及成本能否可靠计量等相关计量尚存在不确定的因素，因此，研究与开发费用除了要遵循无形资产初始确认的一般要求之外，还需要在满足一定的条件后，才能确认为无形资产：首先，企业应将资产的形成过程分为研究阶段与开发阶段；其次，对于开发阶段形成的费用只有在符合一定的条件下，才能确定为无形资产。

提 示

在内部研究与开发费用处理的实务中，应遵循下列基本原则：

（1）研究阶段——其支出全部费用化，计入当期损益，即管理费用。

（2）开发阶段——其支出在符合一定的条件下予以资本化，不符合资本化的计入损益。

无法区别上述两大阶段的，其支出全部费用化，计入当期损益，即管理费用。

5. 投资性房地产

投资性房地产是指企业为赚取租金或资本增值，或两者兼有而持有的能单独计量和出售的房地产，其内容包括三项：已出租的土地使用权，持有并准备增值后转让的土地使用权，已出租的建筑物。

【想一想】投资性房地产的计量模式有哪几种?

※ 任务设计 ※

阅读资产项目

[例 1－1] 江南电子股份有限公司 2016 年末资产负债表中有关资产资料见表 1－1。

表 1－1　资产负债表资产部分

2016 年 12 月 31 日

编制单位：江南电子股份有限公司　　　　金额单位：人民币元

资　产	期末余额	年初余额	资　产	期末余额	年初余额
流动资产：			非流动资产：		
货币资金	148 170 255.31	82 466 411.55	长期股权投资	131 461 334.56	18 322 480.09
应收票据	1 662 067.19		固定资产	273 694 142.52	291 311 210.62
应收账款	54 755 464.35	36 109 609.79	在建工程	97 294 037.77	544 441.69
预付款项	72 247 843.76	5 984 611.56	无形资产	8 101 608.99	6 104 944.51
其他应收款	950.00	1 343 203.19	长期待摊费用	806 866.67	905 666.67
存货	77 254 016.00	85 083 574.62	递延所得税资产	1 759 112.87	1 683 142.54
			非流动资产合计	513 117 103.38	318 871 886.12
流动资产合计	354 090 596.61	210 987 410.71	资产总计	867 207 699.99	529 859 296.83

【阅读资产项目工作过程】

步骤 1　看资产布局

江南电子股份有限公司 2016 年末资产总计为 867 207 699.99 元，流动资产为 354 090 596.61 元，非流动资产为 513 117 103.38 元。然后观看流动资产和非流动资产的具体分布，初步了解公司资产的总体情况。

步骤 2　看资产变化数

通过期末余额与年初余额比较，看资产项目变动情况，为进一步分析资产构成打下基础。江南电子股份有限公司资产变动情况见表 1－2。

表 1－2　江南电子股份有限公司资产变动情况表　　金额单位：人民币元

资　产	期末余额－年初余额	资　产	期末余额－年初余额
流动资产：		非流动资产：	
货币资金	＋65 703 843.76	长期股权投资	＋113 138 854.47
应收票据	＋1 662 067.19	固定资产	－17 617 068.10
应收账款	＋18 645 854.56	在建工程	＋96 749 596.08
预付款项	＋66 263 232.20	无形资产	＋1 996 664.48
其他应收款	－1 342 253.19	长期待摊费用	－98 780.00
存货	－7 829 558.62	递延所得税资产	＋75 970.33
		非流动资产合计	＋194 245 217.26
流动资产合计	＋143 103 185.90	资产总计	＋337 348 403.16

从资产变化情况看，资产总计期末比期初多＋337 348 403.16 元，其中流动资产为＋143 103 185.90元，非流动资产为＋194 245 217.26 元。但流动资产中的货币资金、应收票据、应收账款和预收款项为增加数，而其他应收款和存货为减少数；非流动资产中的长期股权投资、在建工程、无形资产和递延所得税资产为增加数，而固定资产和长期待摊费用为减少数。

步骤 3　看资产结构

资产结构是指企业不同类型资产之间的比例，或者不同类型资产占总资产的比重。合理的资产结构，是有效经营和不断提高盈利能力的基础，是控制财务风险的基本保证。通过资产结构观察，可以判断企业资产结构是否合理，现有资产能否满足业务活动的需要，并提出优化资产配置的合理化建议。看企业的资产结构，一般有以下几方面。

（1）流动资产比率。

流动资产比率的计算公式为：

$$流动资产比率=\frac{流动资产}{总资产}\times 100\%$$

流动资产相对于固定资产而言，具有变现时间短、周转速度快、资产风险小等特点。因此，观察流动资产是否合理，要与企业的经营特点相结合，该比重越高，说明企业资产的流动性和变现能力越强，并具有相应的偿债能力和承担风险能力。

提　示

1. 流动资产比率通常是行业划分和同行业企业比较的重要指标。对于流动资产比率，一般来讲，纺织、冶金行业的企业在30%～60%，商品流通企业可高达90%。

2. 观察流动资产比率的合理性，既要结合企业的经营性质、经营状况，又应与同行业的平均水平或行业先进水平进行比较。

3. 企业资产结构并不是一成不变的，也不可能一直保持均衡，应当根据风险与收益均衡等原则和经营需要，确定合理结构，实施动态管理。

【想一想】企业资产在流动性和盈利性之间应怎样权衡？

（2）长期投资比率。

长期投资比率的计算公式为：

$$长期投资比率=\frac{可供出售金融资产+持有至到期投资+长期股权投资}{总资产}\times 100\%$$

长期投资在总资产中比率较高的企业，投资收益和风险要高一些。当企业长期投资比率提高时，有可能是寻求高收益项目，也有可能是企业采取扩张型的发展战略等。

（3）固定资产比率。

固定资产比率的计算公式为：

$$固定资产比率=\frac{固定资产}{总资产}\times 100\%$$

固定资产占用资金多、周转期长。企业固定资产比率较高，对增加企业收益是有益的；但变现能力弱，资产弹性差，不利于企业灵活使用资金，加大了经营风险。因此，企业应根据实际生产规模和长远发展战略，确定合理的固定资产比率。

（4）无形资产比率。

无形资产比率的计算公式为：

$$无形资产比率=\frac{无形资产}{总资产}\times 100\%$$

企业的无形资产体现了工业产权和土地使用权等的拥有情况。企业的无形资产有一定的比率，如果是专有技术、专利权等，则有利于增加产品或服务的技术含量，提高产品或服务的附加值，提升企业的核心竞争力。因此，企业应根据业务发展和提高竞争能力的需要，确定合理的无形资产比率。

【想一想】如果企业的流动资产比率出现特别高的情况，有可能存在什么问题？应采取哪些措施？

※ 知识拓展 ※

固定资产与流动资产比率的计算

固定资产与流动资产比率是企业资产的最基本构成，企业固定资产与流动资产只有保持合理的比例结构，才能形成现实的生产能力，否则，就有可能造成部分生产能力闲置或加工能力不足的后果。其计算公式如下：

$$固定资产与流动资产比率=\frac{固定资产}{流动资产}\times 100\%$$

一般来说，固定资产与流动资产比率的选择有三种情形：适中结构，这时固定资产存量与流动资产存量的比率保持在平均水平，企业的盈利水平和风险程度均适中；保守结构，这时流动资产的比例过高，资产的流动性较高，风险因此较低，但可能盈利水平也会下降；激进结构，这时固定资产的比例较高，流动资产的比例较低，企业的盈利水平会相应提高，同时可能导致企业资产的流动性降低，资产风险会相应提高。

※ 思考练习 ※

一、判断（正确的在括号内打“√”，错误的打“×”）

（　　）1. 资产负债表是反映企业在一定时期资产、负债和所有者权益状况的主要会计报表。

（　　）2. 资产负债表中的其他应收款项目是企业发生的并由购销活动产生的一项债权。

（　　）3. 存货期初、期末余额差额过大，企业的生产经营可能出现某些值得关注的变化。

（　　）4. 在建工程就是企业进行的与固定资产无关的各项工程。

（　　）5. 通常情况下，能够被划分为持有至到期投资的金融资产，主要是指债权性投资。

二、选择（下列答案中有一项或多项是正确的，将符合题意选项前的英文字母填入括号内）

1. 通常所说的财产一般不包括（　　）。

A. 货币资金　　B. 存货　　C. 无形资产　　D. 固定资产

2. 在备抵法下，坏账损失的估计一般有（　　）。

A. 账款余额百分比法　B. 账龄分析法　C. 销货百分比法　D. 资产百分比法

3. 在资产负债表中，固定资产的列表项目一般有(　　)。

A. 固定资产　B. 工程物资　C. 在建工程　D. 固定资产清理

4. 固定资产清理净损益有可能记入的账户有(　　)。

A. 其他业务收入　B. 营业外收入　C. 其他业务支出　D. 营业外支出

5. 投资性房地产的内容一般包括(　　)。

A. 长期股权投资　B. 已出租的土地使用权

C. 持有并准备增值后转让的土地使用权　D. 已出租的建筑物

三、学习领域情境实训

(1) 实训目的：学会阅读资产项目。

(2) 情境资料：资产负债表资产部分见表1-3。

表1-3　资产负债表资产部分

2016年12月31日

编制单位：江北机电股份有限公司　金额单位：人民币元

资　产	期末余额	年初余额	资　产	期末余额	年初余额
流动资产：			非流动资产：		
货币资金	497 803 268.19	564 144 079.82	可供出售金融资产	107 783.06	29 567.42
应收票据	17 968 372.72	13 305 051.41	长期股权投资	78 517 273.07	78 517 273.07
应收账款	71 391 917.79	72 659 292.58	固定资产	90 056 340.18	98 400 019.20
预付款项	21 484 666.24	9 398 630.02	在建工程	9 171 292.35	3 707 349.90
应收利息	7 715 992.29	7 664 721.23	无形资产	12 723 907.25	12 712 696.38
其他应收款	37 225 905.74	5 219 227.42	长期待摊费用	311 197.53	
存货	52 596 627.68	21 688 747.88	递延所得税资产	1 098 237.26	902 977.06
			非流动资产合计	191 986 030.70	194 269 883.03
流动资产合计	706 186 750.65	694 079 750.36	资产总计	898 172 781.35	888 349 633.39

(3) 实训要求：将学生分成若干小组，每组4名学生，并推选一名学生为组长，在老师的指导下共同制定工作方案。各组成员阅读资产项目，并列出算式。15分钟后，各组汇报，老师点评，评定成绩。

任务2　阅读负债项目

※ 任务描述 ※

熟悉资产负债表中负债项目的分布状况，掌握负债项目阅读的工作步骤，了解负债项目的真实性与可靠性。

※ 知识准备 ※

《企业会计准则第30号——财务报表列报》第二十五条规定：资产负债表中的负债类至少应当单独列示反映下列信息的项目：

（1）短期借款；
（2）以公允价值计量且其变动计入当期损益的金融负债；
（3）应付款项；
（4）预收款项；
（5）应付职工薪酬；
（6）应交税费；
（7）被划分为持有待售的处置组中的负债；
——以上为流动负债

（8）长期借款；
（9）应付债券；
（10）长期应付款；
（11）预计负债；
（12）递延所得税负债。
——以上为非流动负债

一、流动负债项目

流动负债是指企业可以在一年或者超过一年的一个营业周期内需要偿还的债务，是企业负债的组成部分。

阅读提示

《企业会计准则第30号——财务报表列报》第十九条规定：

负债满足下列条件之一的，应当归类为流动负债：

1. 预计在一个正常营业周期中清偿。
2. 主要为交易目的而持有。
3. 自资产负债表日起一年内到期应予以清偿。
4. 企业无权自主地将清偿推迟至资产负债表日后一年以上。

1. 短期借款

短期借款是指企业向银行或其他金融机构借入的偿还期限在一年内的借款。短期借款是企业补充流动资金的重要渠道，但是其要求在一年内归还，因此，对企业来说偿债压力较大。企业要根据自身的实际需要，科学地确定短期借款的额度，使其资本结构处于比较合理的平衡状态。

2. 应付票据

应付票据是指公司因赊购交易而开出、承兑在一年限期内，按票据上规定的日期支付一定金额的银行承兑汇票或者商业承兑汇票。

3. 应付账款

应付账款是指因购买材料、商品或接受劳务供应而发生的债务。它是买卖双方在购销活动中由于取得物资与支付货款时间上的不一致而产生的负债。

【想一想】应付账款与应付票据有什么区别？

4. 应交税费

在资产负债表中，“应交税费”科目反映的是企业截至资产负债表日按照计税依据和法定税率计算出来的应缴纳但尚未缴纳的各种税金总额。

企业应缴纳的税金包括增值税、消费税、城市维护建设税、房产税、车船使用税、企业所得税和资源税等。

提　示

“应交税费”科目数额可能为正数，也可能为负数，如果为负数，则表示企业多缴纳的应当退回的或者以后可以抵减的税费。

请注意

企业应缴纳的印花税、耕地占用税、契税不包括在“应交税费”科目，应该计入管理费用，计入当期损益，在利润表中得到体现。

5. 预收款项

预收款项是指购货方预先支付一部分货款给供货方而形成的一项负债。预收款项的核算应视企业的具体业务情况而定：若预收款项较多，则应单独设置该科目；若预收款项不多，则可以不设置该科目，直接记入“应收账款”科目的贷方。

6. 应付职工薪酬

职工薪酬是指企业为获得职工提供的劳务而给予的各种形式的报酬以及相关支出，具体包括：职工工资、奖金、津贴和补贴；职工福利费；医疗保险费、养老保险费、失业保险费、工伤保险费和生育保险费等社会保险；住房公积金；工会经费和职工教育经费；非货币性福利；因解除与职工劳动关系给予的补偿；其他与获得职工提供劳务的相关支出。按照规定，职工福利费的开支不能超过工资总额的14%。

7. 应付利息

应付利息是指企业按照合同约定应支付的利息，包括吸收存款、分期付息到期还本的长期借款和企业债券等借款所应支付的利息。该科目的余额通常在贷方，表明企业应付未付的利息。

8. 应付股利

应付股利是指企业经股东大会审议批准后分配的现金股利或利润，在实际支付前，所形成的一项负债。

9. 其他应付款

其他应付款是指企业应付或暂收其他单位或个人的款项，如应付租入固定资产和包装物的租金、存入保证金、应付统筹退休金等。在资产类项目中，它对应的是“其他应收款”。

提　示

租入固定资产的租金（主要是指以经营性租赁方式租入的固定资产应付的租金）应记入“其他应付款”科目中；而融资租入的固定资产应记入“长期应付款”科目中，属于非流动负债类项目。

二、非流动负债项目

非流动负债是指偿还期限在一年或超过一年的一个营业周期以上的债务。由于非流动负债金额都相对比较大、期限比较长，因此，企业在借入长期资金时，不得不考虑资本成本。

非流动负债通常分为四类：长期借款、应付债券、长期应付款和其他非流动负债。按照我国小企业会计制度规定，小企业对外不能发行债券，因此在资产负债表中不包括应付债券这一项。

提　示

非流动负债的债务无须在下一年或下一个经营周期等较短的时期内偿还，因此，它是企业长期资金来源的一个重要部分。

1. 长期借款

长期借款是企业补充长期资金的重要渠道。它可以用于企业基本建设借款、技术改造、机器设备等固定资产的修理。它对企业的影响比较大，因为它是企业资金来源的重要方面。当企业准备向其他企业或金融机构借入长期借款时，一定要权衡其借款成本和该借款未来能为企业带来的收益。

【想一想】长期借款与短期借款有什么不同?

2. 应付债券

应付债券是指企业为了筹集长期使用的资金而按照法定程序发行，约定在一定期限内还本付息的一种有价证券。与长期借款相比，债券的筹资范围更大、方式更灵活，可在证券市场自由流通和转让。

提　示

公司债券的发行必须符合有关条件，对此，我国《公司法》有明确规定。例如，累计发行债券总额不超过净资产的40%，资金的使用要符合国家的产业政策，以及利率的限制等。

3. 长期应付款

长期应付款是指企业对其他单位所发生的付款期限在一年以上的债务。包括以分期付款方式购入固定资产发生的应付款和应付融资租入固定资产的租赁费等。

4. 应付融资租赁款

应付融资租赁款是指企业采用融资租赁的方式租入固定资产而形成的长期债务。与经营租赁不同的是，融资租赁实质上是一种转移与资产所有权有关的全部风险和报酬的租赁。当企业按照这种方式向租赁公司租入一项固定资产时，按最低租赁付款额，贷记“长期应付款”科目。

※ 任务设计 ※

阅读负债项目

［例1-2］江南电子股份有限公司2016年末资产负债表中有关负债资料见表1-4。

表1-4　资产负债表负债部分

2016年12月31日

编制单位：江南电子股份有限公司　　　　金额单位：人民币元

负　债	期末余额	年初余额	负　债	期末余额	年初余额
流动负债：			非流动负债：		
短期借款	144 380 169.80	54 041 258.00	长期借款	2 036 363.65	109 513 009.10
应付票据	7 490 000.00	6 309 000.00			
应付账款	58 931 708.03	71 975 265.22			
预收款项	26 733.96	487 614.77			
应付职工薪酬	402 934.92	422 844.70	其他非流动负债	7 766 878.74	9 087 049.02
应交税费	-9 412 172.01	-11 745 422.13	非流动负债合计	9 803 242.39	118 600 058.12
应付利息	490 186.22	250 816.55			
其他应付款	128 798.40	12 619.90			
一年到期的非流动负债	104 301 584.95	19 334 393.45			
流动负债合计	306 739 944.27	141 088 390.46	负债总计	316 543 186.66	259 688 448.58

【阅读负债项目工作过程】

步骤1　看负债布局

江南电子股份有限公司2016年末负债总计为316 543 186.66元，流动负债为306 739 944.27元，非流动负债为9 803 242.39元。然后观看流动负债和非流动负债的具体分布，初步了解公司负债的总体情况。

步骤2　看负债变化数

通过期末余额与年初余额比较，看负债项目的变动情况，为进一步分析负债的构成打下基础。江南电子股份有限公司负债变动情况见表1-5。

表1-5　江南电子股份有限公司负债变动情况表　　金额单位：人民币元

负　债	期末余额-年初余额	负　债	期末余额-年初余额
流动负债：		非流动负债：	
短期借款	90 338 911.80	长期借款	-107 476 645.45
应付票据	1 181 000.00		

续前表

负　债	期末余额一年初余额	负　债	期末余额一年初余额
应付账款	－13 043 557.19		
预收款项	－460 880.81		
应付职工薪酬	－19 909.78	其他非流动负债	－1 320 170.28
应交税费	2 333 250.12	非流动负债合计	－108 796 815.73
应付利息	239 369.67		
其他应付款	116 178.50		
一年到期的非流动负债	84 967 191.50		
流动负债合计	165 651 553.81	负债总计	56 854 738.08

从负债变化情况看，负债总计期末余额比年初余额多＋56 854 738.08 元，其中流动负债合计为＋165 651 553.81 元，非流动负债合计为－108 796 815.73 元。但流动负债中的短期借款、应付票据、应交税费、应付利息、其他应付款和一年到期的非流动负债为增加数，而应付账款、预收款项和应付职工薪酬为减少数；非流动负债中的长期借款和其他非流动负债为减少数。

步骤 3　看负债结构

负债结构是指企业不同类型负债之间的比例，或者不同类型负债占总资金的比重。负债具有资金成本低、灵活性强、能给企业带来财务杠杆利益等优点。但由于负债到期要还本付息，因此具有财务风险大的缺点。通过负债结构观察，可以判断企业负债结构是否安全，并提出优化资金结构的建议。看企业的负债结构，一般有以下几方面。

（1）流动负债比率。

流动负债比率的计算公式为：

$$\text{流动负债比率}=\frac{\text{流动负债}}{\text{负债总额}}\times 100\%$$

流动负债比率的高低反映了企业对短期债务的依赖程度。一般情况下，流动负债比率越高，企业短期偿债压力越大，财务风险也越大。

流动资产相对固定资产而言，具有变现时间短、周转速度快、资产风险小等特点。因此，观察流动资产是否合理，要与企业的经营特点相结合。该比率越高，说明企业资产的流动性和变现能力越强，并具有相应的偿债能力和承担风险能力。

提　示

企业要维持资本结构的稳定与安全，流动负债占负债总额的比率应低一些。在企业不发生偿债风险的前提下，尽可能多地利用短期负债筹资，这样会降低综合资本成本。

【想一想】企业负债较少时，债权人和所有者承担的风险是怎样的？

（2）非流动负债比率。

非流动负债比率的计算公式为：

$$\text{非流动负债比率}=\frac{\text{非流动负债}}{\text{负债总额}}\times 100\%$$

非流动负债比率的高低反映了企业筹措非流动负债资金的能力和借入资金成本的高低。

在企业资金需求量一定的情况下，提高非流动负债比率，可以降低企业对短期借入资金的压力程度，从而减轻短期偿债压力。

【想一想】如果企业流动负债比率出现特别高的情况，有可能存在什么问题？应采取哪些措施？

※ 知识拓展 ※

自有资金负债率的计算

自有资金负债率是负债额和所有者权益的比率，也叫企业投资安全系数，用来衡量投资者对负债偿还的保障程度，该指标也反映了企业自负盈亏能力的大小。其计算公式如下：

$$自有资金负债率=\frac{负债额}{所有者权益}\times 100\%$$

自有资金负债率越大，债权人所得到的保障越小，获得银行贷款的可能性越小。企业的原材料供货商也很关心这一指标，它是确定付款方式、付款期限的依据。自有资金负债率越小，所有者及企业外第三方对企业的信心就越足；但如果自有资金负债率过小，则说明企业没有充分利用自有资金，发展潜力还很大。

※ 思考练习 ※

一、判断（正确的在括号内打“√”，错误的打“×”）

(　　)1.“应交税费”科目数额可能为正数，也可能为负数。

(　　)2. 应付职工薪酬不包括因解除与职工劳动关系给予的补偿。

(　　)3. 公司累计发行债券总额与净资产无关。

(　　)4. 一般情况下，流动负债比率越高，短期偿债压力越小，企业财务风险也越小。

(　　)5. 自有资金负债率是所有者权益和负债总额的比率，也叫企业投资安全系数。

二、选择（下列答案中有一项或多项是正确的，将符合题意选项前的英文字母填入括号内）

1. 下列属于流动负债项目的是(　　)。

A. 应付债券　　B. 短期借款　　C. 应付票据　　D. 预收款项

2. 下列属于应付职工薪酬项目的是（　　）。

A. 住房公积金　　B. 应付统筹退休金　　C. 工会经费　　D. 职工教育经费

3. 下列不属于非流动负债项目的是(　　)。

A. 应付债券　　B. 应付账款　　C. 应付利息　　D. 应付融资租赁款

4. 在企业资金需求量一定的情况下，提高非流动负债比率可以(　　)。

A. 加大短期偿债压力　　B. 减轻短期偿债压力

C. 扩大财务风险　　D. 加大短期筹资压力

5. 自有资金负债率越大，可能导致(　　)。

A. 债权人所得到的保障越小　　B. 获得银行贷款的可能性越大

C. 债权人所得到的保障越大　　D. 获得银行贷款的可能性越小

三、学习领域情境实训

(1) 实训目的：学会阅读负债项目。

（2）情境资料：资产负债表负债部分见表 1－6。

表 1－6　资产负债表负债部分

2016 年 12 月 31 日

编制单位：江北机电股份有限公司　　　　金额单位：人民币元

负　债	期末余额	年初余额	负　债	期末余额	年初余额
流动负债：			非流动负债：		
应付账款	56 373 547.44	57 392 078.86			
预收款项	1 235 675.46	505 668.70			
应付职工薪酬	5 527 961.87	4 605 144.70			
应交税费	5 517 780.67	4 516 450.36			
其他应付款	263 290.17	171 683.90	非流动负债合计		
流动负债合计	68 918 255.61	67 191 026.52	负债总计	68 918 255.61	67 191 026.52

（3）实训要求：将学生分成若干小组，每组 4 名学生，并推选一名学生为组长，在老师的指导下共同制定工作方案。各组成员阅读负债项目，并列出算式。15 分钟后，各组汇报，老师点评，评定成绩。

任务 3　阅读所有者权益项目

※ 任务描述 ※

熟悉资产负债表中所有者权益项目的分布状况，掌握所有者权益项目阅读的工作步骤，了解所有者权益项目的真实性与可靠性。

※ 知识准备 ※

阅读提示

《企业会计准则第 30 号——财务报表列报》第二十七条规定：

资产负债表中的所有者权益类至少应当单独列示反映下列信息的项目：

1. 实收资本（或股本）；
2. 资本公积；
3. 盈余公积；
4. 未分配利润。

1. 实收资本

实收资本是公司实际收到的，由投资人投入公司的资本金。按照投资人的不同，公司实际收到的资本金可分为国家资本金、法人资本金、个人资本金和外商资本金四种不同层次的资本形态。公司接受投资的形式包括实物资产、货币资产和无形资产等。

请注意

公司必须拥有一定的注册资本才能开业。在经营期间，企业的注册资金是不能抽逃的。

2. 资本公积

资本公积和实收资本本质上没有任何差别，都是指资金的所有权归属于投资者。两者的差别表现在资本公积是公司公积金的一种，它是不构成实收资本的那部分资本。

提　示

根据我国《公司法》等法律规定，企业形成的资本公积，主要用来转增资本，而不用于弥补亏损。企业应严格按照资本公积的有关规定进行管理。

3. 盈余公积

盈余公积是指企业在利润中提取的一批累积资金，包括法定盈余公积、任意盈余公积。

请注意

按照我国《公司法》规定，法定盈余公积转为资本时，留存的公积不得少于转增前公司注册资本的25%。

4. 未分配利润

未分配利润是指企业利润在缴纳所得税、弥补以前年度亏损、提取盈余公积和向投资者分配利润后的余额。在资产负债表中，如果该项目为负数，则表示企业未弥补的亏损将会冲减所有者权益的数额。

未分配利润通常是企业留待以后年度用于向投资者分配红利的，而在分配前属于企业尚未确定用途的留存收益。

提　示

事实上，未分配利润与盈余公积的性质相同。其形成与投资者的投资行为无关，是由企业的生产经营活动取得的利润形成的。这两者共同称为留存收益。

※ 任务设计 ※

阅读所有者权益项目

[例1-3] 江南电子股份有限公司2016年末资产负债表中有关所有者权益资料见表1-7。

表 1-7　资产负债表所有者权益部分

2016 年 12 月 31 日

编制单位：江南电子股份有限公司　　　　　　金额单位：人民币元

所有者权益（或股东权益）	期末余额	年初余额
实收资本（或股本）	126 258 873.00	104 780 000.00
资本公积	341 394 320.84	73 730 723.81
盈余公积	17 416 972.85	16 640 488.00
未分配利润	65 594 346.64	75 019 636.44
所有者权益（或股东权益）合计	550 664 513.33	270 170 848.25

【阅读所有者权益项目工作过程】

步骤 1　看所有者权益布局

江南电子股份有限公司 2016 年末所有者权益总计为 550 664 513.33 元，分布在实收资本（或股本）、资本公积、盈余公积和未分配利润等项目中，初步了解公司所有者权益的总体情况。

步骤 2　看所有者权益变化数

通过期末余额与年初余额比较，查阅所有者权益项目变动情况，为进一步分析所有者权益的构成打下基础。江南电子股份有限公司所有者权益变动情况见表 1-8。

表 1-8　江南电子股份有限公司所有者权益变动情况表

2016 年 12 月 31 日

编制单位：江南电子股份有限公司　　　　　　金额单位：人民币元

所有者权益（或股东权益）	期末余额一年初余额
实收资本（或股本）	21 478 873.00
资本公积	267 663 597.03
盈余公积	776 484.85
未分配利润	—9 425 289.80
所有者权益（或股东权益）合计	280 493 665.08

从所有者权益变化情况看，所有者权益合计数期末比年初多 280 493 665.08 元，其中实收资本（或股本）、资本公积和盈余公积为增加数，而未分配利润为减少数。

步骤 3　看所有者权益结构

所有者权益结构是指所有者权益各子项目在所有者权益总额中所占比例关系。它是由于企业采取不同的权益筹资方式形成的。分析所有者权益结构的目的是掌握所有者权益资金内部的构成及其变化情况，帮助决策者作出更加合理且有效的经济决策。

提　示

影响所有者权益结构的因素有很多，如企业的盈利水平、收益分配政策、会计政策、融资环境等，分析时应注意结合实际情况具体分析其变动的原因。

【想一想】引起企业盈余公积和未分配利润增加的原因是什么？

步骤4　看资产负债表的总体结构

资产负债表的总体结构是指资产各项目与负债及所有者权益各项目的总体情况。资产与负债及所有者权益的基本关系表现为两个方面：一是总量相等关系；二是资产与负债及所有者权益的结构对应关系，即时间长度上的内在对应关系和风险大小的互补关系。资产负债表的左右两边是按流动性来确定其排列顺序和结构的，资产的流动性反映了资产的变现速度和耗用时间长度，负债的流动性则表明了负债偿还的时间长度，这种时间长度上的内在对等关系一般表现为：长期资产需由长期筹资来保证，短期资产需由短期筹资来保证，短期资产也由长期筹资来支持。资产负债表的这种流动性或时间长度结构，隐含着企业财务风险的大小，其风险的具体含义和方向都各不相同。

提　示

资产与负债及所有者权益的总体结构一般分为以下四种：

（1）稳健结构。其特征主要表现在流动资产的一部分资金来源由流动负债来满足，而另一部分资金来源则由长期负债来满足。这种结构足以使企业保持相当有益的财务信誉，适用于各种公司，可作为公司长久的财务结构。

（2）适中结构。其特征主要表现在流动资产的资金需求全部由流动负债提供，非流动资产的资金需求由长期负债及所有者权益提供。其结果是资产风险与筹资风险中和，使企业的财务风险均衡。它一般适用于经营状况特别好而且前景也看好的企业。

（3）风险结构。其特征主要表现为流动资产的资金由流动负债提供，并且长期资产的部分资金也由流动负债提供。其结果是较高资产风险与较高筹资风险不能匹配，虽然筹资成本较低，但财务风险很大。企业一般只能在某一较短的时间使用，并要有准确的市场预测和良好的信用状况及环境。

（4）危机结构。其特征主要表现为企业亏损不仅吃掉全部投入资本，连债权人的资本也被吃掉一部分，表明企业已资不抵债，陷入破产境地。这样的企业只有通过重组或重建，才有可能起死回生。

【想一想】资产与负债的流动性所隐含的财务风险方向为什么是不同的？

［例1-4］江南电子股份有限公司2016年末资产负债表中有关资料见表1-9。

表1-9　资产负债表总体结构

2016年12月31日

编制单位：江南电子股份有限公司　　　　金额单位：人民币元

资　产	期末余额	年初余额	负债及所有者权益	期末余额	年初余额
流动资产合计	354 090 596.61	210 987 410.71	流动负债合计	306 739 944.27	141 088 390.46
非流动资产合计	513 117 103.38	318 871 886.12	非流动负债合计	9 803 242.39	118 600 058.12
			负债总计	316 543 186.66	259 688 448.58
			所有者权益合计	550 664 513.33	270 170 848.25
资产总计	867 207 699.99	529 859 296.83	负债及所有者权益总计	867 207 699.99	529 859 296.83

江南电子股份有限公司 2016 年末流动资产的资金来自流动负债的是 306 739 944.27 元，来自非流动负债和所有者权益的是 47 350 652.34 元。所以，该公司资产负债表保持了稳定型结构，有利于保持企业的财务信誉，财务风险小，筹资能力强。

※ 知识拓展 ※

负债经营率的计算

企业的负债经营率是指非流动负债额和所有者权益之比。其计算公式如下：

$$负债经营率=\frac{非流动负债额}{所有者权益}\times 100\%$$

通过非流动负债来筹集购置非流动资产所需的资金是一种资金的安排方式。但非流动负债过大，利息支出很高，一旦企业陷入困境，如出现货款回笼难、流动资金不足等情况，非流动负债就变成企业的包袱。因此，负债经营率反映企业负债结构的独立性和稳定性，一般认为 1∶3 或 1∶4 较为合理。比率越高，说明企业独立性越差；比率越低，说明企业的资金来源稳定性越好。

※ 思考练习 ※

一、判断（正确的在括号内打“√”，错误的打“×”）

(　　)1. 根据我国《公司法》等法律规定，企业形成的资本公积主要用来转增资本和弥补亏损。

(　　)2. 按照我国《公司法》规定，法定盈余公积转为资本时，留存的公积不得少于转增前公司注册资本的 25%。

(　　)3. 事实上，未分配利润与盈余公积的性质相同，其形成与投资者的投资行为有关。

(　　)4. 资产负债表项目的流动性或时间长度结构，隐含着企业财务风险的大小，其风险方向都是相同的。

(　　)5. 负债经营率反映企业负债结构的独立性和稳定性。

二、选择（下列答案中有一项或多项是正确的，将符合题意选项前的英文字母填入括号内）

1. 下列属于所有者权益项目的是(　　)。

A. 实收资本　　B. 资本公积　　C. 盈余公积　　D. 未分配利润

2. 公司接受实收资本投资的形式包括(　　)。

A. 已抵押资产　　B. 实物资产　　C. 货币资产　　D. 无形资产

3. 在资产负债表中，未分配利润项目(　　)。

A. 只能是正数　　B. 有可能是正数　　C. 只能是负数　　D. 有可能是负数

4. 影响所有者权益结构的因素可能有企业的(　　)。

A. 盈利水平　　B. 收益分配政策　　C. 会计政策　　D. 融资环境

5. 企业流动资产的资金由流动负债提供，并且长期资产的部分资金也由流动负债提供，这种情况应属于(　　)。

A. 稳健结构　　B. 适中结构　　C. 风险结构　　D. 危机结构

三、学习领域情境实训

（1）实训目的：学会阅读所有者权益项目。

（2）情境资料：资产负债表所有者权益部分见表1-10。

表1-10 资产负债表所有者权益部分

2016年12月31日

编制单位：江北机电股份有限公司　　　　金额单位：人民币元

所有者权益（或股东权益）	期末余额	年初余额
实收资本（或股本）	142 700 000.00	142 700 000.00
资本公积	618 101 184.02	618 102 732.38
盈余公积	22 033 528.49	15 773 880.07
未分配利润	46 419 813.23	44 581 994.42
所有者权益（或股东权益）合计	829 254 525.74	821 158 606.87

（3）实训要求：将学生分成若干小组，每组4名学生，并推选一名学生为组长，在老师的指导下共同制定工作方案。各组成员阅读所有者权益项目，并列出算式。15分钟后，各组汇报，老师点评，评定成绩。

项目二

资产负债表比较分析

资产负债表的比较分析是计算资产负债表中各项目占总体的百分比，以分析各项目的具体构成，使各个组成部分的相对重要性明显地表现出来，从而揭示资产负债表中各项目的相对地位和总体关系，用以分析资产负债表的增减变动和发展趋势。资产负债表的比较分析可分为纵向比较分析和横向比较分析。

任务1 资产负债表纵向比较分析

※ 任务描述 ※

熟悉资产负债表项目纵向的分布状况，掌握资产负债表纵向比较分析的工作步骤，了解资产负债表项目的真实性与可靠性。

※ 知识准备 ※

资产负债表纵向分析也称为构成分析，是通过资产负债表中各项目数据与总额的百分比，分析其构成增减变化的原因，借以判断企业财务状况的变化趋势。

采用纵向分析法，要联系企业生产经营活动的发展变化，将各项目的增减变化同企业产值、销售收入等生产成果指标的增减变化相对比，判断增资与增产、增收之间是否协调，资产营运效率是否有所提高。

提　示

通过纵向分析，可以看出企业的行业特点、经营特点和技术装备特点，如工业企业的非流动资产往往大于流动资产，而商业企业的情况正好相反。在同一行业中，流动资产、长期投资所占的比重的大小，也可以反映企业的经营特点，流动资产和负债较高的企业稳定性差，却较灵活。

【想一想】长期资产和负债占较大比重的企业有何特点？

1. 流动资产构成分析

判断流动资产构成比重是否合理，没有一个绝对的标准，必须与固定资产和其他资产构成比重结合起来，联系生产经营额的变化进行分析。在固定资产和其他资产不变的情况下，流动资产比重提高使生产经营额大幅度增长，说明流动资产在资产总额中所占比重较为合理；但如果流动资产比重的提高速度快于生产的增长速度，使单位增加值占用的资产额比上期增加，说明资金利用效益下降，流动资产在资产总额中所占比重不合理。

流动资产构成比重是否合理还应结合企业利润进行分析。如果流动资产在资产总额中比重提高了，企业的营业利润也相应地增长了，说明流动资产在资产总额中所占比重较为合理。

保持流动资产的合理结构有利于增强资产的流动性和应变能力，增强企业的偿债能力。由于各行业生产经营情况不一样，流动资产在资产总额中所占的比重也不一样，应根据行业、企业的具体情况来判断分析合理的程度。

此外，企业还可通过货币资金、短期投资、应收账款、其他应收款、存货等项目占流动资产总额的比重，分析各项流动资产内部各项目发生了哪些变化以及各项目构成的合理性。

2. 长期投资构成分析

判断长期投资比重是否合理，首先要看企业将资金对外投资有没有影响企业生产资金的周转，能不能获得较高收益。长期投资占资产总额比重提高，有可能是企业资金来源充足，在不影响生产的情况下，对外长期投资以获得更多的收益；也有可能是企业内部发展受到了限制，目前产业或产品利润率较低，需要寻求新的发展目标。因为长期投资项目的利润是不确定的，长期投资比重高，风险也高，所以企业管理者应根据投资项目作具体分析研究，慎重行事，以便回避风险，提高投资的安全性。

请注意

企业长期投资比重不宜过高。

3. 固定资产构成分析

固定资产构成比重决定着企业的行业特点、生产规模和发展方向。判断固定资产构成比重是否合理，应弄清企业自身生产经营特点，制定相适宜的比重标准，比重过高会造成资金浪费，过低又影响生产经营业务的发展。

提　示

一般来说，工业企业固定资产构成比重较高，为40%左右；商品流通企业较低，为30%左右。

固定资产构成分析还可以从以下三个方面进行：一是分析生产用固定资产与非生产用固定资产构成的变化情况；二是考察未使用和不需用的固定资产构成的变化情况，查明企业在处置闲置固定资产方面的工作是否有效率；三是分析生产用固定资产内部结构是否合理。

【想一想】固定资产配置与企业的生产技术特点有什么关系？

4. 无形资产构成分析

一般情况下，企业持有较多的无形资产，表明开发创新能力强。判断无形资产构成比重是否合理，也应结合企业的具体情况进行分析。一般来说，工业企业、商品流通企业无形资产的构成比重较低，在10%以下；而高新技术企业较高，为30%左右，甚至更高。

提　示

固定资产与流动资产之间应保持怎样的结构比例，主要取决于企业对风险的态度、行业特点和经营规模。

如果企业敢于冒险，就可能采取较高的固定资产构成比例；反之，则可能采取较高的流动资产构成比例。

从行业特点上看，创造附加值低的企业，如商业企业，需要保持较高的资产流动性；创造附加值高的企业，如制造业企业，需要保持较高的固定资产比例。

从经营规模上看，规模较大的企业，因其筹资能力强，固定资产比例相对高些；规模较小的企业，流动资产比例相对高些。

请注意

各类资产如何配置，对企业取得最佳的经济效益关系重大。

5. 流动负债构成分析

流动负债构成反映企业依赖短期债权人的程度。流动负债所占的比重越大，说明企业对短期资金的依赖性越强，企业偿债的压力也就越大，企业资金周转的速度就要快；反之，说明企业对短期资金的依赖程度较小，企业面临的偿债压力也就越小。因此，如果企业的流动资产周转速度快，在短期负债的资金成本较低的情况下，企业可筹资的流动负债就可以多些；反之，流动负债融资就可以少些。

提　示

一般来说，成长型企业流动负债占负债总额的比重较低，成熟型企业这一比重较高。

另外，企业还可以通过短期借款、应付票据、应付账款、其他应付款等项目占流动负债总额的比重，分析各项流动负债构成的合理性。

6. 长期负债构成分析

长期负债构成反映企业依赖长期债权人的程度。长期负债所占比重越大，表明企业在经营中借助于长期资金的程度越高；反之，说明企业借助于长期资金的程度越低，企业面临的偿债压力也就越小。一般来说，长期负债占负债总额的比重，成长型企业较高，成熟型企业较低。

另外，企业还可以通过长期负债各项目占长期负债总额的比重，分析长期负债的构成情况。

7. 所有者权益构成分析

所有者权益构成可以反映企业承担风险能力的大小。所有者权益构成比重越大，企业的财务状况越稳定，发生债务危机的可能性越小。另外，经营者对企业前景的信心和对风险所持有的态度也影响所有者权益构成。

此外，企业还可以通过所有者权益各项目占所有者权益总额的比重，分析经济实力和风险承担能力。

※ 任务设计 ※

资产负债表纵向比较分析

[例 1－5] 江南电子股份有限公司 2016 年末资产负债表主要项目见表 1－11。

表 1－11　资产负债表主要项目

编制单位：江南电子股份有限公司　　　　金额单位：人民币元

项　目	2015 年末	2016 年末
流动资产合计	210 987 410.71	354 090 596.61
非流动资产合计	318 871 886.12	513 117 103.38
资产总计	529 859 296.83	867 207 699.99
流动负债合计	141 088 390.46	306 739 944.27
非流动负债合计	118 600 058.12	9 803 242.39
负债总计	259 688 448.58	316 543 186.66
所有者权益合计	270 170 848.25	550 664 513.33
负债及所有者权益总计	529 859 296.83	867 207 699.99

【资产负债表纵向比较分析工作过程】

步骤 1　搜集资产负债表资料

搜集资产负债表资料。

步骤 2　计算资产负债表结构

资产负债表主要项目见表 1－12。

表1-12 资产负债表主要项目

编制单位：江南电子股份有限公司 金额单位：人民币元

项 目	2015年末	2016年末	金额	变动幅度（%）
流动资产合计	210 987 410.71	354 090 596.61	+143 103 185.90	+67.83
非流动资产合计	318 871 886.12	513 117 103.38	+194 245 217.26	+60.92
资产总计	529 859 296.83	867 207 699.99	+337 348 403.16	+63.67
流动负债合计	141 088 390.46	306 739 944.27	+165 651 553.81	+117.41
非流动负债合计	118 600 058.12	9 803 242.39	−108 796 815.73	−91.73
负债总计	259 688 448.58	316 543 186.66	+56 854 738.08	+21.89
所有者权益合计	270 170 848.25	550 664 513.33	+280 493 665.08	+103.82
负债及所有者权益总计	529 859 296.83	867 207 699.99	+337 348 403.16	+63.67

步骤3 绘制资产负债表主要项目结构图

流动资产与非流动资产变动幅度如图1-1所示。

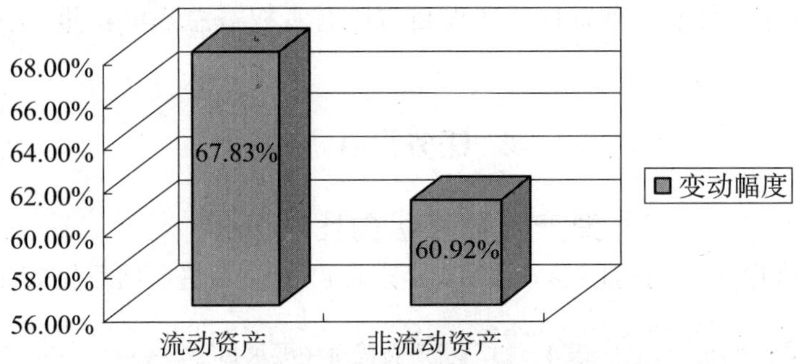

图1-1 流动资产与非流动资产变动幅度图

步骤4 评价资产负债表结构的合理性与安全性

从2015年与2016年资产负债表比较情况看，资产规模不断扩大，其中流动资产增长幅度为67.83%，非流动资产增长幅度为60.92%，这样的资产分布是比较合理的。负债中减少了非流动负债91.73%，流动负债增长了117.41%，说明需要关注短期偿债风险。所有者权益比重不断提高，形成较好的趋势。

※ 知识拓展 ※

比较分析法的主要形式

比较分析法是最基本和最常用的分析法，是指通过两个或几个有关的经济指标的对比，找出差异，研究和评价企业经营情况的一种方法，其主要形式有以下几种：

（1）实际指标与计划指标对比，借以分析计划完成情况。

（2）本期实际数与上期实际数对比，借以分析有关指标在不同时期的增减变化情况。

（3）本期实际数与历史最高水平对比，借以分析有关指标的变化空间。

（4）本期实际数与行业平均水平对比，借以分析有关指标在行业中所处的地位。

※ 思考练习 ※

一、判断（正确的在括号内打“√”，错误的打“×”）

(　　)1. 流动资产比重的提高速度快于生产的增长速度，说明资金利用效益上升。

(　　)2. 企业长期投资比重越高，风险也越高。

(　　)3. 一般情况下，企业持有较多的无形资产，表明开发创新能力强。

(　　)4. 企业的流动资产周转速度快，造成短期负债资金成本较高。

(　　)5. 所有者权益构成比重越大，发生债务危机的可能性也越大。

二、选择（下列答案中有一项或多项是正确的，将符合题意选项前的英文字母填入括号内）

1. 保持企业流动资产的合理结构有利于(　　)。

A. 增强资产风险性　　B. 增强资产流动性

C. 增强资产应变能力　　D. 增强企业偿债能力

2. 工业企业固定资产构成比重一般为(　　)左右。

A. 10%　　B. 20%　　C. 30%　　D. 40%

3. 规模较大企业的固定资产与流动资产之间的比例是(　　)。

A. 固定资产比例较高　　B. 流动资产比例较高

C. 固定资产比例较低　　D. 流动资产比例较低

4. 一般来说，企业流动负债占负债总额的比重是(　　)。

A. 成长型企业较高　　B. 成长型企业较低

C. 成熟型企业较低　　D. 成熟型企业较高

5. 一般来说，企业长期负债占负债总额的比重是(　　)。

A. 成长型企业较高　　B. 成长型企业较低

C. 成熟型企业较低　　D. 成熟型企业较高

三、学习领域情境实训

(1) 实训目的：学会资产负债表纵向比较分析。

(2) 情境资料：资产负债表主要项目见表1-13。

表1-13　资产负债表主要项目

编制单位：江北机电股份有限公司　　　金额单位：人民币元

项　目	2015年末	2016年末
流动资产合计	694 079 750.36	706 186 750.65
非流动资产合计	194 269 883.03	191 986 030.70
资产总计	888 349 633.39	898 172 781.35
流动负债合计	67 191 026.52	68 918 255.61
非流动负债合计		
负债总计	67 191 026.52	68 918 255.61
所有者权益合计	821 158 606.87	829 254 525.74
负债及所有者权益总计	888 349 633.39	898 172 781.35

(3) 实训要求：将学生分成若干小组，每组4名学生，并推选一名学生为组长，在老师的指导下共同制定工作方案。各组成员纵向比较分析资产负债表，并列出算式。15分钟后，各组汇报，老师点评，评定成绩。

任务2　资产负债表横向比较分析

※ 任务描述 ※

熟悉资产负债表项目横向的分布状况，掌握资产负债表横向比较分析的工作步骤，了解资产负债表项目的真实性与可靠性。

※ 知识准备 ※

资产负债表横向分析，是将资产负债表各项目的比重与企业历年数据及同行业水平进行比较，分析其变动的合理性及原因，借以进一步判断企业财务状况的发展趋势。

1. 货币资金增减变动分析

企业货币资金的增减变动，其影响因素有两个：一是销售规模的变动，企业销售规模发生变动，货币资金规模也会随之发生变动，二者之间具有一定的相关性；二是信用政策的变动，如果企业采用严格的信用政策，提高现销比例，可能导致货币资金规模提高。

请注意

为支出大笔现金做准备，如准备派发现金股利、偿还将要到期的巨额银行借款或集中购货等，都会增加企业货币资金规模。但是这种需求是暂时的，货币资金规模会随着企业现金的支付而减小。

2. 应收账款增减变动分析

在流动资产和销售收入不变的情况下，应收账款的绝对额增加了，表明企业的变现能力减弱，承担的风险增大，其占用比重就不合理；如果应收账款的增长与流动资产增长和销售收入增长相适应，表明应收账款占用比重相对合理。

3. 存货增减变动分析

各类存货在企业再生产过程中的作用是不同的。其中，材料存货是维持再生产活动的必要物质基础，所以应把它限制在能够保证再生产正常进行的最低水平上；产成品存货是存在于流通领域的存货，它不是保证再生产过程持续进行的必要条件，因此必须压缩到最低限度；在产品存货是保证生产过程持续进行的存货，企业的生产规模和生产周期决定了在产品存货的存量，在企业正常经营条件下，在产品存货应保持稳定的比例。

提　示

一个企业在正常情况下，其存货结构应保持相对稳定。分析时，应特别注意对变动较大的项目进行重点分析。

4. 固定资产增减变动分析

固定资产增减变动分析，主要是对固定资产增长情况、更新情况、报废情况及损失情况进行分析。在评价企业固定资产更新的规模和速度时，也应结合企业的具体情况进行分析：如果企业是为了保持一定的生产规模和生产能力，对设备进行更新就是合理的；如果更新设备只是为了盲目扩大生产，就不合理了。

【想一想】固定资产增减变动分析的目的是什么？

5. 无形资产增减变动分析

从发展趋势上看，无形资产增减变动应当呈上升态势，无形资产增幅越大，表明企业可持续发展能力越强。

6. 流动负债增减变动分析

流动负债增减变动分析，主要是通过流动负债各项目的增减变动，分析企业短期筹资渠道的变化情况及偿债压力的大小，借以判断企业短期资金的筹资能力，以及对企业的生产经营活动的影响。

7. 长期负债增减变动分析

长期负债增减变动分析，主要是通过长期负债各项目的增减变动，分析企业长期筹资渠道的变化情况，借以判断企业长期资金的筹集能力。

8. 所有者权益增减变动分析

引起所有者权益增减变动的主要原因有：增加（或减少）注册资本、资本公积发生增减变化、留存收益的增加（或减少）等。通过对所有者权益增减变动的分析，可进一步了解企业对负债偿还的保证程度和企业自己积累资金和筹资的能力与潜力。

※ 任务设计 ※

资产负债表横向比较分析

［例 1 - 6］江南电子股份有限公司 2013—2016 年末资产负债表主要项目见表 1 - 14。

表 1 - 14　资产负债表主要项目

编制单位：江南电子股份有限公司　　　　金额单位：人民币元

项　目	2013 年末	2014 年末	2015 年末	2016 年末
流动资产合计	175 913 286.55	190 749 346.86	210 987 410.71	354 090 596.61
非流动资产合计	175 913 286.54	233 138 090.60	318 871 886.12	513 117 103.38
资产总计	351 826 573.09	423 887 437.46	529 859 296.83	867 207 699.99
流动负债合计	73 541 096.01	103 285 030.17	141 088 390.46	306 739 944.27
非流动负债合计	108 600 058.45	80 920 058.78	118 600 058.12	9 803 242.39
负债总计	182 141 154.46	184 205 088.95	259 688 448.58	316 543 186.66
所有者权益合计	169 685 418.63	239 682 348.51	270 170 848.25	550 664 513.33
负债及所有者权益总计	351 826 573.09	423 887 437.46	529 859 296.83	867 207 699.99

【资产负债表横向比较分析工作过程】

步骤 1　搜集资产负债表资料

在 2016 年年报的基础上，搜集 2013—2016 年有关资料的数据。

步骤 2　计算资产负债表结构

资产负债表主要项目横向结构分析见表 1 - 15。

表 1 - 15　资产负债表主要项目横向结构分析表

项　目	结构百分比（%）				变动情况（%）		
	2013 年末	2014 年末	2015 年末	2016 年末	2014 年—2013 年	2015 年—2014 年	2016 年—2015 年
流动资产合计	50.00	45.00	39.82	40.83	−5.00	−5.18	1.01
非流动资产合计	50.00	55.00	60.18	59.17	5.00	5.18	−1.01
资产总计	100.00	100.00	100.00	100.00			
流动负债合计	40.38	56.07	54.33	96.90	15.69	−1.74	42.57
非流动负债合计	59.62	43.93	45.67	3.10	−15.69	1.74	−42.57
负债总计	51.77	43.46	49.01	36.50	−8.31	5.55	−12.51
所有者权益合计	48.23	56.54	50.99	63.50	8.31	−5.55	12.51
负债及所有者权益总计	100.00	100.00	100.00	100.00			

步骤 3　绘制资产负债表主要项目结构图

流动资产与非流动资产比重变化如图 1 - 2 所示。

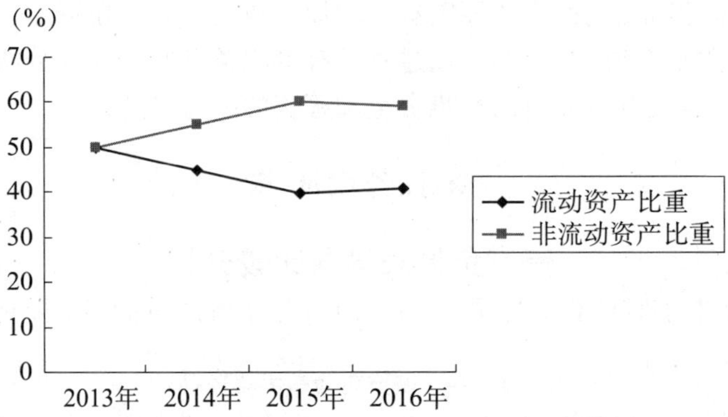

图 1 - 2　流动资产与非流动资产比重变化图

2016 年负债与所有者权益结构如图 1 - 3 所示。

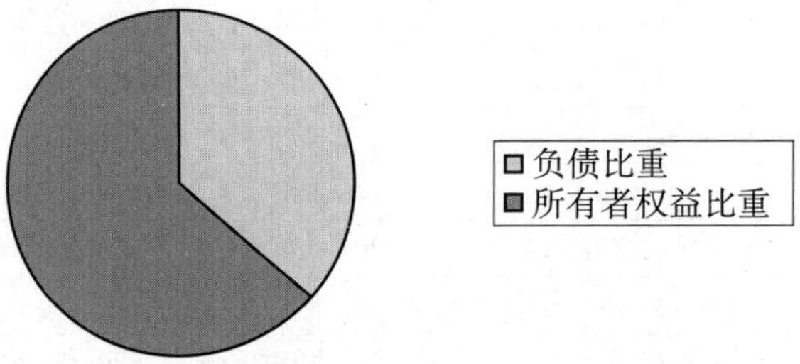

图 1 - 3　2016 年负债与所有者权益结构图

同理，可以根据需要绘制相应的结构图。

步骤 4　评价资产负债表结构的合理性与安全性

从企业四年发展的情况看，资产规模不断扩大，其中流动资产比重逐年下降，非流动资产比重逐年增加，这样的资产分布是比较合理的。负债中减少了非流动负债，流动负债比重过高，需要关注短期偿债风险。所有者权益比重不断提高，形成较好的趋势。

※ 知识拓展 ※

资产负债表对比标准

资产负债表对比标准不同，其分析目的或作用也不同。以预算数为对比基数时，分析的目的在于评价资产、负债和所有者权益预算完成情况，揭示影响资产负债表预算完成情况的原因；以上年数为对比基数时，分析的目的在于评价资产、负债及所有者权益的增减变动情况，揭示本年财务状况与上年对比产生差异的原因。

※ 思考练习 ※

一、判断（正确的在括号内打“√”，错误的打“×”）

(　　)1. 货币资金规模与企业销售规模是无关的。

(　　)2. 各类存货在企业再生产过程中的作用是相同的。

(　　)3. 无形资产增减变动呈上升态势，表明企业可持续发展能力降低。

(　　)4. 流动负债增减变动分析，主要分析企业短期筹资渠道的变化情况及偿债压力的大小。

(　　)5. 以上年数为对比基数时，分析的目的在于评价资产、负债及所有者权益的增减变动情况。

二、选择（下列答案中有一项或多项是正确的，将符合题意选项前的英文字母填入括号内）

1. 资产负债表纵向分析主要是判断企业的(　　)。

A. 财务状况变化趋势　　B. 获利能力　　C. 现金流量　　D. 收入变化趋势

2. 在流动资产和销售收入不变的情况下，应收账款的绝对额增加了，表明企业的(　　)。

A. 变现能力增强　　B. 变现能力减弱　　C. 承担风险减少　　D. 承担风险增加

3. 固定资产增减变动分析，主要是分析固定资产的(　　)。

A. 增长情况　　B. 更新情况　　C. 报废情况　　D. 损失情况

4. 分析长期负债各项目的增减变动，在于分析企业长期资金的(　　)。

A. 分布情况　　B. 筹资渠道变化　　C. 运用情况　　D. 筹集能力

5. 若分析的目的在于评价资产、负债和所有者权益预算完成情况，则其对比基数是(　　)。

A. 上年数　　B. 历史最高水平　　C. 预算数　　D. 行业标准

三、学习领域情境实训

(1) 实训目的：学会资产负债表横向比较分析。

(2) 情境资料：资产负债表主要项目见表 1-16。

表1-16 资产负债表主要项目

编制单位：江北机电股份有限公司　　　　金额单位：人民币元

项　目	2013年末	2014年末	2015年末	2016年末
流动资产合计	382 108 575.14	519 684 535.53	694 079 750.36	706 186 750.65
非流动资产合计	186 079 850.38	173 228 178.51	194 269 883.03	191 986 030.70
资产总计	568 188 425.52	692 912 714.04	888 349 633.39	898 172 781.35
流动负债合计	63 918 600.45	75 800 635.35	67 191 026.52	68 918 255.61
非流动负债合计	6 932 421.80	6 590 389.28		
负债总计	70 851 022.25	82 391 024.63	67 191 026.52	68 918 255.61
所有者权益合计	497 337 403.27	610 521 689.41	821 158 606.87	829 254 525.74
负债及所有者权益总计	568 188 425.52	692 912 714.04	888 349 633.39	898 172 781.35

（3）实训要求：将学生分成若干小组，每组4名学生，并推选一名学生为组长，在老师的指导下共同制定工作方案。各组成员横向比较分析资产负债表，并列出算式。15分钟后，各组汇报，老师点评，评定成绩。

项目三

资产负债表比率分析

比率分析是把相关联但不同的项目或指标进行比较，其表现形式可能是百分数、比率或是分数，通过这些比率可以说明各项目之间的关系，由此解释企业相关的经济现象。比率分析具有直接明了的特点，它是相对数，能排除规模的影响，是会计报表分析中最常用的方法之一。资产负债表的比率分析是指将资产负债表的相关因素联系在一起，通过计算指标比率来分析、评价企业财务状况的一种方法。资产负债表的比率分析主要有偿债能力分析和营运能力分析。

任务1　偿债能力分析

※ 任务描述 ※

熟悉偿债能力的指标构成，掌握偿债能力分析的工作步骤，掌握判断偿债能力强弱的方法，了解影响偿债能力的有关因素。

※ 知识准备 ※

一、短期偿债能力分析

财务比率分析是指将财务报表总的信息和资料加以整理、浓缩、简化后，以百分比或者指数的形式来表现财务报表各个项目之间相互关系的专用报表阅读方式。通过财务比率分析，可以对企业的偿债能力、盈利能力及企业发展能力等作出评价，进而对企业的总体财务状况和未来发展趋势作出预测和判断。

短期偿债能力反映企业在不用变卖或处置固定资产的情况下能否偿还短期负债的能力。短期负债是指流动负债，具体包括短期借款和应付、应交及预收款项等不长于一年或一个经营周期的债务。反映企业短期偿债能力的比率称为流动性比率，用于反映企业短期偿债能力的流动性比率主要有流动比率、速动比率和现金比率。

1. 流动比率

流动比率是流动资产与流动负债之比，其计算公式为：

$$流动比率=\frac{流动资产}{流动负债}$$

从指标的计算公式可以看出，流动比率反映的是在一定期间内，企业有多少可以转化为现金的资产能用来偿还一年内到期的短期债务。流动比率越高，企业的偿债能力或者说资产变现能力就越强。

练一练

已知某企业 2015 年和 2016 年流动资产分别为 344.30 万元和 1 164.70 万元，流动负债分别为 170 万元和 534 万元，则该企业的流动比率是多少？

请注意

一般来说，流动比率越高，企业的短期偿债能力就越强，财务风险就越小。而较低的流动比率通常表明企业在偿还短期债务方面可能存在某些问题，因此财务风险比较大。国际公认的标准为 2，我国认为较好的标准为 1.5。

【想一想】流动比率是不是越高越好？

提 示

造成企业流动比率过高的原因有很多，主要包括：企业对资金未能有效利用；企业赊销过多，流动资产中有大量的应收账款；企业销售不力，致使在产品、产成品积压，库存商品过多；等等。

2. 速动比率

速动比率是在流动比率的基础上更严格地对企业流动资产质量的评价。其计算公式的分子即速动资产是从流动资产中扣除部分变现不及时（主要是存货）的资产，分母是流动负债，其计算公式为：

$$速动比率=\frac{速动资产}{流动负债}$$

其中，速动资产的计算公式为：

$$速动资产=流动资产-存货-预付账款$$

【想一想】速动资产是流动资产扣除存货和预付账款，这是为什么？

练一练

已知某企业2015年和2016年流动资产分别为344.30万元和1 164.70万元，流动负债分别为170万元和534万元，存货分别为22万元和341.60万元，则该企业的速动比率是多少？

请注意

速动比率国际公认的标准为1，我国认为较好的标准为0.9。

3. 现金比率

现金比率是指企业期末现金类资产对流动负债的比率，其计算公式为：

$$现金比率=\frac{货币资金+交易性金融资产}{流动负债}$$

从计算公式可以看出，这一指标能反映企业直接偿付流动负债的能力，是最严格、最稳健的短期偿债指标。现金比率越高，企业可用于支付债务的现金类资产越多，短期债权人的债务风险越小。但如果这一指标过高，则企业的资金利用率低，不利于盈利水平的提高。

练一练

已知某企业2015年和2016年现金类资产分别为82.30万元和567.10万元，流动负债分别为170万元和534万元，则该企业的现金比率是多少？

4. 影响短期偿债能力的其他因素

前面的比率分析都是从企业内部数据分析来评价企业的短期偿债能力。其实，企业作为一个社会元素，其偿债能力同样受到诸多社会因素的影响，这些因素主要有：

（1）公司可动用的银行贷款指标。企业在长期经营过程中，会与一些银行建立合作关系。为了保持这种合作关系，也为了争取存贷款市场，有的银行会与企业签订额度内的“机动借款合同”，即银行已同意在一定额度内，只需企业申请，随时都可以从银行取得一部分短期借款以增加企业现金，提高企业的支付能力。

（2）企业偿债信誉的好坏。如果一家企业一直以来偿债能力很好，从未拖欠过货款，在供应商中保持了良好的信用，那么当该企业某一时段出现短期偿债困难时，它可以通过申请延期付款等方式来解决短期资金困难问题，或者举借新债偿还旧债等。这也是企业提高短期偿债能力的一种方式。

（3）企业准备很快变现的长期资产。由于改变制造工艺、调整产品结构、转型等原因，企业可能会将一些长期资产出售，这样可以收回现金，也增加了企业的短期偿债能力。

（4）或有负债会降低企业短期偿债能力。如果一家企业在报告期内卷入了尚未判决的质量问题诉讼案或经济纠纷案，而且可能败诉并需赔偿，就增加了企业的负债，这样企业的短期偿债能力就降低了。

(5) 担保责任引起的负债会降低企业短期偿债能力。企业有可能用自有的一些流动资产为别的企业或个人提供担保，如为关联企业向银行等金融机构借款提供担保，为别的企业进口关税提供担保等。一旦被担保方出现违约，这些担保行为就有可能增加企业负债，从而降低企业的偿债能力。

二、长期偿债能力分析

仅仅了解一家企业的短期偿债能力是不够的。人无远虑，必有近忧，所以我们在评价一家企业的偿债能力时，需要同样关注企业的长期偿债能力。

长期偿债能力是指企业偿还长期负债的能力。企业的长期负债主要包括长期借款、应付债券、长期应付款等偿还期在一年以上的债务。用于分析和评价企业长期偿债能力的指标主要有：资产负债率、股东权益比率、权益乘数、负债股权比率（产权比率）、利息保障倍数（获利倍数）等。其中，由于利息保障倍数这一指标涉及了利润表数据，因此，在利润表分析的对应项目中再举例说明。

1. 资产负债率

资产负债率是企业负债总额与资产总额的比率，也称负债率。它反映企业的资产总额中有多少是通过举债获得的。其计算公式为：

$$资产负债率=\frac{负债总额}{资产总额}\times 100\%$$

提 示

由于投资者、债权人和公司经营者有不同的利益，因此对资产负债率的评价也就有所差别。

对于投资者而言，当企业的总资产利润率高于债务利息一定比例时，希望举借更多的债务来扩大经营，以赚取更多的超出利息的利润。

对于债权人而言，其关注的是债权的安全性及其利息是否能得到足额、及时地给付。当企业负债在总资产中所占比重超过50%时，债权人在企业清算时，就绝对有可能出现本金得不到清偿的情况，所以希望企业资产负债率越低越好。

对于公司经营者而言，由于在考虑资金成本负担能力的同时，还要考虑通过适度负债满足企业发展对资金的需求，既不能过于保守，又不应当盲目举债，因此希望适当负债。

练一练

已知某企业2015年和2016年资产总额分别为654.30万元和1 528.70万元，负债总额分别为210万元和574万元，则该企业的资产负债率是多少？

请注意

对资产负债率指标，没有统一的衡量标准，不同行业的期望标准差别很大，而且受到企业本身经营状况、盈利能力以及社会经济整体形势等因素的制约。在经济危机情况下，很多银行都说：我倒是想借给企业钱，可是企业不要。这就是典型的因为经济形势不好，企业自身未来的盈利能力有很大不确定性，所以不敢贸然筹资，以免增加利息支出和企业财务风险。资本结构较好的企业，其资产负债率不超过50%比较稳妥，国际公认的标准是不超过60%。

2. 股东权益比率和权益乘数

（1）股东权益比率。即股东权益占企业资产总额的比重，该指标反映企业资产总额中有多少是股东投入的资金。其计算公式为：

$$股东权益比率=\frac{股东权益总额}{资产总额}\times 100\%$$

（2）权益乘数。即企业资产总额与股东权益的比率，它与股东权益比率互为倒数，该比率表明1元股东权益拥有多少总资产。其计算公式为：

$$权益乘数=\frac{资产总额}{股东权益总额}$$

练一练

已知某企业2015年和2016年资产总额分别为654.30万元和1 528.70万元，股东权益总额分别为444.30万元和954.70万元，则该企业的股东权益比率和权益乘数各是多少？

由于股东权益和资产总额的年底数均为时点数，因此在进行财务分析时，需要将该指标由时点指标转化为时期指标，即股东权益总额和资产总额采用平均数计算，修正后的指标为时期指标。

【想一想】资产负债率加股东权益比率等于多少？

3. 负债股权比率（产权比率）

负债股权比率是负债总额与股东权益总额的比率，也称产权比率。其计算公式为：

$$负债股权比率（产权比率）=\frac{负债总额}{股东权益总额}\times 100\%$$

从计算公式可以看出，这个比率实际上反映了债权人所提供的资金与股东所投入资金的对比关系。因此，它可以揭示企业的财务风险及股东权益对偿还企业债务的保障程度。

练一练

已知某企业2015年和2016年负债总额分别为210万元和574万元，股东权益总额分别为444.30万元和954.70万元，则该企业的负债股权比率是多少？

负债股权比率（产权比率）越低，表明企业的长期偿债能力越强，债权人承担的风险越小；反之，表明企业的长期偿债能力越弱，债权人承担的风险越大。所以，对债权人来说，负债股权比率（产权比率）越低越好，因为比率越低，说明每一元债务背后的股东权益保障越多，债权人越有安全感。

请注意

产权比率和权益乘数这两种比率，是常用的财务杠杆计量指标，可以反映特定情况下资产利润率和权益利润率之间的倍数关系。财务杠杆表明债务的多少，与偿债能力有关，并且表明权益净利率的风险，也与盈利能力有关。

【想一想】权益乘数减负债股权比率等于多少？

4. 影响长期偿债能力的其他因素

通过财务指标分析能够了解企业的长期偿债能力。此外，还有一些与企业内、外相关的因素也制约企业长期偿债能力，这些因素主要有：

（1）企业长期资产项目的含金量会直接影响企业的长期偿债能力。资产负债表的长期资产主要包括固定资产、长期投资和无形资产等，这些资产的实际市场价值和账面价值的差异程度，直接影响企业的长期偿债能力。

（2）或有事项的存在也会影响企业的长期偿债能力。关于或有事项对企业偿债能力的影响，我们在短期偿债能力分析中就有分析到，这里要说的是，如果企业存在大范围对用户提出特殊质量保证，或者企业产品存在致命缺陷，就有可能引起负债性质的或有事项发生。例如，汽车公司批量召回已经售出若干年的汽车，飞机制造商发现飞机的致命缺陷等。这些或有事项会顷刻增加企业当期的成本费用，需要大量现金支出执行补救措施，同时会导致企业失去市场，影响现金流入。

提　示

对企业的长期偿债能力进行分析时，一定要根据报表附注及其他有关资料，判断或有事项可能给企业带来的潜在长期负债，并分析其影响程度。

※ 任务设计 ※

偿债能力分析

【偿债能力分析工作过程】

步骤 1　搜集分析偿债能力资料

资产负债表偿债能力分析有关项目见表 1－17。

表 1－17　资产负债表偿债能力分析有关项目

编制单位：江南电子股份有限公司　　金额单位：人民币元

项　目	2015 年末	2016 年末
货币资金	82 466 411.55	148 170 255.31
预付账款	5 984 611.56	72 247 843.76

续前表

项　目	2015年末	2016年末
存货	85 083 574.62	77 254 016.00
流动资产合计	210 987 410.71	354 090 596.61
资产总计	529 859 296.83	867 207 699.99
流动负债合计	141 088 390.46	306 739 944.27
负债总计	259 688 448.58	316 543 186.66
所有者权益合计	270 170 848.25	550 664 513.33
负债及所有者权益总计	529 859 296.83	867 207 699.99

步骤2　计算偿债能力指标

偿债能力指标的计算见表1-18。

表1-18　偿债能力指标计算表

期限	指　标	2015年	2016年
短期偿债能力	流动比率	$\frac{210\ 987\ 410.71}{141\ 088\ 390.46}=1.5$	$\frac{354\ 090\ 596.61}{306\ 739\ 944.27}=1.15$
	速动资产	210 987 410.71－85 083 574.62－5 984 611.56＝119 919 224.53（元）	354 090 596.61－77 254 016.00－72 247 843.76＝204 588 736.85（元）
	速动比率	$\frac{119\ 919\ 224.53}{141\ 088\ 390.46}=0.85$	$\frac{204\ 588\ 736.85}{306\ 739\ 944.27}=0.67$
	现金比率	$\frac{82\ 466\ 411.55}{141\ 088\ 390.46}=0.58$	$\frac{148\ 170\ 255.31}{306\ 739\ 944.27}=0.48$
长期偿债能力	资产负债率	$\frac{259\ 688\ 448.58}{529\ 859\ 296.83}\times100\%=49.01\%$	$\frac{316\ 543\ 186.66}{867\ 207\ 699.99}\times100\%=36.50\%$
	股东权益比率	$\frac{270\ 170\ 848.25}{529\ 859\ 296.83}\times100\%=50.99\%$	$\frac{550\ 664\ 513.33}{867\ 207\ 699.99}\times100\%=63.50\%$
	权益乘数	$\frac{529\ 859\ 296.83}{270\ 170\ 848.25}=1.961\ 2$	$\frac{867\ 207\ 699.99}{550\ 664\ 513.33}=1.574\ 8$
	负债股权比率	$\frac{259\ 688\ 448.58}{270\ 170\ 848.25}\times100\%=96.12\%$	$\frac{316\ 543\ 186.66}{550\ 664\ 513.33}\times100\%=57.48\%$

修正权益乘数：

$$2016\text{年资产平均总额}=\frac{529\ 859\ 296.83+867\ 207\ 699.99}{2}=698\ 533\ 498.41\text{（元）}$$

$$2016\text{年所有者权益平均总额}=\frac{270\ 170\ 848.25+550\ 664\ 513.33}{2}=410\ 417\ 680.79\text{（元）}$$

$$\text{修正权益乘数}=\frac{698\ 533\ 498.41}{410\ 417\ 680.79}=1.702\ 0$$

步骤3　评价偿债能力

从上述指标看，2016年的短期偿债能力出现下降的情况，流动比率由上年的1.5下降到1.15，下降了23.33%，速动比率由上年的0.85下降到0.67，下降了21.18%，并且流动比率和速动比率都在公认标准以下，可见短期偿债压力较大，需要关注短期偿债风险。长期偿债能力的情况比短期偿债能力的情况好，资产负债率由上年的49.01%下降到36.50%，主要是由资产的增长较快引起的，如果增加的资产是合理的，虽然负债扩大了一点，但长期偿债风险还是减少的。股东权益比率、权益乘数和负债股权比率指标是正常的。

※ 知识拓展 ※

偿债能力风险识别

通过观察企业年度报表，我们发现优秀企业尽管自身占据竞争优势，但是倾向于负担一部分债务。这是为什么呢？引用阿基米得的一句名言："给我一个支点和一根杠杆，我可以撬动整个地球。"这里提供一个简单的识别方法：如果企业的净利润大于其长期贷款，那么该企业就基本不具备经营风险。它的长期负债可以理解为财务杠杆效应。真正优秀的企业，其资产负债表不会出现短期贷款大于长期贷款的现象。短期贷款绝对是能够摧毁一家企业的致命杀手。

※ 思考练习 ※

一、判断（正确的在括号内打"√"，错误的打"×"）

(　　)1. 流动比率越高，企业的偿债能力越低。

(　　)2. 现金比率越高，企业可用于支付债务的现金类资产越多，短期债权人的债务风险越小。

(　　)3. 权益乘数是股东权益占企业资产总额的比例。

(　　)4. 产权比率越低，表明企业长期偿债能力越低。

(　　)5. 真正优秀的企业，其资产负债表不会出现短期贷款小于长期贷款的现象。

二、选择（下列答案中有一项或多项是正确的，将符合题意选项前的英文字母填入括号内）

1. 某企业年初速动比率为 1.2，流动比率为 2.2。当年年末企业的速动比率为 0.8，流动比率为 2.4，其变动原因是(　　)。

A. 应付账款增加　　B. 应收账款减少　　C. 存货增加　　D. 存货减少

2. 下列流动资产中，不属于速动资产的是(　　)。

A. 存货　　B. 应收账款　　C. 预付款项　　D. 货币资金

3. 资本结构较好的企业，其资产负债率在(　　)左右比较稳妥。

A. 20%　　B. 30%　　C. 40%　　D. 50%

4. 揭示企业的财务风险及股东权益对偿还企业债务的保障程度的指标是(　　)。

A. 股东权益比率　　B. 负债股权比率　　C. 权益乘数　　D. 获利倍数

5. 以下因素中，可能影响企业偿债能力的有(　　)。

A. 担保责任　　B. 或有负债　　C. 可动用的银行贷款指标　　D. 承诺

三、学习领域情境实训

(1) 实训目的：学会资产负债表偿债能力分析。

(2) 情境资料：根据表 1-3、表 1-16，搜集江北机电股份有限公司资产负债表分析偿债能力的有关资料。

(3) 实训要求：将学生分成若干小组，每组 4 名学生，并推选一名学生为组长，在老师的指导下共同制定工作方案。各组成员从资产负债表资料中分析偿债能力，并列出算式。15 分钟后，各组汇报，老师点评，评定成绩。

任务2　营运能力分析

※ 任务描述 ※

熟悉营运能力的指标构成，掌握营运能力分析的工作步骤，掌握判断营运能力强弱的方法，了解营运能力分析的作用。

※ 知识准备 ※

资产的营运能力是指企业对各项资产的运用效率。通过对有关财务比率的分析，可以了解企业资产运行是否合理，是否有多余资产闲置等。

一、营运能力分析常用指标

常用的反映企业营运能力的财务分析指标有存货周转率和周转天数、应收账款周转率和周转天数、流动资产周转率和周转天数、固定资产周转率和周转天数、总资产周转率和周转天数等。

1. 存货周转率和周转天数

存货周转率是销售成本与存货平均余额之比，反映的是企业存货利用效率的高低，其计算公式为：

$$存货周转率=\frac{销售成本}{存货平均余额}$$

其中，存货平均余额＝（期初存货＋期末存货）÷2，而销售成本通常是指主营业务成本。

或者，也可以用全年天数除以存货周转率，计算出存货周转天数，其计算公式为：

$$存货周转天数=\frac{360}{存货周转率}$$

存货周转天数反映的是平均多少天存货可以周转一次，或者说是企业从购入原材料、投入生产到将产成品销售出去所需的天数。存货周转率是表明存货流动性的主要指标，同时是衡量和评价企业存货购入、投入生产、销售收回等各环节的综合性指标，是衡量企业资产管理能力高低的一个重要指标。通过这个指标，报表使用者能看到企业的产品从购入原材料、投入生产到销售出去实现收入等各个环节的管理状况，从而直观地评价企业资产运作效率。

练一练

已知某企业2015年和2016年存货总额分别为22万元和2 454万元，2016年销售成本为2 454万元，则该企业的存货周转率和周转天数是多少？

【想一想】存货周转率是不是越高越好？

一般来说，存货周转率越高越好。因为存货会占用企业大量的流动资金，加快存货周转，就能将这部分资金解放出来转投到下一循环的生产中，或者投到其他领域，如扩充生产线、对外投资等，这些无疑都会创造出更多的价值。

请注意

一家企业的存货周转率提高了，通常说明企业的生产、销售形势比原来好了，因为生产出的东西能够立刻被卖出去。我们常常说，要看企业效益好不好，从工厂门口排队拉货的车就能看出来，就是这个道理。

但存货周转率也并非绝对地越高越好。存货既包括原材料、半成品，又包括产成品。从原材料来讲，如果其存货过低，企业可能出现“巧妇难为无米之炊”的局面。所以，规模化生产的企业都规定了原材料的安全库存，也就是说当库存低于一定数量时，马上就购买，而不是等到没有原材料了才去购买。而对于成品，适当的库存一方面能帮助企业缓冲交货期，避免出现因延期交货带来的违约损失；另一方面便于企业应对市场上可能出现的突发性需求，不会因为手中一时无货而坐失商机。

提　示

适量的库存是企业持续经营的必备条件。在分析企业存货周转率时，可以参照比较的标准有两个：一个是行业平均水平标准，另一个是企业历史标准。

对存货周转率进行分析时，要注意存货的真实性。如某股票观察员发现，他一直关注的MB集团下属的一家上市公司最近2～3年存货周转率明显降低，而企业销售业绩没有明显变化。通过分析企业的存货绝对值发现，其存货较前几年提高了好几倍，是企业的营销策略改变了，还是出现了滞销？可该上市公司的销售收入却没有明显下滑的趋势。正当观察员百思不得其解时，证监会公布了该上市公司股东挪用该上市公司资金的通告。原来，该上市公司的大股东XY集团与该上市公司属于同一行业，MB集团利用该上市公司的资金为自己购买生产用原材料，体现在该上市公司的报表上为存货增加，而该上市公司在主营业务成本没有明显提高的情况下，其存货周转率理所当然地降低了。发现这一舞弊行为是通过存货监盘，但是，正如该股票观察员发现的那样，企业的财务比率已经充分地说明了这个事实。所以，报表使用者在分析这个指标时，可以与企业历史水平进行纵向比较，也可以与同行业的其他企业进行横向比较，以确认企业存货周转率反映的企业营运能力的真实性。

2. 应收账款周转率和周转天数

应收账款周转率是全年销售收入与应收账款平均余额之比，反映的是企业对应收账款的利用效率，其计算公式为：

$$\text{应收账款周转率}=\frac{\text{全年销售收入}}{\text{应收账款平均余额}}$$

式中，应收账款平均余额的计算公式为：

$$\text{应收账款平均余额}=\frac{\text{期初应收账款}+\text{期末应收账款}}{2}$$

式中的销售收入通常是指主营业务收入，如果企业的其他业务收入占比较大，比如达到主营业务收入的10%以上，可以把主营业务收入与其他业务收入相加后的和作为销售收入的来源，后面的比率分析中涉及的销售收入同此处理。

应收账款周转天数的计算公式为：

$$应收账款周转天数=\frac{360}{应收账款周转率}$$

应收账款周转率可以用来评价企业应收账款变现的速度和管理的效率，反映企业资金周转状况，也能体现企业信用政策的宽严程度。

请注意

由于应收账款是被客户所占用的，其被占用期间虽是资产，却很难发挥作用，因此，如果能迅速收回应收账款，则既可以补充企业资金，也说明企业信用状况良好，不易发生坏账损失。

【想一想】应收账款周转天数能否称为应收账款回收期？

练一练

已知某企业2015年和2016年应收账款余额分别为140万元和210万元，2016年销售收入为3 650万元，则该企业的应收账款周转率和周转天数各是多少？

一般情况下，应收账款周转率越高越好。因为应收账款周转率越高，说明在外的每一元应收款能更快地收回，企业资金增加，可以更快、更好地被利用，能提高资金的使用效率。如果应收账款周转率过低，势必是企业大量的资金被客户占用，长期下去，可能会造成企业资金周转困难，甚至需要从银行融资来维持生产经营，这样就需要支付利息，等于是“企业付利息，把钱借给客户用”。

但是，同时要看到，与其他资产一样，应收账款的目的是促进销售、减少存货，也是一种“投资”。如果企业应收账款周转率过高，说明企业的信用政策可能太紧，才会导致应收账款非常低，这样可能会失去一部分需要企业产品但短时期内资金存在一定困难的客户，不利于开拓和占领市场。所以，应收账款周转率也不是绝对地越高越好。

提　示

由于应收账款周转率受企业季节性经营、分期付款结算方式等因素的影响，因此财务报表使用者在分析这一指标时，也需要将本期指标与企业前期指标、行业平均水平或其他类似企业的指标相比较，从而判断该指标的高低水平是否符合企业财务现状，判断企业的营运能力如何。

3. 流动资产周转率和周转天数

流动资产周转率，又称为流动资产周转次数，是全年销售收入与平均流动资产总额之比，反映的是企业流动资产的利用效率，其计算公式为：

$$流动资产周转率=\frac{全年销售收入}{平均流动资产总额}$$

式中，平均流动资产总额的计算公式为：

$$平均流动资产总额=\frac{期初流动资产总额+期末流动资产总额}{2}$$

流动资产周转天数的计算公式为：

$$流动资产周转天数=\frac{360}{流动资产周转率}$$

流动资产周转率主要用于分析企业流动资产的周转速度。在一定时期内，企业流动资产周转率越高，表明以相同的流动资产完成的销售额（或者说周转额）越多，企业流动资产利用效果就越好。而流动资产周转天数反映的是流动资产周转一次所需要的时间，周转一次需要的时间越少，表明企业流动资产在经历生产和销售各阶段所占用的时间越短。企业在生产、经营的任何一个环节上提高了效率，都能缩短流动资产周转天数。

练一练

已知某企业 2015 年和 2016 年流动资产总额分别为 344.30 万元和 21 164.70 万元，2016 年销售收入为 3 650 万元，则该企业的流动资产周转率和周转天数各是多少？

企业的流动资产周转率越高，说明流动资产周转速度越快，表明企业的营运能力越强，流动资产的经营利用效果越好，进而使企业的偿债能力和盈利能力得到增强。

【想一想】流动资产周转率是不是越高越好？

通过公式可以知道，提高销售收入和降低流动资产都可以提高流动资产周转率。在销售收入既定的情况下，不能单纯地以大幅降低流动资产为代价去追求高周转率，因为流动资产的多少直接反映了企业短期偿债能力的强弱，企业应保持较稳定的流动资产水平，以保证其短期偿债能力，在此基础上再提高其使用效率。

提 示

同存货和应收账款的分析一样，对流动资产周转率进行分析时，该指标也需要与企业以前年度数据、同行业其他企业数据或者行业平均水平进行比较才有意义。

4. 固定资产周转率和周转天数

固定资产周转率是全年销售收入与固定资产平均净值之比，反映的是企业固定资产的利用效率，其计算公式为：

$$固定资产周转率=\frac{全年销售收入}{固定资产平均净值}$$

式中，固定资产平均净值的计算公式为：

$$固定资产平均净值=\frac{期初固定资产净值+期末固定资产净值}{2}$$

固定资产周转天数的计算公式为：

$$固定资产周转天数=\frac{360}{固定资产周转率}$$

固定资产周转率主要用于分析企业对厂房、机器设备等固定资产的利用效率。该比率越高，说明固定资产的利用率越高，管理水平越高。如果一个企业的固定资产周转率与同行业平均水平相比偏低，则说明企业对固定资产的利用率较低，可能影响企业的盈利能力。

练一练

已知某企业2015年和2016年固定资产净值分别为190万元和228万元，2016年销售收入为3 650万元，则该企业的固定资产周转率和周转天数各是多少？

【想一想】 固定资产计价方法的改变是否会影响固定资产周转率？

提 示

如果在某期，固定资产周转率出现了忽高忽低的变化，一定不能直接认为企业的营运能力在短期内有调整，需要进一步分析固定资产净值组成项目是否在本期内有特殊异动后再作判断。

5. 总资产周转率和周转天数

总资产周转率，又称总资产周转次数，是全年销售收入与平均资产总额之比，反映的是企业全部资产的利用效率，其计算公式为：

$$总资产周转率=\frac{全年销售收入}{平均资产总额}$$

式中，平均资产总额的计算公式为：

$$平均资产总额=\frac{期初资产总额+期末资产总额}{2}$$

总资产周转天数的计算公式为：

$$总资产周转天数=\frac{360}{总资产周转率}$$

总资产周转率即企业的总资产在一定时期内（通常为1年）周转的次数。其比率越高，表明总资产周转速度越快，企业的销售能力越强，利用全部资产进行经营的效率越高，进而使企业的偿债能力和盈利能力得到增强。

请注意

可能会出现这样的情况，在某期，企业的总资产周转率突然上升，而销售收入与以往持平，这就有可能是企业本期报废了大量固定资产，这时的总资产周转率不能说明资产利用率真的提高了。

练一练

已知某企业2015年和2016年资产总额分别为654.30万元和1 528.70万元，2016年销售收入为3 749.50万元，则该企业的总资产周转率和周转天数各是多少？

二、营运能力指标分析的特点

企业的营运能力实际上就是企业的总资产及各个组成要素的营运能力，其分析指标的特点是：

（1）所有指标的资产负债表项目均采用了“（期初＋期末）÷2”的均值的方式，这是因为资产负债表反映的是企业在某一特定日期（如 12 月 31 日）的财务状况，而需要分析的是企业一定期间内的营运能力，分析时的数据来源采用“（期初＋期末）÷2”的均值，就可以在一定程度上避免某一日期的特殊事项对各个指标的绝对影响。

（2）对所有指标进行分析时，与企业利润中成本相关的项目，如存货，其领用和消耗会增加销售成本，则分析其使用效率时，与销售成本比较；而与企业利润中收入相关的项目，如应收账款，因为是实现销售收入时产生的，所以在分析其使用效率时，与销售收入（主要是主营业务收入）比较；而涉及整个企业营运状态的，直接与销售收入比较，如流动资产周转率、固定资产周转率和总资产周转率等。了解了这些指标的根源，就不需要刻意地去记公式了。

※ 任务设计 ※

营运能力分析

【营运能力分析工作过程】

步骤 1　搜集分析营运能力资料

资产负债表偿债能力分析有关项目见表 1－19。

表 1－19　资产负债表偿债能力分析有关项目

编制单位：江南电子股份有限公司　　　　金额单位：人民币元

项　目	2015 年末	2016 年末	平均数额
应收账款	36 109 609.79	54 755 464.35	45 432 537.07
存货	85 083 574.62	77 254 016.00	81 168 795.31
流动资产合计	210 987 410.71	354 090 596.61	282 539 003.66
固定资产	291 311 210.62	273 694 142.52	282 502 676.57
资产总计	529 859 296.83	867 207 699.99	698 533 498.41

2016 年的销售收入和销售成本分别是 252 725 670.76 元和 219 674 908.84 元。

步骤 2　计算营运能力指标

$$存货周转率=\frac{219\ 674\ 908.84}{81\ 168\ 795.31}=2.71（次）$$

$$存货周转天数=\frac{360}{2.71}=132.84（天）$$

$$应收账款周转率=\frac{252\ 725\ 670.76}{45\ 432\ 537.07}=5.56（次）$$

$$应收账款周转天数=\frac{360}{5.56}=64.75（天）$$

$$流动资产周转率=\frac{252\ 725\ 670.76}{282\ 539\ 003.66}=0.89（次）$$

$$流动资产周转天数=\frac{360}{0.89}=404.49（天）$$

$$固定资产周转率=\frac{252\ 725\ 670.76}{282\ 502\ 676.57}=0.89（次）$$

$$固定资产周转天数=\frac{360}{0.89}=404.49（天）$$

$$总资产周转率=\frac{252\ 725\ 670.76}{698\ 533\ 498.41}=0.36（次）$$

$$总资产周转天数=\frac{360}{0.36}=1\ 000（天）$$

步骤3　评价营运能力

从上述指标计算看，2016年度总资产周转率为0.36次，主要是受固定资产周转率和流动资产周转率影响，并且流动资产周转率与固定资产周转率相同。可见，需要深入分析流动资产的营运能力，关注流动资产利用效率和外部环境的情况，比如是否存在年底前大量补充存货等现象，或者是否出现存货积压现象等。同时，对应收账款周转情况，需要关注企业的销售政策、赊销政策等，以便判断周转率是否恰当。为了更好地评价企业营运能力，可以与上年相关指标进行比较，也可以与行业内营运能力较好的企业进行比较，以便发现问题，找出差距，改善企业经营管理工作，提高营运能力。

※ 知识拓展 ※

营运能力分析的作用

资产营运是企业在生产、经营过程中实现资本增值的过程，通过对营运能力各个指标的分析，可以了解企业资产的营运效率与效益。营运能力分析达到的效果有：

（1）营运能力分析能帮助报表使用者客观、有效地评价企业资产营运的效率，为确认企业的盈利能力和偿债能力提供依据。

（2）营运能力分析能帮助企业经营者发现企业在资产营运中存在的问题。如通过分析，发现企业应收账款周转率过低，可以采用调整信用政策、加大催收力度等方式加强对应收账款的管理，从而减少出现应收账款坏账的比例，提高企业的资金周转能力。

（3）营运能力分析能为企业投资者评价和考核企业管理层提供参考数据。投资者把钱投入企业，目的是最大限度地获得利润，如果企业的很多资产都没有充分利用，那肯定谈不上获得尽可能多的利润。因此，投资者可以把企业的营运能力指标作为考核企业管理者的参考指标之一。

※ 思考练习 ※

一、判断（正确的在括号内打“√”，错误的打“×”）

（　　）1. 存货周转率是销售收入与平均存货之比。

（　　）2. 应收账款周转率能体现企业信用政策的宽严程度。

（　　）3. 流动资产周转天数与流动资产周转次数成正比。

（　　）4. 如果一个企业的固定资产周转率与同行业平均水平相比偏低，说明企业对固定资产的利用率较低。

（　　）5. 如果本期总资产比上期总资产有较大幅度增加，表明企业本期经营业绩成效显著。

二、选择（下列答案中有一项或多项是正确的，将符合题意选项前的英文字母填入括号内）

1. 存货周转率偏低的原因可能是（　　）。

A. 产品滞销　　B. 材料供应脱节　　C. 囤积存货　　D. 在产品周转快

2. 企业提高流动资产周转率的途径有（　　）。

A. 扩大销售收入　　B. 减少销售收入　　C. 降低流动资产　　D. 增加流动资产

3. 企业的流动资产周转率越高，表明企业（　　）。

A. 流动资产周转速度越慢　　B. 流动资产周转速度越快

C. 营运能力越弱　　D. 营运能力越强

4. 某企业的全部资产由流动资产和固定资产构成，流动资产周转率为 3，固定资产周转率为 2，则总资产周转率为（　　）。

A. 5　　B. 1　　C. 2.5　　D. 1.2

5. 下列指标中属于营运能力的有（　　）。

A. 总资产报酬率　　B. 材料周转期　　C. 在产品周转期　　D. 产成品周转期

三、学习领域情境实训

（1）实训目的：学会营运能力分析。

（2）情境资料：根据表 1－3 搜集江北机电股份有限公司资产负债表分析偿债能力的有关资料。2016 年的销售收入和销售成本分别是 264 426 178.67 元和 183 545 766.81 元。

（3）实训要求：将学生分成若干小组，每组 4 名学生，并推选一名学生为组长，在老师的指导下共同制定工作方案。各组成员分析营运能力，并列出算式。15 分钟后，各组汇报，老师点评，评定成绩。

单元小结

- 第一单元
  - 阅读资产负债表
    - 阅读资产项目
    - 阅读负债项目
    - 阅读所有者权益项目
    - 阅读步骤
      - 看布局
      - 看变化
      - 看结构
  - 分析资产负债表
    - 比较分析
      - 纵向比较分析
      - 横向比较分析
      - 比较分析步骤
        - 搜集资料
        - 计算结构
        - 绘制结构图
        - 分析评价
    - 比率分析
      - 分析偿债能力
        - 分析指标
          - 流动比率
          - 速动比率
          - 现金比率
          - 资产负债率
          - 股东权益比率
          - 权益乘数
          - 负债股权比率
        - 分析步骤
          - 搜集资料
          - 计算指标
          - 分析评价
      - 分析营运能力
        - 分析指标
          - 存货周转率和周转天数
          - 应收账款周转率和周转天数
          - 流动资产周转率和周转天数
          - 固定资产周转率和周转天数
          - 总资产周转率和周转天数
        - 分析步骤
          - 搜集资料
          - 计算指标
          - 分析评价

单元训练

一、知识巩固

1. 怎样阅读资产项目？如何观察资产布局的合理性？
2. 怎样阅读负债项目？如何观察负债的安全性？
3. 怎样阅读所有者权益项目？
4. 纵向比较分析与横向比较分析有何不同？

5. 如何分析偿债能力?

6. 简述影响偿债能力的其他因素。

7. 如何分析营运能力?

8. 应收账款周转率的高低对营运能力有何影响?

二、实训项目

[项目一]

1. 实训目的

加强学生对资产负债表阅读与分析的实际操作训练，运用所学知识与分析方法，提高学生发现问题、分析问题和解决问题的能力，并培养学生团队协作意识，提高职业判断能力、语言表达能力、沟通能力和撰写分析报告能力。

2. 实训资料

一家中小板上市公司近三年的资产负债表及相关资料。

3. 实训组织

按 4 人为一个学习小组，选定小组长一人，负责制定小组工作计划书，组织小组讨论、实训和学习。资产负债表实训工作计划书通过小组成员讨论制定，并经指导老师审阅批准后实施。

4. 实训任务

(1) 制定小组资产负债表实训工作计划;

(2) 搜集一家中小板上市公司近三年的资产负债表及相关资料;

(3) 阅读公司资产负债表;

(4) 完成公司资产负债表的比较分析;

(5) 完成公司资产负债表的比率分析;

(6) 撰写资产负债表的分析报告。

5. 实训要求

(1) 能熟练利用网络搜集查阅所需的资料;

(2) 能把握阅读资产负债表的关键点;

(3) 能对公司财务状况作出客观、全面的分析评价;

(4) 能撰写资产负债表分析报告，报告内容包括公司概况、资产负债表的基本情况、纵向比较分析、横向比较分析、偿债能力分析、营运能力分析、综合评价与结论、建议等。

(5) 制作 PPT 汇报。

[项目二]

1. 实训目的

培养判断资产负债表是否真实的能力。

2. 实训资料

如右图所示。

3. 实训要求

(1) 根据图示调查并描述一个虚假会计年报事件。

(2) 你认为应如何识别会计报表的粉饰情况?

职业核心能力测评

职业核心能力测评表

（在□中打√，A表示通过，B表示基本通过，C表示未通过）

职业核心能力	评 估 标 准	自测结果
自我学习	1. 能进行时间管理 2. 能选择适合自己的学习和工作方式 3. 能随时修订计划并进行意外处理 4. 能将已经学到的东西用于新的工作任务	□A □B □C □A □B □C □A □B □C □A □B □C
信息处理	1. 能根据不同需要去搜寻、获取并选择信息 2. 能筛选信息，并进行信息分类 3. 能使用多媒体等手段来展示信息	□A □B □C □A □B □C □A □B □C
数字应用	1. 能从不同信息源获取相关信息 2. 能依据所给的数据信息，进行简单计算 3. 能用适当的方法展示数据信息和计算结果	□A □B □C □A □B □C □A □B □C
与人交流	1. 能把握交流的主题、时机和方式 2. 能理解对方谈话的内容，准确表达自己的观点 3. 能获取信息并反馈信息	□A □B □C □A □B □C □A □B □C
与人合作	1. 能挖掘合作资源，明确自己在合作中能够起到的作用 2. 能同合作者进行有效沟通，理解个性差异及文化差异	□A □B □C □A □B □C
解决问题	1. 能说明何时出现问题并指出其主要特征 2. 能作出解决问题的计划并组织实施计划 3. 能对解决问题的方法适时作出总结和修改	□A □B □C □A □B □C □A □B □C
革新创新	1. 能发现事物的不足并提出新的需要 2. 能创新性地提出改进事物的意见和具体方法 3. 能从多种方案中选择最佳方案，并在现有条件下实施	□A □B □C □A □B □C □A □B □C
学生签字：	教师签字：	年 月 日

第二单元

利润表阅读与分析

【学习目标】

通过本项目学习，你应该能够：

- 看懂利润表；
- 进行利润表的比较分析；
- 理解盈利能力指标和发展能力指标的意义；
- 进行盈利能力的分析；
- 进行发展能力的分析。

【引导案例】

一纸公告调利润

只发布一则公告，利润就能“增加”2.9亿元？这看似不可能的事情，在嘉凯城（000918）却得到了实现。

这样“神奇”的事情是怎么发生的？2016年12月14日，嘉凯城发布《关于投资性房地产会计政策变更的公告》，表示将公司所拥有的投资性房地产资产，由成本法计量变更为公允价值计量。嘉凯城通过此次会计调整，此前只能按照成本计量并且还要考虑折旧和摊销的投资性房地产，将完全按照市场价计量，由于近期房地产市场的持续上涨，这也将增加1—9月归属母公司股东利润2.9亿元。

尽管前三季度增加了近3亿元利润，但是对于亏损严重的嘉凯城来说仍是杯水车薪。在会计政策变更前，嘉凯城前三季度亏损达到了12.49亿元，而溯源调整后，亏损额度仍有9.59亿元。此前，公司2015年度亏损更是达到了23.43亿元。

也就是说，倘若第四季度公司无法实现近10亿元的盈利，那么嘉凯城将会被实施退市风险警示。对于这次调整的影响，嘉凯城表示：最终对2016年全年净利润和股东权益的影响取决于2016年第四季度市场波动，根据目前房地产趋势判断，本次投资性房地产会计政策变更将对2016年全年净利润和股东权益产生积极影响。

资料来源：http://news.esnai.com/2016/1223/148539.shtml.

这一案例表明，公司在利润承压下的动作，有望实现减亏。因此，利润表的阅读者要深刻领会案例内容，以便阅读与分析利润表。

项目一
阅读利润表

投资者对企业利润翘首以盼，然而见到利润表后，只不过匆匆看一眼利润表中的净利润和每股收益就下结论认为某某企业投资价值如何，并据此作出投资决策。但是有没有人想过，这样做是否太草率了？如果真的如此，会计上又何必编制一整套会计报表呢？比普通投资者更加专业的企业管理人员，对利润表的认识同样存在误区。虽然利润表是最常被企业管理人员使用的会计报表，每次讨论企业经营状态的时候，都要以利润表作支撑，但是绝大多数管理人员也都只关注利润表的净利润，似乎只要赚到了足够的净利润就万事大吉了，就达到了阅读利润表的目的，实现了管理人员的价值。相比资产负债表和现金流量表而言，利润表反映的项目较少，结构相对简单。事实上，利润表远不是很多人想象得那样简单，在利润表数据结构和变动的背后，隐藏着企业经营状态的诸多信息，如企业对市场变化的适应能力、生存环境、盈利质量和经营弹性等。因此，读懂利润表对企业会计人员、管理人员、投资者等都是十分必要的。

任务 1　阅读营业利润

※ 任务描述 ※

熟悉利润表项目中营业利润项目的形成，掌握营业利润项目阅读的工作步骤，了解营业利润项目的真实性与可靠性。

※ 知识准备 ※

利润表也称为损益表，是表示企业在一定期间内经营成果的主要会计报表。通过利润表，可以了解企业利润的构成，可以分析企业盈利能力的强弱，可以分析企业发展能力的高低，可以预测企业的发展趋势。

营业利润是指企业在生产经营活动中实现的经营性利润。

《企业会计准则第 30 号——财务报表列报》第三十一条规定：利润表至少应当单独列示反映下列信息的项目，但其他会计准则另有规定的除外：

（1）营业收入；

（2）营业成本；

（3）营业税金及附加；

（4）管理费用；

（5）销售费用；

（6）财务费用；

（7）投资收益；
（8）公允价值变动损益；
（9）资产减值损失；
（10）非流动资产处置损益；
（11）所得税费用；
（12）净利润；
（13）其他综合收益各项目分别扣除所得税影响后的净额；
（14）综合收益总额。

提 示

企业采用多步式列报利润表，将不同性质的收入和费用类别进行对比，从而可以得出一些中间性的数据，便于报表阅读者理解企业经营成果的不同来源。

一、营业利润构成中的收入项目

收入是指企业销售商品、提供劳务或者让渡资产使用权等日常活动而形成的，会导致所有者权益增加的，与所有者投入资本无关的经济利益的总流入。

1. 营业收入

阅读提示

《企业会计准则第14号——收入》第四条规定：

销售商品收入同时满足下列条件的，才能予以确认：

1. 企业已将商品所有权上的主要风险和报酬转移给购货方；

2. 企业既没有保留通常与所有权相联系的继续管理权，也没有对已售出的商品实施有效控制；

3. 收入的金额能够可靠地计量；

4. 相关的经济利益很可能流入企业；

5. 相关的已发生或将发生的成本能够可靠地计量。

主营业务收入是指企业从事主要经营业务所取得的收入。不同行业的公司其主营业务是不同的。例如：纺织品公司的主营业务收入主要包括产品销售收入，为其他公司提供加工取得的劳务收入等；旅游公司的主营业务收入有票务收入、餐饮收入等；工程建筑企业的主营业务收入主要有为开发商提供建筑作业而取得的工程结算款等。主营业务收入的高低影响主营业务利润，主营业务利润又影响营业利润，营业利润最后又影响利润总额。

因此，从根本上说，一家公司的主营业务收入的好坏直接关系着这家公司的经营命脉。

请注意

对于多元化运作的企业来说，企业处于战略调整和战略转移的时期，营业收入的内部结构也会波动。

【想一想】销售折让、销售退回和现金折扣这三种销售形式有什么不同?

销售折让、销售退回和现金折扣的区别见表 2-1。

表 2-1　销售折让、销售退回和现金折扣的区别

<table>
<tr><th>销售形式</th><th>目　　的</th><th>账务处理</th></tr>
<tr><td>销售折让</td><td>商品因质量不合格而给予额外的折让</td><td>冲减“当前销售商品收入”</td></tr>
<tr><td rowspan="2">销售退回</td><td rowspan="2">商品因质量不合格而导致货物的退回</td><td>收入确认之前，把“发出商品”的金额转载回“库存商品”</td></tr>
<tr><td>收入确认之后，冲减当前销售商品收入和成本</td></tr>
<tr><td>现金折扣</td><td>为鼓励客户提前还款</td><td>记入“财务费用”科目</td></tr>
</table>

2. 其他业务收入

其他业务收入是指企业除了主营业务之外的其他业务活动取得的收入。工业企业的其他业务收入包括工业企业销售材料、提供非工业性劳务等经营活动取得的收入以及出租包装物、转让技术取得的收入等。

二、营业利润构成中的成本、费用等项目

1. 营业成本

营业成本是与营业收入相对应的。企业为获得营业收入必定要消耗一定的费用，由此产生营业成本这一概念。

【想一想】通常所说的“料、工、费”是怎么一回事?

工业企业核算的产品成本往往由三部分组成，即直接材料、直接人工和制造费用，简称“料、工、费”。

“料”是指用于生产产品、构成产品实体的原材料、辅助材料、外购半成品以及有助于产品形成的燃料、包装物等。原材料费用往往是一大笔开支。

“工”是指用于支付工作在第一线的车间工作人员，即直接从事产品制造的生产工人的工资、奖金、津贴和补贴等企业薪酬开支。

“费”是指间接用于生产产品的费用，即通常所说的制造费用。包括生产车间管理人员的工资和职工福利费，生产车间耗用的固定资产折旧费、办公费、水电费、差旅费、运输费、低值易耗品摊销、取暖费、劳动保护费、设计制图费、试验检验费、原油储量有偿使用费、油田维护费、季节性修理期间的停工损失等。

2. 营业税金及附加

营业税金及附加是指企业因销售商品或提供劳务等业务所承担的各种税金及附加，包括消费税、资源税、城市维护建设税和教育费附加等。

练一练

A企业本月销售液晶电视机500台，每台售价1万元，价款共计500万元，增值税销项税额为85万元，进项税额为50万元；同时取得电视机维修收入10万元，电视机维修材料进项税额1.2万元，则本月各项税金及附加是多少？（注：城市维护建设税税率7%，教育费附加4%）

解答：A企业本月电视机销售应交增值税＝850 000－500 000＝350 000（元）
A企业本月电视机维修应交增值税＝100 000×17%－12 000＝5 000（元）
A企业本月应交城市维护建设税＝（350 000＋5 000）×7%＝24 850（元）
A企业本月应交教育费附加＝（350 000＋5 000）×4%＝14 200（元）

请注意

营业税金及附加不包括增值税，这是因为增值税是价外税，与企业的收入、费用没有直接联系，企业所缴纳的增值税在利润表中不能得到反映，而企业缴纳的所得税费用在计算净利润中以单独项目列示，因此也不包括在内。

3. 期间费用

期间费用是企业当期发生费用中的重要部分，是企业本期发生的，不能直接或间接归为某种产品成本的而直接计入损益的各项费用，包括销售费用、管理费用和财务费用。

（1）销售费用是指企业在销售产品、提供劳务等日常经营过程中发生的各项费用以及专设销售机构的各项经费，包括运输费、装卸费、包装费、保险费、展览费、广告费以及销售人员的工资薪酬等。

（2）管理费用是指公司行政部门为组织、协调和管理生产经营活动而发生的日常经营管理费用和其他应计入当期损益的生产经营费用，包括工会经费、董事会费、印花税金、技术转让费、咨询费、诉讼费、公司经费、聘请中介机构费用、矿产资源补偿费、研究与开发费用、劳动保险费用、排污费、业务招待费以及其他管理费用。

（3）财务费用是指公司在资金筹措和运用等理财活动中所发生的各种费用，包括利息支出（若是利息收入则冲减财务费用）、汇兑损失（若是汇兑收益则冲减财务费用）、金融机构手续费以及企业发生的现金折扣等。

提　示

在确认费用时，应当划分生产费用和期间费用的界限。生产费用应当计入产品成本，期间费用应当计入当期损益。

4. 资产减值损失

资产减值损失反映企业计提的各项资产减值准备所形成的损失，包括坏账准备、存货跌价准备、可供出售金融资产减值准备、持有至到期投资减值准备、长期股权投资减值准备、投资性房地产减值准备、固定资产减值准备、工程物资减值准备、在建工程减值准备、生产性生物资产减值准备、油气资产减值准备、无形资产减值准备以及商誉减值准备等。

5. 投资收益

投资收益是指企业对外投资所获得的利润、股利和债券利息等投资收入扣除投资损失后的余额，它是营业利润的构成部分。

通常来讲，投资收益包括三部分：对外投资分得的利润、股利和债券利息，投资到期收回或者中途转让取得的价款高于账面价值的差额，按照权益法核算的股权投资在被投资单位增加的净资产中所拥有的数额。

对外投资分得的利润包括以现金、实物、无形资产等进行投资分得的利润和联营合作分得的利润。

股利是以购买股票形式投资分得的股息和红利收入。

债券利息是以购买债券形式投资获得的利息收入。

投资到期收回或者中途转让取得的价款高于账面价值的差额，若差额大于零表示投资增值，反之表示投资减值。

按照权益法核算的股权投资，其收益或者损失不再是投资本意上的收益或者损失，其损失或者收益实质上是按权益法计价的长期股权的增加额或减少额。

当企业对外投资是以产品分利形式取得的利润时，投资方应按第三方购入或参照市场价格作为投资收益。

提　示

在正常的情况下，企业投资收益应该次于主营业务活动所带来的利润。当一家企业的利润总额大部分由投资收益获得时，则该企业实现的利润的真实性和可持续性应该引起报表阅读者的注意。

6. 其他业务支出

其他业务支出是指企业在从事非主营业务时所发生的相关成本、费用及相应的税金及附加。

7. 营业利润

营业利润越多，效益越好。在数量上，营业利润等于营业收入减去营业成本、期间费用（销售费用、管理费用、财务费用）、营业税金及附加、资产减值损失，加上公允价值变动收益、投资收益之后的余额。其计算公式为：

营业利润＝营业收入－营业成本－销售费用－管理费用－财务费用－营业税金及附加－资产减值损失＋公允价值变动收益（－损失）＋投资收益（－损失）

请注意

由于期间费用的增加会降低企业的营业利润，因此要严格控制三项期间费用，通过降低期间费用来提高营业利润。

提 示

一个开展多元化经营的企业，如果经营开展得很好，那么其他营业利润会弥补主营业务利润低的缺陷；如果企业的其他业务利润长期高于主营业务利润，那么企业应适当考虑调整产业结构。

※ 任务设计 ※

阅读营业利润项目

［例2-1］江南电子股份有限公司2016年度利润表中有关营业收入及营业利润资料见表2-2。

表2-2 利润表营业利润部分

2016年度

编制单位：江南电子股份有限公司　　　　金额单位：人民币元

项　　目	本期金额	上期金额
一、营业收入	252 725 670.76	305 525 861.60
减：营业成本	219 674 908.84	242 750 516.34
营业税金及附加		803 602.16
销售费用	4 133 468.60	5 825 579.23
管理费用	25 484 288.44	19 423 462.35
财务费用	8 357 184.25	14 874 029.13
资产减值损失	1 475 942.16	−778 200.78
加：投资收益（损失以"—"号填列）	2 138 854.47	2 044 978.20
其中：对联营企业和合营企业的投资收益	2 138 854.47	1 327 538.20
二、营业利润（亏损以"—"号填列）	−4 261 267.06	24 671 851.37

【阅读营业利润项目工作过程】

步骤1　看营业利润形成

江南电子股份有限公司2016年度营业利润为−4 261 267.06元，出现亏损情况，比上年减少28 933 118.43元。初步了解营业利润的总体情况，具体项目变化由下一步计算。

步骤2　看营业利润变化数

通过本期金额与上期金额比较，看营业利润项目变动情况，为进一步分析营业利润构成打下基础。江南电子股份有限公司营业利润变动情况见表2-3。

表2-3 江南电子股份有限公司营业利润变动情况表　　金额单位：人民币元

项　　目	本期金额	上期金额	本期−上期
一、营业收入	252 725 670.76	305 525 861.60	−52 800 190.84
减：营业成本	219 674 908.84	242 750 516.34	−23 075 607.50
营业税金及附加		803 602.16	−803 602.16
销售费用	4 133 468.60	5 825 579.23	−1 692 110.63
管理费用	25 484 288.44	19 423 462.35	+6 060 826.09

续前表

项　　目	本期金额	上期金额	本期－上期
财务费用	8 357 184.25	14 874 029.13	－6 516 844.88
资产减值损失	1 475 942.16	－778 200.78	＋2 254 142.94
加：投资收益（损失以“－”号填列）	2 138 854.47	2 044 978.20	＋93 876.27
其中：对联营企业和合营企业的投资收益	2 138 854.47	1 327 538.20	＋811 316.27
二、营业利润（亏损以“－”号填列）	－4 261 267.06	24 671 851.37	－28 933 118.43

从营业利润变化情况看，本期比上期减少 28 933 118.43 元，主要是营业收入减少 52 800 190.84元、营业成本减少 23 075 607.50 元、管理费用增加 6 060 826.09 元、财务费用减少 6 516 844.88 元、资产减值损失增加 2 254 142.94 元等因素共同影响的结果。

步骤 3　看收入与成本构成

江南电子股份有限公司营业收入分类情况见表 2－4。

表 2－4　江南电子股份有限公司营业收入分类情况表　　金额单位：人民币元

项　　目	本期金额	上期金额	本期－上期
分行业			
工　业	252 725 670.76	305 525 861.60	－52 800 190.84
合　计	252 725 670.76	305 525 861.60	－52 800 190.84
分产品			
谐振器	243 044 200.00	298 778 400.00	－55 734 200.00
电　容	9 397 270.00	6 305 861.00	＋3 091 409.00
振荡器	284 200.76	441 600.60	－157 399.84
合　计	252 725 670.76	305 525 861.60	－52 800 190.84
分地区			
外　销	186 611 800.00	229 203 800.00	－42 592 000.00
内　销	66 113 870.76	76 322 061.60	－10 208 190.84
合　计	252 725 670.76	305 525 861.60	－52 800 190.84

江南电子股份有限公司营业成本分类情况见表 2－5。

表 2－5　江南电子股份有限公司营业成本分类情况表　　金额单位：人民币元

项　　目	本期金额	上期金额	本期－上期
分行业			
工　业	219 674 908.84	242 750 516.34	－23 075 607.50
合　计	219 674 908.84	242 750 516.34	－23 075 607.50
分产品			
谐振器	209 890 800.00	236 214 900.00	－26 324 100.00
电　容	9 609 408.00	6 117 916.00	＋3 491 492.00
振荡器	174 700.84	417 700.34	－242 999.50
合　计	219 674 908.84	242 750 516.34	－23 075 607.50

从 2016 年收入与成本的构成看，收入主要是谐振器减少 55 734 200 元、振荡器减少 157 399.84元、电容增加 3 091 409 元所引起的，同时成本也发生了相应的变化。

※ 知识拓展 ※

营业毛利的计算

营业毛利也可称为销售毛利，是营业收入净值扣减营业成本后的余额。营业毛利的多寡会直接影响本期营业利润。

影响营业毛利的因素有销售价格、销售数量、销售成本等，根据历年来的毛利变化比较，可显示出该企业的经营能力是否良好，以拟订改良措施。

※ 思考练习 ※

一、判断（正确的在括号内打“√”，错误的打“×”）

（　　）1. 利润表与损益表反映的内容是不同的。

（　　）2. 收入是指企业销售商品、提供劳务或者让渡资产使用权等日常活动而形成的，会导致所有者权益增加的，与所有者投入资本无关的经济利益的总流入。

（　　）3. 利润表中的资产减值损失反映企业实际发生的各项资产损失。

（　　）4. 当企业对外投资是以产品分利形式取得的利润时，投资方一般不作为投资收益。

（　　）5. 如果企业的其他业务利润长期高于主营业务利润，那么企业应适当考虑调整产业结构。

二、选择（下列答案中有一项或多项是正确的，将符合题意选项前的英文字母填入括号内）

1. 营业利润主要来自（　　）。

A. 债务重组活动　　B. 资本溢价

C. 生产经营活动　　D. 处置固定资产

2. 商品因质量不合格而给予额外的折让称为（　　）。

A. 现金折让　　B. 销售折让

C. 销售退回　　D. 商业回扣

3. 投资收益一般包括（　　）。

A. 对外投资分得的利润

B. 股利和债券利息

C. 投资到期收回价款高于账面价值的差额

D. 投资中途转让价款低于账面价值的差额

4. 下列属于管理费用的有（　　）。

A. 展览费　　B. 咨询费

C. 诉讼费　　D. 企业发生的现金折扣

5. 以下项目中会影响营业利润的有（　　）。

A. 营业外收入　　B. 营业成本

C. 销售费用　　D. 投资收益

三、学习领域情境实训

（1）实训目的：学会阅读营业利润项目。

（2）情境资料：利润表营业利润部分见表2-6。

表 2-6　利润表营业利润部分

2016 年度

编制单位：江北机电股份有限公司　　　　　　　　　　　　　金额单位：人民币元

项　　目	本期金额	上期金额
一、营业收入	264 426 178.67	249 267 697.10
减：营业成本	183 545 766.81	178 000 269.60
营业税金及附加	1 419 416.30	1 434 252.73
销售费用	7 010 754.01	6 047 547.04
管理费用	30 482 765.16	27 661 589.47
财务费用	−9 980 271.44	−8 888 736.49
资产减值损失	1 301 734.69	−1 012 029.93
加：投资收益（损失以“—”号填列）		
其中：对联营企业和合营企业的投资收益		
二、营业利润（亏损以“—”号填列）	50 646 013.14	46 024 804.68

（3）实训要求：将学生分成若干小组，每组 4 名学生，并推选一名学生为组长，在老师的指导下共同制定工作方案。各组成员看营业利润项目，并列出算式。15 分钟后，各组汇报，老师点评，评定成绩。

任务 2　阅读利润总额与净利润

※ 任务描述 ※

熟悉利润表中的利润总额与净利润项目的构成，掌握利润总额与净利润项目阅读的工作步骤，了解利润总额与净利润项目的真实性与可靠性。

※ 知识准备 ※

一、营业外收入和营业外支出

1. 营业外收入

营业外收入是指与企业生产经营活动没有直接关系的各种收入。营业外收入并不是由企业经营资金耗费所产生的，不需要企业付出代价，它实际上是一种纯收入，不需要与费用进行配比。因此在会计核算上，应当严格区分营业外收入和营业收入。

营业外收入主要包括非流动资产处置利得、非货币性资产交换利得、债务重组利得、盘盈利得、政府补助、捐赠利得等。

非流动资产处置利得包括固定资产处置利得和无形资产处置利得。

固定资产处置利得是指企业处置固定资产所取得的收入扣除处置费用及固定资产账面价值后的余额。

练一练

A 企业出售一台设备，该设备的原价为 10 万元，已提折旧 3 万元。现将设备出售，价款为 9 万元，支付中介费 0.2 万元，缴纳各项税款 0.3 万元。则该固定资产处置利得是多少？

解答：转入固定资产清理的净值=10−3=7（万元）

发生的清理费用=0.2+0.3=0.5（万元）

出售该设备的净收益=9−7−0.5=1.5（万元）

因此，转入营业外收入的金额为1.5万元。

无形资产处置利得是指企业出售无形资产所取得的收入减去出售无形资产的账面价值及发生的相关税费后的净收益。

练一练

A企业出售专利技术一项，该技术的摊余价值为3万元。现将技术出售，价款为9万元，支付手续费0.2万元，缴纳各项税款0.3万元。则该无形资产处置利得是多少？

解答：出售无形资产的净收益=9−3−0.2−0.3=5.5（万元）

因此，转入营业外收入的金额为5.5万元。

非货币性资产交换利得是指企业在进行非货币性资产交换中换出资产为固定资产、无形资产，换入资产公允价值大于换出资产账面价值的差额，再扣除相关费用后的金额。

债务重组利得是指重组债务的账面价值超过清偿债务的现金、非现金资产的公允价值、所转股份的公允价值或者重组后债务账面价值的差额。

盘盈利得是指企业在现金等清查盘点过程中盘盈的现金等，报经批准后计入营业外收入的金额。

政府补助是指企业从政府那里无偿取得货币性资产或非货币性资产所形成的利得。

捐赠利得是指企业接受捐赠产生的利得。

提　示

营业外收入的稳定性是较差的，企业不能根据这部分收益来预测将来的净收益水平。

2. 营业外支出

营业外支出是指不属于企业生产经营的费用，与企业生产经营活动没有直接关系，但应从企业实现的利润总额中扣除的支出。

营业外支出包括非流动资产处置损失、非货币性资产交换损失、债务重组损失、公益性捐赠支出、非常损失等。

非流动资产处置损失包括固定资产处置损失和无形资产处置损失。

固定资产处置损失是指企业在出售固定资产的过程中，所取得的价款扣减清理费用、账面价值及税费之后的净损失。

练一练

A企业出售设备一台，该设备的原价为10万元，已提折旧3万元。现将设备出售，价款为6.8万元，支付中介费0.2万元，缴纳各项税款0.3万元。则该固定资产处置损失是多少？

解答：转入固定资产清理的净值＝10－3＝7（万元）
发生的清理费用＝0.2＋0.3＝0.5（万元）
出售该设备的净收益＝6.8－7－0.5＝－0.7（万元）
因此，转入营业外支出的金额为0.7万元。

无形资产处置损失是指企业出售无形资产所取得的收入减去出售无形资产的账面价值及发生的相关税费后的净损失。

练一练

A企业出售专利技术一项，该技术的摊余价值为3万元。现将技术出售，价款为3.1万元，支付手续费0.2万元，缴纳各项税款0.3万元。则该无形资产处置损失是多少？

解答：出售无形资产的净收益＝3.1－3－0.2－0.3＝－0.4（万元）
因此，转入营业外支出的金额为0.4万元。

非货币性资产交换损失是指企业在非货币性资产交换过程中换出资产为固定资产、无形资产的，换入资产的公允价值小于换出资产账面价值的差额，扣除相关税费后计入营业外支出的金额。

债务重组损失是指重组债务的账面余额与受让资产的公允价值、所转股份的公允价值或者重组后债权的账面价值之间的差额。

公益性捐赠支出是指企业对外进行公益性捐赠发生的支出。

练一练

A企业向外单位捐赠了一台不需要安装的新设备，根据捐赠设备的发票等有关单据确定其价值1万元，发生的运输费、包装费共计0.3万元。则公益性捐赠支出是多少？

解答：捐赠设备的价值＝1＋0.3＝1.3（万元）
因此，A公司计入营业外支出的金额为1.3万元。

非常损失是指企业由于客观原因造成的损失，在扣除保险公司赔偿后应计入营业外支出的净损失，如自然灾害等造成的损失。

练一练

浙江某水果批发公司在广东购买了5吨猕猴桃，并于当日返回，由于遭受台风，猕猴桃在运输途中损失了0.5吨。则非常损失是多少吨？

解答：会计在核算中把这0.5吨的非常损失计入了营业外支出。

请注意

在利润表中，营业外收入和营业外支出项目是互不相关的，这里的收入与支出不需要遵循收入与费用的配比原则。

二、利润总额

企业的利润总额是由三部分组成的，即营业利润加上营业外收入扣减营业外支出的净损益。用公式表示为：

利润总额＝营业利润＋营业外收入－营业外支出

利润净额＝利润总额－所得税

请注意

在正常情况下，企业的非营业利润都是比较少的，当一家企业的利润总额主要由非营业利润获得时，则该企业实现的利润的真实性和连续性应该引起注意，说明该企业在经营管理上存在漏洞，需要提高企业内部生产经营活动的效率，提高企业主营业务的持续能力。

三、所得税

所得税是企业根据本期税前利润总额计算的所得税金额。也就是说，在利润表上反映的所得税，是会计上记录的所得税，而不是税法规定的所得税。

提　示

由于会计与税法服务的目的不同，因此，两者计算所得税分别遵循不同的原则。

会计上核算所得税必须遵循一般的会计原则，目的是真实、完整地反映企业的财务状况和经营业绩，为投资者和债权人、企业管理者以及其他的会计报表使用者提供有用的信息；而税法则以课税为目的，根据经济合理、公平税负、促进竞争的原则，目的是为国家调节经济活动，为宏观经济服务。

我国所得税会计采用资产负债表债务法，要求企业从资产负债表出发，通过比较资产负债表上列示的资产、负债，并按照会计准则规定确定的账面价值与按照税法规定确定的计税基础，对于两者之间产生的暂时性差异分别确认为递延所得税资产和递延所得税负债，并在此基础上确定当期所得税费用。

暂时性差异是指由于资产、负债的账面价值与计税基础不同而产生的差额。根据对未来期间应纳税所得额的影响，暂时性差异又可分为应纳税暂时性差异和可抵扣暂时性差异。

应纳税暂时性差异应在其产生的当期确认为相关的递延所得税负债。通常产生于以下两种情况。

情况一：资产的账面价值大于计税基础。

若资产的账面价值大于计税基础，则该项资产未来期间产生的经济利益不能全部税前抵扣，两者之间的差额需要交税，由此产生应纳税暂时性差异。如某项无形资产的账面价值为500万元，计税基础为300万元，两者之间的差额会造成未来期间应纳税所得额和应交所得税的增加，应在产生当期确认相关的递延所得税负债。

情况二：负债的账面价值小于计税基础。

负债的账面价值小于计税基础，意味着该项负债在未来期间可以税前抵扣的金额为负数，即应在未来期间应纳税所得额的基础上调增，增加应纳税所得额和应交所得税金额，产生应纳税暂时性差异。

可抵扣暂时性差异产生于当期，符合确认条件的，应确认相关的递延所得税资产。通常产生于以下两种情况。

情况一：资产的账面价值小于计税基础。

若资产的账面价值小于计税基础，则企业在未来期间可以减少应纳税所得额并减少应交所得税，符合有关条件时，确认为递延所得税资产。如某项无形资产的账面价值为500万元，计税基础为650万元，两者之间的差额会造成未来期间应纳税所得额和应交所得税的减少，形成可抵扣暂时性差异。

情况二：负债的账面价值大于计税基础。

负债的账面价值大于计税基础，意味着未来期间按照税法规定与负债相关的全部或部分支出可以在未来应税经济利益中扣除，减少应纳税所得额和应交所得税。符合有关确认条件时，确认为相关递延所得税资产。

※ 任务设计 ※

阅读利润总额与净利润项目

[例2－2] 江南电子股份有限公司2016年度利润表中有关利润资料见表2－7。

表2－7　利润表利润总额与净利润部分

2016年度

编制单位：江南电子股份有限公司　　金额单位：人民币元

项　　目	本期金额	上期金额
二、营业利润（亏损以“－”号填列）	－4 261 267.06	24 671 851.37
加：营业外收入	12 625 904.29	10 076 827.57
减：营业外支出	405 441.16	881 007.26
其中：非流动资产处置损失	1 426.25	227 313.68
三、利润总额（亏损以“－”号填列）	7 959 196.07	33 867 671.68
减：所得税费用	194 347.53	4 255 856.16
四、净利润（亏损以“－”号填列）	7 764 848.54	29 611 815.52

【阅读利润总额与净利润项目工作过程】

步骤1　看利润总额与净利润形成

江南电子股份有限公司2016年度利润总额为7 959 196.07元，比上年减少25 908 475.61元，净利润为7 764 848.54元，比上年减少21 846 966.68元。初步了解利润总额与净利润的总体情况，具体项目变化由下一步计算。

步骤2　看利润总额与净利润变化数

通过本期金额与上期金额比较，看利润总额与净利润项目变动情况，为进一步分析利润总额与净利润构成打下基础。江南电子股份有限公司利润总额与净利润变动情况见表 2-8。

表 2-8 江南电子股份有限公司利润总额与净利润变动情况表 金额单位：人民币元

项　　目	本期金额	上期金额	本期－上期
二、营业利润（亏损以“－”号填列）	－4 261 267.06	24 671 851.37	－28 933 118.43
加：营业外收入	12 625 904.29	10 076 827.57	2 549 076.72
减：营业外支出	405 441.16	881 007.26	－475 566.10
其中：非流动资产处置损失	1 426.25	227 313.68	－225 887.43
三、利润总额（亏损以“－”号填列）	7 959 196.07	33 867 671.68	－25 908 475.61
减：所得税费用	194 347.53	4 255 856.16	－4 061 508.63
四、净利润（亏损以“－”号填列）	7 764 848.54	29 611 815.52	－21 846 966.68

从利润总额变化情况看，本期比上期减少 25 908 475.61 元，主要是营业外收入增加 2 549 076.72元、营业外支出减少 475 566.10 元等因素共同影响的结果。净利润本期比上期减少 21 846 966.68 元，主要是利润总额的减少和由利润总额减少引起所得税减少等因素共同影响的结果。

步骤 3　看营业外收入与支出构成

江南电子股份有限公司 2016 年度营业外收入中大部分来自政府补贴，具体如下：

（1）收到上年度国家电子信息产业振兴和技术改造项目资金贴息 4 000 000.00 元；

（2）收到上年度市区工业企业技改财政专项补助资金 3 302 000.00 元；

（3）收到当年度中央财政进口产品资金贴息 2 381 810.00 元；

（4）收到上年度市技术创新资金 310 000.00 元；

（5）收到上年度市区外经贸发展专项资金第一批资助资金 364 998.00 元；

（6）收到上年度引进国外技术、管理人才项目专项资助经费 200 000.00 元；

（7）收到当年度水利建设基金减免返还 305 525.86 元。

营业外支出主要是流动资产处置损失。

※ 知识拓展 ※

营业利润比率的计算

营业利润比率是营业利润与税前利润总额的比值，它反映企业日常生产经营活动对企业利润总额的贡献程度，是评价企业经营效益稳定性、持续性的重要指标。其计算公式如下：

$$营业利润比率=\frac{营业利润}{利润总额}\times 100\%=1-非经常性损益比率$$

营业利润是企业从事生产、经营等主要业务活动中实现的利润，是企业净利润的主要来源，是企业综合素质和竞争力的充分体现。因此，营业利润比率这一指标是衡量利润质量高低的重要参考指标，连续地考察该指标可以判断企业发展前景。营业利润比率指标值越大越好。

※ 思考练习 ※

一、判断（正确的在括号内打“√”，错误的打“×”）

（　　）1. 营业外收入与企业经营一样，是需要企业付出代价的。

（　　）2. 政府补助仅指企业从政府那里无偿取得货币性资产所形成的利得。

（　　）3. 营业外收入具有稳定性，企业可根据这部分收益来预测将来的净收益水平。

（　　）4. 重组债务的账面余额与受让资产的公允价值的差额属于债务重组损失。

（　　）5. 应纳税暂时性差异应在其产生的当期确认为相关的递延所得税负债。

二、选择（下列答案中有一项或多项是正确的，将符合题意选项前的英文字母填入括号内）

1. 下列属于营业外收入的有（　　）。

A. 非流动资产处置利得　　B. 债务重组利得　　C. 政府补助　　D. 捐赠利得

2. 某企业出售一台设备，该设备的原价为 20 万元，已提折旧 5 万元。现将设备出售，价款为 17.7 万元，支付中介费 2 000 元，缴纳各项税款 5 000 元。则该固定资产处置利得为(　　)。

A. 5 万元　　B. 3 万元　　C. 2 万元　　D. 0.7 万元

3. 下列属于营业外支出的有（　　）。

A. 非货币性资产交换损失　　B. 公益性捐赠支出

C. 非常损失　　D. 盘亏损失

4. 某企业出售专利技术一项，该技术的账面原价为 10 万元，摊销 6 万元。现将技术出售，价款为 3 万元，支付手续费 2 000 元，缴纳各项税款 3 000 元。则该无形资产处置损失为(　　)。

A. 1.5 万元　　B. 2 万元　　C. 3 万元　　D. 4 万元

5. 可抵扣暂时性差异通常产生的情况是（　　）。

A. 资产的账面价值大于计税基础　　B. 资产的账面价值小于计税基础

C. 负债的账面价值小于计税基础　　D. 负债的账面价值大于计税基础

三、学习领域情境实训

（1）实训目的：学会阅读利润总额与净利润。

（2）情境资料：利润表利润总额与净利润部分见表 2－9。

表 2－9　利润表利润总额与净利润部分

2016 年度

编制单位：江北机电股份有限公司　　　　金额单位：人民币元

项　　目	本期金额	上期金额
二、营业利润（亏损以“－”号填列）	50 646 013.14	46 024 804.68
加：营业外收入	318 000.00	2 475 276.00
减：营业外支出		1 000 099.84
其中：非流动资产处置损失		
三、利润总额（亏损以“－”号填列）	50 964 013.14	47 499 980.84
减：所得税费用	7 191 545.91	9 851 946.87
四、净利润（亏损以“－”号填列）	43 772 467.23	37 648 033.97

（3）实训要求：将学生分成若干小组，每组 4 名学生，并推选一名学生为组长，在老师的指导下共同制定工作方案。各组成员看利润总额与净利润项目，并列出算式。15 分钟后，各组汇报，老师点评，评定成绩。

项目二

利润表比较分析

利润表的比较分析是计算损益中各项目占总体的百分比，以分析各项目的具体构成，使各个组成部分的相对重要性明显地表现出来，从而揭示利润表中各项目的相对地位和总体关系，用以分析利润表的增减变动和发展趋势。利润表的比较分析可分为纵向比较分析和横向比较分析。

任务1　利润表纵向比较分析

※ 任务描述 ※

熟悉利润表项目纵向的构成状况，掌握利润表纵向比较分析的工作步骤，了解利润表项目的真实性与可靠性。

※ 知识准备 ※

利润表纵向分析也称垂直分析，是将利润表各项目与总额相比，计算出各项目占总体的比重，并将各项目构成与上期数据或连续多期进行比较，分析其变动的合理性及其原因，借以进一步判断企业经营状况及发展趋势。

提　示

通过纵向分析，可以发现企业经营成果增减变化的原因，从利润构成项目看发展趋势，例如：各因素呈何种发展状况，对未来的损益将产生多大程度的影响，对企业经营目标的实现能产生多大的作用，经营管理者应如何控制这些影响因素等，使之服务于经营决策。

【想一想】出现市场价格波动较大的情况时，对利润表的纵向分析会有何影响？

1. 收入构成分析

收入构成是指不同性质的收入占总收入的比重。企业收入包括经常性收入和非经常性收入。经常性收入主要就是主营业务收入，一般具有持续性；非经常性收入是指偶发事项或间断性的业务收入，如营业外收入、补贴收入等，一般具有偶发性。因此，对企业来说，经常性收入应当保持一个较高的比例，体现企业以主业为主的经营状况，以便分析企业的持续经营能力。

请注意

会计上的收入是依据权责发生制的原则来确认的。在市场经济条件下，按照这个原则确认收入，可能会出现收入已确认或反映在报表上，但货款未收到甚至出现收款风险的情况。

2. 支出构成分析

支出构成是指不同性质的支出占总支出的比重。在分析时，应特别注意分析费用确认时间是否合法，以及费用确认方法是否合理。

※ 任务设计 ※

利润表纵向比较分析

［例 2 - 3］江南电子股份有限公司 2016 年度利润表中有关收入与支出资料见表 2 - 10。

表 2 - 10　利润表收入与支出部分

2016 年度

编制单位：江南电子股份有限公司　　　　金额单位：人民币元

项　　目	本期金额	上期金额
营业收入	252 725 670.76	305 525 861.60
投资收益	2 138 854.47	2 044 978.20
营业外收入	12 625 904.29	10 076 827.57
收入合计	267 490 429.52	317 647 667.37
营业成本	219 674 908.84	242 750 516.34
营业税金及附加		803 602.16
销售费用	4 133 468.60	5 825 579.23
管理费用	25 484 288.44	19 423 462.35
财务费用	8 357 184.25	14 874 029.13
资产减值损失	1 475 942.16	−778 200.78
营业外支出	405 441.16	881 007.26
所得税费用	194 347.53	4 255 856.16
支出合计	259 725 580.98	288 035 851.85

【利润表纵向比较分析工作过程】

步骤 1　计算收入与支出合计

江南电子股份有限公司 2016 年度和上年的收入合计分别是 267 490 429.52 元和 317 647 667.37 元，2016 年度和上年的支出合计分别是 259 725 580.98 元和 288 035 851.85 元。

步骤 2　计算比重

利润表收入与支出部分见表 2 - 11。

表 2 - 11　利润表收入与支出部分

项　　目	本期比重（%）	上期比重（%）	（本期比重−上期比重）（%）
营业收入	94.48	96.18	−1.70
投资收益	0.80	0.64	+0.16
营业外收入	4.72	3.18	+1.54
收入合计	100	100	

续前表

项　　目	本期比重（%）	上期比重（%）	（本期比重－上期比重）（%）
营业成本	84.58	84.28	＋0.30
营业税金及附加		0.28	－0.28
销售费用	1.59	2.02	－0.43
管理费用	9.81	6.74	＋3.07
财务费用	3.22	5.16	－1.94
资产减值损失	0.57	－0.27	0.84
营业外支出	0.16	0.31	－0.15
所得税费用	0.07	1.48	－1.41
支出合计	100	100	

步骤3　分析比重变化

从收入比重看，营业收入比重比上年下降1.70%，而营业外收入比重比上年增加1.54%。从例2-2分析可知，营业外收入主要来自政府补贴，因此，收入比重的增减变化是正常的。从支出比重看，管理费用比重比上年增加3.07%，营业成本比重比上年增加0.30%，需要进一步分析，查明原因。

※ 知识拓展 ※

非经常性损益比率的计算

按照《企业会计准则》的规定，企业的非经常性损益项目主要是指营业外收入和营业外支出。虽然只有两个项目，但其成分复杂，且包括在企业的利润组成中，属于偶然部分，不具有持续性，往往会给企业的净利润带来较大影响，也是企业粉饰业绩的常用手法。因此，在考察利润质量时要慎重对待该项目。其计算公式如下：

$$非经常性损益比率=\frac{非经常性损益净额}{利润总额}\times 100\%$$

通过考察非经常性损益对利润总额的影响程度，可以判断企业利润质量的稳定性。非经常性损益比率越小，说明企业的利润质量越高；反之，该比率越大，营业利润的比重就越小，企业盈利能力就越差，经营风险就越大。

※ 思考练习 ※

一、判断（正确的在括号内打“√”，错误的打“×”）

(　　)1. 经常性收入包括营业外收入。

(　　)2. 非经常性收入一般具有偶发性。

(　　)3. 根据会计收入确认原则，报表上反映的收入绝不会出现坏账风险。

(　　)4. 非经常性损益比率越小，说明企业的利润质量越低。

(　　)5. 非经常性损益比率越大，说明企业的经营风险越大。

二、选择（下列答案中有一项或多项是正确的，将符合题意选项前的英文字母填入括号内）

1. 下列属于持续性收入的有(　　)。

A. 补贴收入　　B. 营业外收入　　C. 投资收益　　D. 营业收入

2. 下列属于偶发性收入的有（　　）。

A. 补贴收入　　B. 营业外收入　　C. 投资收益　　D. 营业收入

3. 下列属于偶发性支出的有（　　）。

A. 营业外支出　　B. 营业成本　　C. 销售费用　　D. 管理费用

4. 营业收入占总收入的比重上升，说明（　　）。

A. 利润质量下降　　B. 利润质量提高　　C. 成本下降　　D. 成本提高

5. 营业成本占总支出的比重上升，有可能是（　　）。

A. 材料价格上升　　B. 材料价格下降　　C. 劳动效率提高　　D. 劳动效率下降

三、学习领域情境实训

（1）实训目的：学会利润表纵向比较分析。

（2）情境资料：利润表收入与支出部分见表 2－12。

表 2－12　利润表收入与支出部分

2016 年度

编制单位：江北机电股份有限公司　　金额单位：人民币元

项　　目	本期金额	上期金额
营业收入	264 426 178.67	249 267 697.10
投资收益		
营业外收入	318 000.00	2 475 276.00
收入合计	264 744 178.67	251 742 973.10
营业成本	183 545 766.81	178 000 269.60
营业税金及附加	1 419 416.30	1 434 252.73
销售费用	7 010 754.01	6 047 547.04
管理费用	30 482 765.16	27 661 589.47
财务费用	－9 980 271.44	－8 888 736.49
资产减值损失	1 301 734.69	－1 012 029.93
营业外支出		1 000 099.84
所得税费用	7 191 545.91	9 851 946.87
支出合计	220 971 711.44	214 094 939.13

（3）实训要求：将学生分成若干小组，每组 4 名学生，并推选一名学生为组长，在老师的指导下共同制定工作方案。各组成员进行利润表纵向比较分析，并列出算式。15 分钟后，各组汇报，老师点评，评定成绩。

任务 2　利润表横向比较分析

※ 任务描述 ※

熟悉利润表项目横向的构成状况，掌握利润表横向比较分析的工作步骤，了解利润表项目的真实性与可靠性。

※ 知识准备 ※

利润表横向分析是指将利润表各项目的比重与历年水平及同行业水平进行比较，分析其变动的合理性及其原因，借以进一步判断企业经营状况及发展趋势。

提 示

通过横向分析，可以从中发现重要或异常的变化，判断这种变化的性质和影响，查找引起变化的原因，较准确地推断这种变化的发展趋势是否会持续至以后会计期间，从而促使企业采取积极措施开拓市场，加强管理，增收节支，提高经济效益。

【想一想】出现市场价格波动较大的情况时，对利润表的横向分析会有何影响？

1. 企业先进水平比较

企业先进水平比较可分为近期先进水平比较和长期先进水平比较。近期先进水平比较如最近三年、最近五年的先进水平与当期比较，通过比较，可以发现企业当前水平比先进水平高还是低；长期先进水平比较是企业历史上先进水平与当期水平比较，可以发现企业当前水平比先进水平高还是低。

2. 同行业比较

企业利润表与同行业企业、同会计期间的比较，分析企业在同行业中营业收入、利润总额等的排名，了解本企业在同行业中所处的位置，知己知彼，百战不殆。具体可分为与县同行业企业比较、与省同行业企业比较、与区域同行业企业比较、与全国同行业企业比较、与世界同行业企业比较等。

【想一想】《财富》杂志世界500强企业是怎样评选出来的？

※ 任务设计 ※

利润表横向比较分析

[例2-4] 江南电子股份有限公司2013—2016年利润表中有关资料见表2-13。

表2-13 利润表主要项目

编制单位：江南电子股份有限公司　　　　金额单位：人民币元

项 目	2013年	2014年	2015年	2016年
营业收入	156 887 529.93	241 365 430.66	305 525 861.60	252 725 670.76
营业成本	119 463 597.85	188 131 650.16	242 750 516.34	219 674 908.84
营业利润	12 316 188.20	19 244 044.09	24 671 851.37	−4 261 267.06
利润总额	16 906 741.70	26 416 783.91	33 867 671.68	7 959 196.07
净利润	15 013 190.47	23 097 216.11	29 611 815.52	7 764 848.54

【利润表横向比较分析工作过程】

步骤1　计算利润表主要项目比重

计算利润表主要项目占营业收入的比重。利润表主要项目横向结构分析见表2-14。

表 2-14　利润表主要项目横向结构分析表

项　目	结构百分比（%）				变动情况（%）		
	2013 年末	2014 年末	2015 年末	2016 年末	2014 年—2013 年	2015 年—2014 年	2016 年—2015 年
营业收入	100	100	100	100			
营业成本	76.15	77.94	79.45	86.92	+1.79	+1.51	+7.47
营业利润	7.85	7.97	8.08	−1.69	+0.12	+0.11	−9.77
利润总额	10.78	10.94	11.09	3.15	+0.16	+0.15	−7.94
净利润	9.57	9.57	9.69	3.07	0	+0.12	−6.62

步骤 2　绘制利润表主要项目结构图

营业利润与利润总额比重变化见图 2-1。

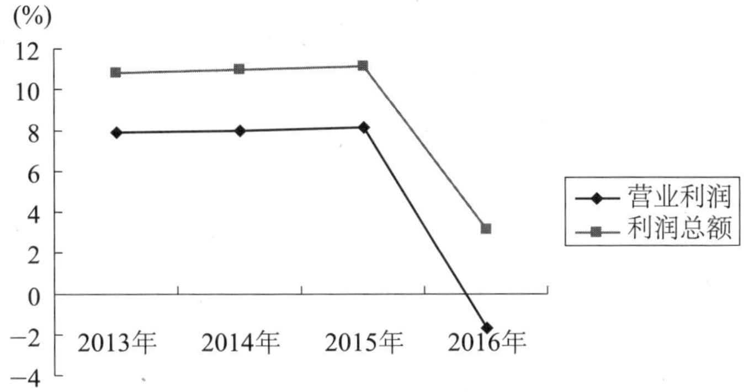

图 2-1　营业利润与利润总额比重变化图

同理，可以根据需要绘制相应的其他项目结构图。

步骤 3　评价利润表结构的盈利性与持续性

从企业四年发展的情况看，营业利润与利润总额在微小上升后就出现下降现象，经营风险在不断加大，需要关注影响利润变化的有关因素，关注利润的持续问题。

※ 知识拓展 ※

什么是合理的利润结构

利润表中反映的企业经营成果主要有营业利润、利润总额和净利润三个指标，其中营业利润是企业利润的主要来源。因此，合理的利润结构应当是营业利润在利润总额中占有绝对大的比重。这是因为，企业的经营性利润在总利润中占的比重大，并且波动较小，则该企业利润总额的波动性也就小，这说明该企业的盈利结构稳定性和持续性较好，安全性较高；反之，企业的投资收益和营业外收支净额（尤其是营业外收支净额）在利润总额中占的比重较大，则说明企业的盈利结构稳定性和持续性较差，安全性也较低。

※ 思考练习 ※

一、判断（正确的在括号内打“√”，错误的打“×”）

(　　)1. 企业营业收入与自身先进水平比较，主要在于了解企业经营的合法性。

(　　)2. 企业管理费用与自身先进水平比较，主要在于了解企业管理水平的变化。

(　　)3. 企业与本地区同行业比较，主要在于查明利润留成的合理性。

(　　)4. 合理的利润结构应当是营业利润在利润总额中占有绝对大的比重。

(　　)5. 企业的经营性利润在总利润中占的比重大，则企业利润总额波动较大。

二、选择（下列答案中有一项或多项是正确的，将符合题意选项前的英文字母填入括号内）

1. 企业长期先进水平比较是企业（　　）与当期水平比较。

A. 目标先进水平　　B. 计划先进水平

C. 历史平均先进水平　　D. 历史先进水平

2. 企业利润表与同行业企业、同会计期间的比较，其主要目的是（　　）。

A. 了解本企业在同行业中的业务联系

B. 了解本企业在同行业中所处的位置

C. 了解本企业在同行业中的高官兼职

D. 了解本企业在同行业中的相互借贷款

3. 利润表中反映企业经营成果的指标主要有（　　）。

A. 毛利　　B. 营业利润

C. 利润总额　　D. 净利润

4. 企业的经营性利润在总利润中占的比重大，说明企业的盈利（　　）。

A. 稳定性差　　B. 稳定性好

C. 持续性差　　D. 持续性好

5. 企业的经营性利润在总利润中占的比重小，说明企业的盈利（　　）。

A. 安全性差　　B. 安全性好

C. 持续性差　　D. 持续性好

三、学习领域情境实训

(1) 实训目的：学会利润表横向比较分析。

(2) 情境资料：利润表主要项目见表2-15。

表2-15　利润表主要项目

编制单位：江北机电股份有限公司　　　　金额单位：人民币元

项　目	2013年	2014年	2015年	2016年
营业收入	163 519 609.30	199 414 157.68	249 267 697.10	264 426 178.67
营业成本	119 669 581.25	144 180 218.38	178 000 269.60	183 545 766.81
营业利润	30 942 476.20	37 280 091.80	46 024 804.68	50 646 013.14
利润总额	31 934 237.10	38 474 984.50	47 499 980.84	50 964 013.14
净利润	25 310 773.20	30 494 907.50	37 648 033.97	43 772 467.23

(3) 实训要求：将学生分成若干小组，每组4名学生，并推选一名学生为组长，在老师的指导下共同制定工作方案。各组成员进行利润表横向比较分析，并列出算式。15分钟后，各组汇报，老师点评，评定成绩。

项目三

利润表比率分析

利润表比率分析是将利润表的相关因素联系在一起，将利润表与资产负债表的相关因素联系在一起，通过计算指标比率来分析、评价企业财务状况和经营状况的一种方法。利润是企业投资者取得投资收益、债权人收取债务本息、国家取得税收、职工获得薪酬的资金来源，是企业经营者业绩和职工劳动效率的集中体现，因此，企业的投资人、债权人、经营者、政府管理部门和劳动者都十分关心企业的利润表。通过利润表比率分析不仅能够了解一家企业的经营业绩，而且能够评价企业的管理水平和发展能力。利润表比率分析主要包括盈利能力分析、偿债能力分析和发展能力分析。

任务1　盈利能力分析

※ 任务描述 ※

熟悉盈利能力的指标构成，掌握盈利能力分析的工作步骤，掌握判断盈利能力强弱的方法，了解影响盈利能力的有关因素。

※ 知识准备 ※

一、经营盈利能力指标分析

盈利能力是指企业获取利润的能力。追求利润是投资者的直接目的，而且利润也是企业发展、壮大的直接动力。

盈利能力的直观表现就是资金的增值，如用5元买了4块烧饼，全部卖掉后，共收回6元，这时赚的这1元，就是资金的增值。考核企业的盈利能力，就是要考核通过生产、经营，企业增值了多少，分别通过什么项目增值的，等等。

利润表计算利润的步骤可以分解为如下5步：

(1) 主营业务利润＝主营业务收入－主营业务成本－主营业务税金及附加

(2) 毛利＝主营业务利润＋其他业务利润

(3) 营业利润＝毛利－营业费用－管理费用－财务费用

(还有一种思路是毛利－营业费用－管理费用＝息前、税前经营利润，该指标用来区分投资者和债权人的收益，因为财务费用是债权人的收益，然后计算营业利润。)

(4) 利润总额＝营业利润＋投资收益＋补贴收入＋营业外收入－营业外支出

(5) 净利润＝利润总额－所得税

用于反映企业经营盈利能力的指标有主营业务利润率、毛利率、营业利润率和净利润率等。

1. 主营业务利润率分析

主营业务利润又叫产品销售利润，是指主营业务收入减去主营业务成本及税金后的余额，它是企业主营业务财务成果的具体体现。主营业务利润率是企业在一定期间内主营业务利润与主营业务收入净额的比率，它说明了企业主营业务的盈利能力，也反映出企业主营业务的市场竞争力和发展潜力。其计算公式为：

$$主营业务利润率=\frac{主营业务利润}{主营业务收入净额}\times 100\%$$

练一练

已知某企业2015年和2016年主营业务收入分别为280万元和2 650万元，主营业务成本分别为195万元和2 454万元，主营业务税金及附加分别为4万元和112万元，则该企业的主营业务利润率是多少？

请注意

影响主营业务利润变化的因素主要有销售量、产品品种构成、销售价格、单位销售成本等。

【想一想】 总销售收入不变，利润率水平不同的产品销售数量有增有减时，是否会改变主营业务利润率？

提　示

企业的主营业务利润率如果有明显变化，企业提高了主营业务利润率，就能获得更多利润，从而证明企业的总体盈利能力增强了。

2. 毛利率分析

企业的收入包括主营业务收入、其他业务收入、投资收入和营业外收入等。对收入的不同定义有其不同的来源。主营业务收入和其他业务收入作为企业生存和发展的基础，其利润率水平直接体现了企业的盈利能力，所以财务分析中引入了“毛利”的概念。毛利就是主营业务利润加其他业务利润，通俗地讲，就是企业卖出去的所有东西（不包括固定资产等生产用设备）的收入，扣除所有成本及税金后的净收入。

毛利率就是毛利与营业收入总额（包括主营业务收入和其他业务收入）的比率，它在企业盈利能力分析中与主营业务利润率的效果类似。其计算公式为：

$$毛利率=\frac{毛利}{营业收入}\times 100\%$$

其中，毛利和营业收入的计算公式分别为：

毛利＝主营业务利润＋其他业务利润

营业收入＝主营业务收入＋其他业务收入

练一练

已知某企业2015年和2016年的有关资料（见表2-16），则该企业的毛利率是多少？

表2-16　某企业毛利率计算有关资料

单位：万元

项　　目	2015年	2016年
主营业务收入	280.00	3 650.00
主营业务成本	195.00	2 454.00
主营业务税金及附加	4.00	112.00
其他业务收入	0	99.40
其他业务支出	—	85.40

解答：毛利率计算见表2-17。

表2-17　某企业毛利率计算表

单位：万元

项　　目	2015年	2016年
主营业务利润	81.00	1 084.00
主营业务利润率	28.93%	29.70%
其他业务利润	0	14.00
营业收入＝主营业务收入＋其他业务收入	280.00	3 749.40
毛利＝主营业务利润＋其他业务利润	81.00	1 098.00
毛利率	28.93%	29.28%

从表2-17可以看出，由于2015年该企业并没有其他业务利润，因此主营业务利润率与毛利率相等。事实上，影响毛利率的因素与影响主营业务利润率的因素也很类似。

提　示

在分析毛利率时，我们需要将主营业务利润率与毛利率进行比较，一般而言，主营业务利润率应该高于毛利率。

如果一家企业的毛利率高于其主营业务利润率，我们就可以认为企业的盈利能力主要来源于其他业务利润，这就不正常。对于投资者来说，不免要怀疑企业的管理者而改变投资初衷。

毛利率作为反映企业“卖东西收到的钱，到底有多少是真正赚的钱”的指标，不同行业其比率差别很大。据了解，电力、电信、医疗器械、电子、通信等行业，或者由于其垄断性，或者由于其专有技术性，毛利率比较高；而机械、基础建设、食品、农产品加工等行业，由于其劳动密集型和传统性，毛利率都偏低。

提　示

在评价一家企业的毛利率水平时，需要考虑其行业特性，与同行业平均值作比较更具有可比性，更能说明企业的盈利能力和行业竞争力。

3. 营业利润率分析

营业利润是指企业营业收入与营业成本、期间费用及税金之间的差额，它既包括主营业务利润，又包括其他业务利润，并在两者之和的基础上减去营业费用、管理费用与财务费用。它反映了企业生产经营业务的财务成果。通过营业利润的计算，能了解引起企业营业利润增减变动的主要原因。

营业利润率是指企业在一定时期内营业利润与营业收入的比率，通过这一指标可以衡量企业在一定时期内通过营业收入获取利润的能力。其计算公式为：

$$营业利润率=\frac{营业利润}{营业收入}\times 100\%$$

练一练

已知某企业2015年和2016年有关资料（见表2-18），则该企业的营业利润率是多少？

表2-18 某企业营业利润率计算有关资料 单位：万元

项　　目	2015年	2016年
营业收入（同表2-17的计算结果）	280.00	3 749.40
毛利（同表2-17的计算结果）	81.00	1 098.00
营业费用	12.00	78.00
管理费用	25.00	164.00
财务费用	1.70	9.60

解答：

2015年营业利润＝81－12－25－1.70＝42.30（万元）

2016年营业利润＝1 098－78－164－9.60＝846.40（万元）

$$2015年营业利润率=\frac{42.30}{280}\times 100\%=15.11\%$$

$$2016年营业利润率=\frac{846.40}{3\ 749.40}\times 100\%=22.57\%$$

从上述计算结果可以看出，该企业在2016年的营业利润率同2015年相比有明显改善，提高了7.46个百分点，表明企业的盈利能力提高了。

【想一想】营业利润率与毛利率的差异原因是什么？

总之，影响营业利润率的因素除了毛利外，还有营业费用、管理费用、财务费用等，所以，除了扩大销售、降低成本、提高毛利率能提高企业的营业利润率外，对企业的各个部门实施有效的开源节流措施，减少营业费用、管理费用和财务费用，虽然不创收，却也能提高企业的营业利润率，起到“创收”的效果。

在分析企业毛利率的基础上进一步分析企业的营业利润率变化趋势，除了能确认企业的盈利能力状况外，还能分析出企业是怎样改善其盈利能力的。如果企业在前后两年的毛利率变化不大，而营业利润率却有了提高，就说明企业的营业费用、管理费用和财务费用等支出得到了控制，如上面分析的某企业就是这样的情况。还有一种可能，企业在前后两年的毛利率有了提高，但是营业利润率变化却不大，这就表明，从产品的市场竞争力来看，企业的盈利能力提高了，但是因为没有很好地控制费用，在市场上赚取的利润都在营业费用、管理费用等“软支出”中损耗掉了，由此导致企业的营业利润率并没有得到很好的改观。

4. 净利润率分析

净利润是营业利润加上投资收益、补贴收入和营业外收入，减去营业外支出和所得税费用后的余额，它是企业所有者最终取得的财务成果，或者说是可供企业所有者分配和使用的财务成果。

净利润率又称为销售净利率，是指企业实现的净利润与营业收入的比率。通过这一指标可以衡量企业在一定时期内整体获取利润的能力。其计算公式为：

$$净利润率=\frac{净利润}{营业收入}\times 100\%$$

练一练

已知某企业 2015 年和 2016 年有关资料（见表 2-19），则该企业的净利润率是多少？

表 2-19　某企业净利润率计算资料　　单位：万元

项　　目	2015 年	2016 年
营业收入（同表 2—17 的计算结果）	280.00	3 749.40
营业利润	42.30	846.40
投资收益	0	12.00
补贴收入	0	0
营业外收入	2.00	0
营业外支出	0	13.00
所得税费用	0	135.00

解答：如表 2-20 所示。

表 2-20　某企业净利润率计算表　　单位：万元

项　　目	2015 年	2016 年
利润总额	44.30	845.40
净利润	44.30	710.40
净利润率	15.82%	18.95%

从表 2-20 可以看出，虽然该企业 2016 年的营业利润率比 2015 年提高了 7.46 个百分点，但是核算到净利润率时，却只提高了 3.12 个百分点。是谁“偷走了”企业 2016 年提高的盈利能力呢？从营业利润到净利润，2016 年企业减除的最大项是“所得税费用”。

提　示

虽然企业自身经营的盈利能力强，但是如果政府的税收过高，也会“掠夺”企业的一部分盈利，从而导致净利润率较其营业利润率明显降低。

【想一想】分析企业净利润率时需要关注哪些内容？

在对企业净利润率进行分析时，需要关注如下内容：

（1）由于净利润中包含营业外收支净额和投资净收益，而营业外收支净额和投资净收益在年度之间可能会变化较大，且无规律，因此，如果企业两年间净利润率的变化幅度较营业利润率的变化幅度要大，甚至趋势相反的话，则需要关注企业是否受营业外收支净额和投资净收益的影响比较大。

（2）由于净利润率也减除了所得税费用，因此，如果不同年度内企业所得税税率有明显调整，则势必影响净利润率的计算。如某企业在2015年的所得税税负率为0，而在2016年的所得税税负率为25%，其对净利润率的影响就非常大。

（3）从净利润率公式可以看出，企业的净利润率与净利润成正比，与营业收入成反比。也就是说，“薄利多销”可能会扩大企业的销售收入，却不一定能提高净利润率。通过“薄利多销”的方式，可以增加企业的资产周转率，盘活企业资产，提高其营运能力，却不一定能改善其盈利能力。

二、投资盈利能力指标分析

企业总体盈利能力的分析，主要针对的是企业收入与利润的比较分析。通俗地讲，就是买、卖的结果如何。对于投资者来说，仅仅了解企业今天或明天的买卖有没有赚钱还不够，还需要确认投资这家企业需要100万元，投资那家企业也需要100万元，到底投到哪家企业更合算一些，赚的钱更多一些。这就涉及与投资相关的盈利能力指标分析。反映与投资相关的盈利能力的指标主要有总资产收益率、总资产报酬率、净资产收益率和资本金收益率等。

1. 总资产收益率分析

总资产收益率是企业在一定期间实现的净利润与该时期企业平均资产总额的比率。该指标用来衡量企业总体资产的盈利能力，其计算公式为：

$$总资产收益率=\frac{净利润}{平均资产总额}\times 100\%$$

其中，平均资产总额的计算公式为：

$$平均资产总额=\frac{期初资产总额+期末资产总额}{2}$$

练一练

已知某企业2015年和2016年净利润分别为44.30万元和710.40万元，期末资产总额分别为654.30万元和1 528.70万元，则该企业的总资产收益率是多少？

解答：假设2015年初以后开业，则年初资产为零。

$$2015年平均资产总额=\frac{0+654.30}{2}=327.15（万元）$$

$$2016年平均资产总额=\frac{654.30+1\ 528.70}{2}=1\ 091.50（万元）$$

$$2015年总资产收益率=\frac{44.30}{327.15}\times 100\%=13.54\%$$

$$2016年总资产收益率=\frac{710.40}{1\ 091.50}\times 100\%=65.08\%$$

【想一想】上例中，2015年的总资产收益率为什么会如此低？是否具有可比性？

从计算公式还可以直观地分析出，影响总资产收益率的因素是企业本期盈利的多少（即净利润的多少）和企业总资产的规模。其中，净利润与总资产收益率正相关，也就是说，净利润越高，总资产收益率就越高；企业总资产的规模与该指标负相关，也就是说，在净利润一定的情况下，企业总资产的规模越大，其总资产收益率就越低。

总资产收益率作为衡量企业总体资产盈利能力的指标，通过对其分析可以观察以下情况：

（1）通过总资产收益率指标，能直观地衡量企业资产运用的效率和资金利用的效果。如果投资 A 企业总资产收益率是 40%，而投资 B 企业却有 60%，也就是说，如果大家都是投了 10 元钱的话，投资 A 企业赚了 4 元，投资 B 企业却赚了 6 元，这就说明 A 企业的资产运用效率低于 B 企业。

（2）在企业资产总额一定的情况下，通过总资产收益率指标可以分析企业盈利的稳定性和持久性，确定企业所面临的风险。只要不扩大生产，企业在每期期末又都将净利润全额分配给股东（虽然这只是一种理想主义的分配方式）的话，其资产总额就维持在一个比较平稳的状态，如果在此时考量企业在不同期间的总资产收益率，就能马上分析出企业盈利能力的稳定性。同样，假设投资 A 企业 10 元，那么今年盈利了 4 元，如果去年是 5 元，前年是 5.50 元，可见，企业的盈利能力是不断下降的，这就需要提醒管理者分析企业的营业效率，适当调整经营政策。

2. 总资产报酬率分析

这一指标的引进，源于“企业的所有资金提供人都是平等的”。这种观点认为，不管是企业的股东还是债权人，因为他们都向企业投入了资金，企业在关注他们的感受时，应该用平等的眼光，不能偏袒股东。

基于这样的观点，我们就不能用净利润来分析总资产盈利能力了，因为净利润剔除了利息支出（即财务费用），也就是已经把分给债权人的收益剔除在“收益”范围外了，这就不完整了。同时，虽然所得税费用是政府强制的，要求企业为社会作的固定比例的贡献，但这一事实不为企业任何人所左右，当然也包括企业的管理者，在衡量管理者的工作业绩时，应该宽容地对待。因此，在净利润的基础上，反向加回来利息支出和所得税费用，得到息前、税前利润，简称息税前利润，用息税前利润来衡量企业总资产盈利能力的指标就是总资产报酬率。

总资产报酬率是指企业在一定期间内的息税前利润与平均资产总额的比率。计算公式为：

$$\text{总资产报酬率}=\frac{\text{息税前利润}}{\text{平均资产总额}}\times 100\%$$

其中，平均资产总额的计算公式为：

$$\text{平均资产总额}=\frac{\text{期初资产总额}+\text{期末资产总额}}{2}$$

总资产报酬率这一指标反映了企业的基本盈利能力，因为它排除了资金来源方式的不同（会计上称为财务杠杆）对企业利润的影响，也排除了所得税率的不同对企业利润的影响，体现的是公司使用所拥有的资产获取利润的能力。

练一练

已知某企业2015年和2016年有关资料（见表2-21），则该企业的总资产报酬率是多少？

表2-21 某企业总资产报酬率计算资料 单位：万元

项　目	2015年	2016年
净利润（同表2—20的计算结果）	44.30	710.40
所得税费用	0	135.00
财务费用	1.70	9.60
期末资产总额	654.30	1 528.70
平均资产总额	327.15	1 091.50

解答：某企业总资产报酬率计算见表2-22。

表2-22 某企业总资产报酬率计算表 单位：万元

项　目	2015年	2016年
息税前利润	46.00	855.00
总资产报酬率	14.06%	78.33%
附：总资产收益率（如前文计算所得）	13.54%	65.08%

从表2-22可以看出，在2016年，该企业的总资产报酬率比总资产收益率高13.25个百分点，这种差异的形成原因是企业所得税，这一点并不是由企业自身所能左右的。因此，用总资产报酬率来衡量企业总体资产的盈利能力更客观。

3. 净资产收益率分析

前面的总资产收益率和总资产报酬率，分析的都是企业总体资产的盈利能力，对于股东来说，特别需要了解投入资金的盈利能力如何，这就需要引入净资产收益率这一指标。

净资产收益率又称所有者权益报酬率或股东权益收益率，是企业一定时期净利润与平均净资产（即所有者权益平均额）的比率。该指标用来衡量企业所有者权益获得报酬的水平，其计算公式为：

$$\text{净资产收益率}=\frac{\text{净利润}}{\text{所有者权益平均额}}\times 100\%$$

其中，所有者权益平均额的计算公式为：

$$\text{所有者权益平均额}=\frac{\text{期初所有者权益}+\text{期末所有者权益}}{2}$$

练一练

已知某企业2015年和2016年净利润分别为44.30万元和710.40万元，所有者权益分别为444.30万元和954.70万元，则该企业的净资产收益率是多少？

解答：假设2015年初以后开业，则年初所有者权益为零。

$$\text{2015年所有者权益平均额}=\frac{444.30}{2}=222.15\text{（万元）}$$

$$2015\text{年净资产收益率}=\frac{44.30}{222.15}\times100\%=19.94\%$$

$$2016\text{年所有者权益平均额}=\frac{954.70+444.30}{2}=699.50\text{（万元）}$$

$$2016\text{年净资产收益率}=\frac{710.40}{699.50}\times100\%=101.56\%$$

从上述计算结果可以看出，在2016年，该企业的净资产收益率非常可观，这就证明了企业净资产的盈利能力非常高。

通过对净资产收益率的分析，报表使用者可以：

（1）判定企业的投资效益，准确地说，是判断企业用属于所有者所有的钱生钱的能力。

（2）判断管理者管理企业水平的高低。投资者要考核管理者的工作绩效，仅仅有利润的绝对额还不够，还要考虑其是用多少权益资金获得利润的。

（3）将之作为所有者考核自己投入企业资本的保值增值程度的基本依据。

总之，净资产收益率考核的是投资者是否获得了足够多的投资回报。

4. 资本金收益率分析

净资产收益率体现的是所有者权益资本的盈利能力，而所有者权益并不全部是投资者初始投入企业的，有一部分是企业历年经营留存的，还有一些是通过捐赠等方式得来的。对于投资者来说，在确认自己“拥有的资产”的盈利能力的基础上，也需要知道投入资金的盈利能力如何，这就用到了资本金收益率指标。

资本金收益率是一定期间企业的净利润与资本金的比率。所谓资本金，就是投资者初始投入的资本，在资产负债表上体现为“股本”或“实收资本”。资本金收益率这一指标用来衡量企业所有者投入的资本赚取利润的能力，其计算公式为：

$$\text{资本金收益率}=\frac{\text{净利润}}{\text{平均实收资本}}\times100\%$$

其中，平均实收资本的计算公式为：

$$\text{平均实收资本}=\frac{\text{期初实收资本}+\text{期末实收资本}}{2}$$

练一练

已知某企业2015年和2016年净利润分别为44.3万元和710.4万元，期末实收资本分别为200万元和200万元，则该企业的资本金收益率是多少？

解答：假设该企业在2015年初开业，则年初实收资本为零。

$$2015\text{年资本金收益率}=\frac{44.3}{200}\times100\%=22.15\%$$

$$2016\text{年资本金收益率}=\frac{710.4}{400}\times100\%=177.60\%$$

从上述计算结果可以看出，在2016年，该企业的资本金收益率达到了177.60%，也就是说，企业本期赚到的钱相当于初始投资的1.776倍，这表明企业的盈利能力非常强。

请注意

企业的资本金收益率越高，说明股东或投资人投入资本的回报水平越高，企业的盈利能力越强。

提　示

在用资本金收益率分析企业盈利能力时，应注意如下两个问题：

第一，在衡量资本金收益率的高低时，应确定基准资本金收益率。如果一个老板初始投资时，确认的行业资本金收益率在150%左右，也就是他想用10元赚15元，结果企业当期的资本金收益率只有120%，也就是10元只能挣到12元。不考虑老板初期的愿望，就会觉得用10元赚到12元真的不少了。但是，当考虑老板的期望值时，就会发现盈利能力还是低的。

第二，资本金收益率虽然反映了投资者投入资本的获利水平，却并不代表真正能分到投资者手中这么多钱，因为企业为了持续发展和扩大经营，每期实际支付给所有者的利润只能是净利润的一部分，具体多少可以分，由分配政策来决定——把蛋糕做大了，却不见得能吃到整块蛋糕，但是，如果蛋糕本身很小，就更没有可能分到大块蛋糕了。

三、成本费用盈利能力指标分析

按照会计核算中配比性原则的基本要求，当企业确认收入时，需要同时结转属于当期的成本和费用，用来衡量企业盈利状态的利润额，即用收入减去各项成本和费用。所以，通过分析成本费用与利润的关系，也能了解企业的盈利能力。与成本费用相关的盈利能力指标是成本费用利润率。

成本费用利润率是指企业的净利润与成本费用总额的比率，它是反映企业生产经营过程中发生的耗费与获得的收益之间关系的指标，该指标越高，表明企业为取得利润而付出的代价越小，企业的成本费用控制得越好，盈利能力越强。其计算公式为：

$$\text{成本费用利润率}=\frac{\text{净利润}}{\text{成本费用总额}}\times 100\%$$

从计算公式可以看出，该指标直接体现了净利润对应的成本费用的多少，其比率越高，表明企业定额耗费内所取得的收益越高，企业的盈利能力越强。

练一练

已知某企业2015年和2016年有关资料（见表2-23），则该企业的成本费用利润率是多少？

表2-23　某企业成本费用利润率计算表

单位：万元

分项	项　目	2015年	2016年
资料	净利润（同表2-20的计算结果）	44.30	710.40
	主营业务成本	195.00	2 454.00
	主营业务税金及附加	4.00	112.00

续前表

分项	项　　目	2015 年	2016 年
资料	其他业务支出	0	85.40
	营业费用	12.00	78.00
	管理费用	25.00	164.00
	财务费用	1.70	9.60
	营业外支出	0	13.00
	所得税费用	0	135.00
计算	成本费用总额	237.70	3 051.00
	成本费用利润率	18.64%	23.28%

解答：从表 2-23 可以看出，在 2015 年，该企业耗费 100 元的成本费用，可以创造出 18.64 元的净利润，而到了 2016 年，当企业耗费 100 元的成本费用时，可以创造出 23.28 元的净利润，所以在 2016 年，企业的盈利能力有了提高，效益也变好了。

从成本费用利润率计算公式可以看出，由于其分母直接是企业本期内所有耗费的汇总，只要降低分母的数值，企业的成本费用利润率就能提高，也就是说，只要企业实施增收节支、增产节能措施，提高效率，其盈利能力就能提高。

请注意

成本费用利润率指标也能直接用于考核企业是否有效地扩大了销售和节约了费用开支。

四、上市公司盈利能力指标分析

上市是指股份有限公司发行的股票上市交易，又称为公司的上市。股份有限公司通过上市，使其股票具有最强的流通性和变现性，便于投资者通过购买股票方式直接实现对企业的投资。而对于企业来说，也能更便捷地在资本市场实现增资和融资。

由于上市公司成了大众投资的对象，因此就需要规范其财务行为，并要求其定期对外报出财务数据，做到信息公开，同时接受国家证监会和社会公众的监督，以保障广大投资者的利益不被个别不法行为所侵犯。

企业通过购买股票的方式投资某一企业，除了考虑其行业特点外，最重要的是期望这一企业在未来的一定期间能给投资者带来较好的收益；或者投资者已经购买了某一企业的股票，就需要关注被投资企业的经营状况和盈利能力，以确定是否长期持有，在未来分得较多的红利。所有这些，都需要对上市公司的盈利能力进行分析。

对上市公司的盈利能力进行分析主要用到每股收益、每股现金股利、股利支付率、市盈率、每股净资产、市净率等指标。

1. 每股收益指标分析

对于持有上市公司股票的股民来说，需要关注的最基本的指标是每股收益。每股收益是指企业净收益与发行在外普通股股数的比率。它反映了某一期间企业平均每股普通股获得的收益，可以评价普通股持有者获得报酬的程度。

练一练

张先生持有1 000股中信国安（股票代码：000839），其在2013年第一季度对外公布的每股收益为0.042 5元，则张先生所持有的中信国安每股收益是多少？持有收益额是多少？

每股收益的计算公式为：

$$每股收益=\frac{净利润-优先股股利}{普通股股数}$$

从每股收益的计算公式可以看出：

第一，属于普通股的净利润（即企业净利润－优先股股利）与每股收益成正比，企业的净利润越高，每股收益就越大。

第二，企业普通股股数与每股收益成反比，企业发行的股数越多，在净利润一定的情况下，每股收益就越低。这就和我们在前面介绍的分蛋糕的原理一样，蛋糕大小定了，分的人多，每个人分到的自然就少。

【想一想】 常常听股民说，“某某股票盘子大”，这是什么意思?

每股收益作为评价上市公司盈利能力的基本指标和核心指标，其作用主要有：

（1）每股收益指标反映了企业的获利能力，决定了股东的收益水平，每一股在本期获得的收益一目了然，便于股民选择投资哪类和哪只股票。

（2）每股收益是确定企业股票价格的主要参考指标。虽然股票价格受到市场资金供求、证券市场行情等多种因素的影响，但最终都要回归企业的盈利能力，只有效益真正好的企业才会被投资者长期接受。因此，每股收益作为企业盈利状态的“温度计”，也同时决定着企业股价的高低。

（3）通过对某一企业连续若干年的每股收益变动状况及其趋势进行分析，能帮助投资者了解企业投资报酬在较长时期的变动规律，从而确定是否需要长期持有该股票。

（4）通过对同一行业不同企业间每股收益的比较分析，能帮助投资者确认自己关注的企业的指标值在同行业中的位置，从而在市场影响因素类似的情况下，对所投资企业的盈利能力作出更客观的判断。

2. 每股现金股利指标分析

每股现金股利，简称每股股利，是现金股利总额减去优先股现金股利后的差与普通股股数的比值。即使在企业盈利很好的状态下，上市公司的股利分配政策仍然受到股东对股利分配偏好（即有的股东喜欢在当期多分一些现金，有的股东觉得现在少分一些也没有关系，重要的是企业的长期发展）、企业现金流状态、企业近期发展规划、上年股利支付率、行业目前股利分配状态等诸多因素的影响。因此并不是企业有多少收益，投资者就可以分到多少收益。就算是分得收益，也不一定是现金股利，还有可能是股票股利、财产股利等。而每股现金股利表现的是每一普通股获取现金股利的多少，它比每股收益更能直接地体现投资者得到的当前利益。其计算公式为：

$$每股现金股利=\frac{现金股利总额-优先股现金股利}{普通股股数}$$

每股现金股利由于直接与投资者的当期现金收入挂钩，因此当传递给投资者的信息是“企业运转得还不错”时，就能增强投资者对企业的信心。

提　示

有研究表明，一家公司的股权越集中，其发放现金股利越不稳定；而股权越分散，其发放现金股利越稳定。也就是说，能否在每年稳定地发放现金股利，与股东结构也直接相关。

3. 股利支付率指标分析

股利支付率，即现金股利支付率，是指普通股每股现金股利与每股收益的比率。该指标主要用于衡量企业当期的每股收益中，有多大比例是以现金股利的形式支付给普通股股东的。其计算公式为：

$$股利支付率=\frac{每股现金股利}{每股收益}\times 100\%$$

股利支付率并没有一个固定的衡量标准，各企业可根据自身盈利状况、远期经营方针、目前市场变化情况等来决定自己在不同年份内的股利支付率。

4. 市盈率指标分析

市盈率又称本益比，是普通股每股市价与普通股每股收益的比率，即普通股每股市价相当于每股收益的倍数，反映的是投资者对上市公司每元净利润愿意支付的价格，可以用来估计股票的投资报酬和风险。其计算公式为：

$$市盈率=\frac{每股市价}{每股收益}\times 100\%$$

市盈率是反映上市公司获利能力的一个重要财务指标。一般来说，市盈率高，说明投资者对企业的发展前景看好，愿意出较高的价格购买该公司股票，所以一些成长性较好的高科技公司股票的市盈率通常要高一些。但是也应该注意，如果某一股票的市盈率过高，则也意味着这一股票具有较高的投资风险。影响公司股票市盈率的因素主要有：

（1）上市公司盈利能力的成长性。如果一家上市公司预期未来的盈利能力将不断提高，则说明公司具有较好的成长性，虽然目前市盈率较高，但也值得投资者进行投资，因为上市公司的市盈率会随公司盈利能力的提高而不断下降。

（2）投资者所获报酬率的稳定性。如果上市公司经营效益良好且相对稳定，则投资者获取的收益也较高且较稳定，投资者就愿意持有该公司的股票，这样该公司的股票市盈率会由于众多投资者的普遍看好而相应提高。

（3）市盈率也受利率水平变动的影响。当市场利率水平变化时，市盈率也应作相应的调整。在股票市场的实务操作中，利率与市盈率之间的关系常用如下公式表示：

$$市盈率=\frac{1}{一年期银行存款利率}$$

练一练

如果目前一年期银行存款利率为 8%，则市盈率是多少？

上市公司的市盈率一直是广大股票投资者进行中长期投资选股的主要指标。

提 示

在对市盈率指标进行分析时应注意如下问题：

第一，该指标不宜用于不同行业的公司之间的比较。行业不同，其每股收益差别就比较大，市盈率也就不具有可比性。

第二，当每股收益非常低时，可能会计算出一个没有多少实际意义的高市盈率，这时候这一指标就没有参考价值了。

5. 每股净资产指标分析

每股净资产是指股东权益与普通股总数的比率。这一指标用来衡量企业每股股票所拥有的资产价值。企业每股净资产越高，股东拥有的资产价值就越多；每股净资产越低，股东拥有的资产价值就越少。其计算公式为：

$$每股净资产=\frac{股东权益}{普通股总数}$$

式中，股东权益指的是公司净资产，它代表公司本身拥有的资产，在会计核算上，相当于资产负债表中的总资产减去全部债务后的余额；每股净资产则是每一股份平均应享有的净资产的份额。

练一练

某上市公司净资产为15 000万元，发行在外的普通股股数为10 000万股，那么该企业的每股净资产是多少？

【想一想】为什么说每股净资产是上市公司实力的体现？

每股净资产反映了上市公司的实力，体现在以下两个方面：

第一，每股净资产反映了每股股票代表的公司净资产价值。任何一家企业的经营都是以其净资产为起点和基础的。如果一家企业负债过多而实际拥有的净资产很少，就意味着其经营成果的绝大部分都将用来还债，一旦负债过多，出现资不抵债的现象，企业将面临破产风险。所以，了解一家上市公司是否确实拥有经济实力，需要分析其每股净资产。

第二，每股净资产是支撑股票市场价格的重要基础。每股净资产值越大，表明公司每股股票代表的财富越雄厚，通常创造利润的能力和抵御外来因素影响的能力也越强。这样公司的发展潜力也越大，投资者所承担的投资风险也越低。

但是，在利用每股净资产来分析企业的发展潜力时，需要同时关注每股净资产的“含金量”，不同的净资产内部结构，分析得出的企业发展实力是有差别的。

例如，某上市公司的每股净资产高达6.26元，其普通股股份数为11 000万股，可是阅读该公司报表发现，目前公司有应收账款23 540万元，一旦出现坏账，其每股净资产就会大幅下降，而且可能由此引发企业资金流的匮乏，影响企业的发展。

练一练

某节能环保材料公司年度财报显示，该公司的每股净资产为 5.12 元，但是通过附注资料关于利润分配的说明可知，目前普通股每股未分配利润为 1.50 元，而且已经准备向老股东派发股利，这样对于新股东来说，实际的每股净资产是多少？

每股净资产是根据企业净资产历史成本计算出来的，企业本身资产的含金量如何需要充分被关注。在运用每股净资产指标来衡量企业的发展潜力时，一定要结合其他指标一起考核，经互相印证后才能得出正确结论。

6. 市净率指标分析

市净率是指普通股每股市价与每股净资产的比率，它反映的是投资者花多少钱才能买到企业一个股份份额。其计算公式为：

$$市净率=\frac{股票市价}{每股净资产}$$

其中，企业的净资产包括公司实收资本、资本公积、公益金、法定盈余公积、任意盈余公积、未分配利润等所有属于股东的权益。

从上述公式可以看出，市净率与每股净资产成反比，在上市公司股票市价一定的情况下，每股净资产越高，其市净率就越低，投资者的风险就越低。它能帮助投资者确认，哪家上市公司能以较少的投入得到较高的资产份额。

关于市净率的概念，可以这样理解：当市净率为 1 时，你花 10 元可以买 2 节充电电池，也就是说 1 节充电电池在上市公司的账上其账面价值是 5 元。后来充电电池的价格上涨了，你若再想买，得花 20 元才能买到 2 节充电电池，买回来的还是这些资产，在上市公司的账上其账面价值依旧是每节 5 元，但你却要花每节 10 元才能买到。

那么我们在选择股票时，是选择那些市净率高的企业的股票还是选择那些市净率低的企业的股票呢？如前面分析的那样，不管股票市价是多少，充电电池在上市公司的账上其账面价值为每节 5 元，这是不会变的，因为每股净资产是股票的账面价值，是用成本计量的，不会随意改变。而每股市价是这些资产现在的标价，它是证券市场交易的结果。一般认为：市价高于账面价值时，企业资产的质量较好，有发展潜力；反之，则资产的质量较差，没有发展前景。优质股票的市价都大大超出每股净资产，一般认为市净率达到 3 时，企业资产的质量就已经非常好了。也就是说，如果充电电池的市场价格为每节 15 元（虽然其成本价是每节 5 元），那么上市公司未来的发展潜力就比较大。

请注意

一般认为，市净率小于 1，表明企业没有发展前景；市净率大于 1，表明投资者对企业的前景感到乐观。市净率大，说明投资者普遍看好该企业，认为这个企业有希望，有足够的发展潜力，值得去投资，但是其风险也比较高。

提 示

在分析上市公司的市净率时，需要注意如下问题：

第一，因为分析的是一个动态的企业，所以要动态地分析这一指标。比如，受股票市场整体情况的影响，一家企业有可能两年内股票价格变化不大，但是企业去年盈利，盈利会增加企业净资产，相应地增加了每股净资产，这样去年的市净率就低，而企业今年亏损，亏损会减少企业净资产，相应地降低了每股净资产，这样反而使今年的市净率提高了，这就是一种假象。所以，要动态地分析市净率中的每股净资产。

第二，市净率与市盈率不同，市净率主要从股票的账面价值角度考虑企业的发展潜力，而市盈率主要从股票的盈利性角度考虑企业的发展潜力。

※ 任务设计 ※

盈利能力分析

【盈利能力分析工作过程】

步骤1　搜集分析盈利能力资料

利润表见表2-24。

表2-24　利润表

2016年度

编制单位：江南电子股份有限公司　　　　金额单位：人民币元

项　　目	本期金额	上期金额
一、营业收入	252 725 670.76	305 525 861.60
减：营业成本	219 674 908.84	242 750 516.34
营业税金及附加		803 602.16
销售费用	4 133 468.60	5 825 579.23
管理费用	25 484 288.44	19 423 462.35
财务费用	8 357 184.25	14 874 029.13
资产减值损失	1 475 942.16	−778 200.78
加：投资收益（损失以“—”号填列）	2 138 854.47	2 044 978.20
其中：对联营企业和合营企业的投资收益	2 138 854.47	1 327 538.20
二、营业利润（亏损以“—”号填列）	−4 261 267.06	24 671 851.37
加：营业外收入	12 625 904.29	10 076 827.57
减：营业外支出	405 441.16	881 007.26
其中：非流动资产处置损失	1 426.25	227 313.68
三、利润总额（亏损以“—”号填列）	7 959 196.07	33 867 671.68
减：所得税费用	194 347.53	4 255 856.16
四、净利润（亏损以“—”号填列）	7 764 848.54	29 611 815.52
五、每股收益		
（一）基本每股收益	0.06	0.28
（二）稀释每股收益	0.06	0.28
六、其他综合收益		
七、综合收益总额	7 764 848.54	29 611 815.52

资产负债表有关项目见表 2－25。

表 2－25　资产负债表有关项目

编制单位：江南电子股份有限公司　　　　金额单位：人民币元

项　目	2014 年末	2015 年末	2016 年末
资产总计	423 887 437.46	529 859 296.83	867 207 699.99
实收资本	104 780 000.00	104 780 000.00	126 258 873.00
所有者权益合计	239 682 348.51	270 170 848.25	550 664 513.33
负债及所有者权益总计	423 887 437.46	529 859 296.83	867 207 699.99

公司总股本由 2015 年的 104 780 000 股增加至 2016 年的 126 258 873 股。

步骤 2　计算盈利能力指标

盈利能力指标计算见表 2－26。

表 2－26　盈利能力指标计算表

类型	指　标	2015 年	2016 年
经营盈利能力	主营业务利润率	$\frac{61\ 971\ 743.10}{305\ 525\ 861.60}\times100\%=20.28\%$	$\frac{33\ 050\ 761.92}{252\ 725\ 670.76}\times100\%=13.08\%$
	营业利润率	$\frac{24\ 671\ 851.37}{305\ 525\ 861.60}\times100\%=8.08\%$	$\frac{-4\ 261\ 267.06}{252\ 725\ 670.76}\times100\%=-1.69\%$
	净利润率	$\frac{29\ 611\ 815.52}{305\ 525\ 861.60}\times100\%=9.69\%$	$\frac{7\ 764\ 848.54}{252\ 725\ 670.76}\times100\%=3.07\%$
投资盈利能力	总资产收益率	$\frac{29\ 611\ 815.52}{476\ 873\ 367.15}\times100\%=6.21\%$	$\frac{7\ 764\ 848.54}{698\ 533\ 498.41}\times100\%=1.11\%$
	总资产报酬率	$\frac{48\ 741\ 700.81}{476\ 873\ 367.15}\times100\%=10.22\%$	$\frac{16\ 316\ 380.32}{698\ 533\ 498.41}\times100\%=2.34\%$
	净资产收益率	$\frac{29\ 611\ 815.52}{254\ 926\ 598.38}\times100\%=11.62\%$	$\frac{7\ 764\ 848.54}{410\ 417\ 680.79}\times100\%=1.89\%$
	资本金收益率	$\frac{29\ 611\ 815.52}{104\ 780\ 000}\times100\%=28.26\%$	$\frac{7\ 764\ 848.54}{115\ 519\ 436.50}\times100\%=6.72\%$
成本费用盈利能力	成本费用利润率	$\frac{29\ 611\ 815.52}{288\ 035\ 851.85}\times100\%=10.28\%$	$\frac{7\ 764\ 848.54}{259\ 725\ 580.98}\times100\%=2.99\%$

步骤 3　评价盈利能力

从上述指标看，2016 年的总体盈利能力出现了下降的情况，如主营业务利润率由上年的 20.28%下降到 13.08%，下降了 7.20 个百分点，营业利润率由上年的 8.08%下降到－1.69%，下降了 9.77 个百分点，净利润率由上年的 9.69%下降到 3.07%，下降了 6.62 个百分点。因此，需关注企业利润的稳定性和经营风险。与投资相关的盈利能力和与成本费用相关的盈利能力在 2016 年均出现了下降的情况，需作进一步分析。

※ 知识拓展 ※

长期资本收益率

长期资本收益率是利润总额与长期资本平均额的比率。长期资本包括非流动负债和所有者权益，属于企业的长期资本来源。通过利润总额与长期资本平均额之比，可以反映企业投入长期资本的获利能力。其计算公式为：

$$长期资本收益率=\frac{利润总额}{长期资本平均额}\times100\%$$

式中，长期资本平均额的计算公式为：

$$长期资本平均额=平均非流动负债+平均所有者权益$$

长期资本收益率是在不考虑资金筹集方式的情况下评价企业获利能力的，该指标所衡量的是投资收益情况，并且能够反映企业如何有效利用其现有资产的情况。一般而言，该指标值越高，表明企业为取得收益而付出的代价越小，企业获利能力越强；反之，表明企业获利能力越差。

※ 思考练习 ※

一、判断（正确的在括号内打“√”，错误的打“×”）

(　　)1. 毛利就是营业收入与成本费用的差额。

(　　)2. 净利润率与营业收入成反比。

(　　)3. 净利润越高，总资产收益率就越低。

(　　)4. 资本金收益率虽然反映了投资者投入资本的获利水平，却并不代表真正能分给投资者的现金。

(　　)5. 增收节支能增加收入，却不能提高企业盈利能力。

二、选择（下列答案中有一项或多项是正确的，将符合题意选项前的英文字母填入括号内）

1. 下列属于反映企业经营盈利能力的指标有（　　）。

A. 主营业务利润率　　B. 总资产收益率

C. 营业利润率　　D. 净资产收益率

2. 反映与投资相关的盈利能力的指标有(　　)。

A. 总资产收益率　　B. 总资产报酬率

C. 净资产收益率　　D. 资本金收益率

3. 总资产报酬率是指企业一定期间的（　　）与平均资产总额的比率。

A. 营业利润　　B. 利润总额

C. 息税前利润　　D. 净利润

4. 能够判断企业用属于所有者所有的钱生钱的能力指标是（　　）。

A. 总资产报酬率　　B. 营业利润率

C. 净利润率　　D. 净资产收益率

5. 关于每股收益的分析，下列说法正确的是（　　）。

A. 每股收益决定了股东的收益水平　　B. 每股收益决定了每股净资产

C. 每股收益决定了企业股价的高低　　D. 每股收益决定了市净率

三、学习领域情境实训

（1）实训目的：学会盈利能力分析。

（2）情境资料：利润表见表2-27。

表 2-27　利润表

2016 年度

编制单位：江北机电股份有限公司　　　　金额单位：人民币元

项　　目	本期金额	上期金额
一、营业收入	264 426 178.67	249 267 697.10
减：营业成本	183 545 766.81	178 000 269.60
营业税金及附加	1 419 416.30	1 434 252.73
销售费用	7 010 754.01	6 047 547.04
管理费用	30 482 765.16	27 661 589.47
财务费用	—9 980 271.44	—8 888 736.49
资产减值损失	1 301 734.69	—1 012 029.93
加：投资收益（损失以“—”号填列）		
其中：对联营企业和合营企业的投资收益		
二、营业利润（亏损以“—”号填列）	50 646 013.14	46 024 804.68
加：营业外收入	318 000.00	2 475 276.00
减：营业外支出		1 000 099.84
其中：非流动资产处置损失		
三、利润总额（亏损以“—”号填列）	50 964 013.14	47 499 980.84
减：所得税费用	7 191 545.91	9 851 946.87
四、净利润（亏损以“—”号填列）	43 772 467.23	37 648 033.97

资产负债表有关项目见表 2-28。

表 2-28　资产负债表有关项目

编制单位：江北机电股份有限公司　　　　金额单位：人民币元

项　目	2014 年末	2015 年末	2016 年末
资产总计	423 887 437.46	888 349 633.39	898 172 781.35
实收资本（或股本）	142 700 000.00	142 700 000.00	142 700 000.00
所有者权益合计	339 682 348.51	821 158 606.87	829 254 525.74
负债及所有者权益总计	423 887 437.46	888 349 633.39	898 172 781.35

（3）实训要求：将学生分成若干小组，每组 4 名学生，并推选一名学生为组长，在老师的指导下共同制定工作方案。各组成员根据资料分析盈利能力，并列出算式。15 分钟后，各组汇报，老师点评，评定成绩。

任务 2　偿债能力分析

※ 任务描述 ※

熟悉利润表的偿债能力指标，掌握偿债能力分析的工作步骤，掌握判断偿债能力强弱的方法，了解偿债能力分析的作用。

※ 知识准备 ※

我们在讲述资产负债表项目偿债能力指标分析时，曾提到过与利润表项目相关的偿债能力指标。所谓与利润表项目相关的长期偿债能力指标分析，就是对企业利润与负债相关项目的比率分析，常用的指标是利息保障倍数。

1. 利息保障倍数的含义

利息保障倍数也称获利倍数，是指企业息税前利润与利息费用的比率，用以衡量企业支付借款利息的能力。其计算公式为：

$$利息保障倍数=\frac{息税前利润}{利息费用}$$

式中：

息税前利润＝净利润＋所得税费用＋利息费用

利息费用＝费用化利息＋资本化利息

利息费用包括财务费用中的费用化利息和已计入固定资产价值中的资本化利息。通俗地讲，利息费用就是企业支付给银行等金融机构的除本金以外的所有支出。但是在财务核算过程中，并未将所有的利息支出计入财务费用，还有一部分计入了固定资产等的成本中。在核算利息保障倍数时，需要将这种资本化的利息加回到利息费用中来。

2. 利息资本化的含义

利息资本化是指当企业所借款项是用于固定资产投资、投资性房地产和存货等时，这些借款的利息在符合资本化条件时，要计入相关资产成本，成为相关资产价值的一部分，这个借款费用就是利息的资本化。按会计制度的要求，只有符合准则要求的借款费用才允许资本化，否则应当费用化，计入生产经营活动的财务费用中，也就是要在利润表上反映。通过会计核算方法明确划分利息资本化和费用化的标准，可以防止企业通过利息资本化任意调整企业利润的情况发生。

【想一想】借款费用资本化期间是怎样确定的?

3. 利息保障倍数指标分析

利息保障倍数反映了企业支付债务利息的能力。如果这一指标太低，说明企业不能按期足额支付债务利息，对债权人和投资者来说，都会认为企业财务风险很高。一般情况下，企业的利息保障倍数至少要大于1，否则企业将难以生存与发展。这个道理很浅显，不管什么老板，借了多少钱来办企业，到了年关，若连归还借款利息的钱都没有，该企业就是白忙一年，老板也得不到任何收益，企业当然也不可能生存下去。

还有一种可能，利润表上的利息费用为负数，则表明实质上是企业的利息收入，这就意味着该企业银行存款大于银行借款。此时，利息保障倍数就无意义了。

总之，利息保障倍数不仅反映了企业获利能力的大小，而且反映了获利能力对偿还到期债务的保证程度，它既是企业举债经营的前提依据，也是衡量企业长期偿债能力大小的重要标志。

请注意

要维持正常偿债能力，利息保障倍数至少应大于1，且比值越高，表明企业长期偿债能力越强。如果利息保障倍数过低，企业将面临亏损、偿债的安全性与稳定性下降的风险。

利息保障倍数作为反映企业长期偿债能力的指标，存在的明显缺陷是：净利润或者调整的息税前利润，都只是会计核算后的数据，其账面数值并不能作为长期债务和利息的偿付手段，只有企业净现金流量才能真正地偿还企业债务和利息。

※ 任务设计 ※

偿债能力分析

【偿债能力分析工作过程】

步骤 1　搜集分析偿债能力资料

利润表有关资料见表 2-29。

表 2-29　利润表有关资料

2016 年度

编制单位：江南电子股份有限公司　　　　金额单位：人民币元

项　　目	本期金额	上期金额
利润总额（亏损以“—”号填列）	7 959 196.07	33 867 671.68
财务费用	8 357 184.25	14 874 029.13

步骤 2　计算偿债能力指标

2015 年和 2016 年利息保障倍数分别为：

$$2015\text{年利息保障倍数}=\frac{33\ 867\ 671.68+14\ 874\ 029.13}{14\ 874\ 029.13}=3.28$$

$$2016\text{年利息保障倍数}=\frac{7\ 959\ 196.07+8\ 357\ 184.25}{8\ 357\ 184.25}=1.95$$

步骤 3　评价偿债能力

计算结果表明，该企业 2016 年利息保障倍数小于 2015 年，说明该企业长期偿债能力有所下降，但利息保障倍数大于 1，表明企业在一定程度上能保障支付利息费用。

※ 知识拓展 ※

可动用的银行贷款指标

可动用的银行贷款指标是指银行已经批准而企业尚未办理贷款手续的银行贷款限额。这种贷款指标可以随时使用，增加企业的现金，提高企业的支付能力，缓解企业目前的财务困难，从而影响企业的偿债能力。因此，可动用的银行贷款指标在分析偿债能力时也应予以考虑。

※ 思考练习 ※

一、判断（正确的在括号内打“√”，错误的打“×”）

(　　)1. 利息保障倍数不属于偿债能力指标。

(　　)2. 利息保障倍数太低，说明企业不能按期足额支付债务利息。

（　　）3. 当利润表中的利息费用为负数时，其利息保障倍数具有重要意义。

（　　）4. 如果利息保障倍数过低，企业将面临亏损、偿债的安全性与稳定性下降的风险。

（　　）5. 可动用的银行贷款指标是指未经银行批准的银行贷款限额。

二、选择（下列答案中有一项或多项是正确的，将符合题意选项前的英文字母填入括号内）

1. 利息保障倍数中的利息费用包括（　　）。

A. 债券投资利息　B. 资本化利息　C. 费用化利息　D. 财务计划利息

2. 利息资本化的资产有可能是（　　）。

A. 投资性房地产　B. 在建厂房　C. 存货　D. 安装中的生产线

3. 利息保障倍数中的息税前利润包括（　　）。

A. 净利润　B. 所得税费用　C. 管理费用　D. 利息费用

4. 一般情况下，企业的利息保障倍数至少要大于（　　）。

A. 3　B. 2　C. 1　D. 0

5. 某企业利息保障倍数为2.2，利润总额为12万元，则利息费用是（　　）万元。

A. 12　B. 10　C. 9.8　D. 5

三、学习领域情境实训

（1）实训目的：学会偿债能力分析。

（2）情境资料：利润表及利息资本化有关资料见表2-30。

表2-30　利润表及利息资本化有关资料

2016年度

编制单位：AB公司　　金额单位：人民币元

项　目	本期金额	上期金额
利润总额（亏损以“—”号填列）	11 950 773.38	14 725 288.80
财务费用	6 685 747.40	11 899 223.30
资本化利息	2 507 155.20	4 462 208.70

（3）实训要求：将学生分成若干小组，每组4名学生，并推选一名学生为组长，在老师的指导下共同制定工作方案。各组成员根据资料分析偿债能力，并列出算式。15分钟后，各组汇报，老师点评，评定成绩。

任务3　发展能力分析

※ 任务描述 ※

熟悉发展能力的指标，掌握发展能力分析的工作步骤，掌握判断发展能力强弱的方法，了解发展能力分析的作用。

※ 知识准备 ※

发展能力是企业在生存的基础上，扩大规模、壮大实力的潜在能力。它是企业持续发展和未来价值的源泉，是企业的生存之本、获利之源。报表使用者，不管是投资者、债权人还是企业的管理者、供应商等，都希望企业能健康发展，以保证自己在企业中的权益能得到有效保障和延续。

企业的发展，表现为企业整体上转化资源、增加价值的能力的提高。在评价企业发展能力时，基本从销售发展状态、资产增加情况和资本水平三个不同角度来分析。

一、发展能力指标分析相关的财务数据

为了把抽象的概念分析变成直观的数字分析，或者说具体到某一企业的发展情况分析，需要先搜集一组财务数据作为分析的基础。现搜集小家电行业三家规模不同的公司最近四年的主营业务收入、总资产和所有者权益变化情况，见表 2-31～表 2-33。为了分析上的简便和直观，销售收入直接以主营业务收入代替，假设企业无任何其他业务收入和支出。

表 2-31　AB 公司的财务数据表　　金额单位：万元

项目	主营业务收入		总资产		所有者权益	
年份	当年金额	增长率	当年金额	增长率	当年金额	增长率
2013 年	780.00	—	1 599.00	—	1 235.00	
2014 年	904.80	16.00%	1 818.65	13.74%	1 410.53	14.21%
2015 年	1 137.50	25.72%	2 331.88	28.22%	1 633.48	15.81%
2016 年	1 243.00	9.27%	2 436.28	4.48%	1 858.47	13.77%

表 2-32　CD 公司的财务数据表　　金额单位：万元

项目	主营业务收入		总资产		所有者权益	
年份	当年金额	增长率	当年金额	增长率	当年金额	增长率
2013 年	25.00	—	50.00	—	35.00	
2014 年	28.75	15.00%	60.66	21.32%	39.89	13.97%
2015 年	35.38	23.06%	76.07	25.40%	47.32	18.63%
2016 年	46.10	30.30%	100.09	31.58%	58.14	22.87%

表 2-33　EF 公司的财务数据表　　金额单位：万元

项目	主营业务收入		总资产		所有者权益	
年份	当年金额	增长率	当年金额	增长率	当年金额	增长率
2013 年	560.00	—	1 136.80	—	935.00	—
2014 年	655.20	17.00%	1 277.64	12.39%	1 061.45	13.52%
2015 年	765.00	16.76%	1 430.85	11.99%	1 206.79	13.69%
2016 年	880.40	15.09%	1 620.53	13.26%	1 397.34	15.79%

二、销售增长率指标分析

销售产品，完成企业财富从现金到材料到产品，再通过市场变回更多现金，是企业生存的基本模式，也是企业创造价值的体现。一般来说，一家企业的竞争能力越强，产品的市场占有率越高，说明该企业的发展前景越好。通俗地讲，持续不断地增加收入，企业就

能发展。与销售增长情况相关的发展能力指标主要有销售收入增长率和三年销售收入平均增长率。

1. 销售收入增长率

销售收入增长率是指企业本年销售收入增长额与上年销售收入总额的比率，该比率表明企业本年销售收入的增减变动情况。其计算公式为：

$$销售收入增长率=\frac{本年销售收入-上年销售收入}{上年销售收入}\times 100\%$$

现以三家小家电公司情况举例说明。

三家小家电公司的销售收入增长率比较见表2-34。

表2-34　三家小家电公司的销售收入增长率比较表　　金额单位：万元

年份	AB公司		CD公司		EF公司	
	当年金额	增长率	当年金额	增长率	当年金额	增长率
2013年	780.00	—	25.00	—	560.00	—
2014年	904.80	16.00%	28.75	15.00%	655.20	17.00%
2015年	1 137.50	25.72%	35.38	23.06%	765.00	16.76%
2016年	1 243.00	9.27%	46.10	30.30%	880.40	15.09%

根据资料绘制折线图（见图2-2）。

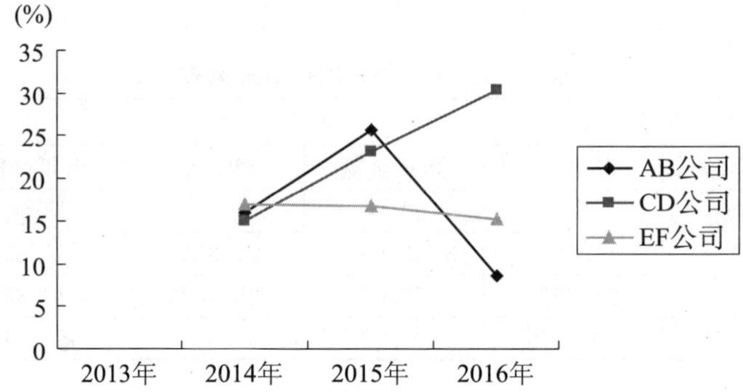

图2-2　三家小家电公司销售收入增长率比较图

从图2-2可以看出，销售收入增长率一直在提高的是CD公司，每年稍有降低但变化不明显的是EF公司，起伏波动较大的是AB公司。

通过对企业在一定年度内销售收入增长率变化趋势的分析，能初步分析出企业的发展能力水平。如前面的三家公司，虽然CD公司的规模较小，但是其销售增长率一直在提高，所以其发展能力应该是最强的。

【想一想】三家公司规模不一样，销售收入变化的绝对值是否具有可比性？

2. 三年销售收入平均增长率

在分析销售收入增长率时，为了防止销售收入短期波动对指标产生的影响，还可同时计算三年销售收入平均增长率。该指标能表明企业销售收入连续三年的增长情况，更能客观地反映企业销售收入增长的长期趋势和稳定程度。其计算公式为：

$$三年销售收入平均增长率=\left(\sqrt[3]{\frac{本年销售收入}{三年前销售收入}}-1\right)\times100\%$$

通过计算，三家小家电公司的三年销售收入平均增长率情况见表 2 - 35。

表 2 - 35 三家小家电公司三年销售收入平均增长率比较表

公司名称	AB 公司	CD 公司	EF 公司
三年销售收入平均增长率	16.80%	22.63%	16.28%

从不同公司三年销售收入平均增长率来分析，仍然是 CD 公司的销售收入增长率最高，说明 CD 公司的发展潜力较大。

3. 利用销售收入增长率衡量企业发展能力的优劣分析

销售收入的增长，能充分说明企业市场占有率情况和业务规模的拓展情况。但是，企业最终实现的是“薄利多销”还是“厚利多销”，需要通过利润率指标或者获利能力指标的分析才能确认。也就是说，企业获取毛收入的多少并不能代表企业财富同样增长了多少。要证明企业全面或实质上的发展，仅仅考核销售收入增长率是不够的。

三、资产增长率指标分析

资产是企业存在和发展的前提，正所谓“没有母鸡，就不可能有鸡蛋”。资产作为企业开展经营、取得收入的基本保障，其增长情况是企业发展的重要表现形式，即所谓“母鸡多了，才有可能产多的蛋”。尤其是如果总资产报酬也在增长或保持稳定，企业的资产规模与收入规模之间就会存在同向变动的关系。就比如，每只母鸡一个星期最少能产 4 个蛋，养 10 只鸡的话，一个星期产 40 个蛋是没有问题的；但要能养 100 只鸡，一个星期即使不能产 400 个蛋，380 个蛋应该还是可以保证的。这就是资产增加，企业的发展能力也增加的道理。

在会计报表分析实务中，与资产增加相关的企业发展能力指标主要是总资产增长率，并同时计算三年平均总资产增长率，由此通过资产情况判断企业的规模扩张情况。

1. 总资产增长率

总资产增长率是指企业本年总资产增长额同年初总资产的比率。其计算公式为：

$$总资产增长率=\frac{年末总资产-年初总资产}{年初总资产}\times100\%$$

现以三家小家电公司情况举例说明。

三家小家电公司的总资产增长率比较见表 2 - 36。

表 2 - 36 三家小家电公司的总资产增长率比较表 金额单位：万元

年份	AB 公司		CD 公司		EF 公司	
	当年金额	增长率	当年金额	增长率	当年金额	增长率
2013 年	1 599.00	—	50.00	—	1 136.80	—
2014 年	1 818.65	13.74%	60.66	21.32%	1 277.64	12.39%
2015 年	2 331.88	28.22%	76.07	25.40%	1 430.85	11.99%
2016 年	2 436.28	4.48%	100.09	31.58%	1 620.53	13.26%

根据资料绘制折线图（见图 2-3）。

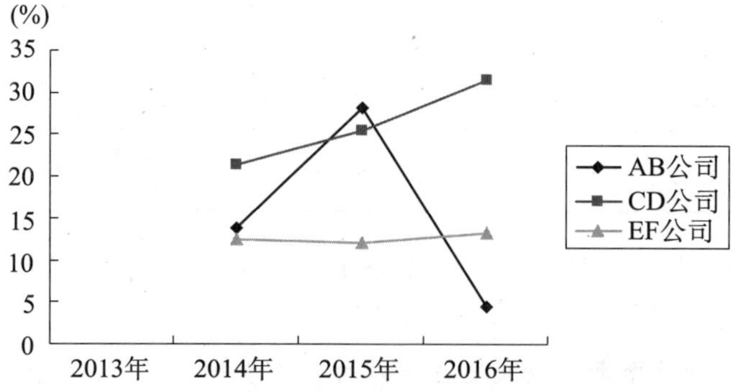

图 2-3　三家小家电公司总资产增长率比较图

从图 2-3 可以看出，CD 公司的总资产增长率趋势最好，呈现连年增长的上升图形，所以该公司未来的发展潜力最大。AB 公司波动最大，其发展能力不能确定。EF 公司基本保持稳定的增长率，发展比较平稳。

请注意

对企业资产增长率进行分析，除了计算和分析总资产增长率之外，还可以对各类资产的增长率进行分析，如流动资产增长率、固定资产增长率、无形资产增长率等。

2. 三年平均总资产增长率

为了避免某一年的资产增长率受资产短期波动因素的影响，可以通过计算连续三年平均总资产增长率，来反映企业较长时期内的资产增长情况，从资产的长期增长趋势和稳定程度判断企业的发展能力。其计算公式为：

$$三年平均总资产增长率=\left(\sqrt[3]{\frac{年末资产总额}{三年前资产总额}}-1\right)\times 100\%$$

通过计算，三家小家电公司的三年平均总资产增长率情况见表 2-37。

表 2-37　三家小家电公司三年平均总资产增长率比较表

公司名称	AB 公司	CD 公司	EF 公司
三年平均总资产增长率	15.07%	26.37%	12.54%

从不同公司三年平均总资产增长率来分析，CD 公司的总资产增长率最高，这也进一步证明了该公司在同行业的三家公司中发展潜力最大。

3. 利用总资产增长率衡量企业发展能力的优劣分析

虽然企业的发展必然带动企业总资产的增长，但是一家企业总资产的增长并不一定直接带来企业同比率或者同速度的发展，资产只是为企业的发展准备了资源条件，只有企业同时保证了资产的使用效率，企业才会真正发展。还以母鸡和鸡蛋的例子来说明，鸡场可能有 100 只鸡，只是具备了一个星期产 400 个蛋的资源，但是，还需要科学喂养，鸡才下蛋。如果饥一顿饱一顿，甚至让母鸡天天饿着，这些母鸡一个星期肯定不能产 400 个蛋。也就是说，企业的总资产增长了，但是如果没有保持资产的使用效率，或者资产的使用效率明显降低，即便企业的资产规模再大，投入的资源再多，也不能带来企业的快速发展。

提　示

在运用总资产增长率作为企业发展能力指标的同时，还需要结合企业的盈利能力指标，只有总资产增长率和盈利能力“双升”的企业，才是真正有发展潜力的企业。

四、资本保值增值率指标分析

净资产是指股东所拥有的资产，净资产积累越多，企业资本的保全性越强，其应对风险的能力和持续发展的能力就越强。

在净资产收益率增长或保持不变的情况下，企业净资产规模与收入之间存在同向变动的关系。净资产规模的增长反映企业不断有新的资本或留存收益增加，表明所有者对企业的信心增强，或者说，在过去的经营活动中有较强的盈利能力，这就意味着企业在发展。常用的分析企业发展潜力的净资产积累指标是资本保值增值率，并同时计算三年平均资本保值增值率。

1. 资本保值增值率

资本保值增值率是指企业本年所有者权益增加额同本年年初所有者权益余额的比率，它表示的是企业当年所有者权益总的增长率。其计算公式为：

$$资本保值增值率=\frac{年末所有者权益-年初所有者权益}{年初所有者权益}\times 100\%$$

现以三家小家电公司情况举例说明。

三家小家电公司的资本保值增值率比较见表 2-38。

表 2-38　三家小家电公司的资本保值增值率比较表　　金额单位：万元

年份	AB 公司		CD 公司		EF 公司	
	当年金额	增长率	当年金额	增长率	当年金额	增长率
2013 年	1 235.00	—	35.00	—	935.00	—
2014 年	1 410.53	14.21%	39.89	13.97%	1 061.45	13.52%
2015 年	1 633.48	15.81%	47.32	18.63%	1 206.79	13.69%
2016 年	1 858.47	13.77%	58.14	22.87%	1 397.34	15.79%

根据资料绘制折线图（见图 2-4）。

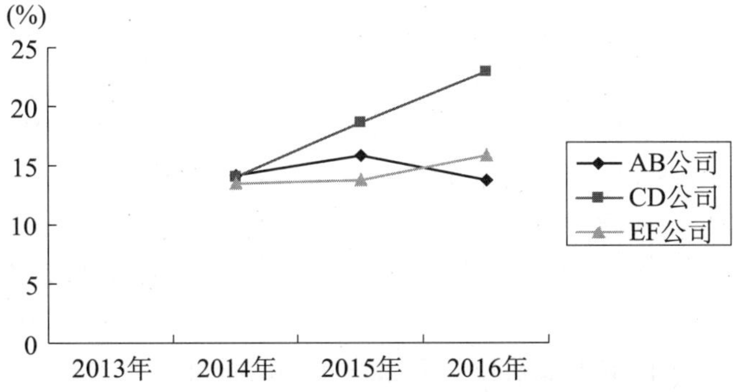

图 2-4　三家小家电公司资本保值增值率比较图

从图2-4可以看出，CD公司和EF公司的资本保值增值率都呈连年上升趋势，而增长幅度最大的是CD公司，所以该公司未来的发展潜力最大。AB公司的资本保值增值率在震荡中向下，其发展能力不太好。

2. 三年平均资本保值增值率

三年平均资本保值增值率指标是为了排除个别年份企业资本保值增值率忽高忽低而引入的，用来衡量企业权益资本连续三年的增长情况，能够较好地体现企业发展水平和发展趋势。其计算公式为：

$$三年平均资本保值增值率=\left(\sqrt[3]{\frac{年末所有者权益总额}{三年前所有者权益总额}}-1\right)\times 100\%$$

通过计算，三家小家电公司三年平均资本保值增值率情况见表2-39。

表2-39　小家电公司三年平均资本保值增值率比较表

公司名称	AB公司	CD公司	EF公司
三年平均资本保值增值率	14.59%	18.43%	14.33%

从不同公司三年平均资本保值增值率指标可以看出，指标最好的是CD公司，EF公司和AB公司的资本保值增值率基本相似，所以CD公司的发展潜力最大。

3. 利用资本保值增值率衡量企业发展能力的优劣分析

资本保值增值率指标体现的是企业净资产的增长幅度，能从所有者权益的角度体现企业的发展。但是资本保值增值率指标本身不能区分企业净资产的增加是投资者增加了对企业的投入引起的，还是留存收益增加导致的。如果只是简单的投资增加，并不能说明企业的发展潜力增加，只有通过企业自身创造价值，使留存收益增加，才是企业具有发展潜力的体现。

提　示

在用资本保值增值率指标分析企业的发展能力时，需要结合所有者权益增长的类别，只有这样才能判断企业是否真的具有内在持久的发展能力。

五、企业发展的状态分析

任何一家企业，从最初的创建，到发展壮大，再到逐渐衰退，都受多种因素的制约。所以在不同时期，企业需要有效地利用自身优势，扬长避短，只有这样才能不断壮大，做得长久，被投资者认可。这就好比人走路出行，年幼时，蹒跚学步，试探着往前走，需要有人鼓励和引领；年少时，年轻气盛，精力十足，需要的是认真辨别方向，以免迷路；中年时，踏实却也忙碌，需要的是发现旅程中美丽的风景，享受人生的过程；年老时，悠闲自在，重在养生，出行成为锻炼和调整自己的一种方式。人在不同的年龄阶段，对待出行需要不同的态度。

企业也一样，处于不同的发展阶段，就会有不同的状态，处于不同状态的企业，其衡量发展能力的指标是完全不一样的。一般来说，成长初期的企业，大量资金来源于负债，因为成长中的企业一方面自身积累有限，另一方面本身的高速发展使企业资金发生短缺，在市场前景乐观的情况下，企业便倾向于负债经营，以期取得更多收益。这样，企业逐渐进入扩张期。

通过大量的统计数据和分析研究，会计理论界把企业发展划分为如下七种不同的状态，并系统地归纳了不同发展状态下企业的财务特点，这七种状态分别是：

1. 平衡发展

处于平衡发展状态的企业的特点是：

（1）企业的营业利润增长率高于当前的通货膨胀率。

（2）当年营业利润能够支付管理费用、财务费用，流动资金能满足企业日常需求并有适量盈余用于企业发展投资。

（3）企业资金结构合理，财务费用不超过一定标准。

2. 过快发展

处于过快发展状态的企业的特点是：

（1）企业的销售额增长很快，而与之对应的存货和应收账款也增长到很大，且后两项的增长速度比销售额的增长速度要快。

（2）由于存货和应收账款增加占用了大量资金，运营资金需求增加，但企业却没有足够的资金来源，资金不能满足需求。

（3）由于资金没有来源，企业出现支付困难，逐渐地，被迫放慢发展速度。

3. 失控发展

处于失控发展状态的企业的特点是：

（1）市场需求增长很快，企业预期增长形势必将持续，因而企业只能接受高风险资本结构，通过再次借款来支持这种增长。

（2）由于资金结构不合理，企业经营风险就增加了，应付任何风吹草动的能力都很弱。

（3）市场发展是波动的，一旦市场需求减少，企业就将面临困境，因为其生产能力已经扩大，固定费用支出水平已经形成。就好比饲养场养的母鸡太多，你暂时不需要它们产蛋，但是不等于马上就可以不给它们喂食，为了维持它们的生命，你每天的耗费就不少。企业也一样，当失控的企业发生销售困难时，很难及时调整其资本结构和企业状态，这也是很多大企业的净资产增长率不如小企业的原因之一。

4. 周期性发展

处于周期性发展状态的企业的特点是：

（1）企业发展随经济周期的变化而变化，有这种特点的企业一般都有行业性，如冶金企业、能源企业等。在经济扩张时期，随着整个经济形势的发展，整个市场对资源、能源需求增加，这类企业的发展就快，盈利也较好。而在经济萎缩期，由于社会需求不足，这些企业的盈利就会下降，发展速度也相应地放慢。长期来看，这类企业的发展曲线和整个社会经济发展趋势趋同。

（2）由于整个社会经济的发展，起伏的周期有时会比较长，因此企业如果没有一定的资金实力，其每期的固定费用就有可能让企业陷入困境。

5. 低速发展

处于低速发展状态的企业的特点是：

（1）企业盈利能力较低。由于其发展能力弱，会导致企业发展比较慢。

（2）企业的新增生产能力很少，甚至没有。由于没有新生产力，因此也没有新产品进入市场，这样又反过来影响了企业的市场竞争力，从而制约其发展。

（3）企业的流动资产和流动负债都没有明显波动，也不容易增长。

（4）处于低速发展的企业应对市场竞争的能力较弱，所以企业的投资与发展没有保障。

6. 慢速发展

处于慢速发展状态的企业的特点是：

（1）企业会主动减少投资，由此导致企业营业额增长放慢，甚至不增长。

（2）由于发展太慢，同行业的其他企业却在发展，相对而言，就成了“不进步就是退步”，由此可能导致企业产品竞争能力越来越低，进而出现企业的盈利能力降低，难以再投资。

7. 负债发展

处于负债经营状态的企业的特点是：

（1）企业盈利很低，却决定大量举债投资。

（2）企业虽然负债较多，但由于运营正常，因此其营运资金流应该为正，但因为受到自身资金的限制，所以其利润增长不会太快，发展也就慢。

（3）处于负债经营状态的企业财务风险一般比较高，因为企业自我发展能力不高，却还有大量借款。

总之，对企业发展能力的分析与评价，能使报表使用者科学地评价企业绩效，从而为决策提供参考，同时有利于管理者改善企业管理，提高企业竞争力。

※ 任务设计 ※

发展能力分析

【发展能力分析工作过程】

步骤 1　搜集分析发展能力资料

江南电子股份有限公司的有关资料见表 2-40。

表 2-40　江南电子股份有限公司的有关资料　　金额单位：人民币元

年份	营业收入	总资产	所有者权益
2013 年	196 887 529.93	360 304 321.85	215 714 113.66
2014 年	241 365 430.66	423 887 437.46	239 682 348.51
2015 年	305 525 861.60	529 859 296.83	270 170 848.25
2016 年	252 725 670.76	867 207 699.99	550 664 513.33

步骤 2　计算发展能力指标

江南电子股份有限公司的有关发展能力指标见表 2-41。

表 2-41　江南电子股份有限公司的有关发展能力指标

年份	营业收入增长率	总资产增长率	所有者权益增长率
2013 年	—	—	—
2014 年	22.59%	17.65%	11.11%
2015 年	26.58%	25.00%	12.72%
2016 年	−17.28%	63.67%	103.82%
三年平均增长率	8.68%	34.01%	36.67%

步骤 3　绘制发展能力折线图

发展能力指标如图 2-5 所示。

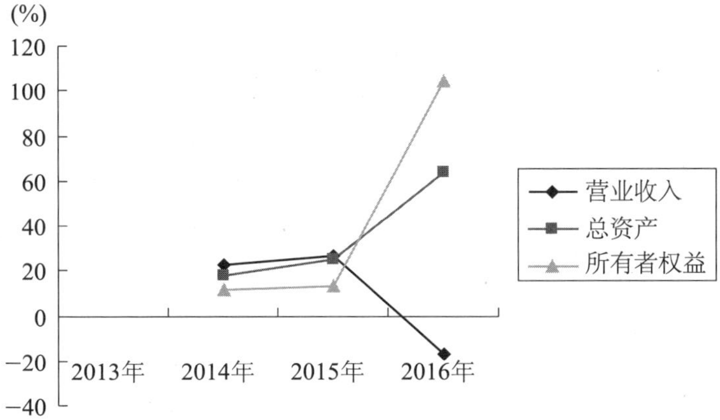

图 2-5　发展能力指标图

步骤 4　评价发展能力

计算结果表明，该企业的总资产和所有者权益呈上升趋势，但营业收入在微涨后出现了严重的下降，潜伏着严重的经营风险，需作进一步分析。

※ 知识拓展 ※

固定资产成新率指标

固定资产成新率是企业当期平均固定资产净值与平均固定资产原值的比率。该指标反映了企业所拥有的固定资产的新旧程度，体现了企业固定资产更新的快慢和持续发展能力。其计算公式为：

$$固定资产成新率=\frac{平均固定资产净值}{平均固定资产原值}\times 100\%$$

式中：

$$平均固定资产净值=\frac{年初固定资产净值+年末固定资产净值}{2}$$

$$平均固定资产原值=\frac{年初固定资产原值+年末固定资产原值}{2}$$

※ 思考练习 ※

一、判断（正确的在括号内打“√”，错误的打“×”）

（　　）1. 三年销售收入平均增长率难以反映企业销售增长的长期趋势和稳定程度。

（　　）2. 在净资产收益率增长或保持不变的情况下，企业净资产规模与收入之间存在同向变动的关系。

（　　）3. 一般来说，成长初期的企业，在市场前景乐观的情况下，不倾向于负债经营。

（　　）4. 资本保值增值率指标本身能区分企业净资产的增加，是投资者增加了对企业的投入引起的，还是留存收益增加导致的。

（　　）5. 固定资产成新率指标反映了企业所拥有固定资产的新旧程度，体现了企业固定资产更新的快慢和持续发展能力。

二、选择（下列答案中有一项或多项是正确的，将符合题意选项前的英文字母填入括号内）

1. 一般说，具有发展潜力的企业是(　　)。

A. 销售收入下降　　B. 总资产增长

C. 盈利上升　　D. 负债猛增

2. 在扩张过程中，由于不同企业所处的社会经济整体状态不同和企业自身发展策略不同，可能会出现的情况是(　　)。

A. 经营歇业　　B. 平衡发展

C. 过快发展　　D. 失控发展

3. 处于负债经营状态的企业的特点是(　　)。

A. 企业盈利很低，却决定大量举债投资

B. 企业虽然负债较多，但由于运营正常，因此其营运资金流应该为正，但因为受到自身资金的限制，所以其利润增长不会太快，发展也就慢

C. 由于存货和应收账款增加占用了大量资金，运营资金需求增加，但企业却没有足够的资金来源，资金不能满足需求

D. 负债企业的财务风险一般比较高，因为企业自我发展能力不高，却还有大量借款

4. 处于周期性发展状态的企业的特点是(　　)。

A. 在经济扩张时期，随着整个经济形势的发展，整个市场对资源、能源需求增加，这类企业的发展就快，盈利也较好

B. 在经济萎缩期，由于社会需求不足，这些企业的盈利就会下降，发展速度也相应地放慢

C. 长期来看，这类企业的发展曲线与整个社会经济发展趋势趋同

D. 由于资金没有来源，企业出现支付困难，逐渐地，被迫放慢发展速度

5. 某企业年末所有者权益为1 200万元，资本保值增值率为20%，则年初所有者权益是(　　)万元。

A. 1 440　　B. 1 200　　C. 1 000　　D. 960

三、学习领域情境实训

（1）实训目的：学会发展能力分析。

（2）情境资料：江北机电股份有限公司的有关资料见表 2－42。

表 2－42　江北机电股份有限公司的有关资料　　金额单位：人民币元

年份	营业收入	总资产	所有者权益
2013 年	163 519 609.30	360 304 321.80	322 698 231.10
2014 年	199 414 157.68	423 887 437.46	339 682 348.51
2015 年	249 267 697.10	888 349 633.39	821 158 606.87
2016 年	264 426 178.67	898 172 781.35	829 254 525.74

（3）实训要求：将学生分成若干小组，每组 4 名学生，并推选一名学生为组长，在老师的指导下共同制定工作方案。各组成员根据资料分析发展能力，并列出算式。15 分钟后，各组汇报，老师点评，评定成绩。

单元小结

- 第二单元
  - 阅读利润表
    - 阅读营业利润项目
    - 阅读利润总额项目
    - 阅读净利润项目
    - 阅读步骤
      - 看布局
      - 看变化
      - 看结构
  - 分析利润表
    - 比较分析
      - 纵向比较分析
      - 横向比较分析
      - 比较分析步骤
        - 搜集资料
        - 计算比重
        - 绘制折线图
        - 分析评价
    - 比率分析
      - 分析盈利能力
        - 分析指标
          - 主营业务利润率
          - 毛利率
          - 营业利润率
          - 净利润率
          - 总资产收益率
          - 总资产报酬率
          - 净资产收益率
          - 资本金收益率
          - 成本费用利润率
        - 分析步骤
          - 搜集资料
          - 计算指标
          - 分析评价
      - 分析偿债能力
        - 分析指标——利息保障倍数
        - 分析步骤
          - 搜集资料
          - 计算指标
          - 分析评价
      - 分析发展能力
        - 分析指标
          - 销售增长率
          - 资产增长率
          - 资本保值增值率
        - 分析步骤
          - 搜集资料
          - 计算指标
          - 分析评价

单元训练

一、知识巩固

1. 怎样阅读营业利润项目？如何观察营业利润构成的合理性？
2. 怎样阅读利润总额和净利润项目？如何观察利润的可持续性？

3. 影响企业经营发展能力的因素有哪些?
4. 运用营业收入增长率指标应注意哪些问题?
5. 如何分析盈利能力?
6. 简述影响上市公司盈利能力分析的指标。
7. 如何分析发展能力?
8. 企业发展的状态是怎样分类的?

二、实训项目

[项目一]

1. 实训目的

加强学生利润表阅读与分析的实际操作训练，运用所学知识与分析方法，提高学生发现问题、分析问题和解决问题的能力，并培养学生团队协作意识，提高职业判断能力、语言表达能力、沟通能力和撰写分析报告能力。

2. 实训资料

一家中小板上市公司近三年的利润表及相关资料。

3. 实训组织

按4人为一个学习小组，选定小组长一人，负责制定小组工作计划书，组织小组讨论、实训和学习。利润表实训工作计划书通过小组成员讨论制定，并经指导老师审阅批准后实施。

4. 实训任务

(1) 制定小组利润表实训工作计划;
(2) 搜集一家中小板上市公司近三年的利润表及相关资料;
(3) 阅读公司利润表;
(4) 完成公司利润表的比较分析;
(5) 完成公司利润表的比率分析;
(6) 撰写利润表分析报告。

5. 实训要求

(1) 能熟练利用网络搜集查阅所需的资料;
(2) 能把握阅读利润表的关键点;
(3) 能对公司财务状况作出客观、全面的分析评价;
(4) 能撰写利润表分析报告，报告内容包括公司概况、利润表的基本情况、纵向比较分析、横向比较分析、盈利能力分析、发展能力分析、综合评价与结论、建议等;
(5) 制作PPT汇报。

[项目二]

1. 实训目的

培养判断利润表是否真实的能力。

2. 实训资料

如右图所示。

3. 实训要求

(1) 根据图示调查并描述一个虚假利润表事件。
(2) 你认为应如何识别利润表的粉饰情况?

职业核心能力测评

职业核心能力测评表

（在□中打√，A表示通过，B表示基本通过，C表示未通过）

职业核心能力	评估标准	自测结果
自我学习	1. 能进行时间管理 2. 能选择适合自己的学习和工作方式 3. 能随时修订计划并进行意外处理 4. 能将已经学到的东西用于新的工作任务	□A □B □C □A □B □C □A □B □C □A □B □C
信息处理	1. 能根据不同需要去搜寻、获取并选择信息 2. 能筛选信息，并进行信息分类 3. 能使用多媒体等手段来展示信息	□A □B □C □A □B □C □A □B □C
数字应用	1. 能从不同信息源获取相关信息 2. 能依据所给的数据信息，进行简单计算 3. 能用适当的方法展示数据信息和计算结果	□A □B □C □A □B □C □A □B □C
与人交流	1. 能把握交流的主题、时机和方式 2. 能理解对方谈话的内容，准确表达自己的观点 3. 能获取信息并反馈信息	□A □B □C □A □B □C □A □B □C
与人合作	1. 能挖掘合作资源，明确自己在合作中能够起到的作用 2. 能同合作者进行有效沟通，理解个性差异及文化差异	□A □B □C □A □B □C
解决问题	1. 能说明何时出现问题并指出其主要特征 2. 能作出解决问题的计划并组织实施计划 3. 能对解决问题的方法适时作出总结和修改	□A □B □C □A □B □C □A □B □C
革新创新	1. 能发现事物的不足并提出新的需要 2. 能创新性地提出改进事物的意见和具体方法 3. 能从多种方案中选择最佳方案，并在现有条件下实施	□A □B □C □A □B □C □A □B □C
学生签字：	教师签字：	年 月 日

第三单元

现金流量表阅读与分析

【学习目标】

通过本项目学习，你应该能够：

- 看懂现金流量表；
- 进行现金流量表的比较分析；
- 理解现金偿债能力指标和获取现金能力指标的意义；
- 进行现金偿债能力的分析；
- 进行获取现金能力的分析。

【引导案例】

延华智能（002178）关于发行股份及支付现金购买资产之业绩承诺未实现及致歉声明的公告

本公司及其董事、监事、高级管理人员保证信息披露的内容真实、准确、完整，没有虚假记载、误导性陈述或重大遗漏。

上海延华智能科技（集团）股份有限公司（以下简称“公司”或“上市公司”）于2015年9月10日披露《发行股份及支付现金购买资产并募集配套资金实施情况暨新增股份上市报告书》等相关公告，公司完成了发行股份及支付现金向廖邦富等19名自然人股东（以下简称“交易对方”）购买成都成电医星数字健康软件有限公司（以下简称“成电医星”或“目标公司”）75.238%股权的事项。根据2015年2月12日公司与交易对方签署的《盈利预测补偿与奖励协议》的约定，2015年至2017年为成电医星业绩承诺期间。

一、业绩承诺

根据《盈利预测补偿与奖励协议》约定：“于业绩承诺期间（若本次交易于2015年完成交割，即2015年、2016年及2017年），目标公司每年度实现的净利润（指经上市公司聘请的具有从事证券期货相关业务资格的会计师事务所审计的合并报表口径下的归属于母公司股东的净利润，以扣除非经常性损益前后孰低者为准，下同）应分别不低于3 992万元、4 990万元及6 237万元；本公司及其董事、监事、高级管理人员保证信息披露的内容真实、准确、完整，没有虚假记载、误导性陈述或重大遗漏。相应地，目标公司于2015年、2016年及2017年实现的归属于上市公司的净利润应分别不低于3 004万元、3 755万元及4 693万元。”

二、成电医星2016年业绩承诺未实现情况

天职国际会计师事务所（特殊普通合伙）对成电医星2016年度业绩承诺实现情况进行了专项审核，并出具了《成都成电医星数字健康软件有限公司关于利润承诺实现情况的说明的审核报告》（天职业字〔2017〕7537—3号），成电医星盈利情况如下：成电医星2016年度归属于母公司所有者的净利润为3 816.33万元，扣除非经常性损益后归属于母公司所有者的净利润为3 643.20万元，低于承诺数（4 990万元）1 346.80万元，未实现业绩承诺。公司董事会将于2016年度报告披露后10个工作日内，计算确定股份回购数量及现金补偿金额并书面通知补偿义务人，召开董事会审议股份及现金补偿事宜。在2016年度报告披露后两个月内，公司将召开股东大会审议补偿义务人当年应补偿股份的回购及后续注销事宜，并在股东大会决议后30日内，以总价1元的价格定向回购补偿义务人业绩承诺期内应补偿的全部股份数量并予以注销。

三、成电医星2016年业绩承诺未实现的原因

介于成电医星盈利预测是在宏观经济环境、市场状况不会发生重大变化等假设条件下作出的，2016年度，在宏观经济放缓、行业竞争加剧、国家财政审批类项目招投标和项目实施进度放缓等多重原因的作用下，成电医星的经营环境及实际市场情况与盈利预测时的相关假设出现了较大差异，导致出现业绩承诺未达标的情况。2016年，作为成电医星主营业务的医院HIS系统领域，行业整体不景气，业内公司在传统HIS领域竞争日趋白热化；在市场新兴的医保控费、医药物流平台等领域，成电医星的医疗信息化产品尚在研发投入期，对比其他业内公司已在2016年产生收入，成电医星仍处于成本投入期；另外，随着云产品等技术更替加快，成电医星产品进入整体研发升级期，研发投入加大进一步导致了利润的下滑。

四、董事会致歉声明

针对公司重大资产购买标的公司成电医星2016年未能实现业绩承诺的情况，公司在此郑重向广大投资者诚挚道歉。公司将督促补偿义务人按照《盈利预测补偿与奖励协议》的约定，及时履行补偿责任。2017年，公司将继续加强各项资源有效整合，督促成电医星落实各项经营举措，加大研发和市场拓展力度，提升整体竞争力及风险防控能力，从而保障中小股东的合法权益。

特此公告。

上海延华智能科技（集团）股份有限公司董事会

2017年4月15日

资料来源：http://www.cninfo.com.cn/cninfo-new/disclosure/szse/bulletin_detail/true/1203301100?announceTime=2017-04-15.

这一案例表明，公司以支付现金购买资产，但被购买方成电医星2016年未能实现业绩承诺，由此引起公司郑重向广大投资者诚挚道歉。现金流量表的阅读者，要深刻领会案例内容，以便阅读与分析现金流量表。

项目一

阅读现金流量表

现金流量表又称财务状况变动表，是会计报表的基本报表之一，详细描述了企业的经营、投资与筹资三个方面所产生的现金流量。在20世纪80年代以前，企业会计报表只包括资产负债表和损益表，但是随着市场经济的发展和企业经营的日趋复杂，影响企业可持续发展的主要因素不仅包括按权责发生制核算的资产负债匹配关系，以及企业在扣除成本后的利润结余，而且包括企业资金来源周转是否顺畅，是否具备足够的现金储备供企业运营发展和生产经营所用。

事实上，真正因为连年亏损、资不抵债而导致企业终止运营的例子并不多，因为投资者不会等到企业把所有家底赔光才罢休，通常是当预见到企业在未来很难获得相应回报时，就已经停止其运转了；恰恰是很多看上去发展速度很快、风光无限的成长型公司，往往会出现资金短缺现象，尤其是当大量资金被迫沉淀到原材料存货和赊销产生的应收账款上面时，很容易出现资金短缺甚至由于资金链断裂导致停产或终止经营的现象。因此，企业在谋求降低风险、增强盈利能力、实现可持续发展时，一方面需要千方百计地将商品销售出去实现营业收入，另一方面需要及时收回货款，使销售行为的结果真正能够为企业经营发展所用。于是，以披露企业资金动向为主要方面的现金流量表也越来越被企业经营管理人员和投资者所关注，并将其作为评估企业资金风险、判断融资需求、分析盈利质量甚至作为企业盈利真实性的主要依据之一。现金流量表最主要的特征之一便是其编制方法采用了收付实现制，以企业实际收到或付出现金的时点作为列示依据，与资产负债表和利润表采用的权责发生制编制方法存在本质上的不同。因此，现金流量表的价值是不可低估的。

任务1　阅读经营活动现金流量项目

※ 任务描述 ※

熟悉现金流量表中经营活动现金流量项目的形成，掌握经营活动现金流量项目阅读的工作步骤，了解经营活动现金流量项目的真实性与可靠性。

※ 知识准备 ※

现金流量表是指反映企业在一定会计期间现金和现金等价物流入和流出的报表。在日益崇尚“现金至尊”的企业理财中，阅读与分析现金流量表是非常重要的。通过现金流量表，可以了解企业的偿债能力、支付能力和对外筹资能力，可以分析收益质量及影响现金净流量的因素，可以预测企业未来的现金流量。

在日常生活中，现金是指人们手中持有的、可以立即用于支付的货币。现金流量表中的现金是指企业的货币性资产，包括企业的库存现金、存入银行等金融机构并可以随时用于支付的款项以及其他货币资金和现金等价物。

现金流量就是现金的流入和流出的数量，具体是指某一企业在某一特定时期现金流入和流出的数量，现金流量的净额则是流入和流出之差。《企业会计准则第 31 号——现金流量表》第四条规定：现金流量表应当分别按经营活动、投资活动和筹资活动列报现金流量。

所谓经营活动，并不严格指经济活动的性质。在实务操作中，企业往往将一些经济活动性质很难界定的事项，或者是在经济活动性质上可以划分，但在企业操作上很难区分的经济事项，全部确认为经营活动。比如，某些投资活动和筹资活动会产生消费税等税金，这些活动虽然性质上属于投资活动和筹资活动，但企业在实际纳税过程中很难区分哪些属于投资活动，哪些属于筹资活动。在这种情况下，企业可以将缴纳的税金全部认定为经营活动。

企业应当采用直接法列示经营活动产生的现金流量。

阅读提示

《企业会计准则第 31 号——现金流量表》第十条规定：

经营活动产生的现金流量至少应当单独列示反映下列信息的项目：

1. 销售商品、提供劳务收到的现金；
2. 收到的税费返还；
3. 收到其他与经营活动有关的现金；
4. 购买商品、接受劳务支付的现金；
5. 支付给职工以及为职工支付的现金；
6. 支付的各项税费；
7. 支付其他与经营活动有关的现金。

一、经营活动现金流量中的流入项目

1. 销售商品、提供劳务收到的现金

销售商品、提供劳务所收到的现金，其来源是企业由于销售产品、提供劳务导致的现金流入。包括销售产品、维修产品等作业的收入以及对外销售原材料的收入等。

销售商品、提供劳务所收到的现金为经营活动的现金流入的绝大部分。企业营利的本性决定了营业现金是企业最重要的现金来源，一般都要超过投资、筹资所得的现金。可以说，营业所得现金的多少直接决定了企业获得现金流量能力的大小。

提 示

只要是企业销售商品、提供劳务收到的现金，不管是本期发生的，还是前期发生的，或者是预收未来的款项，都要确认为本期销售商品、提供劳务收到的现金。

2. 收到的税费返还

收到的税费返还是指企业实际收到的以现金形式返还的各种税费，包括退回的增值税、所得税、消费税、关税和教育费附加等。

提 示

税费返还，是国家对外贸出口型企业、国家财政扶持领域的企业或者地方政府支持的上市公司在满足特定条件下的一项优惠政策。

3. 收到其他与经营活动有关的现金

收到其他与经营活动有关的现金反映企业除了上述各项目之外的，与经营活动有关的现金流入。主要包括经营活动中暂时收取的一些款项和一些偶然项目，如押金、定金、罚款收入、赔偿金收入、捐赠收入等。

二、经营活动现金流量中的流出项目

1. 购买商品、接受劳务支付的现金

购买商品、接受劳务支付的现金是指企业购买原材料、商品、接受劳务实际支付的现金。包括支付的货款以及与货款一并支付的增值税进项税额，一般包括前期购买商品、接受劳务未付的款项和本期的预付款项。

一般来说，该项目是经营活动现金流出的主要组成部分。通过对该项目的反映，对提高企业的现金管理水平和摸清现金流量规律有着突出作用。该项目与销售商品、提供劳务所收到的现金相匹配。

【想一想】原材料盘盈是否会引起现金流量的变化？

2. 支付给职工以及为职工支付的现金

支付给职工以及为职工支付的现金是指企业以现金方式支付给职工的工资和为职工支付的其他资金。支付给职工的工资包括工资、奖金，以及各种补贴等；为职工支付的其他资金，包括企业为职工缴纳的各种养老、失业等社会保险费，为职工缴纳的商业保险费等。

请注意

企业支付给在建工程人员的工资、奖金以及其他保险费等支出作为投资活动支出，在投资活动的“购建固定资产、无形资产和其他长期资产所支付的现金”项目中反映。该项目不包括企业支付给离退休人员的各项费用，如支付的统筹退休金以及未参加统筹的退休人员的费用，该部分的支出在“支付其他与经营活动有关的现金”项目中反映。

提 示

企业为职工支付的养老、失业等社会保险费、补充养老保险费、住房公积金和支付给职工的住房补贴，以及企业为职工支付或支付给职工的其他福利费用，应按职工工作性质和对象，分别在“购建固定资产、无形资产和其他长期资产所支付的现金”和“支付给职工以及为职工支付的现金”项目中反映。

3. 支付的各项税费

支付的各项税费是指企业按规定在当期以现金缴纳的各种税费，如房产税、土地增值税、车船使用税、印花税以及教育费附加等。从该项目覆盖的时间来讲，包含了当期发生的且缴纳的相关税费，以及补交以前各期应交未交的有关税费和预交日后的相关税费等。

请注意

支付的各项税费项目不包含耕地占用税。耕地占用税在投资活动“购建固定资产、无形资产和其他长期资产所支付的现金”项目中反映。增值税也应该从本项目中剔除，因为增值税是价外税。

4. 支付其他与经营活动有关的现金

支付其他与经营活动有关的现金，反映企业经营活动中产生的各项不能列入前述项目的现金流出项目。例如，支付给退休人员的各项费用和支付的统一收取的财产保险费，另外还有经营活动中一些偶然项目的支出，如押金、定金、赔偿金、捐赠等。

三、关于补充资料的说明

补充资料是现金流量表非常重要的部分，反映的内容很多。报表阅读者要全面了解现金流量表的有关信息，就必须仔细琢磨补充资料所披露的信息。

1. 补充资料的构成

补充资料是由三方面内容构成的。

（1）将净利润调节为经营活动的现金流量。以本期净利润为起算点，用间接法调整不涉及现金的收支、费用、营业外收支以及有关项目的增减变动，据此计算出经营活动的现金流量。利润表反映的当期净利润是按权责发生制确认和计量的；而经营活动的现金流量净额是按收付实现制确认和计量的，而且当期净利润既包括经营净损益，又包括不属于经营活动的损益。因此，采用间接法将净利润调节为经营活动的现金流量净额时，主要需要调整四大类项目：1）实际没有支付现金的费用；2）实际没有收到现金的收益；3）不属于经营活动的损益；4）经营性应收应付项目的增减变动。

（2）不涉及现金收支的投资和筹资活动。该项目反映企业一定会计期间影响资产、负债但不影响现金收支的所有投资和筹资活动的信息。这些投资和筹资活动是企业的重大理财活动，对以后各期的现金流量会产生重大影响，因此，应单列项目在补充资料中反映。目前，我国企业现金流量表补充资料中列示的不涉及现金收支的投资和筹资活动项目主要有以下几项：1）债务转为资本，反映企业本期转换为资本的债务金额；2）一年内到期的可转换公司债券，反映企业一年内到期的可转换公司债券的本息；3）融资租入固定资产，反映企业本期融资租入固定资产记入“长期应付款”科目的金额。

（3）现金流量净增加额。即通过对现金、银行存款、其他货币资金账户以及现金等价值的期末余额与期初余额比较得出的数额，而且补充资料中的净增加额应与现金流量表的最后一项“现金及现金等价物净增加额”金额相等，并以此作为核对标准。

2. 补充资料项目说明

具体来看，补充资料的每一个项目都有特定的含义。其中，“不涉及现金收支的投资和筹资活动”与“现金及现金等价物净增加情况”这两大块内容的详细项目均可根据字面意思简单、准确地领会其中的含义，但“将净利润调节为经营活动的现金流量”中的有关项目具体包括：计提的资产减值准备，固定资产折旧，无形资产摊销和长期待摊费用摊销，处置固定资产、无形资产和其他长期资产的损益，固定资产盘亏、报废损失，财务费用，投资损益，递延税款，存货，经营性应收、应付项目。以下对各项目分别说明。

（1）计提的资产减值准备。企业计提的资产减值准备会直接或间接地增加当期的管理费用或营业外支出，当列入利润表中后，就减少了当期利润，但因为并没有发生实际的现金流出，所以为了将净利润调节为经营活动现金净流量，应将当期计提的减值准备加回到净利润中。

（2）固定资产折旧。企业计提固定资产折旧时，有些直接列入“管理费用”“营业费用”等各种期间费用；有些则先列入“制造费用”，在企业产品完工和销售以后，依次被转入“生产成本”“产成品”和“主营业务成本”等账户，最终通过销售成本的方式体现出来。不管是哪种方式，企业的折旧费用都会列入当期利润表，减少当期利润。但计提固定资产折旧本身并没有发生现金流出，所以应在调节利润时加回。

（3）无形资产摊销和长期待摊费用摊销。无形资产摊销和长期待摊费用摊销时，计入了管理费用，但并没有发生现金流出，所以在调整时应将本年摊销额加回到净利润中。

（4）处置固定资产、无形资产和其他长期资产的损益。该项目不属于企业的经营活动，而应划分为投资活动。所以，其所产生的损益应在调整经营活动现金流量时，从净利润中转出。

练一练

某公司2016年出售设备一台，原价为200 000元，已提折旧150 000元，收到出售价款60 000元，发生运输费用3 000元，则公司在处置固定资产时形成的收益是多少？是调增还是调减？

解答：增加了利润7 000元，为调整经营活动现金流量，应当将这7 000元从净利润中减去。

（5）固定资产盘亏、报废损失。固定资产盘亏、报废损失，均计入了营业外支出，列入了利润表，但这部分损失并没有发生现金流出，所以在调节净利润时应加回。应引起重视的是，固定资产盘亏、报废损失一般是指净损失，如果发生固定资产盘盈和报废清理收益，则应在调节净利润中减去。

（6）财务费用。企业发生的财务费用可以分别归属于经营活动、投资活动和筹资活动。比如应收票据贴现、销售产品和购买原材料所产生的汇兑损益属于经营活动，购买固定资产所产生的汇兑损益属于投资活动，支付的利息属于筹资活动，等等。调整净利润时，应把属于投资活动与筹资活动的部分调整出去。

练一练

某公司本年共发生财务费用 50 000 元，其中属于经营活动的为 20 000 元，均以现金支付，属于筹资活动和投资活动的分别为 20 000 元和 10 000 元，则在调节净利润时数额是多少？是调增还是调减？

解答：调节净利润增加为 20 000＋10 000＝30 000 元。

（7）投资损益。投资损益是投资活动所引起的，不属于经营活动，所以在调节净利润时，应将这部分损益从净利润中转出。在调整时，应注意其方向，若为投资净收益，由于原本增加了利润，因此调节净利润时应减去；若为投资净损失，则应在调节净利润时加回。

（8）递延税款。递延税款是用来处理税前会计利润与应纳税所得额之间由于时间性差异而影响所得税的金额。企业实际缴纳所得税是按应纳税所得额计算的，而会计处理所得税费用是按会计利润计提的，这两者的差额被称作“递延税款”。

由于递延税款这部分金额并没有发生现金流入或流出，但在利润表中已列入了所得税费用，影响了会计净利润，因此，在调节经营活动现金流量时，需要根据递延税款的方向调增或调减净利润。具体方法是：比较年末与年初递延税款账户余额，若为递延税款借项增加，调节净利润时应减去；若为递延税款贷项增加，调节净利润时应加回。

（9）存货。存货是指企业在生产经营过程中为生产经营耗用或为销售而储存的各种物资。存货的购入有多种结算方式：如果是赊购，则在当期不需要付出现金，也就不会导致企业发生现金流量变动；如果是现购，则企业必须使用支票、本票等各种形式完成款项支出，所以此时存货的增减变动会直接导致企业经营活动现金流量的变化。在现金流量表中，赊购对现金的影响是通过调整应付账款的增减变动来反映的。所以，如果某一期间期末存货比期初存货增加了，说明当期购入的存货除耗用外，还余留了一部分，即除了为当期销售成本包含的存货发生现金支出外，还为增加的存货发生了现金支出，故应在调节净利润时减去；反之，如果某一期间期末存货比期初存货减少了，说明当期生产过程耗用的存货有一部分是期初的存货，耗用这部分存货并没有发生现金支出，所以应加回到净利润中。总而言之，存货增加，说明现金减少，存货减少，说明现金增加。

练一练

某公司年初存货为 10 万元，年末存货为 25 万元，所以年末存货比年初存货增加 15 万元，则在调节净利润时数额是多少？是调增还是调减？

解答：调节净利润减少为 25—10＝15 万元。

（10）经营性应收项目。经营性应收项目主要是指应收账款、应收票据和其他应收款中与经营活动有关的部分，而且这部分的款项不仅包括应收的货款，而且包括应收的增值税销项税额。如果某一时期的期末应收账款或应收票据余额小于期初应收账款或应收票据余额，说明本期从客户处收到的现金大于利润表中所确认的销售收入，有一部分期初应收账款或应收票据在本期收到，所以应在调整经营活动现金时将应收账款和应收票据的减少数加回到净利润中。

练一练

某公司年初应收账款中货款为75万元，年末应收账款中货款为50万元，则在调节净利润时数额是多少？是调增还是调减？

解答：调节净利润增加为75—50=25万元。

（11）经营性应付项目。经营性应付项目主要是指应付账款、应付票据、应付福利费、应交所得税、其他应付款等与经营活动有关的部分，而且包括应付的增值税进项税额。如果某一时期企业期末应付账款或应付票据的余额小于期初应付账款或应付票据的余额，说明有一部分前期的欠款本期支付，企业实际付出的现金大于利润表中所确认的销售成本，所以应在调整经营活动现金时将应付账款和应付票据的减少数从净利润中减去；反之，如果企业期末应付账款或应付票据的余额大于期初应付账款或应付票据的余额，则应从净利润中加回。

※ 任务设计 ※

阅读经营活动现金流量项目

［例3-1］江南电子股份有限公司2016年度现金流量表中有关经营活动现金流量资料见表3-1。

表3-1 现金流量表中的经营活动现金流量部分

2016年度

编制单位：江南电子股份有限公司　　　　金额单位：人民币元

项　目	本期金额	上期金额
一、经营活动产生的现金流量		
销售商品、提供劳务收到的现金	241 940 784.36	337 299 020.66
收到的税费返还	27 941 315.24	36 180 142.24
收到其他与经营活动有关的现金	16 268 731.08	9 395 177.56
经营活动现金流入小计	286 150 830.68	382 874 340.46
购买商品、接受劳务支付的现金	192 431 400.97	271 143 186.10
支付给职工以及为职工支付的现金	34 381 607.19	32 641 405.48
支付的各项税费	2 480 954.60	7 065 964.68
支付其他与经营活动有关的现金	10 098 917.81	14 531 119.40
经营活动现金流出小计	239 392 880.57	325 381 675.66
经营活动产生的现金流量净额	46 757 950.11	57 492 664.80

【阅读经营活动现金流量项目工作过程】

步骤1　看经营活动现金流量形成

江南电子股份有限公司2016年度经营活动产生的现金流量净额为46 757 950.11元，比上年减少10 734 714.69元。初步了解经营活动产生的现金流量净额的总体情况，具体项目变化由下一步骤计算。

步骤2　看经营活动现金流量变化数

通过本期金额与上期金额比较，看经营活动产生的现金流量净额项目变动情况，为进一步分析经营活动产生的现金流量净额构成打下基础。江南电子股份有限公司经营活动产生的现金流量净额变动情况见表 3-2。

表 3-2 江南电子股份有限公司经营活动现金流量变动情况表 金额单位：人民币元

项 目	本期金额	上期金额	本期一上期
一、经营活动产生的现金流量			
销售商品、提供劳务收到的现金	241 940 784.36	337 299 020.66	−95 358 236.30
收到的税费返还	27 941 315.24	36 180 142.24	−8 238 827.00
收到其他与经营活动有关的现金	16 268 731.08	9 395 177.56	+6 873 553.52
经营活动现金流入小计	286 150 830.68	382 874 340.46	−96 723 509.78
购买商品、接受劳务支付的现金	192 431 400.97	271 143 186.10	−78 711 785.13
支付给职工以及为职工支付的现金	34 381 607.19	32 641 405.48	+1 740 201.71
支付的各项税费	2 480 954.60	7 065 964.68	−4 585 010.08
支付其他与经营活动有关的现金	10 098 917.81	14 531 119.40	−4 432 201.59
经营活动现金流出小计	239 392 880.57	325 381 675.66	−85 988 795.09
经营活动产生的现金流量净额	46 757 950.11	57 492 664.80	−10 734 714.69

从经营活动产生的现金流量净额变化情况看，本期比上期减少 10 734 714.69 元，主要是经营活动现金流入减少 96 723 509.78 元、经营活动现金流出减少 85 988 795.09 元等因素共同影响的结果。

步骤 3 看收到、支付其他与经营活动有关的现金

收到其他与经营活动有关的现金见表 3-3。

表 3-3 收到的其他与经营活动有关的现金 金额单位：人民币元

项 目	本期金额
暂收款及收回暂付款	1 685 109.10
政府补助	11 000 062.00
银行存款利息收入	3 583 413.83
其他	146.15
合 计	16 268 731.08

支付其他与经营活动有关的现金见表 3-4。

表 3-4 支付的其他与经营活动有关的现金 金额单位：人民币元

项 目	本期金额
暂付款与偿还暂收款	206 039.50
运输费	1 907 137.46
办公费	1 514 145.89
保险费	776 022.47
差旅费	661 030.61
审计律师咨询	642 493.00
金融机构手续费	715 940.49
业务招待费	701 054.35
研发费——技术咨询费	600 000.00

续前表

项　　目	本期金额
通信补贴	447 415.00
水电费	270 567.08
捐赠	151 289.24
修理费	164 344.13
宣传费	107 925.00
董事会经费	108 270.67
会费	87 650.00
劳动保护费	90 125.86
其他支出	947 467.06
合 计	10 098 917.81

从2016年收到、支付其他与经营活动有关的现金看，收到其他与经营活动有关的现金主要是政府补助和银行存款利息收入，而支付其他与经营活动有关的现金中，数额较大的是运输费和办公费。

步骤4　看现金流量表补充资料

现金流量表补充资料见表3-5。

表3-5　现金流量表补充资料

2016年度

编制单位：江南电子股份有限公司　　金额单位：人民币元

项　　目	本期金额	上期金额
1. 将净利润调节为经营活动现金流量		
净利润	7 764 848.54	29 611 815.52
加：资产减值准备	1 354 216.62	−793 156.17
固定资产折旧、油气资产折耗、生产性生物资产折旧	38 097 674.06	32 101 698.59
无形资产摊销	1 064 121.98	903 335.52
长期待摊费用摊销	178 800.00	82 333.33
处置固定资产、无形资产和其他长期资产的损失（收益以“—”号填列）	8 543 864.31	165 736.68
固定资产报废损失（收益以“—”号填列）		
公允价值变动损失（收益以“—”号填列）		
财务费用（收益以“—”号填列）	11 192 475.73	14 183 960.32
投资损失（收益以“—”号填列）	−2 138 854.47	−2 044 978.20
递延所得税资产减少（增加以“—”号填列）	−105 082.44	394 737.82
递延所得税负债增加（减少以“—”号填列）	−14 570.47	14 570.47
存货的减少（增加以“—”号填列）	3 658 462.52	−29 773 279.13
经营性应收项目的减少（增加以“—”号填列）	−21 313 120.11	11 125 949.01
经营性应付项目的增加（减少以“—”号填列）	−204 715.88	2 840 131.32
其他	−1 320 170.28	−1 320 170.28
经营活动产生的现金流量净额	46 757 950.11	57 492 664.80

说明：本表中的“其他”栏目是本期递延收益摊销计入本期损益形成的。

从现金流量表补充资料可知，在本期净利润的基础上，调整增加现金流量的项目主要有资产减值准备、固定资产折旧、无形资产摊销、处置固定资产的损失、财务费用、存货的减少等，调整减少现金流量的项目主要有投资收益、递延所得税资产增加、递延所得税负债减少、经营性应收项目的增加、经营性应付项目的减少等。具体分析需结合有关的明细资料。

※ 知识拓展 ※

三大报表的逻辑关系

现金流量表是连接资产负债表和利润表的桥梁：利润表中的各项收入费用与现金流量表中的经营活动、投资活动和筹资活动具有连接作用，特别是利润表中的主营业务收入、成本费用与经营活动产生的现金流量可以反映出企业经营的稳健性和收益的质量，因为收入和费用是权责发生制的产物，但是否付现就要对现金流量表进行分析；现金流量表中各种现金的收入与支出在资产负债表中与资产、负债和所有者权益各项目相关，通过经营活动、投资活动和筹资活动解释了资产负债表中资产以及负债的增减变化情况，相应地也解释了所有者权益的变动。三大报表的勾稽关系说明，三大报表之间是密切相关、不可割裂的，若只对其中的一张会计报表进行分析，都不能全面了解企业的情况。三大报表的勾稽关系具体如下：

（1）资产负债表中“货币资金期末余额一期初余额”与现金流量表中的“现金及现金等价物净增加额”相等。

（2）利润表中的“净利润+调节项目”与现金流量表中补充资料的“经营活动产生的现金流量”相等。

（3）现金流量表主表最后一项与附表最后一项“现金及现金等价物净增加额”相等。

※ 思考练习 ※

一、判断（正确的在括号内打“√”，错误的打“×”）

（　　）1. 现金流量表是指反映企业期末现金和现金等价物流入和流出的报表。

（　　）2. 企业应当采用间接法列示经营活动产生的现金流量。

（　　）3. 购买商品支付的现金包括支付的货款以及与货款一并支付的增值税进项税额。

（　　）4. 耕地占用税在经营活动“支付的各项税费”项目中反映。

（　　）5. 现金流量表是连接资产负债表和利润表的桥梁。

二、选择（下列答案中有一项或多项是正确的，将符合题意选项前的英文字母填入括号内）

1. 关于现金流量表的作用表述正确的有（　　）。

A. 可以了解企业盈利能力

B. 可以了解企业的偿债能力、支付能力和对外筹资能力

C. 可以分析收益质量及影响现金净流量的因素

D. 可以预测企业未来的现金流量

2. 下列属于销售商品、提供劳务收到的现金是（　　）。

A. 本期销售商品收现　　B. 上期销售商品本期收现

C. 税费返还收现　　D. 押金收现

3. 支付给职工以及为职工支付的现金包括（　　）。

A. 支付给职工的工资　　B. 支付给职工的补贴

C. 企业缴纳的职工的养老金　　D. 企业缴纳的职工的商业保险

4. 下列属于支付其他与经营活动有关的现金的有（　　）。

A. 企业缴纳的职工的养老金　　B. 企业缴纳的职工的商业保险

C. 支付给退休人员的各项费用　　D. 支付的赔偿金

5. 资产负债表中“货币资金期末余额一期初余额”与现金流量表中的（　　）相等。

A. 经营活动现金流入小计　　B. 经营活动现金流出小计

C. 经营活动产生的现金流量净额　　D. 现金及现金等价物净增加额

三、学习领域情境实训

（1）实训目的：学会阅读经营活动现金流量项目。

（2）情境资料：现金流量表经营活动现金流量部分见表3-6。

表3-6　现金流量表经营活动现金流量部分

2016年度

编制单位：江北机电股份有限公司　　金额单位：人民币元

项　　目	本期金额	上期金额
一、经营活动产生的现金流量		
销售商品、提供劳务收到的现金	282 901 374.11	299 343 074.30
收到的税费返还	7 076 056.10	6 205 629.90
收到其他与经营活动有关的现金	12 961 980.73	3 994 601.76
经营活动现金流入小计	302 939 410.94	309 543 305.96
购买商品、接受劳务支付的现金	214 050 137.30	188 188 268.50
支付给职工以及为职工支付的现金	47 929 582.94	40 040 073.11
支付的各项税费	8 817 818.81	9 024 497.79
支付其他与经营活动有关的现金	14 954 289.96	17 251 212.14
经营活动现金流出小计	285 751 829.01	254 504 051.54
经营活动产生的现金流量净额	17 187 581.93	55 039 254.42

（3）实训要求：将学生分成若干小组，每组4名学生，并推选一名学生为组长，在老师的指导下共同制定工作方案。各组成员看经营活动现金流量项目，并列出算式。15分钟后，各组汇报，老师点评，评定成绩。

任务2　阅读投资活动现金流量项目

※ 任务描述 ※

熟悉现金流量表中投资活动现金流量项目的形成，掌握投资活动现金流量项目阅读的工作步骤，了解投资活动现金流量项目的真实性与可靠性。

※ 知识准备 ※

投资活动是指企业长期资产的购建和不包括在现金等价物范围内的投资及处置活动。这里的投资活动与会计上的短期投资和长期投资不是一个概念。按照企业会计准则中现金流量表的规定，企业的投资活动可以概括为两大类：一类是购建处置固定资产、无形资产、递延资产以及其他长期资产的活动，另一类是企业对外的短期投资和长期投资的发生与收回。如果短期投资中有一部分被确认为现金等价物，则这部分投资的发生与收回的活动不能确定为投资活动。

阅读提示

《企业会计准则第31号——现金流量表》第十三条规定：

投资活动产生的现金流量至少应当单独列示反映下列信息的项目：

1. 收回投资收到的现金；
2. 取得投资收益收到的现金；
3. 处置固定资产、无形资产和其他长期资产收回的现金净额；
4. 处置子公司及其他营业单位收到的现金净额；
5. 收到其他与投资活动有关的现金；
6. 购建固定资产、无形资产和其他长期资产支付的现金；
7. 投资支付的现金；
8. 取得子公司及其他营业单位支付的现金净额；
9. 支付其他与投资活动有关的现金。

一、投资活动现金流量中的流入项目

1. 收回投资收到的现金

收回投资收到的现金，反映企业出售、转让或者到期收回的除现金及现金等价物以外的短期投资、长期股权投资而收到的现金，以及收回长期债权投资所收回的资本金。

请注意

收回投资收到的现金项目不包括长期债权投资所收回的利息以及收回的非现金资产。

2. 取得投资收益收到的现金

取得投资收益收到的现金，反映企业因股权投资和债权投资而取得的现金股利、利息，以及从子公司、联营企业和合营企业分回利润中所收到的现金，但不包括股票股利。

请注意

企业因股权投资而分得的股利或利润，往往并非在当年就能收到，一般到下一年才能收到。因此，分得的股利或者利润所收到的现金，通常包括前期分得的现金股利或者利润。

3. 处置固定资产、无形资产和其他长期资产收回的现金净额

该项目反映企业处置固定资产、无形资产和其他长期资产所取得的现金，扣除为处置这些资产而支付的有关费用后的净额。此外，自然灾害所造成的固定资产等长期资产损失的保险赔偿收入，也应在本项目中反映。

请注意

处置固定资产、无形资产和其他长期资产不是企业经常的行为，因此，本项目金额一般不是很大。如果金额较大，应该引起报表阅读者的注意。例如，观察企业是否有重大资产转移的行为，假如碰到这种情况，应结合会计报表附注的相关披露信息，检验其合理性。

提　示

在阅读报表时，一定要区分“处置固定资产、无形资产和其他长期资产”项目收回现金净额的正负，因为不同情况下所填列的项目是不一样的。

4. 处置子公司及其他营业单位收到的现金净额

处置子公司及其他营业单位收到的现金净额，反映企业处置子公司及其他营业单位出价中收到现金的部分减去子公司及其他营业单位持有的现金及现金等价物后的净额。

5. 收到其他与投资活动有关的现金

收到其他与投资活动有关的现金，反映企业除了上述各项目以外，收到的其他与投资活动有关的现金流入，如企业收到的工程前期款、工程往来款等。该项目的数额一般比较小。

二、投资活动现金流量中的流出项目

1. 购建固定资产、无形资产和其他长期资产支付的现金

购建固定资产、无形资产和其他长期资产支付的现金，是指企业为了购建长期资产而支付的款项，主要包括：购进设备所支付的现金、进行建筑安装工程所支付的现金、购买工程专用物资支付的现金及增值税款、支付在建工程人员的工资费用、为建造固定资产而缴纳的耕地占用税、购买无形资产所支付的现金等。

请注意

“购建固定资产、无形资产和其他长期资产支付的现金”项目不包括为购建固定资产而发生的借款利息资本化部分以及融资租入固定资产支付的租赁费。这两部分内容都在筹资活动中反映。

提　示

固定资产、无形资产是企业的生产资料。企业的固定资产、无形资产已经成为目前企业除经营活动的成本费用以外的对企业资金占用较大的项目之一，尤其是在我国的一些高新技术行业中。

提　示

租赁分为经营性租赁和融资性租赁两种类型。企业对租赁进行分类时应当全面考虑租赁期届满时资产所有权是否转移给承租人、承租人是否有购买租赁资产的选择权、租赁期占租赁资产使用寿命比例等各种因素。

2. 投资支付的现金

投资支付的现金，反映企业进行权益性投资和债权性投资所支付的现金，包括企业取得的除现金等价物以外的短期股权投资、短期债权投资、长期股权投资、长期债权投资支付的现金，以及支付的佣金和手续费等附加费用。

提　示

在阅读“投资支付的现金”项目时，要注意与资产负债表、利润表有关项目配比，判断其金额的合理性。

【想一想】企业购买股票和债券时，实际支付的价款中包含的已宣告但尚未领取的现金股利或已到付息期但尚未领取的债券利息应反映在什么项目中？

3. 取得子公司及其他营业单位支付的现金净额

取得子公司及其他营业单位支付的现金净额，反映企业购买子公司及其他营业单位购买出价中，以现金支付的部分减去子公司及其他营业单位持有的现金及现金等价物的净额。

4. 支付其他与投资活动有关的现金

支付其他与投资活动有关的现金，反映企业除上述各项目之外，支付的其他与投资活动有关的现金，如企业支付的工程前期款、工程往来款、对未成立公司的项目投资等。一般该项目数额较小，如果异常，应作进一步分析。

其他现金流出若价值较大，按照企业会计准则规定，应单列项目反映。

※ 任务设计 ※

阅读投资活动现金流量项目

[例 3-2] 江南电子股份有限公司 2016 年度现金流量表中有关投资活动现金流量资料见表 3-7。

表 3-7　现金流量表中的投资活动现金流量部分

2016 年度

编制单位：江南电子股份有限公司　　金额单位：人民币元

项　　目	本期金额	上期金额
二、投资活动产生的现金流量		
收回投资收到的现金		
取得投资收益收到的现金		717 440.00
处置固定资产、无形资产和其他长期资产收回的现金净额		78 155.54
处置子公司及其他营业单位收到的现金净额		

续前表

项　　目	本期金额	上期金额
收到其他与投资活动有关的现金	71 500 000.00	11 607 700.00
投资活动现金流入小计	71 500 000.00	12 403 295.54
购建固定资产、无形资产和其他长期资产支付的现金	199 497 230.78	70 830 884.30
投资支付的现金	111 000 000.00	3 000 000.00
取得子公司及其他营业单位支付的现金净额		
支付其他与投资活动有关的现金	75 168 450.00	
投资活动现金流出小计	385 665 680.78	73 830 884.30
投资活动产生的现金流量净额	－314 165 680.78	－61 427 588.76

【阅读投资活动现金流量项目工作过程】

步骤1　看投资活动现金流量项目形成

江南电子股份有限公司2016年度投资活动产生的现金流量净额为－314 165 680.78元，是企业投资活动现金流出量大于投资活动现金流入量的差额，表明企业扩大再生产的能力较强，产业及产品结构有所调整，参与资本市场运作、实施股权及债权投资的能力较强。

投资活动现金流量为正数时，如果企业在本会计期间投资回收的规模大于投资支出的规模，表明企业资本运作收效显著，投资回报及变现能力强；如果是企业处理手中的长期资产而引起的变现，则表明企业产业及产品结构有所调整，或者未来的生产能力将受到严重影响，已陷入深度的债务危机之中。因此，必须对企业投资活动的现金流量原因进行具体分析。

步骤2　看投资活动现金流量项目变化数

通过本期金额与上期金额比较，看投资活动现金流量项目变动情况，为进一步分析投资活动现金流量构成打下基础。江南电子股份有限公司投资活动现金流量项目变动情况见表3－8。

表3－8　江南电子股份有限公司投资活动现金流量项目变动情况表

金额单位：人民币元

项　　目	本期金额	上期金额	本期－上期
二、投资活动产生的现金流			
收回投资收到的现金			
取得投资收益收到的现金		717 440.00	－717 440.00
处置固定资产、无形资产和其他长期资产收回的现金净额		78 155.54	－78 155.54
处置子公司及其他营业单位收到的现金净额			
收到其他与投资活动有关的现金	71 500 000.00	11 607 700.00	＋59 892 300.00
投资活动现金流入小计	71 500 000.00	12 403 295.54	＋59 096 704.46
购建固定资产、无形资产和其他长期资产支付的现金	199 497 230.78	70 830 884.30	＋128 666 346.48
投资支付的现金	111 000 000.00	3 000 000.00	＋108 000 000.00
取得子公司及其他营业单位支付的现金净额			
支付其他与投资活动有关的现金	75 168 450.00		＋75 168 450.00
投资活动现金流出小计	385 665 680.78	73 830 884.30	＋311 834 796.48
投资活动产生的现金流量净额	－314 165 680.78	－61 427 588.76	－252 738 092.02

从投资活动现金流量变化情况看，本期比上期投资活动现金流出增加 252 738 092.02 元，主要是购建固定资产、无形资产和其他长期资产支付的现金增加 128 666 346.48 元，投资支付的现金增加 108 000 000.00 元，支付其他与投资活动有关的现金增加 75 168 450.00 元等因素共同影响的结果。

步骤 3　看支付其他与投资活动有关的现金构成

支付其他与投资活动有关的现金见表 3－9。

表 3－9　支付其他与投资活动有关的现金　　金额单位：人民币元

项　　目	本期金额
期末 3 个月以上票据保证金	1 668 450.00
期末 3 个月以上远期套汇保证金	2 000 000.00
其他	71 500 000.00
合 计	75 168 450.00

※ 知识拓展 ※

投资活动资金缺口怎样解决?

在企业投资活动的现金流量处于“入不敷出”的状态下，投资活动所需要的资金缺口可通过以下方式予以解决：消耗企业现存的货币积累；挤占本来可以用于经营活动的现金，削减经营活动的现金消耗；利用经营活动积累的现金进行补充；在不能挤占本来可以用于经营活动的现金的条件下，进行额外贷款融资，以支持投资活动的现金需要；在没有贷款融资的情况下，通过拖延债务支付或加大投资活动引起的负债规模。

※ 思考练习 ※

一、判断（正确的在括号内打“√”，错误的打“×”）

（　　）1. 收回投资收到的现金，包括现金及现金等价物在内的短期投资、长期股权投资而收到的现金，以及收回长期债权投资所收回的资本金。

（　　）2. 股票股利是取得投资收益所收到的现金的一部分。

（　　）3. 企业购买股票和债券时，实际支付的价款中包含的已宣告但尚未领取的现金股利或已到付息期但尚未领取的债券利息应反映在“支付其他与投资活动有关的现金”项目中。

（　　）4. 投资支付的现金包括为投资而支付的佣金和手续费等附加费用。

（　　）5. 企业投资活动现金流量为负数是一种不正常的现象。

二、选择（下列答案中有一项或多项是正确的，将符合题意选项前的英文字母填入括号内）

1. 下列属于投资活动产生现金流入量的有（　　）。

A. 收回投资收到的现金

B. 取得投资收益收到的现金

C. 处置固定资产、无形资产和其他长期资产收回的现金净额

D. 处置子公司及其他营业单位收到的现金净额

2. 取得投资收益收到的现金包括（　　）。

A. 现金股利　　B. 股票股利　　C. 债券投资利息　D. 从联营企业分得的利润

3. 购建固定资产、无形资产和其他长期资产支付的现金项目不包括（　　）。
A. 进行建筑安装工程所支付的现金
B. 购建固定资产而发生的借款利息资本化部分
C. 支付在建工程人员的工资费用
D. 融资租入固定资产支付的租赁费
4. 企业投资活动现金流量为正数时，有可能是(　　)。
A. 企业资本运作收效显著
B. 企业处理手中的长期资产而引起的变现
C. 企业扩大再生产的能力较强
D. 企业陷入深度的债务危机之中
5. 企业投资活动所需要的资金缺口的解决方式可能有(　　)。
A. 消耗企业现存的货币积累
B. 挤占本来可以用于经营活动的现金，削减经营活动的现金消耗
C. 利用经营活动积累的现金进行补充
D. 在不能挤占本来可以用于经营活动的现金的条件下，进行额外贷款融资，以支持投资活动的现金需要
三、学习领域情境实训
（1）实训目的：学会阅读投资活动现金流量项目。
（2）情境资料：现金流量表中的投资活动现金流量部分见表3-10。

表3-10　现金流量表中的投资活动现金流量部分
2016年度

编制单位：江北机电股份有限公司　　　　金额单位：人民币元

项　　目	本期金额	上期金额
二、投资活动产生的现金流量		
收回投资收到的现金		
取得投资收益收到的现金		
处置固定资产、无形资产和其他长期资产收回的现金净额		
处置子公司及其他营业单位收到的现金净额		
收到其他与投资活动有关的现金		
投资活动现金流入小计		
购建固定资产、无形资产和其他长期资产支付的现金	13 575 161.09	26 204 740.67
投资支付的现金		50 000 000.00
取得子公司及其他营业单位支付的现金净额		
支付其他与投资活动有关的现金	32 000 000.00	
投资活动现金流出小计	45 575 161.09	76 204 740.67
投资活动产生的现金流量净额	−45 575 161.09	−76 204 740.67

（3）实训要求：将学生分成若干小组，每组4名学生，并推选一名学生为组长，在老师的指导下共同制定工作方案。各组成员看投资活动现金流量项目，并列出算式。15分钟后，各组汇报，老师点评，评定成绩。

任务 3　阅读筹资活动现金流量项目

※ 任务描述 ※

熟悉现金流量表中筹资活动现金流量项目的形成，掌握筹资活动现金流量项目阅读的工作步骤，了解筹资活动现金流量项目的真实性与可靠性。

※ 知识准备 ※

筹资活动是指导致企业资本及债务规模和构成变化的活动。这里所说的资本包括实收资本和资本公积；这里所说的负债与通常所说的“负债”是两个不同的概念，这里的负债特指企业对外举债所借入的款项。企业筹资活动的现金流量是指在企业筹资活动过程中发生的现金流入和现金流出。

阅读提示

《企业会计准则第 31 号——现金流量表》第十五条规定：

筹资活动产生的现金流量至少应当单独列示反映下列信息的项目：

1. 吸收投资收到的现金；
2. 取得借款收到的现金；
3. 收到其他与筹资活动有关的现金；
4. 偿还债务支付的现金；
5. 分配股利、利润或偿付利息支付的现金；
6. 支付其他与投资活动有关的现金。

一、筹资活动现金流量中的流入项目

1. 吸收投资收到的现金

吸收投资收到的现金来源于两个渠道：发行股票和发行债券。前者是投资人投入的，属于所有者权益，代表企业外延式的扩大生产；后者是债权人投入的，属于负债，在一定程度上代表企业商业信用的高低。

因此，该项目反映的是企业收到的投资者投入的现金，包括以发行股票、债券等方式筹集的资金实际收到的款项净额，即以发行收入扣除支付的佣金等发行费用后收到的净额。

2. 取得借款收到的现金

取得借款收到的现金是指企业从金融机构或通过其他方式借入的资金，其数额的大小在一定程度上代表企业信用程度的高低。

请注意

阅读“取得借款收到的现金”项目时，要与其他有关项目进行配比，以分析数据的合理性。例如，将短期借款与长期借款作比较，并结合资产负债表进行分析。短期借款主要满足企业的日常生产经营需要，长期借款主要满足企业的扩大生产需要，对两者的比较分析可以考察企业资金结构是否合理、稳定。

另外，可以将本项目与“购建固定资产、无形资产和其他长期资产支付的现金”等项目进行核对，以此对企业借款合同的执行情况作出分析和判断。

3. 收到其他与筹资活动有关的现金

收到其他与筹资活动有关的现金反映企业除上述各项目之外，收到的其他与筹资活动有关的现金流入，如收到的其他单位的现金捐赠等。按照企业会计准则规定，该项目的数额应该比较小，如果数额有异常，应进一步分析。

二、筹资活动现金流量中的流出项目

1. 偿还债务支付的现金

偿还债务支付的现金，反映企业以现金偿还债务的本金，包括偿还金融机构的借款本金、偿还债券的本金等。

【想一想】企业偿还的借款利息、债券利息应反映在什么项目中？

阅读本项目时，可以与其他有关项目进行配比分析。例如，将本项目与举债收到的现金进行比较，可考察企业现金净流量是正还是负。

提　示

对“偿还债务支付的现金”项目进行分析时，要结合行业和企业生产经营规模、企业经营生命周期以及企业的历史情况。

2. 分配股利、利润或偿付利息支付的现金

分配股利、利润或偿付利息支付的现金，反映企业实际支付的现金股利、支付给其他投资单位的利润以及支付的借款利息和债券利息等。

提　示

阅读该项目时，要关注企业现时的支付能力。“分配股利、利润或偿付利息支付的现金”项目代表企业现时的支付能力。因此，要结合企业的资产规模、所有者权益规模和负债规模以及当期利润水平进行分析。

3. 支付其他与筹资活动有关的现金

支付其他与筹资活动有关的现金，反映企业除了上述各项外，支付的其他与筹资活动有

关的现金流出。例如，捐赠现金支出、融资租入固定资产所支付的租赁费等。

提　示

一般来说，该项目的数额较小，若企业有因缩小经营规模减少注册资本行为，该项目数额可能较大。

三、汇率变动对现金及现金等价物的影响额

汇率变动对现金及现金等价物的影响额，反映企业外币现金流量及境外子公司的现金流量折算为人民币时，所采用的现金流量发生日的汇率或平均汇率折算的人民币金额与“现金及现金等价物净增加额”中的外币净增加按期末汇率折算的人民币金额之间的差额。

提　示

记账本位币是指企业所处的主要经济环境中的货币。主要经济环境通常是指企业主要的产生和支出现金的环境，使用该环境中的货币最能反映企业的主要交易的经济结果。我国大多数企业主要产生和支出现金的环境在国内，因此，一般以人民币作为记账本位币。

四、现金及现金等价物净增加额

现金及现金等价物净增加额可由“经营活动产生的现金流量净额”“投资活动产生的现金流量净额”“筹资活动产生的现金流量净额”“汇率变动对现金及现金等价物的影响额”四项之和计算求得，也可以通过对“库存现金”“银行存款”“其他货币资金”账户以及现金等价物期末余额与期初余额比较得到。“库存现金”“银行存款”“其他货币资金”等项目，是指符合《企业会计准则第 31 号——现金流量表》中现金定义的库存现金、银行存款、其他货币资金，但不包括不能随时用于支付的存款。

※ 任务设计 ※

阅读筹资活动现金流量与现金及现金等价物项目

［例 3－3］江南电子股份有限公司 2016 年度现金流量表中有关筹资活动现金流量与现金及现金等价物项目资料见表 3－11。

表 3－11　现金流量表中的筹资活动现金流量与现金及现金等价物部分

2016 年度

编制单位：江南电子股份有限公司　　　　金额单位：人民币元

项　　目	本期金额	上期金额
三、筹资活动产生的现金流量		
吸收投资收到的现金	289 142 470.03	
取得借款收到的现金	300 351 488.84	230 656 668.50
发行债券收到的现金		

续前表

项　　目	本期金额	上期金额
收到其他与筹资活动有关的现金		
筹资活动现金流入小计	589 493 958.87	230 656 668.50
偿还债务支付的现金	216 121 307.86	196 444 240.85
分配股利、利润或偿付利息支付的现金	28 929 526.58	17 678 073.88
支付其他与筹资活动有关的现金	4 665 000.00	
筹资活动现金流出小计	249 715 834.44	214 122 314.73
筹资活动产生的现金流量净额	339 778 124.43	16 534 353.77
四、汇率变动对现金及现金等价物的影响额		
五、现金及现金等价物净增加额	72 370 393.76	12 599 429.81
加：期初现金及现金等价物余额	67 466 411.55	54 866 981.74
六、期末现金及现金等价物余额	139 836 805.31	67 466 411.55

【阅读筹资活动现金流量与现金及现金等价物项目工作过程】

步骤1　看筹资活动现金流量与现金及现金等价物形成

江南电子股份有限公司2016年度筹资活动产生的现金流量净额为339 778 124.43元，比上年增加323 243 770.66元。初步了解筹资活动现金流量的总体情况，具体项目变化由下一步计算。期末现金及现金等价物余额为139 836 805.31元，比上年增加72 370 393.76元，这是经营活动现金流量、投资活动现金流量、筹资活动现金流量和期初现金及现金等价物余额共同影响的结果。

步骤2　看筹资活动现金流量与现金及现金等价物变化数

通过本期金额与上期金额比较，看筹资活动现金流量等项目变动情况，为进一步分析筹资活动现金流量的构成打下基础。江南电子股份有限公司筹资活动现金流量与现金及现金等价物变动情况见表3-12。

表3-12　江南电子股份有限公司筹资活动现金流量与现金及现金等价物变动情况表

金额单位：人民币元

项　　目	本期金额	上期金额	本期－上期
三、筹资活动产生的现金流量			
吸收投资收到的现金	289 142 470.03		+289 142 470.03
取得借款收到的现金	300 351 488.84	230 656 668.50	+69 694 820.34
发行债券收到的现金			
收到其他与筹资活动有关的现金			
筹资活动现金流入小计	589 493 958.87	230 656 668.50	+358 837 290.37
偿还债务支付的现金	216 121 307.86	196 444 240.85	+19 677 067.01
分配股利、利润或偿付利息支付的现金	28 929 526.58	17 678 073.88	+11 251 452.50
支付其他与筹资活动有关的现金	4 665 000.00		+4 665 000.00
筹资活动现金流出小计	249 715 834.44	214 122 314.73	+35 593 519.71
筹资活动产生的现金流量净额	339 778 124.43	16 534 353.77	+323 243 770.66
四、汇率变动对现金及现金等价物的影响额			
五、现金及现金等价物净增加额	72 370 393.76	12 599 429.81	+59 770 963.95
加：期初现金及现金等价物余额	67 466 411.55	54 866 981.74	+12 599 429.81
六、期末现金及现金等价物余额	139 836 805.31	67 466 411.55	+72 370 393.76

从筹资活动现金流量变化情况看，本期比上期增加 323 243 770.66 元，主要是吸收投资收到的现金增加 289 142 470.03 元，取得借款收到的现金增加 69 694 820.34 元，偿还债务支付的现金增加 19 677 067.01 元，分配股利、利润或偿付利息支付的现金增加 11 251 452.50元，支付其他与筹资活动有关的现金增加 4 665 000.00 元等因素共同影响的结果。而期末现金及现金等价物余额增加 72 370 393.76 元，是本期比上期现金及现金等价物净增加额增加 59 770 963.95 元、期初现金及现金等价物余额增加 12 599 429.81 元而引起的。

步骤 3　看收到、支付其他与筹资活动有关的现金构成

支付其他与筹资活动有关的现金为质押定期存款 4 665 000.00 元。另支付贷款融资管理费 2 400 000.00 元。

※ 知识拓展 ※

财务弹性

财务弹性是指企业适应经济环境变化和利用投资机会的能力，具体是指公司动用闲置资金，应对可能发生的或无法预见的紧急情况，以及把握未来投资机会的能力，是公司筹资对内外环境的反应能力、适应程度及调整的余地。财务弹性的这种能力来源于现金流量和支付现金需要的比较。当企业的现金流量超过支付现金的需要而有剩余的现金时，企业适应性就强。因此，通常用经营现金流量与支付要求（指投资需求或承诺支付等）进行比较来衡量企业的财务弹性。多期的现金流量表可评估企业应付巨大冲击的筹资能力。

※ 思考练习 ※

一、判断（正确的在括号内打“√”，错误的打“×”）

(　　)1. 收到其他单位的现金捐赠属于经营活动的现金流量。

(　　)2. 偿还债务所支付的现金，反映企业以现金偿还债务的本息。

(　　)3. 分配股利所支付的现金反映企业实际支付的现金股利。

(　　)4. 现金及现金等价物不包括能随时用于支付的存款。

(　　)5. 当企业的现金流量超过支付现金的需要而有剩余的现金时，企业适应性就强。

二、选择（下列答案中有一项或多项是正确的，将符合题意选项前的英文字母填入括号内）

1. 下列属于吸收投资收到的现金有(　　)。

A. 取得借款收到的现金　　B. 发行股票收到的现金

C. 发行债券收到的现金　　D. 应收账款收到的现金

2. 偿还债务所支付的现金中的债务是(　　)。

A. 借款　　B. 应付账款　　C. 债券　　D. 融资租入

3. 下列属于支付与其他筹资活动有关的现金是(　　)。

A. 支付的借款利息　　B. 捐赠现金支出

C. 支付的现金股利　　D. 支付的融资租入固定资产的租费

4. 某公司 5 月 8 日进口一批货物，买价 10 万美元，当日中间汇率为 1∶8.5，货物于 5

月20日收到，款项一直到月底都未支付，月末汇率为1∶8.3，则该项业务发生（　　）。

A. 汇兑损失2万美元　　B. 汇兑收益2万美元

C. 汇兑损失1.5万美元　　D. 汇兑收益1.7万美元

5. 现金及现金等价物净增加额组成项目有（　　）。

A. 经营活动产生的现金流量净额　　B. 投资活动产生的现金流量净额

C. 筹资活动产生的现金流量净额　　D. 汇率变动对现金及现金等价物的影响额

三、学习领域情境实训

（1）实训目的：学会阅读筹资活动现金流量与现金及现金等价物项目。

（2）情境资料：现金流量表中的筹资活动现金流量与现金及现金等价物部分见表3-13。

表3-13　现金流量表中的筹资活动现金流量与现金及现金等价物部分

2016年度

编制单位：江北机电股份有限公司　　　　金额单位：人民币元

项　目	本期金额	上期金额
三、筹资活动产生的现金流量		
吸收投资收到的现金		
取得借款收到的现金		
发行债券收到的现金		
收到其他与筹资活动有关的现金	2 000 000.00	3 060 868.94
筹资活动现金流入小计	2 000 000.00	3 060 868.94
偿还债务支付的现金		24 500 000.00
分配股利、利润或偿付利息支付的现金	35 675 000.00	42 972 665.58
支付其他与筹资活动有关的现金		8 746 617.40
筹资活动现金流出小计	35 675 000.00	76 219 282.98
筹资活动产生的现金流量净额	−33 675 000.00	−73 158 414.04
四、汇率变动对现金及现金等价物的影响额	−2 278 232.47	−1 468 573.20
五、现金及现金等价物净增加额	−64 340 811.63	−95 792 473.49
加：期初现金及现金等价物余额	562 144 079.82	657 936 553.31
六、期末现金及现金等价物余额	497 803 268.19	562 144 079.82

（3）实训要求：将学生分成若干小组，每组4名学生，并推选一名学生为组长，在老师的指导下共同制定工作方案。各组成员看筹资活动现金流量与现金及现金等价物项目，并列出算式。15分钟后，各组汇报，老师点评，评定成绩。

项目二

现金流量表比较分析

现金流量表比较分析是计算现金流入、现金流出及现金净流量中各项目占总体的百分比，以分析各项目的具体构成，使各个组成部分的相对重要性明显地表现出来，从而揭示现金流量表中各项目的相对地位和总体关系，用以分析现金流量的增减变动，据以了解企业现金充裕或紧张的原因，进一步预测企业在未来期间的现金流量变动趋势。现金流量表比较分析可分为纵向比较分析和横向比较分析。

任务1　现金流量表纵向比较分析

※ 任务描述 ※

熟悉现金流量表项目纵向的构成状况，掌握现金流量表纵向比较分析的工作步骤，了解现金流量表项目的真实性与可靠性。

※ 知识准备 ※

现金流量表纵向比较分析是将现金流量表各项目与总额相比，计算出各项目占总体的比重，并将各项目构成与上期数据进行比较，分析其变动的原因及其合理性，借以进一步判断企业现金流量的增减变动和发展趋势。

1. 现金流入量结构比率

现金流入量结构比率是指经营活动的现金流入、投资活动的现金流入、筹资活动的现金流入分别与现金流入总额的比率，其计算公式是：

$$现金流入量结构比率=\frac{单项现金流入量}{现金流入总额}$$

该公式可以较好地反映企业现金流入量的来源和结构。对处于正常生产经营期间的企业来说，经营活动现金流入量结构比率应较大。在此基础上，企业还可以计算各个具体项目分别占经营活动、投资活动和筹资活动的结构比率，从而更加明确现金流量的来源。

提　示

一般来说，经营活动现金流入占现金流入总额的比重越大，表明企业财务基础越稳定，持续经营及获利能力的稳定性越高，财务风险越低，收益质量越好，现金流入结构越合理。

2. 现金流出量结构比率

现金流出量结构比率是指经营活动的现金流出、投资活动的现金流出、筹资活动的现金流出分别与现金流出总额的比率，其计算公式是：

$$现金流出量结构比率=\frac{单项现金流出量}{现金流出总额}$$

该公式可以较好地反映企业现金流量的去向。需要指出的是，企业在分析现金流出量结构比率时，应与现金流入量结构比率结合进行综合分析。现金流出量结构比率大的项目，其现金流入量结构比率也应当较大。

3. 现金余额结构比率

现金余额结构比率是指某项现金收支净额与全部现金余额的比率，其计算公式是：

$$现金余额结构比率=\frac{单项现金收支净额}{全部现金余额}$$

该公式可以较好地反映企业现金流量的余额情况。如果某项现金收支余额为正数，且结构比率相对较大，说明该项现金余额成为全部现金余额的主要组成部分；如果结构比率相对较小，说明该项现金余额对全部现金余额影响不大。如果某项现金收支余额为负数，则结构比率也为负数，说明该项现金流出比流入多。

※ 任务设计 ※

现金流量表纵向比较分析

［例3-4］江南电子股份有限公司2016年度现金流量表中有关资料见表3-1、表3-7、表3-11。

【现金流量表纵向比较分析工作过程】

步骤1　分析现金流入结构

现金流量表流入结构分析见表3-14。

表3-14　现金流量表流入结构分析表

2016年度

编制单位：江南电子股份有限公司　　　　金额单位：人民币元

项　　目	本期金额	本期比重	上期金额	上期比重
一、经营活动现金流入小计	286 150 830.68	30.21%	382 874 340.46	61.17%
其中：销售商品、提供劳务收到的现金	241 940 784.36	25.54%	337 299 020.66	53.89%
二、投资活动现金流入小计	71 500 000.00	7.55%	12 403 295.54	1.98%
其中：收到其他与投资活动有关的现金	71 500 000.00	7.55%	11 607 700.00	1.85%
三、筹资活动现金流入小计	589 493 958.87	62.24%	230 656 668.50	36.85%
其中：吸收投资收到的现金	289 142 470.03	30.53%		
取得借款收到的现金	300 351 488.84	31.71%	230 656 668.50	36.85%
现金流入合计	947 144 789.55	100%	625 934 304.50	100%

从江南电子股份有限公司2016年度和上年现金流入情况看，当年筹资活动流入的现金占62.24%，经营活动流入的现金占30.21%，投资活动流入的现金占7.55%，也就是说，当年流入的现金主要来自筹资活动，需进一步查明原因。上年经营活动流入的现金占

61.17%，筹资活动流入的现金占36.85%，投资活动流入的现金占1.98%，这表明上年江南电子股份有限公司流入的现金主要来自经营活动，特别是来自销售的现金收入占53.89%，这是比较好的现象。但本年相对于上年的现金流入变化较大，需进行深入分析，查明具体情况。

步骤2　分析现金流出结构

现金流量表流出结构分析见表3-15。

表3-15　现金流量表流出结构分析表

2016年度

编制单位：江南电子股份有限公司　　　　金额单位：人民币元

项　　目	本期金额	本期比重	上期金额	上期比重
一、经营活动现金流出小计	239 392 880.57	27.37%	325 381 675.66	53.05%
其中：购买商品、接受劳务支付的现金	192 431 400.97	22.00%	271 143 186.10	44.21%
支付给职工以及为职工支付的现金	34 381 607.19	3.93%	32 641 405.48	5.32%
二、投资活动现金流出小计	385 665 680.78	44.09%	73 830 884.30	12.04%
其中：购建固定资产、无形资产和其他长期资产支付的现金	199 497 230.78	22.81%	70 830 884.30	11.55%
三、筹资活动现金流出小计	249 715 834.44	28.55%	214 122 314.73	34.91%
其中：偿还债务支付的现金	216 121 307.86	24.71%	196 444 240.85	32.03%
现金流出合计	874 774 395.79	100%	613 334 874.69	100%

从江南电子股份有限公司2016年度和上年现金流出情况看，当年投资活动流出的现金占44.09%，筹资活动流出的现金占28.55%，经营活动流出的现金占27.37%，也就是说，当年流出的现金主要用于投资活动，需结合企业发展战略，作进一步的分析。上年经营活动流出的现金占53.05%，筹资活动流出的现金占34.91%，投资活动流出的现金占12.04%，这表明上年江南电子股份有限公司流出的现金主要用于经营活动，特别是用于购买商品、接受劳务支付的现金占44.21%，这是比较好的现象。但本年相对于上年的现金流出变化较大，需进行深入分析，查明具体情况。

步骤3　分析净现金流量结构

现金流量表净现金流量结构分析见表3-16。

表3-16　现金流量表净现金流量结构分析表

2016年度

编制单位：江南电子股份有限公司　　　　金额单位：人民币元

项　　目	本期金额	本期比重	上期金额	上期比重
经营活动产生的现金流量净额	46 757 950.11	64.61%	57 492 664.80	456.31%
投资活动产生的现金流量净额	−314 165 680.78	−434.11%	−61 427 588.76	−487.54%
筹资活动产生的现金流量净额	339 778 124.43	469.50%	16 534 353.77	131.23%
汇率变动对现金及现金等价物的影响额				
净现金流量合计	72 370 393.76	100%	12 599 429.81	100%

从江南电子股份有限公司2016年度和上年现金净流量情况看，经营活动和筹资活动的净现金流量均为正数，而投资活动的净现金流量为负数，由于经营活动和筹资活动的净现金

流量正数大于投资活动的净现金流量负数，该企业全部的净现金流量为正数，说明收大于支。但本期筹资的大部分用于投资活动，说明企业投资的迅速增长主要依赖于筹资，需结合投资项目进一步分析筹资的合理性。

※ 知识拓展 ※

企业生命周期与现金流量形态

影响现金流量的因素很多，这不仅与现金流量的具体形态相关，还与企业所处的环境或阶段密切相关。处于生命周期不同阶段的企业，其现金流量的表现形式可能有不同的情况，见表3-17。

表3-17　现金流量表现形式

生命周期	经营活动	投资活动	筹资活动
初创时期	－	－	＋
快速上升时期	＋	－	＋
稳定时期	＋	＋	－
衰退时期	－	＋	－

从上表可知，企业生命周期与现金流量状况密切相关，通过分析现金流量，可以知晓企业的经营发展阶段及其对现金的需求。因此，在阅读与分析现金流量表时，不应当只关心现金净增加额或净减少额的最终结果，而应当理解企业全部活动现金净增加额或净减少额的内在含义与变动原因，结合考虑企业发展前景、产品结构、市场变动等各方面的综合因素，并结合利润表、资产负债表来正确判断企业创造现金的能力、偿债能力及盈利能力的成长性。

※ 思考练习 ※

一、判断（正确的在括号内打“√”，错误的打“×”）

（　　）1. 现金流入量结构比率只反映企业现金流入量的结构，不能反映其来源。

（　　）2. 现金流出量结构比率较大的项目，其现金流入量结构比率应当较小。

（　　）3. 现金流量表的净现金流量可能是正数，也可能是负数。

（　　）4. 企业快速上升时期的经营活动现金流量一般表现为流入小于流出。

（　　）5. 企业生命周期与现金流量状况密切相关，通过分析现金流量，可以知晓企业的经营发展阶段及其对现金的需求。

二、选择（下列答案中有一项或多项是正确的，将符合题意选项前的英文字母填入括号内）

1. 对处于正常生产经营期间的企业来说，（　　）现金流入量结构比率应较大。

A. 经营活动　　B. 投资活动

C. 筹资活动　　D. 汇率变动影响

2. 现金流出结构分析具体反映（　　）。

A. 现金来自何处　　B. 现金用于何处

C. 增加现金流入途径　　D. 减少现金流出途径

3. 如果某项现金余额为负数，说明该项现金（　　）。

A. 流入大于流出　　B. 流入小于流出

C. 流出大于流入　　D. 流出小于流入

4. 企业初创时期的现金流量一般表现为(　　)。

A. 经营活动流入小于流出　　B. 经营活动流入大于流出

C. 投资活动流入小于流出　　D. 投资活动流入大于流出

5. 企业稳定时期的现金流量一般表现为(　　)。

A. 经营活动流入小于流出　　B. 经营活动流入大于流出

C. 投资活动流入小于流出　　D. 投资活动流入大于流出

三、学习领域情境实训

（1）实训目的：学会现金流量表纵向比较分析。

（2）情境资料：现金流量表中有关资产资料见表 3－6、表 3－10 和表 3－13。

（3）实训要求：将学生分成若干小组，每组 4 名学生，并推选一名学生为组长，在老师的指导下共同制定工作方案。各组成员进行现金流量表纵向比较分析，并列出算式。15 分钟后，各组汇报，老师点评，评定成绩。

任务 2　现金流量表横向比较分析

※ 任务描述 ※

熟悉现金流量表项目横向的构成状况，掌握现金流量表横向比较分析的工作步骤，了解现金流量表项目的真实性与可靠性。

※ 知识准备 ※

现金流量表横向分析是计算现金流量表各项目的比重，并将各项目构成与历年数据及同行业水平进行比较，分析其变动的原因及其合理性，借以进一步判断企业现金流量的发展趋势，有效地预测企业未来现金流量状况，从大局上把握企业的发展方向，进而采取正确的财务决策。

1. 经营活动现金流量横向分析

经营活动现金流量是企业最重要的现金来源，在一般情况下，营业收入稳定是企业运营良好的重要标志。

如果企业经营活动现金流入量大于流出量，则说明企业进入良性循环，销售带来大量现金流入，现金流入越大，企业经营越成功、越稳健。只有当企业经营活动产生的现金流量大于零并在补偿当期的非现金消耗后仍有剩余，才意味着经营活动产生的现金流量已处于良好的运转状态。

如果企业经营活动现金流入量小于流出量，则说明企业经营活动的现金适应能力较差，经营不仅不能支持投资或偿债，而且要借助收回投资或举借新债取得现金才能维持正常的经营。

请注意

经营活动现金流量的横向分析，一是与企业净利润的增长相联系，二是要分析各经营活动现金流入项目的增减变化，以找出经营活动现金流量净额变动的主要原因。

2. 投资活动现金流量横向分析

投资活动现金流量横向分析的重点有二：一是考察企业投资活动的现金流向，是主要用于企业内部生产能力的扩张还是用于对外投资的扩张；二是考察企业投资活动所需现金的主要来源，同时要注意结合筹资活动现金流量和经营活动现金流量变化的分析。

3. 筹资活动现金流量横向分析

如果企业筹资活动的现金流入明显大于现金流出，则说明企业吸收资本或举债的步伐加快；如果投资的净现金流出较大，则说明企业加快了投资和经营扩张的步伐，这可能意味着企业有了好的投资机会。同时，联系经营活动的现金净流量，如果经营活动的现金净流出明显，则说明吸收资本或举债的部分资金补充了经营上的资金缺口，同时反映出企业的经营在现金方面出了问题。

※ 任务设计 ※

现金流量表横向比较分析

[例3-5] 江南电子股份有限公司2014—2016年现金流量表中有关资料见表3-18。

表3-18　现金流量表

编制单位：江南电子股份有限公司　　　　金额单位：人民币元

项　　目	2014年金额	2015年金额	2016年金额
一、经营活动产生的现金流量			
销售商品、提供劳务收到的现金	236 001 326.12	337 299 020.66	241 940 784.36
收到的税费返还	27 406 427.77	36 180 142.24	27 941 315.24
收到其他与经营活动有关的现金	5 266 901.54	9 395 177.56	16 268 731.08
经营活动现金流入小计	268 674 655.43	382 874 340.46	286 150 830.68
购买商品、接受劳务支付的现金	189 753 413.02	271 143 186.10	192 431 400.97
支付给职工以及为职工支付的现金	22 597 408.94	32 641 405.48	34 381 607.19
支付的各项税费	5 349 726.96	7 065 964.68	2 480 954.60
支付其他与经营活动有关的现金	9 987 249.88	14 531 119.40	10 098 917.81
经营活动现金流出小计	227 687 798.80	325 381 675.66	239 392 880.57
经营活动产生的现金流量净额	40 986 856.63	57 492 664.80	46 757 950.11
二、投资活动产生的现金流量			
收回投资收到的现金	20 000 000.00		
取得投资收益收到的现金	1 905 306.70	717 440.00	
处置固定资产、无形资产和其他长期资产收回的现金净额		78 155.54	

续前表

项　　目	2014 年金额	2015 年金额	2016 年金额
处置子公司及其他营业单位收到的现金净额			
收到其他与投资活动有关的现金		11 607 700.00	71 500 000.00
投资活动现金流入小计	21 905 306.70	12 403 295.54	71 500 000.00
购建固定资产、无形资产和其他长期资产支付的现金	65 884 293.18	70 830 884.30	199 497 230.78
投资支付的现金	33 815 000.00	3 000 000.00	111 000 000.00
取得子公司及其他营业单位支付的现金净额			
支付其他与投资活动有关的现金	1 607 700.00		75 168 450.00
投资活动现金流出小计	101 306 993.18	73 830 884.30	385 665 680.78
投资活动产生的现金流量净额	−79 401 686.48	−61 427 588.76	−314 165 680.78
三、筹资活动产生的现金流量			
吸收投资收到的现金			289 142 470.03
取得借款收到的现金	238 305 271.40	230 656 668.50	300 351 488.84
发行债券收到的现金			
收到其他与筹资活动有关的现金	1 870 000.00		
筹资活动现金流入小计	240 175 271.40	230 656 668.50	589 493 958.87
偿还债务支付的现金	212 164 787.55	196 444 240.85	216 121 307.86
分配股利、利润或偿付利息支付的现金	13 837 331.86	17 678 073.88	28 929 526.58
支付其他与筹资活动有关的现金			4 665 000.00
筹资活动现金流出小计	226 002 119.41	214 122 314.73	249 715 834.44
筹资活动产生的现金流量净额	14 173 151.99	16 534 353.77	339 778 124.43
四、汇率变动对现金及现金等价物的影响			
五、现金及现金等价物净增加额	−24 241 677.86	12 599 429.81	72 370 393.76
加：期初现金及现金等价物余额	79 108 659.60	54 866 981.74	67 466 411.55
六、期末现金及现金等价物余额	54 866 981.74	67 466 411.55	139 836 805.31

【现金流量表横向比较分析工作过程】

步骤 1　计算现金流量表主要项目比重

计算现金流量表主要项目占现金流入或现金流出的比重。现金流量表主要项目横向结构分析见表 3－19。

表 3－19　现金流量表主要项目横向结构分析表

项　　目	结构百分比（%）			变动情况（%）	
	2014 年	2015 年	2016 年	2015 年—2014 年	2016 年—2015 年
经营活动现金流入小计	50.62	61.17	30.21	＋10.55	－30.96
其中：销售商品、提供劳务收到的现金	44.47	53.89	25.54	＋9.42	－28.35
经营活动现金流出小计	41.03	53.05	27.37	＋12.02	－25.68
其中：购买商品、接受劳务支付的现金	34.19	44.21	22.00	＋10.02	－22.21
支付给职工以及为职工支付的现金	4.07	5.32	3.93	＋1.25	－1.39

续前表

项　　目	结构百分比（%）			变动情况（%）	
	2014年	2015年	2016年	2015年—2014年	2016年—2015年
投资活动现金流入小计	4.13	1.98	7.55	−2.15	+5.57
投资活动现金流出小计	18.25	12.04	44.09	−6.21	+32.05
其中：购建固定资产、无形资产和其他长期资产支付的现金	11.87	11.55	22.81	−0.32	+11.26
投资支付的现金	6.09	0.49	12.69	−5.60	+12.20
筹资活动现金流入小计	45.25	36.85	62.24	−8.40	+25.39
其中：吸收投资收到的现金			30.53		+30.53
取得借款收到的现金	44.90	36.85	31.71	−8.05	−5.14
筹资活动现金流出小计	40.72	34.91	28.55	−5.81	−6.36
其中：偿还债务支付的现金	38.23	32.03	24.71	−6.20	−7.32

步骤2　绘制现金流量表主要项目折线图

现金流入量比重变化如图3-1所示。

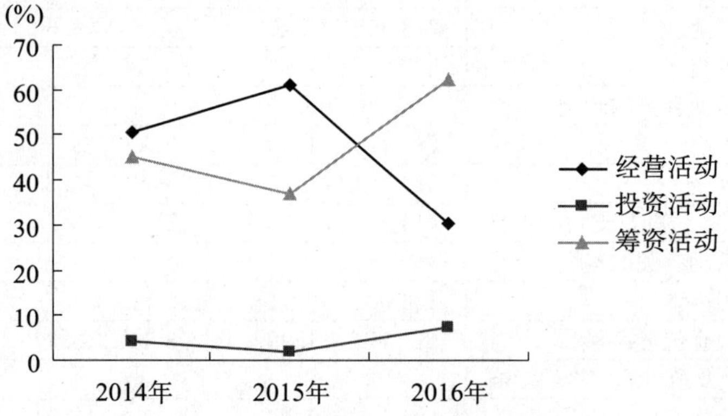

图3-1　现金流入量比重变化图

现金流出量比重变化如图3-2所示。

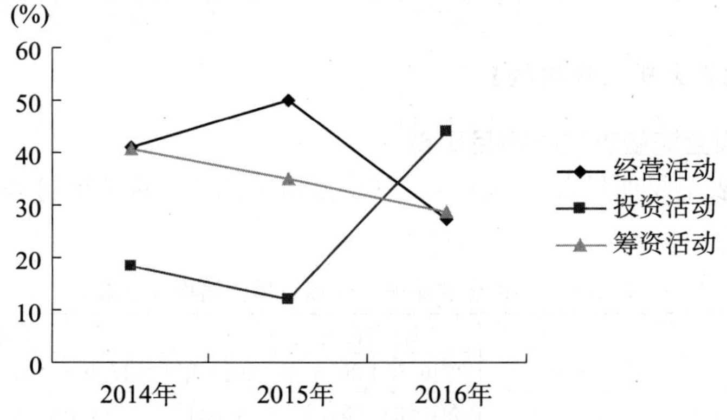

图3-2　现金流出量比重变化图

步骤3　评价现金流量表结构的合理性与持续性

经营活动现金流量的横向分析：该企业经营活动现金流入量和流出量出现严重下滑的趋势，经营活动流入量占现金流入总量的比重从2014年的50.62%，下降到2016年的

30.21%；同时，经营活动流出量占现金流出总量的比重从2014年的41.03%，下降到2016年的27.37%。表明该企业通过主营业务生成现金流量的能力正在减弱。

投资活动现金流量的横向分析：该企业投资活动现金流入量和流出量出现增长的趋势，投资活动流入量占现金流入总量的比重从2014年的4.13%，上升到2016年的7.55%；同时，投资活动流出量占现金流出总量的比重从2014年的18.25%，猛增到2016年的44.09%。表明该企业投资规模在不断地扩大，并且投资所需的资金主要依赖筹资。

筹资活动现金流量的横向分析：该企业筹资活动现金流入量出现增长的趋势，筹资活动流入量占现金流入总量的比重从2014年的45.25%，上升到2016年的62.24%；同时，筹资活动流出量出现减少趋势，筹资活动流出量占现金流出总量的比重从2014年的40.72%，下降到2016年的28.55%。表明该企业筹资规模在不断地扩大，并且所筹资金主要用于投资活动，偿债能力减弱，需要注意企业举债的规模。

※ 知识拓展 ※

现金流量不平衡的表现

现金流入量与现金流出量随着企业经济活动的变化而变化，可能出现现金流量不平衡的情况。具体来说，包括以下三种情况：

(1) 现金流量同步不同量。对此应当及时提出警告。例如，某企业销售商品100万元，销售成本为90万元，由于质次价高等原因，削价销售为80万元，虽当即收到货款，但已经导致收不抵支，长期下去将资不抵债。

(2) 现金流量同量不同步。对此应当及时提出严重警告。例如，某企业销售商品100万元，销售成本为90万元，开出发票100万元，相隔半年或一年以后方收到这笔货款，显然，企业不仅丧失了100万元的资金来源及其机会收益，还有可能造成不能偿债，在市场经济中丧失信誉。

(3) 现金流量不同步不同量。对此应当及时提出最严重警告。例如，某企业销售商品100万元，销售成本为90万元，由于质次价高等原因，削价销售为80万元，相隔半年或一年以后方收到这笔货款，这种情况一旦发生，已经导致收不抵支，又造成缺乏偿债能力，是不能容忍的。

企业管理者面对以上三种现金流量不平衡的现象应当及时提供信息，提出警告，从而力争现金流量同步又同量，保持实物运动与资金运动的衔接，即平衡现金收支和现金流量，这是日常财务控制的重要内容。

※ 思考练习 ※

一、判断（正确的在括号内打“√”，错误的打“×”）

(　　)1. 当企业经营活动现金流入量大于流出量时，通常说明企业经营活动的现金适应能力较差。

(　　)2. 投资活动现金流量横向分析的重点是不需要关注投资活动的现金流向。

(　　)3. 如果企业筹资活动的现金流入明显大于现金流出，则说明企业吸收资本或举债的步伐加快。

（　　）4. 现金流量同步不同量是绝对正确的情况。

（　　）5. 现金流量收支平衡是日常现金控制的重要内容。

二、选择（下列答案中有一项或多项是正确的，将符合题意选项前的英文字母填入括号内）

1. 企业经营活动产生的现金流量处于良好的运转状态是（　　）。

A. 经营活动要借助收回投资

B. 经营活动要举借新债取得现金

C. 经营活动现金流入量大于流出量并在补偿当期的非现金消耗后仍有剩余

D. 经营活动现金流入量小于流出量

2. 投资活动现金流量横向分析要注意结合的是（　　）。

A. 汇率影响的变化　　B. 筹资活动现金流量的变化

C. 期末现金及现金等价物的变化　　D. 经营活动现金流量的变化

3. 筹资活动现金流量联系经营活动的现金净流量时，如果经营活动的现金净流出量较大，有可能是（　　）。

A. 经营活动现金流量支持投资活动　　B. 吸收资本用于经营活动

C. 借款补充经营活动　　D. 经营活动现金流量出现问题

4. 现金流入量与现金流出量可能出现不平衡的表现是(　　)。

A. 现金流量同步不同量　　B. 现金流量同步又同量

C. 现金流量同量不同步　　D. 现金流量不同步不同量

5. 某企业销售商品100万元，销售成本为90万元，由于质次价高等原因，削价销售为80万元，相隔半年或一年以后方收到这笔货款，则会计人员应当提出(　　)。

A. 表扬　　B. 警告　　C. 严重警告　　D. 最严重警告

三、学习领域情境实训

(1) 实训目的：学会现金流量表横向比较分析。

(2) 情境资料：现金流量表中有关资料见表3-6、表3-10和表3-13。

(3) 实训要求：将学生分成若干小组，每组4名学生，并推选一名学生为组长，在老师的指导下共同制定工作方案。各组成员进行现金流量表横向比较分析，并列出算式。15分钟后，各组汇报，老师点评，评定成绩。

项目三

现金流量表比率分析

现金流量表比率分析是将现金流量表的相关因素联系在一起，将现金流量表与利润表、资产负债表的相关因素联系在一起，通过计算指标比率来分析、评价企业的财务状况、经营状况和现金流量的一种方法。通过现金流量表比率分析，可以全面揭示企业获取现金能力，测定企业偿债能力，反映企业支付能力。现金流量表的比率分析主要有现金偿债能力分析和获取现金能力分析。

任务1 现金偿债能力分析

※ 任务描述 ※

熟悉现金偿债能力的指标构成，掌握现金偿债能力分析的工作步骤，掌握判断现金偿债能力强弱的方法，了解影响现金偿债能力的有关因素。

※ 知识准备 ※

关于企业的偿债能力分析，在资产负债表指标分析中有过详细介绍，如流动比率等。但是，流动比率是流动资产与流动负债之比，而流动资产体现的是能在一年或一个营业周期内变现的资产，包括许多流动性不强的项目，如呆滞的存货、有可能收不回的应收账款，以及本质上属于费用的待摊费用、待处理流动资产损失和预付账款等。它们虽然具有资产的性质，但事实上却不能再转变为现金，不再具有偿付债务的能力。而且，不同企业的流动资产结构差异较大，资产质量各不相同，因此，仅用流动比率等指标来分析企业的偿债能力，往往有失偏颇。通过运用经营活动现金净流量与资产负债表相关指标进行对比分析，作为流动比率等指标的补充，能更好地分析企业的偿债能力。

事实上，企业举债来弥补自有资金的不足，最终用于偿债的最直接的资产就是现金。因此用现金流量来衡量企业的偿债能力更加直观和保险。现金流量表关于企业偿债能力的分析，主要是用现金与债务进行比较，常用的指标主要有现金流动负债比、现金负债总额比、现金到期债务比、短期现金流量比等。

1. 现金流动负债比

现金流动负债比是反映企业一定时期内经营活动现金净流量与流动负债的比率。其计算公式为：

$$现金流动负债比=\frac{经营活动现金净流量}{流动负债}$$

由于企业的流动负债大多来源于企业的经营活动，因此该指标能很好地反映企业偿还流动负债的能力，表明流动负债所能得到的经营活动现金净流量的保障程度。这个比率越大，说明企业的短期偿债能力越强。

练一练

某企业2016年经营活动现金净流量为572.40万元，流动负债为534万元，则该企业的现金流动负债比是多少？

解答：现金流动负债比为1.07。

该企业现金流动负债比大于1，说明企业仅仅依靠经营现金净流量，就足够偿还所有的短期债务，企业的偿债能力较好。

2. 现金负债总额比

不管是流动负债还是长期负债，都是企业需要用现金来支付的债务。所以，仅仅考虑流动负债的偿还能力是不全面的，还需要衡量企业偿还所有债务的能力，这就是现金负债总额比。该指标用企业经营活动现金净流量与负债总额进行比较。其计算公式为：

$$现金负债总额比=\frac{经营活动现金净流量}{负债总额}$$

该指标反映了企业当年经营活动现金净流量负荷债务总额的能力，可衡量当年现金净流量对全部债务偿还的满足程度。这个比率越大，说明企业承担债务的能力越强。

现金负债总额比也可通过期末现金余额与期末负债总额比较，反映企业从现金角度观察的偿债能力。其计算公式为：

$$现金负债总额比=\frac{期末现金余额}{期末负债总额}$$

练一练

某企业2016年经营活动现金净流量为572.40万元，负债为574万元，则该企业的现金负债总额比是多少？

解答：现金负债总额比约为1。

该企业现金负债总额比约为1，说明企业随时可以用现金偿还所有债务，偿债能力较强，财务风险较低。

请注意

在需要的时候，分析现金负债总额比还可以与会计报表附注提供的企业债务“平均偿还期”相结合。平均偿还期越短，则现金负债总额比越高越好，因为比率高，能更好地偿还即将到期的债务；反之，则此比率可以稍微低一些。对于企业债权人，凭这一指标能很好地衡量企业债务偿还的安全程度。

3. 现金到期债务比

对于企业来说，全面考核其偿债能力非常有意义，但是真正的当务之急是了解今天口袋里所有属于自己的可用的钱能不能应付门口那些催要债务的人，这就用到了现金到期债务比，即经营活动现金净流量与本期到期负债的比率。其计算公式为：

$$现金到期债务比=\frac{经营活动现金净流量}{本期到期负债}$$

式中，本期到期负债是指即将到期的应付票据、长期负债，不包括短期借款和应付账款。

这个比率越大，说明企业清偿到期债务的能力越强。

另外，之所以用经营活动现金净流量，也就是“所有属于自己的可用的钱”，是因为筹资活动和投资活动产生的现金流量是一种短期行为，不代表企业的偿债实力，部分现金（如筹资活动的现金）本身就是一种债务，根本不能算企业自己的钱。

4. 短期现金流量比

短期现金流量比是反映企业一定时期内全部现金净流量与流动负债的比率，用以说明企业短期债务的清偿能力。其计算公式为：

$$短期现金流量比=\frac{全部现金净流量}{流动负债}$$

短期现金流量比表明企业在资产不变现的条件下，全部现金净流量偿还流动负债的能力。该比率越高，说明短期偿债能力越强；该比率越低，说明短期偿债能力越弱，若该比率为负数，则表明依靠全部现金净流量已无法清偿短期债务，缺乏即期偿债的能力。

通过对上述指标的分析可以看出：对企业所有者来说，通过现金流量与企业负债的比较分析，可以测定企业现金流量的偿债能力，这就有利于其作出相应决策——是扩大融资还是缩减融资，是马上归还借款还是尽早申请展期等。而对债权人来讲，企业与现金相关的偿债能力的强弱，是放贷决策的依据，或是决定何时收回贷款的基本依据。

※ 任务设计 ※

现金偿债能力分析

【现金偿债能力分析工作过程】

步骤 1　搜集分析现金偿债能力资料

资产负债表和现金流量表有关资料见表 3-20。

表 3-20　资产负债表和现金流量表有关资料

2016 年度

编制单位：江南电子股份有限公司　　　　金额单位：人民币元

报　表	项　　目	本期金额	上期金额
资产负债表	应付票据	7 490 000.00	6 309 000.00
	流动负债	306 739 944.27	141 088 390.46
	长期负债	9 803 242.39	118 600 058.12
	负债合计	316 543 186.66	259 688 448.58
现金流量表	经营活动产生的现金流量净额	46 757 950.11	57 492 664.80
	期末现金及现金等价物余额	139 836 805.31	67 466 411.55

步骤 2　计算现金偿债能力指标

现金偿债能力计算见表 3-21。

表3-21 现金偿债能力计算表

指　标	2015年	2016年
现金流动负债比	$\frac{57\ 492\ 664.8}{141\ 088\ 390.46}=0.41$	$\frac{46\ 757\ 950.11}{306\ 739\ 944.27}=0.15$
现金负债总额比	$\frac{57\ 492\ 664.80}{259\ 688\ 448.58}=0.22$	$\frac{46\ 757\ 950.11}{316\ 543\ 186.66}=0.15$
现金到期债务比	$\frac{57\ 492\ 664.80}{124\ 909\ 058.12}=0.46$	$\frac{46\ 757\ 950.11}{17\ 293\ 242.39}=2.70$
短期现金流量比	$\frac{67\ 466\ 411.55}{141\ 088\ 390.46}=0.48$	$\frac{139\ 836\ 805.31}{306\ 739\ 944.27}=0.46$

步骤3　评价现金偿债能力

从上述指标看，2016年的总体现金偿债能力出现下降的情况，现金流动负债比由上年的0.41下降到0.15，下降了0.26；现金负债总额比由上年的0.22下降到0.15，下降了0.07；现金到期债务比由上年的0.46上升到2.70；短期现金流量比基本持平。可见企业现金偿债能力出现下降情况，主要是因为2016年减少了长期负债，而大幅度地增加了流动负债，加大了现金偿债的风险，需作进一步分析。

※ 知识拓展 ※

现金比率

企业真正能提供现金偿还流动负债的，不单单是经营活动净现金流量。所以财务分析中考虑了企业现金资产与流动负债的比较，这就是现金比率。现金资产包括货币资金、交易性金融资产等。其计算公式为：

$$现金比率=\frac{货币资金+交易性金融资产}{流动负债}$$

如果该指标偏低，则说明企业依靠目前现金偿还债务的压力较大；如果该指标较高，则说明企业能轻松地依靠目前现金偿还债务。如某企业期末现金资产为567.10万元，流动负债为534万元，则现金比率为1.06，说明企业的短期偿债能力还可以。一般来说，该比率越大，企业的短期偿债能力就越强。

现金比率是衡量企业短期偿债能力的一个重要指标，计算现金比率对于分析企业的短期偿债能力具有十分重要的意义。因为流动负债不同于长期负债，长期负债起码也得1年后才偿还，企业有较充裕的时间来筹集资金，以还本付息。而流动负债期限很短（一般都不超过1年），很快就需要用现金来偿还。如果企业手中没有一定的现金储备，等到债务到期了再临时筹资去偿还债务，就容易出问题。

对于债权人来说，现金比率总是越高越好。现金比率越高，说明企业的短期偿债能力越强；现金比率越低，说明企业的短期偿债能力越弱。

请注意

如果现金比率达到1，即现金余额等于或大于流动负债总额，那就是说，企业即使不动用其他资产，如存货、应收账款等，现金就足以偿还流动负债。对于债权人来说，这是最安全的。

而对于企业来说，现金比率并不是越高越好。因为资产的流动性（即其变现能力）和其盈利能力成反比，流动性越差的资产盈利能力越强，流动性越好的资产盈利能力越弱。在企业所有资产中，现金是流动性最好的资产，同时也是盈利能力最弱的资产。保持过高的现金比率，就会使资产过多地停留在盈利能力最弱的现金上，虽然提高了企业的偿债能力，但降低了企业的获利能力。因此对企业来讲，不应该保持太高的现金比率。

请注意

分析现金比率可以结合流动比率和速动比率一并进行。

※ 思考练习 ※

一、判断（正确的在括号内打“√”，错误的打“×”）

(　　)1. 企业现金流动负债比大于1，说明企业的偿债能力较差。

(　　)2. 企业现金负债总额比大于1，说明企业的财务风险较高。

(　　)3. 短期现金流量比越高，说明短期偿债能力越强。

(　　)4. 短期现金流量比对债权人来讲与放贷决策无关。

(　　)5. 现金比率达到1，对于债权人来说是最安全的。

二、选择（下列答案中有一项或多项是正确的，将符合题意选项前的英文字母填入括号内）

1. 企业常用的现金偿债能力指标主要有(　　)。

A. 现金流动负债比　B. 现金负债总额比　C. 现金到期债务比　D. 短期现金流量比

2. 本期到期债务一般包括即将到期的(　　)。

A. 应付账款　　B. 应付票据　　C. 短期借款　　D. 长期负债

3. 短期现金流量比为负数，表明企业(　　)。

A. 清偿短期债务能力强　　B. 无法清偿短期债务

C. 可以即期偿还债务　　D. 缺乏即期偿债的能力

4. 企业平均偿还期越短，则现金债务总额比(　　)。

A. 越低越好　　B. 越高越好　　C. 不能判断好坏　　D. 不能反映偿债情况

5. 某企业期末现金资产为360万元，现金比率为0.9，则流动负债是(　　)万元。

A. 300　　B. 320　　C. 360　　D. 400

三、学习领域情境实训

（1）实训目的：学会现金偿债能力分析。

（2）情境资料：资产负债表和现金流量表有关资料见表3-22。

表3-22　资产负债表和现金流量表有关资料

2016年度

编制单位：江北机电股份有限公司　　　　金额单位：人民币元

报　表	项　　目	本期金额	上期金额
资产负债表	应付票据		
	流动负债	68 918 255.61	67 191 026.52
	长期负债		
	负债合计	68 918 255.61	67 191 026.52
现金流量表	经营活动产生的现金流量净额	497 803 268.19	562 144 079.82
	期末现金及现金等价物余额	497 803 268.19	562 144 079.82

（3）实训要求：将学生分成若干小组，每组4名学生，并推选一名学生为组长，在老师

的指导下共同制定工作方案。各组成员根据资料分析现金偿债能力，并列出算式。15分钟后，各组汇报，老师点评，评定成绩。

任务2　获取现金能力分析

※ 任务描述 ※

熟悉获取现金能力的指标构成，掌握获取现金能力分析的工作步骤，掌握判断获取现金能力强弱的方法，了解影响获取现金能力的有关因素。

※ 知识准备 ※

利用现金流量表分析企业的获取现金能力，就是把经营活动产生的现金净流量与净利润、企业总资本等进行比较，从而揭示企业保持现有经营水平、创造未来利润的能力，与现金流量表项目相关，用以反映企业经营获取现金能力、盈利获取现金能力、每股获取现金能力等。

一、经营获取现金能力分析

1. 销售收现比率

销售收现比率是指企业一定时期内的营业现金流入量与营业收入的比率。该指标能直接说明在企业的营业收入中，有多少在本期已实际收到现金。其计算公式为：

$$销售收现比率=\frac{营业现金流入量}{营业收入}\times 100\%$$

销售收现比率大总是好的，说明企业的销售收现能力较强，企业销售收入的现金风险较低。如果一家企业能持续保持较高的销售收现比率，说明企业的现金流量状况是良好的。但不能简单地认为该指标下降，企业财务状况必定不佳，因为企业在一定时期内采用放宽信用政策，促进销量和扩大市场占有的经营方针时，可能使本期收现能力指标有所下降，但其潜在的收现风险是有所增长的。

练一练

某企业2016年经营活动现金净流量为572.40万元，营业收入为3 749.40万元，则该企业的销售收现比率是多少？

解答：$$销售收现比率=\frac{572.40}{3\ 749.40}\times 100\%=15.27\%$$

从计算结果来看，该企业每销售100元，付完所有该付的钱后，能收入15.27元，这一数值已经相当可观了。

提 示

销售收现比率指标越大，说明企业货款回笼越及时，销售品质越好；反之，则说明企业销售品质差，坏账发生的可能性也越大。

2. 经营收现比率

经营收现比率是反映企业一定时期内经营活动现金净流量与营业收入的比率，用以说明营业收入获取现金的能力。其计算公式为：

$$经营收现比率=\frac{经营活动现金净流量}{营业收入}\times 100\%$$

3. 资产现金回收率

资产现金回收率是反映企业一定时期内经营活动现金净流量与资产总额的比率，用以说明企业全部资产产生现金的能力。其计算公式为：

$$资产现金回收率=\frac{经营活动现金净流量}{资产总额}\times 100\%$$

练一练

某企业 2016 年经营活动现金净流量为 572.40 万元，期初资产为 654.30 万元，期末资产为 1 528.70 万元，则该企业的资产现金回收率是多少？

解答：$资产平均额=\frac{654.30+1\,528.70}{2}=1\,091.50$（万元）

$$资产现金回收率=\frac{572.40}{1\,091.50}\times 100\%=52.44\%$$

从计算结果来看，在 2016 年，该企业每 100 元的资产能最终“收入囊中”的现金有 52.44 元，这就证明从收现金的角度来看，企业资产的现金回收能力相当强。

提 示

资产现金回收率越大，说明企业运用资产获得经营活动现金净流量的能力就越强。

4. 经营现金比率

经营现金比率是反映企业一定时期内经营活动现金净流量与企业当期总的现金净流量的比率。其计算公式为：

$$经营现金比率=\frac{经营活动现金净流量}{经营、投资、筹资活动现金净流量}\times 100\%$$

经营现金比率高，说明企业的整个现金净流量中，经营活动的创现占了主要部分，企业的经营稳定。如果企业的经营活动现金净流量能保持持续上升，说明企业的经营和财务状况良好。但由于这是一个相对数指标，有时该比率上升并不一定是由企业经营活动创现能力提高所引起的，而可能是由于本期有大量的投资或筹资活动的现金流出，使企业总的现金净流量下降；相反，有时该比率下降，也不一定说明企业经营活动的创现能力差，而可能是由于本期的投资和筹资业务产生了大量的现金流入。因此，如果认为该比率越高越好，就必须看企业当期的经营规模和销售状况是否稳定和良好，只有当企业的销售量和经营现金比率同步上升时，该比率高才能说明企业现金状况良好。

按照同样的原理，可分析投资现金比率和筹资现金比率。

5. 经营现金周期

经营现金周期是以企业的现金流转作为计算基础，用以了解企业现金周转情况的指标。其计算公式为：

$$\text{经营现金周期}=\text{存货周转天数}+\text{应收（预付）账款周转天数}-\text{应付（预收）账款周转天数}$$

运用经营现金周期时，要求企业的所有购销业务都通过应收和应付账款账户。该指标中也可包括其他应收和应付账款。通过一定时期内经营现金的周转天数，可以掌握企业现金从投入到收回平均要用多少天。

通常，经营现金周期越短，说明企业的现金流量状况越好，是企业保持短期偿债能力的重要保证。如果企业的经营现金周期发生变化，要查看是由何种原因引起的，是存货、应收项目或应付项目中的哪些事项造成的。

【想一想】现金周转天数本期比上期短肯定是好的吗？

企业的经营现金周期的缩短，只有在企业的经营规模和营业水平降低甚至有所提高的前提下才是可行的。因为在特殊情况下，如果企业销售萎缩，经营规模减小，也会使企业的经营现金周期缩短，但这并非是企业财务状况良好的表现。

请注意

经营现金周期是现金流量表分析中的重要概念，它与企业的营业周期相呼应，能综合地反映企业资金及现金的周转速度和利用水平。将其与企业前期水平和同行业平均水平或先进水平相比较，就能了解企业现金流量的基本状况，进一步促进相关指标的改善。

二、盈利获取现金能力分析

1. 净利现金率

净利现金率用以反映企业一定时期内净利润的现金支持程度，说明企业的账面利润是否由真实的现金来保证，是体现企业现金状况是否良好的重要指标之一。其计算公式为：

$$\text{净利现金率}=\frac{\text{期末现金余额}}{\text{期末净利润}}\times 100\%$$

一家企业的账面利润如果没有真实的现金流量来支撑，它可能是无法收回的坏账，也可能是一种虚计的结果，并会使企业由于多缴税金而使更多的现金流出。一家企业能保证长期稳定的净利现金率，不但说明企业的销售收现能力强，同时也反映了企业具有较高的现金流量控制能力。

【想一想】净利现金率能否分清是经营活动、投资活动还是筹资活动的现金支撑程度？

2. 利润实现率

利润实现率是反映企业一定时期内经营活动现金净流量与本期利润总额的比率。其计算公式为：

$$利润实现率=\frac{经营活动现金净流量}{本期利润总额}\times 100\%$$

利润实现率指标能反映企业经营活动现金流入减去流出后的差额相对于企业利润总额的关系。一般来讲，如果本期利润能在本期全部收现，那么其现金净流量必然会大于本期利润，因为利润是扣除折旧后的余额，但折旧是非付现成本，不属于现金流出，因此该指标就大于1。但实际上，该指标大于1是有困难的，因为企业的利润虽然在本期确认，但其收现可在未来。因此，该指标能直接反映企业现金流量状况给企业带来的潜在风险。

3. 净利实现率

净利实现率又称盈余现金保障倍数，反映企业一定时期内经营活动现金净流量与企业本年净利润的比率。其计算公式为：

$$净利实现率=\frac{经营活动现金净流量}{净利润}\times 100\%$$

净利实现率的倒数称为现金获利指数，表明企业经营活动现金净流量与企业当期净利润的关系，该指标反映的是企业经营活动现金净流量与当期净利润的差异程度。

练一练

某企业2016年经营活动现金净流量为572.40万元，净利润为710.40万元，则该企业的净利实现率是多少？

解答：$净利实现率=\frac{572.40}{710.40}\times 100\%=80.57\%$

从计算结果来看，该企业在2016年，每实现100元净利润，就有80.57元现金净收入来源于企业日常经营，这部分可以支配的净收入占整个净利润的比重较高。净利实现率从现金流入和流出的动态角度，对企业盈利的质量进行评价。一般来说，净利实现率越大，企业的盈利能力就越强，其盈利质量也越高。在企业净利润大于0的情况下，如果其比率小于1，说明企业本期净利润中存在未实现的现金收入，即使盈利，也可能发生现金短缺。

提　示

分析净利实现率指标时，可参考企业的应收账款变化情况，确认其是否本期增幅过大。只有净利实现率接近或大于1，企业才是真正的“有钱人”，才能说明企业的盈利能力强。

三、每股获取现金能力分析

1. 每股现金比率

每股现金比率是反映企业一定时期内经营活动现金净流量（或期末现金余额）与普通股

股数的比率，它反映的是企业对现金股利最大限度的分派能力。其计算公式为：

$$每股现金比率=\frac{经营活动现金净流量}{流通在外普通股股数}\times 100\%$$

或

$$每股现金比率=\frac{期末现金余额}{流通在外普通股股数}\times 100\%$$

这一指标说明了每股拥有的经营活动现金净流量。股东要想分得股利，最基本的条件是企业有可以用于分派股利的现金。投资活动和筹资活动取得的现金都不能用于分派股利，只有经营性净现金收入才可以真正用来分派股利。该比率越高，说明企业可以用于分派股利的现金越充足。

2. 每股现金与每股收益比较系数

每股现金与每股收益比较系数是每股现金与每股收益的比率，用以反映企业每股收益的实际现金保障能力。其计算公式为：

$$每股现金与每股收益比较系数=\frac{每股现金}{每股收益}$$

该系数大，说明企业现金状况良好，企业的现金对收益具有很强的保障能力，同时说明企业的收现能力很强，其表现的经营收益一般来讲是真实、可靠的。

3. 每股现金与每股现金股利比较系数

每股现金与每股现金股利比较系数是每股现金与每股现金股利的比率。其计算公式为：

$$每股现金与每股现金股利比较系数=\frac{每股现金}{每股现金股利}$$

该系数大，说明企业所获得的现金对于其股利的支付有很强的保障能力，同时说明当支付了当期现金股利后，企业依然有较充足的现金来保证日常经营活动正常进行。当然，如果企业当期实际支付的现金股利很低，也会使该系数上升。

提　示

每股现金与每股现金股利比较系数的计算一般以期末现金为计算口径，因为这是实际的现金结余，对外部信息使用者更有实际意义。

※ 任务设计 ※

获取现金能力分析

【获取现金能力分析工作过程】

步骤1　搜集分析获取现金能力资料

江南电子股份有限公司的有关资料见表3-23。

表3-23　江南电子股份有限公司的有关资料　　金额单位：人民币元

报　表	项　　目	本期金额	上期金额
资产负债表	资产总额	867 207 699.99	529 859 296.83

续前表

报　表	项　　目	本期金额	上期金额
利润表	营业收入	252 725 670.76	305 525 861.60
	利润总额	7 959 196.07	33 867 671.68
	净利润	7 764 848.54	29 611 815.52
现金流量表	销售商品收到的现金	241 940 784.36	337 299 020.66
	经营活动产生的现金流量净额	46 757 950.11	57 492 664.80
	期末现金及现金等价物余额	139 836 805.31	67 466 411.55

步骤 2　计算获取现金能力指标

江南电子股份有限公司有关获取现金能力的指标见表 3-24。

表 3-24　江南电子股份有限公司有关获取现金能力的指标

类　型	指　标	2015 年	2016 年
经营获取现金能力	销售收现比率	$\frac{337\ 299\ 020.66}{305\ 525\ 861.60}=1.10$	$\frac{241\ 940\ 784.36}{252\ 725\ 670.76}=0.96$
	经营收现比率	$\frac{57\ 492\ 664.80}{305\ 525\ 861.60}=0.19$	$\frac{46\ 757\ 950.11}{252\ 725\ 670.76}=0.19$
	资产现金回收率	$\frac{57\ 492\ 664.80}{529\ 859\ 296.83}=0.11$	$\frac{46\ 757\ 950.11}{867\ 207\ 699.99}=0.05$
盈利获取现金能力	净利现金率	$\frac{67\ 466\ 411.55}{29\ 611\ 815.52}=2.28$	$\frac{139\ 836\ 805.31}{7\ 764\ 848.54}=18.01$
	利润实现率	$\frac{57\ 492\ 664.80}{33\ 867\ 671.68}=1.70$	$\frac{46\ 757\ 950.11}{7\ 959\ 196.07}=5.87$
	净利实现率	$\frac{57\ 492\ 664.80}{29\ 611\ 815.52}=1.94$	$\frac{46\ 757\ 950.11}{7\ 764\ 848.54}=6.02$

步骤 3　评价获取现金能力

计算结果表明，该企业经营获取现金能力存在减弱现象，销售收现比率由上年的 1.10 下降到 0.96，资产现金回收率由上年的 0.11 下降到 0.05，这主要是因为销售减少导致存货等资产的大幅度增加，需要通过扩大销售来提高经营获取现金的能力。

该企业盈利获取现金能力出现较大的波动，净利现金率由上年的 2.28 上升到 18.01，利润实现率由上年的 1.70 上升到 5.87，净利实现率由上年的 1.94 上升到 6.02，这主要是因为净利润有较大幅度的下降和期末现金及现金等价物余额有较大幅度的增加，需要通过加速资金周转、增加盈利来改善经营状况。

※ 知识拓展 ※

现金营运指数

现金营运指数是反映企业经营活动现金净流量与经营应得现金的比值，是反映企业现金回收质量、衡量收益风险的指标。其计算公式为：

$$现金营运指数=\frac{经营活动现金净流量}{经营应得现金}$$

经营应得现金可以通过分析会计报表计算得出，它等于经营净收益（净利润）减去非经营性收益（如投资、筹资活动取得的收益）加上非付现费用。非付现费用包括计提的资产减值准备、固定资产折旧、无形资产摊销、长期待摊费用摊销、待摊费用的减少等。

理想的现金营运指数应为1。如果现金营运指数小于1，说明一部分收益尚未取得现金，仅停留在实物或债权形态，而实物或债权资产的风险大于现金，因为应收账款能否足额变现是不确定的，存货也有贬值的风险，所以未收现的收益质量远低于已收现的收益质量。

如果现金营运指数小于1，说明收益质量不够好。质量不好的原因主要是已实现经营收益而未能及时收到现金。应当关注的是，企业应收款增加和应付款减少都会使收现数减少。应收款如不能收回，已实现的收益就会落空；即使能延迟收现，其收益质量也低于已收现的收益。因此，企业应经常分析营运指数的增减变动情况及其发展变化趋势。

※ 思考练习 ※

一、判断（正确的在括号内打“√”，错误的打“×”）

（　　）1. 销售收现比率指标越大，说明企业货款回笼越及时，销售品质越好。

（　　）2. 资产现金回收率小于1，说明企业资产的现金回收能力相当弱。

（　　）3. 经营现金周期越短，说明企业的现金流量状况越差。

（　　）4. 利润实现率能直接反映企业现金流量状况给企业带来的潜在风险。

（　　）5. 每股现金与每股现金股利比较系数越大，说明企业所获得的现金对于其股利的支付越缺乏保障。

二、选择（下列答案中有一项或多项是正确的，将符合题意选项前的英文字母填入括号内）

1. 下列属于企业经营获取现金能力的指标有（　　）。

A. 现金流动负债比　　　　B. 销售收现比率

C. 经营收现比率　　　　　D. 短期现金流量比

2. 某企业经营现金周期为50天，应收（预付）账款周转天数为15天，应付（预收）账款周转天数为10天，则存货周转天数是（　　）。

A. 10天　　B. 15天　　C. 25天　　D. 45天

3. 下列属于盈利获取现金能力的指标有（　　）。

A. 净利现金率　　　　　B. 销售收现比率

C. 经营收现比率　　　　D. 净利实现率

4. 下列属于每股获取现金能力的指标有（　　）。

A. 净利现金率　　　　　B. 净利实现率

C. 每股现金比率　　　　D. 每股现金与每股收益比较系数

5. 现金营运指数是反映企业（　　）的比值。

A. 经营活动现金净流量　　B. 利润总额

C. 应得现金　　　　　　　D. 现金及现金等价物净增加额

三、学习领域情境实训

（1）实训目的：学会获取现金能力分析。

（2）情境资料：江北机电股份有限公司的有关资料见表3-25。

表 3-25 江北机电股份有限公司的有关资料 金额单位：人民币元

报 表	项 目	本期金额	上期金额
资产负债表	资产总额	898 172 781.35	888 349 633.39
利润表	营业收入	264 426 178.67	249 267 697.10
	利润总额	50 964 013.14	47 499 980.84
	净利润	43 772 467.23	37 648 033.97
现金流量表	销售商品收到的现金	282 901 374.11	299 343 074.30
	经营活动产生的现金流量净额	497 803 268.19	562 144 079.82
	期末现金及现金等价物余额	497 803 268.19	562 144 079.82

（3）实训要求：将学生分成若干小组，每组 4 名学生，并推选一名学生为组长，在老师的指导下共同制定工作方案。各组成员根据资料分析获取现金能力，并列出算式。15 分钟后，各组汇报，老师点评，评定成绩。

单元小结

- 第三单元
  - 阅读现金流量表
    - 阅读经营活动现金流量项目
    - 阅读投资活动现金流量项目
    - 阅读筹资活动现金流量项目
    - 阅读步骤
      - 看布局
      - 看变化
      - 看结构
  - 分析现金流量表
    - 比较分析
      - 纵向比较分析
      - 横向比较分析
      - 比较分析步骤
        - 搜集资料
        - 计算比重
        - 绘制折线图
        - 分析评价
    - 比率分析
      - 分析经营获取现金能力
        - 分析指标
          - 现金流动负债比
          - 现金负债总额比
          - 现金到期债务比
          - 短期现金流量比
        - 分析步骤
          - 搜集资料
          - 计算指标
          - 分析评价
      - 分析盈利获取现金能力
        - 分析指标
          - 销售收现比率
          - 经营收现比率
          - 资产现金回收率
          - 经营现金比率
          - 经营现金周期
          - 净利现金率
          - 利润实现率
          - 净利实现率
          - 每股现金比率
          - 每股现金与每股收益比较系数
          - 每股现金与每股现金股利比较系数
        - 分析步骤
          - 搜集资料
          - 计算指标
          - 分析评价

单元训练

一、知识巩固

1. 怎样阅读经营活动现金流量项目？如何观察其构成的合理性？

2. 怎样阅读投资活动现金流量项目？如何观察其构成的恰当性？

3. 怎样阅读筹资活动现金流量项目？如何观察其构成的适应性？

4. 现金流量表的纵向分析是怎样进行的？

5. 如何分析现金偿债能力？

6. 如何分析获取现金能力？

7. 简述企业生命周期与现金流量的关系。

8. 如何进行企业每股获取现金能力分析？

二、实训项目

[项目一]

1. 实训目的

加强学生现金流量表阅读与分析的实际操作训练，运用所学知识与分析方法，提高学生发现问题、分析问题和解决问题的能力，并培养学生团队协作意识，提高职业判断能力、语言表达能力、沟通能力和撰写分析报告能力。

2. 实训资料

一家中小板上市公司近三年的现金流量表及相关资料。

3. 实训组织

按 4 人为一个学习小组，选定小组长一人，负责制定小组工作计划书，组织小组讨论、实训和学习。现金流量表实训工作计划书通过小组成员讨论制定，并经指导老师审阅批准后实施。

4. 实训任务

（1）制定小组现金流量表实训工作计划；

（2）搜集一家中小板上市公司近三年的现金流量表及相关资料；

（3）阅读公司现金流量表；

（4）完成公司现金流量表的比较分析；

（5）完成公司现金流量表的比率分析；

（6）撰写现金流量表分析报告。

5. 实训要求

（1）能熟练利用网络搜集查阅所需的资料；

（2）能把握阅读现金流量表的关键点；

（3）能对公司财务状况作出客观、全面的分析评价；

（4）能撰写现金流量表分析报告，报告内容包括公司概况、现金流量表的基本情况、纵向比较分析、横向比较分析、盈利能力分析、发展能力分析、综合评价与结论、建议等；

（5）制作 PPT 汇报。

［项目二］

1. 实训目的

培养判断现金流量表是否真实的能力。

2. 实训资料

如下图所示。

3. 实训要求

（1）请根据图示调查并描述一个虚假现金流量表事件。

（2）你认为应如何识别现金流量报表的粉饰情况？

职业核心能力测评

职业核心能力测评表

（在□中打√，A表示通过，B表示基本通过，C表示未通过）

职业核心能力	评　估　标　准	自测结果
自我学习	1. 能进行时间管理 2. 能选择适合自己的学习和工作方式 3. 能随时修订计划并进行意外处理 4. 能将已经学到的东西用于新的工作任务	□A　□B　□C □A　□B　□C □A　□B　□C □A　□B　□C
信息处理	1. 能根据不同需要去搜寻、获取并选择信息 2. 能筛选信息，并进行信息分类 3. 能使用多媒体等手段来展示信息	□A　□B　□C □A　□B　□C □A　□B　□C
数字应用	1. 能从不同信息源获取相关信息 2. 能依据所给的数据信息，进行简单计算 3. 能用适当的方法展示数据信息和计算结果	□A　□B　□C □A　□B　□C □A　□B　□C
与人交流	1. 能把握交流的主题、时机和方式 2. 能理解对方谈话的内容，准确表达自己的观点 3. 能获取信息并反馈信息	□A　□B　□C □A　□B　□C □A　□B　□C
与人合作	1. 能挖掘合作资源，明确自己在合作中能够起到的作用 2. 能同合作者进行有效沟通，理解个性差异及文化差异	□A　□B　□C □A　□B　□C
解决问题	1. 能说明何时出现问题并指出其主要特征 2. 能作出解决问题的计划并组织实施计划 3. 能对解决问题的方法适时作出总结和修改	□A　□B　□C □A　□B　□C □A　□B　□C
革新创新	1. 能发现事物的不足并提出新的需要 2. 能创新性地提出改进事物的意见和具体方法 3. 能从多种方案中选择最佳方案，并在现有条件下实施	□A　□B　□C □A　□B　□C □A　□B　□C
学生签字：	教师签字：	年　　月　　日

第四单元

所有者权益变动表和报表附注阅读与分析

【学习目标】

通过本项目学习，你应该能够：

- 看懂所有者权益变动表和报表附注；
- 进行所有者权益变动表的结构分析；
- 理解资本比率指标和股利比率指标的意义；
- 进行资本增值保值能力的分析；
- 进行股利分配能力的分析；
- 进行报表附注的分析。

【引导案例】

中国铝业子公司股权转让　转移4亿美元债

中国铝业（股票代码：601600）2013年9月30日晚间发布公告，其全资子公司中铝香港拟向中铝公司的全资子公司——中铝海外控股转让其所持有的中铝铁矿65%的股权。在上述目标股权转让协议生效时，中铝香港将向中铝海外控股转移其对国开行的借款债务，债务金额为4.39亿美元。

公告显示，上述交易构成关联交易，但不构成重大资产重组，目前尚需公司股东大会审议、批准。在过去12个月内，中国铝业与中铝公司进行的非经常性关联交易累计金额为110亿元人民币。

中国铝业表示，此次交易是目标股权交易的附属交易，与目标股权交易同时履行。本次交易将本着“三公”原则进行，可改善公司现金流量，降低公司资产负债率，符合公司和股东的根本利益。

资料来源：http://pdf.dfcfw.com/pdf/H2_AN201309300004437864_1.pdf，2013-10-01.

这一案例表明，中国铝业本着“三公”原则，为了改善公司现金流量、降低公司资产负债率而进行股权转让，并引起所有者权益变动表的变化。因此，所有者权益变动表与报表附注的阅读者，要深刻领会案例内容，以便阅读与分析所有者权益变动表和报表附注。

项目一

阅读与分析所有者权益变动表

编制所有者权益变动表是2014年财政部修订并颁布的《企业会计准则第30号——财务报表列报》的规定，企业在编制资产负债表、利润表和现金流量表的基础上，还必须编制所有者权益变动表，亦称股东权益变动表。这一改革打破了半个多世纪来由三张传统会计报表统领会计报表体系的格局，是我国会计报表体系和会计信息披露领域改革的重大举措。所有者权益变动表主要反映所有者权益各组成部分的形成及当期的增减变动情况，特别是列示了无法在利润表中反映的直接计入所有者权益的利得和损失，能让报表阅读者准确理解所有者权益增减变动的根源。分析所有者权益变动情况，可以了解企业在某会计期间所有者权益总额、内部结构、构成所有者权益各个项目的变动情况，有利于揭示企业资本保值增值状态及权益资本结构分布情况，从而对企业资本实力、筹资能力、偿债能力和风险承担能力作出判断。

任务1　阅读所有者权益变动表

※ 任务描述 ※

熟悉所有者权益变动表项目的形成，掌握所有者权益变动表项目阅读的工作步骤，了解所有者权益变动表项目的真实性与可靠性。

※ 知识准备 ※

所有者权益变动表应当反映构成所有者权益的各组成部分当期的增减变动情况。所有者权益变动表全面反映了一定时期所有者权益变动的情况，不仅包括所有者权益总量的增减变动，还包括所有者权益增减变动的重要结构性信息，特别是反映直接计入所有者权益的利得和损失，从而让报表使用者能够准确理解所有者权益增减变动的根源。所有者权益变动表在一定程度上体现了企业的综合收益，为报表使用者提供了更全面的企业获利能力方面的信息，更广泛和真实地反映了企业的资本质量和经营业绩，有利于报表使用者正确评价企业经营业绩，反映企业股利分配政策及现金支付能力，为投资决策提供更全面的信息。

提　示

综合收益是指企业在某一期间与所有者之外的其他方面进行交易或发生其他事项所引起的净资产变动。其计算公式为：

综合收益＝净利润±直接计入所有者权益的利得和损失

净利润是企业已经实现并确认的收益，直接计入所有者权益的利得和损失是企业未实现但根据企业会计准则的规定已确认的收益。

阅读提示

《企业会计准则第30号——财务报表列报》第三十六条规定：

所有者权益变动表至少应当单独列示反映下列信息的项目：

1. 综合收益总额，在合并所有者权益变动表中还应单独列示归属于母公司所有者的综合收益总额和归属于少数股东的综合收益总额；

2. 会计政策变更和前期差错更正的累积影响金额；

3. 所有者投入资本和向所有者分配利润等；

4. 按照规定提取的盈余公积；

5. 所有者权益各组成部分的期初和期末余额及其调节情况。

一、实收资本与资本公积

1. 实收资本

实收资本是指投资者按照企业章程、合同或协议的约定投入企业中的各种资产的价值，是企业实际收到的投资者投入的资本。按照我国有关法律规定，投资者设立企业首先必须投入资本，并且实行的是注册资本制度，要求企业的实收资本与其注册资本相一致。注册资本是企业在设立时向工商行政管理部门登记的资本总额，也就是全部出资额之和。

实收资本具有无固定利率和期限长的特点。无固定利率是指投资者投入企业的资本，只有盈利时才能分配利润，没有盈利或盈利较少时可以不分配利润；期限长是指实收资本对于企业来说是永久性资本，可以长期占用，无须到期还本。

请注意

只要企业没有增加投资或按照法律规定程序经批准减少的资本额，实收资本项目数额就通常是固定的。

2. 资本公积

资本公积是指企业收到投资者投入的超出其在企业注册资本（或股本）中所占份额的投资，以及直接计入所有者权益的利得和损失等。

二、库存股

库存股也称库藏股，是指由股份公司回购而没有注销的，并由该公司持有的已发行股份。库存股一般产生于上市公司的股份回购之时，回购后并没有注销，而由公司自己持有，这一段时间内公司出现同时具有公司法人及其投资者两种不应兼容的身份，因此，必须限制库存股原本代表的投资者权利。

三、留存收益

1. 盈余公积

盈余公积是指企业按照规定从净利润中提取的各种积累资金，具体又分为法定盈余公积和任意盈余公积。企业按照税后利润的 10％提取法定盈余公积，但法定盈余公积累计额已达注册资本的 50％时可以不再提取。企业提取法定盈余公积后，企业章程对提取任意盈余公积有规定的，按照企业章程的规定提取任意盈余公积；企业章程没有规定的，按照股东会或股东大会决议的比例提取任意盈余公积。外商投资企业可以提取储备基金和企业发展基金。

2. 未分配利润

未分配利润是指企业留待以后年度分配的结存利润，也是企业所有者权益的组成部分。从数量上来说，未分配利润是期初未分配利润加上本期实现的净利润，减去提取的盈余公积和分出利润后的余额。

未分配利润的多少可以用来衡量公司的储备和获利能力，未分配利润的增减变动及变动程度，主要取决于企业的盈亏状况和企业的收益分配政策。一般而言，若企业当年盈利，则未分配利润可能增加；若企业当年亏损，则未分配利润会减少。此外，未分配利润的增减，还取决于企业的收益分配政策。若企业奉行低利润分配政策，未分配利润就可能有较多的增加；反之，则未分配利润增加的数额就较少。

请注意

未分配利润既可以用于生产经营活动，又可以用于从事开展新的业务领域，还可以留待以后年度进行股利分配。

提　示

利润表和所有者权益变动表是反映企业一定会计期间经营成果及其分配情况的财务报表。如果不存在会计政策变动和前期差错更正情况，其上期期末未分配利润就是本期所有者权益变动表的期初未分配利润。

【想一想】企业盈利时，对净资产有什么影响？

※ 任务设计 ※

阅读所有者权益变动表

[例 4-1] 江南电子股份有限公司 2016 年度所有者权益变动表中有关资料见表 4-1。

表4-1 所有者权益变动表

2016年度

编制单位：江南电子股份有限公司　　　　金额单位：人民币元

项目	本期金额				
	实收资本	资本公积	盈余公积	未分配利润	所有者权益合计
一、上年年末余额	104 780 000.00	73 730 723.81	16 640 488.00	75 019 636.44	270 170 848.25
加：会计政策变更					
前期差错更正					
二、本年年初余额	104 780 000.00	73 730 723.81	16 640 488.00	75 019 636.44	270 170 848.25
三、本年增减变动金额（减少以"—"号填列）	21 478 873.00	267 663 597.03	776 484.85	—9 425 289.80	280 493 665.08
（一）净利润				7 764 848.54	7 764 848.54
（二）其他综合收益					
上述（一）和（二）小计				7 764 848.54	7 764 848.54
（三）所有者投入和减少资本	21 478 873.00	267 663 597.03			289 142 470.03
1. 所有者投入资本	21 478 873.00	267 663 597.03			289 142 470.03
2. 股份支付计入所有者权益的金额					
3. 其他					
（四）利润分配			776 484.85	—17 190 138.34	—16 413 653.49
1. 提取盈余公积			776 484.85	—776 484.85	
2. 提取一般风险准备					
3. 对所有者（或股东）的分配				—16 413 653.49	—16 413 653.49
4. 其他					
（五）所有者权益内部结转					
1. 资本公积转增资本（或股本）					
2. 盈余公积转增资本（或股本）					
3. 盈余公积弥补亏损					
4. 其他					
（六）专项储备					
1. 本期提取					
2. 本期使用					
（七）其他					
四、本年年末余额	126 258 873.00	341 394 320.84	17 416 972.85	65 594 346.64	550 664 513.33

【阅读所有者权益变动表工作过程】

步骤 1　看所有者权益形成

江南电子股份有限公司 2016 年末所有者权益合计为 550 664 513.33 元，比上年初的 270 170 848.25元增加了 280 493 665.08 元，增长了 103.82%。初步了解所有者权益的总体情况，具体项目变化需进一步分析。

步骤 2　看所有者权益变化数

本期所有者权益的变化，主要是获得净利润 7 764 848.54 元，所有者投入资本 289 142 470.03元，对所有者（或股东）分配 16 413 653.49 元等因素所引起的。同时，可以看出，所有者权益年末比年初增加的 280 493 665.08 元，就是来自所有者投入的资本。

步骤 3　看利润分配构成

本期利润分配为 16 413 653.49 元，提取盈余公积为 776 484.85 元，所有者权益总额不变，而对所有者（或股东）的分配为 16 413 653.49 元，从表 4－1 看应当是现金股利造成所有者权益减少。

※ 知识拓展 ※

股东变动的影响

有一句谚语是这么说的："买的永远没有卖的精。"上市公司的股东永远都要比一般的投资者了解情况，因此，如果其增持或者减持了股份，就以行动表明了立场，这种立场远比冠冕堂皇的承诺更具有说服力，因为正常的人都不会拿真金白银开玩笑。

这种判断建立在一个基本的经济学理论之上，即信息不对称理论。信息不对称理论是由三位美国经济学家——约瑟夫·斯蒂格利茨、乔治·阿克尔洛夫和迈克尔·斯彭斯提出的。该理论认为：市场中卖方比买方更了解有关商品的各种信息，掌握更多信息的一方可以通过向信息贫乏的一方传递可靠信息而在市场中获益。这一理论在现实中随处可见，乔治·阿克尔洛夫就是通过观察二手车市场而发现这个理论并因此获得诺贝尔奖的。

※ 思考练习 ※

一、判断（正确的在括号内打"√"，错误的打"×"）

（　　）1. 实收资本具有固定利率和期限长的特点。

（　　）2. 库存股是指由股份公司回购注销的股份。

（　　）3. 法定盈余公积累计额已达注册资本的 50%时可以不再提取。

（　　）4. 未分配利润只能留待以后年度进行股利分配。

（　　）5. 股东增持或者减持了股份，就以行动表明了对企业的立场。

二、选择（下列答案中有一项或多项是正确的，将符合题意选项前的英文字母填入括号内）

1. 企业会计准则规定，下列属于所有者权益变动表应当单独列示的项目是（　　）。

A. 直接计入所有者权益的利得和损失项目及其总额

B. 会计政策变更和差错更正的累积影响金额

C. 所有者投入资本和向所有者分配利润

D. 按照规定提取的盈余公积

2. 下列属于资本公积的是（　　）。

A. 资本溢价

B. 直接计入所有者权益的利得

C. 政府补助

D. 直接计入所有者权益的损失

3. 下列属于外商投资企业利润分配的有（　　）。

A. 储备基金

B. 企业发展基金

C. 职工奖励及福利基金

D. 向投资人分配收益

4. 影响期末未分配利润的因素有（　　）。

A. 期初未分配利润

B. 本期实现的净利润

C. 本期提取的盈余公积

D. 本期分配的利润

5. 企业如果不存在会计政策变动和前期差错更正情况，其上期期末未分配利润就是本期所有者权益变动表中的（　　）。

A. 本年增减变动金额

B. 期初未分配利润

C. 本期其他综合收益

D. 本年年末余额

三、学习领域情境实训

（1）实训目的：学会阅读所有者权益变动表。

（2）情境资料：所有者权益变动情况见表4-2。

表4-2　所有者权益变动表

2016年度

编制单位：江北机电股份有限公司　　　　金额单位：人民币元

项目	本期金额				
	实收资本	资本公积	盈余公积	未分配利润	所有者权益合计
一、上年年末余额	142 700 000.00	618 102 732.38	15 773 880.07	44 581 994.42	821 158 606.87
加：会计政策变更					
前期差错更正					
二、本年年初余额	142 700 000.00	618 102 732.38	15 773 880.07	44 581 994.42	821 158 606.87
三、本年增减变动金额（减少以“—”号填列）		−1 548.36	6 259 648.42	1 837 818.81	8 095 918.87
（一）净利润				43 772 467.23	43 772 467.23
（二）其他综合收益		−1 548.36			−1 548.36
上述（一）和（二）小计		−1 548.36		43 772 467.23	43 770 918.87
（三）所有者投入和减少资本					
1. 所有者投入资本					
2. 股份支付计入所有者权益的金额					

续前表

项目	本期金额				
	实收资本	资本公积	盈余公积	未分配利润	所有者权益合计
3. 其他					
（四）利润分配			6 259 648.42	—41 934 648.42	—35 675 000.00
1. 提取盈余公积			6 259 648.42	—6 259 648.42	
2. 提取一般风险准备				—35 675 000.00	—35 675 000.00
3. 对所有者（或股东）的分配					
4. 其他					
（五）所有者权益内部结转					
1. 资本公积转增资本（或股本）					
2. 盈余公积转增资本（或股本）					
3. 盈余公积弥补亏损					
4. 其他					
（六）专项储备					
1. 本期提取					
2. 本期使用					
（七）其他					
四、本年年末余额	142 700 000.00	618 101 184.02	22 033 528.49	46 419 813.23	829 254 525.74

（3）实训要求：将学生分成若干小组，每组 4 名学生，并推选一名学生为组长，在老师的指导下共同制定工作方案。各组成员看所有者权益变动表，并列出算式。15 分钟后，各组汇报，老师点评，评定成绩。

任务 2　分析所有者权益变动表

※ 任务描述 ※

熟悉所有者权益变动表的分析过程，掌握所有者权益变动表分析的工作步骤，了解所有者权益变动表的真实性与可靠性。

※ 知识准备 ※

一、所有者权益结构分析

1. 所有者权益变动表横向分析

（1）实收资本分析。实收资本分析，是将实收资本与企业的注册资本数额相比较，如果实收资本小于注册资本的数额，说明企业的注册资本存在不到位的现象，应进一步分析其原因，查清注册资本是否可靠，予以高度重视。

实收资本在企业正常经营期间内一般不会发生变动，但在某些情况下，实收资本也可能发生增减变化。具体来讲，实收资本增减变动的主要来源有：所有者投入和减少资本、资本公积转增资本（或股本）、盈余公积转增资本（或股本）、对所有者（或股东）的分配等。

1）所有者投入和减少资本。所有者投入资本一般会引起实收资本增加。所有者投入资本通常采用以下形式：投资者追加投入的资本；分配股票股利，在办理增资手续后增加的股本；公司发行的可转换公司债券按规定转为股本等。

2）资本公积转增资本（或股本）。资本公积转增资本（或股本）一般会引起实收资本（或股本）增加。资本公积减少，所有者权益内部结构发生变化，但所有者权益总额不变。

3）盈余公积转增资本（或股本）。盈余公积转增资本，会引起实收资本（或股本）增加，盈余公积减少；会引起所有者权益内部结构发生变化，而所有者权益总额不变。

请注意

在分析时，应特别注意法定盈余公积的增减变动信息，如果法定盈余公积已超过注册资本（或股本）的50%，在公司盈利持续增长的情况下，公司就有可能实行利用盈余公积转增资本的送股方案。上市公司如不实行盈余公积转增方案，也可能实施资本公积转增资本，或者直接采用未分配利润送红股的方案。因为，不论是资本公积转增股本，还是直接送红股，这些措施都将增大公司的股本规模。股本规模扩大后，法定盈余公积可能就不会超过股本的50%了。

4）对所有者（或股东）的分配。该项目反映经股东大会或类似权力机构决议后对所有者（或股东）分配的利润、现金股利和股票股利的金额。当企业采取股票股利的方式向投资者分配股利时，会引起实收资本（或股本）增加，未分配利润减少，但所有者权益总额不变。

提　示

在分析实收资本增加时，还应注意营业收入和净利润是否相应增加，能否保持或提高每股收益。

（2）资本公积分析。资本公积本质上属于投入资本范畴，但一般不明确属于某一投资人，而是属于所有投资人的。资本公积作为股东权益的一部分，是企业资本的一种储备形式，它有特定的使用流向。根据我国《公司法》等法律规定，资本公积主要用来转增资本（或股本），资本公积转增资本（或股本），既不改变企业的投入资本总额，也不改变企业所有者权益总额，更不会增加企业的价值。另外，资本公积是企业在非经营业务中产生的增值，在未按规定转增资本之前，既无期限又无利息，是企业可以长期使用的资本。

资本公积增加的主要途径是：投资者投入资本溢价（股本溢价）、政府拨款转入等。企业会计准则引入公允价值概念后，会出现大量的公允价值与账面价值的差额，这个差额体现在资本公积项下的“其他资本公积”里，也会形成资本公积的增加。资本公积减少的原因主要是以资本公积转增资本（或股本）。一般来讲，资本公积变动的来源和影响项目主要有：投资者投入资本溢价（股本溢价）、直接计入所有者权益的利得和损失、股份支付计入所有者权益的金额、资本公积转增资本（或股本）、对所有者（或股东）的分配等。

提　示

在进行资本公积变动情况分析时，应注意资本公积形成过程的合法性和合规性。

（3）库存股分析。我国《公司法》第 143 条规定，公司不得收购本公司股份，但是有下列情形之一的除外：1）减少公司注册资本；2）与持有本公司股份的其他公司合并；3）将股份奖励给本公司职工；4）股东因对股东大会作出的公司合并、分立决议持异议，要求公司收购其股份的。公司因前三种原因收购本公司股份的，应当经股东大会决议。库存股不得参与公司利润分配，没有投票权，公司不得接受本公司的股票作为质押权的标的。

公司回购的股份必须在规定的时间内予以注销。为减少公司注册资本回购的股份，应当自收购之日起 10 日内注销；与持有本公司股份的其他公司合并，或股东因对股东大会作出的公司合并、分立决议持异议，要求公司收购其股份的，应当在 6 个月内转让或者注销；基于公司股权奖励计划回购股份，不得超过本公司已发行股份总额的 5%；用于收购的资金应当从公司税后利润中支出，所收购的股份应当在 1 年内转让给职工。

提　示

在对库存股项目变动进行分析时应当注意，库存股是否合法、合规。

在分析时应特别关注公司在进行股票回购时是否有操纵市场的嫌疑，公司是否有通过缩小股本规模而提高每股收益或其他业绩比率，营造其业绩较好的表象，使报表使用者以为股份有价值等意图。

（4）盈余公积分析。从性质上讲，在所有资本来源中，盈余公积最为稳定，并且具有无须支付利息、期限长等特点，如果不用来弥补亏损，则可以永久性使用，无到期日，无须还本。因此，对于企业来讲，在盈利后除分配利润外，应尽可能多地提取盈余公积，盈余公积有专门用途，企业提取的盈余公积可用于弥补亏损、扩大公司生产经营或转增资本，但一般情况下不得用于向投资者分配利润或股利，但用盈余公积转增资本后留存的盈余公积不得少于转增前注册资本的 25%。股份公司还可以在亏损的年份，为维护其股票在市场上的信誉，避免股票价格发生大幅度的变动，在盈余公积补亏后，经股东大会特别决议，按照不超过股票面值 6%的比率，用盈余公积分配股利。

影响盈余公积变动的因素有多种，如企业获利水平、提取盈余公积、盈余公积转增资本、盈余公积补亏等业务事项。

练一练

某公司 2016 年实现净利润 6 800 万元，分别按净利润的 10%、5%提取法定盈余公积和任意盈余公积，以盈余公积转增资本 300 万元，该公司本年利润暂不分配，则所有者权益项目发生了哪些变动？

解答：该公司所有者权益变动情况如下：

实收资本增加 300 万元，资本公积不变，盈余公积增加 720（=6 800×10%+6 800×5%−300）万元，未分配利润增加 6 080 万元，所有者权益总额增加 6 800 万元。

提 示

在进行盈余公积项目分析时，应注意盈余公积的形成是否合法、使用是否合规，盈余公积结存数额的变动情况是否存在异常等。

（5）未分配利润分析。对未分配利润的分析，主要应注意了解未分配利润的增减变化总数、变动原因及变动趋势，尤其是分析净利润的变动对未分配利润的影响，同时应分析公司的收益分配政策对未分配利润的影响。

2. 所有者权益变动表纵向分析

（1）上年年末余额与本年年初余额项目分析。一般情况下，本年的年初余额等于上年年末余额。但是，如果企业年度内发生会计政策变更和会计差错更正等事项，需要对上年所有者权益进行调整，企业在上年年末余额的基础上，将会计政策变更和会计差错更正的影响金额，在所有者权益变动表中单独列式，将上年年末余额调整为本年年初余额。即：

本年年初余额＝上年年末余额＋会计政策变更＋前期差错更正

1）会计政策变更项目分析。会计政策变更是指企业对相同的交易或者事项由原来采用的会计政策改为另一会计政策的行为，为保证会计信息的可比性，使财务报表使用者在比较企业一个以上期间的财务报表时，能够正确判断企业的财务状况、经营成果和现金流量的趋势。一般情况下，企业采用的会计政策，在某一会计期间和前后各期应当保持一致，不得随意变更，否则，势必削弱会计信息的可比性。但符合下列条件之一的，可以变更会计政策：法律、行政法规或者国家统一的会计制度等要求变更，会计政策变更能够提供更可靠、更相关的会计信息。

会计政策变更将直接影响期初盈余公积和未分配利润，从而使所有者权益发生变动。变更的影响额在本项目中反映，同时，会计政策变更涉及相关的资产、负债项目的调整，将导致资产负债结构发生变化。这些变化相应调整了相关项目的数额。在分析时应当注意对这些项目产生的影响。

2）前期差错更正项目分析。会计差错更正是指对企业在会计核算中，由于计量、确认、记录等方面影响而出现的错误进行的纠正。会计差错包括非重大会计差错和重大会计差错：非重大会计差错是指不足以影响会计报表使用者对企业财务状况、经营成果和现金流量作出正确判断的会计差错；重大会计差错是指企业发现的使公布的会计报表不再具有可靠性的会计差错（一般是指金额比较大、性质比较严重的差错，通常某项交易或事项的金额占该类交易或事项的金额的10％及以上则认为金额比较重大），以及企业为了调节利润而滥用会计政策、会计估计及其变更而引起的差错。常见的会计差错主要有：采用法律或会计准则等行政法规、规章所不允许的会计政策、对事实的忽视和误用、账户分类以及计算错误、会计估计错误、划分收益性支出与资本性支出出现差错、漏记已完成的交易、提前确认未实现的收入等。

（2）净利润项目分析。在第二单元中已做过分析，这里不再赘述。

（3）直接计入所有者权益的利得和损失项目分析。直接计入所有者权益的利得和损失是指企业不计入当期损益、会导致所有者权益发生增减变动的、与所有者投入资本或者向所有者分配利润无关的利得或损失。利得是指由企业非日常活动所形成的、会导致所有者权益增加的、与所有者投入资本无关的经济利益的流入，损失是指由企业非日常活动所发生的、会导致所有者权益减少的、与向所有者分配利润无关的经济利益的流出。

一般情况下，已实现确认的利得与损失在发生当年记入利润表，未实现确认的利得与损失可能在资产负债表中确认。同时，所有者权益变动表涵盖了这些信息。利润表反映公司在会计年度内已实现的损益。若出现未实现的损益，公司的资产价值就会增减，但未实现的损益不在年度利润表中披露，而是直接计入所有者权益。直接计入所有者权益的利得和损失主要包括以下三项内容：

1）可供出售金融资产公允价值变动净额。可供出售金融资产公允价值变动净额，反映企业在资产负债表日可供出售金融资产公允价值增加或减少的金额。

在利润表所反映的信息中，交易性金融资产在资产负债表日当公允价值发生变动时，变动额直接计入当期损益中的公允价值变动收益。这里需要注意的是，可供出售金融资产公允价值增减变动的金额，不是计入当期损益，而是直接计入所有者权益中的资本公积。

练一练

某公司于 2016 年 7 月 31 日从二级市场购入股票 100 万股，每股市价 15 元，手续费 5 元。初始确认时，该股票被划入可供出售金融资产。该公司于 2016 年 12 月 31 日仍持有该股票，该股票当时的市价为每股 18 元，则对资本公积的影响是多少？

解答：在 2016 年 12 月 31 日确认股票价格变动时，可供出售金融资产公允价值变动为 100×（18－15）－5＝295 万元。

因此，直接计入所有者权益中的资本公积（其他资本公积）为 295 万元。

2）权益法下被投资单位其他所有者权益变动的影响。权益法下被投资单位其他所有者权益变动的影响，反映企业按权益法核算的长期股权投资，在被投资单位除当年实现的净损益以外其他所有者权益当年变动中应享有的份额。

练一练

某公司持有 C 公司 30％的股份，能够对 C 公司施加重大影响，当期 C 公司因持有的可供出售金融资产公允价值的变动计入资本公积的金额为 300 万元。假定该公司与 C 公司会计政策、会计期间相同，投资时有关资产的公允价值与账面价值亦相同，不考虑相关的所得税影响，则对资本公积的影响是多少？

解答：该公司在确认享有被投资单位所有者权益的变动时，资本公积（其他资本公积）增加了 90（＝300×30％）万元。

3）与计入所有者权益项目相关的所得税影响。与计入所有者权益项目相关的所得税影响，反映企业按规定应计入所有者权益的当年所得税影响金额。

提　示

直接计入所有者权益的利得和损失的这些项目的变化都有可能引起资本公积的增减变动，从而使所有者权益发生变动。因此，通过对直接计入所有者权益的利得和损失进行分析，可以进一步说明会计期间所有者权益是如何增减变化的。

（4）所有者投入和减少资本项目分析。

1）所有者投入资本项目。所有者投入资本通常采用以下形式：投资者追加投入的资本；分配股票股利，在办理增资手续后增加的股本；公司发行的可转换公司债券按规定转为股本等。这些形式会引起实收资本或股本的增加。

2）股份支付计入所有者权益金额项目。股份支付计入所有者权益金额，反映企业处于等待期中的权益结算的股份支付当年计入资本公积的金额。

（5）利润分配项目分析。

1）提取盈余公积。提取盈余公积，反映企业按规定提取的盈余公积，包括提取的法定盈余公积和任意盈余公积。

2）对所有者（或股东）的分配。对所有者（或股东）的分配，反映经股东大会或类似权力机构决议后对所有者（或股东）分配的利润、现金股利和股票股利的金额，当企业采取股票股利的方式向投资者分配股利时，不仅会引起实收资本的增加，还可能引起资本公积的增加，并且同时会使未分配利润减少。

练一练

某公司宣布本年按该公司普通股市价15元、30%的比例发放股票股利，即现有股东每持有10股，即可获得赠送的3股普通股。若该公司现有普通股1 000万股，股票面值为10元，实施本次收益分配方案后，公司普通股股数将增加300万股，则所有者权益变化是怎样的？

解答：该公司所有者权益变动情况如下：

实收资本（或股本）增加额＝300×10＝3 000（万元）

资本公积增加额＝300×5＝1 500（万元）

盈余公积不变。

未分配利润减少额＝3 000＋1 500＝4 500（万元）

所有者权益总额不变。

（6）所有者权益内部结转项目分析。

1）资本公积转增资本（或股本）项目。资本公积转增资本（或股本），反映企业资本公积转增资本（或股本）的金额。既没有改变企业的投入资本总额，也没有改变企业的所有者权益（净资产）总额，更不会增减企业的价值，只是引起所有者权益内部结构发生变化。

2）盈余公积转增资本（或股本）项目。盈余公积转增资本（或股本），反映企业盈余公积转增资本（或股本）的金额，分析时应特别注意法定盈余公积的增减变动信息。如果法定盈余公积已超过股本的50%，在公司盈利持续增长的情况下，利用盈余公积转增资本的送股方案的可能性较大。上市公司如不实行盈余公积转增方案，也可能实施资本公积转增股本，或者直接采用未分配利润送红股的方案。不论是资本公积转增还是直接送红股，这些措施都将增加上市公司的股本规模。股本规模扩大后，法定盈余公积就不会超过股本的50%了。

3）盈余公积弥补亏损项目。盈余公积弥补亏损，反映企业以盈余公积弥补亏损的金额。

提　示

分析时应关注转增资本额度的确定、转增股本后的股数和新的股权比例情况，以及转增资本后对未来收益的影响等。具体可通过转增股本前后的股本收益率、每股净资产等指标进一步加以分析。注意资本公积转增资本与送股的区别。

（7）本年年末余额项目分析。本年年末余额的计算公式为：

本年年末余额＝本年年初余额＋本年增减变动金额

二、所有者权益比率分析

1. 资本比率

（1）资本保值增值率。资本保值增值率是指企业期末所有者权益与期初所有者权益的比率，该比率是反映企业在一定会计期间内资本保值增值水平的评价指标，也是考核、评价企业经营绩效的重要依据。其计算公式为：

$$资本保值增值率=\frac{期末所有者权益}{期初所有者权益}\times 100\%$$

对于一家正常经营的企业而言，该比率应该大于1。也就是说，企业的所有者权益每年应该都有适量的增长，这样企业才能不断发展。

（2）所有者（或股东）财富增长率。所有者（或股东）财富增长率是指在企业实收资本（或股本）一定的情况下，附加资本（或股本）的增长水平。其计算公式为：

$$所有者（或股东）财富增长率=\frac{期末每股净资产-期初每股净资产}{期初每股净资产}\times 100\%$$

每股净资产的计算公式为：

$$每股净资产=\frac{当期企业净资产}{股本总额}$$

所有者（或股东）财富增长率是企业投资者或潜在投资者最为关心的指标。与每股收益一样，该指标集中体现了所有者（或股东）的投资效益，也可作为对经营者的考核指标。

2. 股利比率

（1）股利分配率。要评价一家企业的利润分配水平和利润分配策略，就要看企业实现的净利润中，有多大比例用于分配给股东，通常用股利分配率指标来反映。其计算公式为：

$$股利分配率=\frac{普通股每股股利}{普通股每股收益}\times 100\%$$

或

$$股利分配率=\frac{当期分配股利}{净利润}\times 100\%$$

在股利的分配上，通常有以下四种分配策略：

第一，固定股利，即每年支付给股东的股利是一个固定值。这种股利分配政策不利于企业按其盈利的多少来派发股利，当企业处于亏损状态时，其股利分配压力比较大。

请注意

对于投资者而言，因为每年都能得到固定的股利，所以固定股利比较受欢迎。

第二，固定股利支付率，即以净利润的一定比例来派发股利。比如固定股利支付率为20%，则在企业盈利100万元时，其可以用于派发股利的金额为20（=100×20%）万元，当企业盈利500万元时，其可以用于派发股利的金额为100（=500×20%）万元。

请注意

如果企业执行这一政策，由于各年的盈利会有波动，因此各年派发的股利波动也较大，这样不利于股价的稳定。

第三，固定股利增长率，即在一定股利支付基数上，每年适量增加股利的分派。如第一年派发20万元股利，并且每年保持15%的增长，那么从第二年起，以后各年需要派发的股利就分别是23（=20×115%）万元、26.45（=23×115%）万元、30.42（=26.45×115%）万元……这样的好处是，给投资者传递的信息是企业盈利似乎是连年增长的，有利于股价的稳定和增长。

请注意

由于企业各年的盈利水平是波动的，而股利却并不随之作调整，因此在盈利较少或亏损时，企业派发股利的压力就会比较大。

第四，固定股利加额外股利，即在低固定股利的基础上，依据企业的盈利状态，适当增加一些股利。这种分配股利的方式兼备“良好信息传递”和灵活的优点。由于每年都有固定股利发放，因此有利于股价的稳定，而这一固定股利数额较低，也不会给企业带来太大的压力。当企业盈利较好时，还可以增加派发股利。

请注意

不管企业采用什么样的股利分配政策，只要有股利支付，企业的所有者权益就会减少。

（2）留存收益比率。要评价一家企业的资本积累水平，就是看其利润中有多大的比例用于扩大再生产，通常用留存收益比率指标来反映。其计算公式为：

$$留存收益比率=\frac{当期留存收益}{净利润}\times 100\%$$

该指标反映了企业盈利积累的水平和由此产生的发展后劲。从公式可以看出：留存收益比率+股利分配率=1。这是因为企业的净利润只有两种去向：要么以股利形式分配给股东，要么留存在企业内部作为发展之用。

一般对于成长初期的企业而言，为了满足扩大生产规模的需要，考虑到外部融资的成本和风险，企业可能会多留存收益而少分派股利，所以其留存收益比率会比较高；对于稳定发展的企业而言，该比例维持在50%左右；而对于处于衰退期的企业而言，由于没有好的项目可以投资，故其留存收益比率可能会比较低，企业可能会倾向于把大部分的净利润直接分配给股东。

提　示

一家企业决定其股利分配政策时，需要考虑企业的经营业绩、财务状况、权益结构、公司现有资产结构、公司近期发展及其对资金的需要以及股东（特别是持有非上市交易股的股东）利益等。

※ 任务设计 ※

分析所有者权益变动表

［例 4 - 2］江南电子股份有限公司 2016 年度所有者权益变动表中有关资料见表 4 - 3。

表 4 - 3　所有者权益变动表

2016 年度

编制单位：江南电子股份有限公司　　　　金额单位：人民币元

项　目	2016 年余额	2016 年增减变动金额	2015 年余额	2015 年增减变动金额
实收资本（或股本）	126 258 873.00	21 478 873.00	104 780 000.00	24 180 000.00
资本公积	341 394 320.84	267 663 597.03	73 730 723.81	−24 180 000.00
盈余公积	17 416 972.85	776 484.85	16 640 488.00	2 961 181.55
未分配利润	65 594 346.64	−9 425 289.80	75 019 636.44	16 172 633.97
所有者权益合计	550 664 513.33	280 493 665.08	270 170 848.25	19 133 815.52
净利润	7 764 848.54		29 611 815.52	

【分析所有者权益变动表工作过程】

步骤 1　计算所有者权益结构比重

江南电子股份有限公司所有者权益结构比重计算见表 4 - 4。

表 4 - 4　江南电子股份有限公司所有者权益结构比重计算表

项　目	期末比重（%）	本期增减变动比重（%）	年初比重（%）	（期末比重−年初比重）（%）
实收资本（或股本）	22.93	7.66	38.78	−15.85
资本公积	62.00	95.43	27.29	+34.71
盈余公积	3.16	0.28	6.16	−3.00
未分配利润	11.91	−3.37	27.77	−15.86
所有者权益合计	100		100	

步骤 2　分析所有者权益结构比重

江南电子股份有限公司 2016 年末所有者权益的结构发生了较大的变化，实收资本由年初的 38.78%下降到年末的 22.93%，下降了 15.85 个百分点，而资本公积由年初的 27.29%上升到年末的 62.00%，这一变化的主要原因是当实收资本增加了 21 478 873.00 元时，资本公积增加了 267 663 597.03 元，因此，改变了所有者权益的结构。

步骤3 计算所有者权益比率

江南电子股份有限公司所有者权益比率计算见表4-5。

表4-5 江南电子股份有限公司所有者权益比率计算表

类别	指 标	期 末 数	年 初 数
资本比率	资本保值增值率	$\frac{550\ 664\ 513.33}{270\ 170\ 848.25}\times100\%=203.82\%$	$\frac{104\ 780\ 000}{80\ 600\ 000}\times100\%=130\%$
	每股净资产	$\frac{550\ 664\ 513.33}{126\ 258\ 873.00}=4.36$	$\frac{270\ 170\ 848.25}{104\ 780\ 000.00}=2.58$
	所有者（股东）财富增长率	$\frac{4.36-2.58}{2.58}\times100\%=68.99\%$	$\frac{2.58-3.11}{3.11}=-17.04\%$
股利比率	股利分配率	$\frac{16\ 413\ 653.49}{7\ 764\ 848.54}\times100\%=211.38\%$	$\frac{10\ 478\ 000.00}{29\ 611\ 815.52}\times100\%=35.38\%$
	留存收益率	$\frac{-8\ 648\ 804.95}{7\ 764\ 848.54}\times100\%=-111.38\%$	$\frac{19\ 133\ 815.52}{29\ 611\ 815.52}\times100\%=64.62\%$

步骤4 分析所有者权益比率

从所有者权益的比率看，资本保值增值率由年初的130%上升到年末的203.82%，上升幅度大，主要是本期扩大资本规模所引起的。每股净资产由上年的2.58元上升到4.36元。所有者财富增长率上年是负数，而本年为68.99%，增长快的原因是在增资的同时增加了较多的资本公积。股利比率中的股利分配率为211.38%，这就是说当年在提取10%的盈余公积后的净利润全部用于分配股利，并且动用了上年未分配利润8 648 804.95元，因此，造成留存收益率为-111.38%，这是需要关注的问题。

※ 知识拓展 ※

公积与所有者权益比率

公积与所有者权益比率是反映资本公积和盈余公积之和与所有者权益的比率。资本公积和盈余公积是一种无实际筹资成本的资金来源，并可以自由支配。其计算公式为：

$$公积与所有者权益比率=\frac{资本公积+盈余公积}{所有者权益}$$

一般而言，该比率越大，说明对实收资本的保证程度越高，债权也越有保障。盈余公积所占比重越大，说明企业获利能力越强。

※ 思考练习 ※

一、判断（正确的在括号内打“√”，错误的打“×”）

(　　)1. 企业分配的股票股利是在办理增资手续前增加股本的。

(　　)2. 一般情况下，企业采用的会计政策，在某一会计期间和前后各期可以不一致。

(　　)3. 企业通常在某项交易或事项的金额占该类交易或事项的金额的10%及以上时则认为金额比较重大。

(　　)4. 资本保值增值率对于一家正常经营的企业来说应该小于1。

(　　)5. 资本公积和盈余公积之和与所有者权益的比率越大，说明债权越有保障。

二、选择（下列答案中有一项或多项是正确的，将符合题意选项前的英文字母填入括号内）

1. 资本公积减少的原因主要是（　　）。

A. 弥补亏损　　B. 转增盈余公积　　C. 转增资本(或股本)　　D. 分配股利

2. 所有者权益变动表本年年初余额包括(　　)。

A. 上年年末余额　　B. 会计政策变更　　C. 本年分配股利　　D. 前期差错更正

3. 直接计入所有者权益的利得和损失主要包括(　　)。

A. 可供出售金融资产公允价值变动净额

B. 向投资者分配股利

C. 权益法下被投资单位其他所有者权益变动的影响

D. 与计入所有者权益项目相关的所得税影响

4. 留存收益比率加股利分配率(　　)。

A. 小于1　　B. 大于1　　C. 等于1　　D. 等于0

5. 某企业本年末盈余公积为1 000万元，本年用盈余公积补亏200万元，则本年补的盈余公积是(　　)万元。

A. 800　　B. 1 000　　C. 1 200　　D. 1 400

三、学习领域情境实训

(1) 实训目的：学会所有者权益变动表分析。

(2) 情境资料：所有者权益变动情况见表4-6。

表4-6　所有者权益变动表

2016年度

编制单位：江北机电股份有限公司　　　　金额单位：人民币元

项　目	2016年余额	2016年增减变动金额	2015年余额	2015年增减变动金额
实收资本（或股本）	142 700 000.00		142 700 000.00	
资本公积	618 101 184.02	−1 548.36	618 102 732.38	2 601 738.60
盈余公积	22 033 528.49	6 259 648.42	15 773 880.07	6 520 935.46
未分配利润	46 419 813.23	1 837 818.81	44 581 994.42	−11 682 901.49
所有者权益合计	829 254 525.74	8 095 918.87	821 158 606.87	−2 560 227.43
净利润	43 772 467.23		37 648 033.97	

(3) 实训要求：将学生分成若干小组，每组4名学生，并推选一名学生为组长，在老师的指导下共同制定工作方案。各组成员分析所有者权益变动表，并列出算式。15分钟后，各组汇报，老师点评，评定成绩。

项目二

阅读与分析报表附注

资产负债表、利润表、现金流量表及附表受到特定格式的限制，只能提供货币化信息，难以满足会计报表使用者对会计信息的要求。这就需要会计报表附注提供更多的会计信息，因而会计报表附注就成为会计报表的重要组成部分，是对会计报表本身无法或难以表达的内容所作的详细解释和补充说明。通过对会计报表附注的阅读与分析，可以对企业会计报表相关项目，会计年度内执行的会计政策和方法，会计处理方法的变更情况、变更原因以及对财务状况和经营成果的影响作出详细说明，以便报表使用者获得更为详尽的会计信息，有利于决策。

任务1　阅读报表附注

※ 任务描述 ※

熟悉会计报表附注项目的形成，掌握报表附注项目阅读的工作步骤，了解报表附注项目的真实性与可靠性。

※ 知识准备 ※

会计报表附注是财务报表的重要组成部分，是对会计报表的详细解释和补充说明。附注是对会计报表中列示项目的文字描述或明细资料，以及对未能在报表中列示项目的说明，对于正确理解会计报表起着重要的作用。在进行财务报表分析时，不能忽视对会计报表附注的分析与评价。

阅读提示

《企业会计准则第30号——财务报表列报》第三十九条规定：

附注一般应当按照下列顺序至少披露：

1. 企业的基本情况；
2. 财务报表的编制基础；
3. 遵循企业会计准则的声明；
4. 重要会计政策和会计估计；
5. 会计政策和会计估计变更以及差错更正的说明；
6. 报表重要项目的说明；
7. 或有和承诺事项、资产负债表日后非调整事项、关联方关系及其交易等需要说明的事项；
8. 有助于财务报表使用者评价企业管理资本的目标、政策及程序的信息。

一、会计报表附注的意义

会计报表是企业会计核算的最终产品，是企业对外传递财务会计信息的主要工具。企业对外提供的会计报表不仅应当包括资产负债表、利润表、现金流量表、所有者权益变动表，还应当包括会计报表附注，以文字形式对会计报表的相关项目进行说明和解释。

为了充分反映会计报表附注中各种影响企业财务状况和经营成果的重要事项，《企业会计准则第 30 号——财务报表列报》规定，附注应当披露财务报表的披露基础，企业应当按照资产负债表、利润表、现金流量表和所有者权益变动表及其项目列示的顺序，对报表重要项目的说明采用文字和数字描述相结合的方式进行披露。报表重要项目的明细金额合计，应当与报表项目金额相衔接。因此，会计报表附注不仅是对会计报表有关内容作出的详细解释，对报表内容作出的必要补充，而且是阅读和分析财务报表的前提。

请注意

会计报表附注有助于满足报表使用者对会计信息的需求，有助于理解会计报表，有助于分析、比较会计报表。

二、阅读报表附注的主要项目

附注是会计报表的重要组成部分，企业应当按照规定披露附注信息。附注是对资产负债表、利润表、现金流量表和所有者权益变动表等报表列示项目的文字描述或明细资料，以及未能在这些报表中列示项目的说明。主要包括以下内容：

1. 企业的基本情况

（1）企业注册地、组织形式和总部地址。

（2）企业的性质和主要经营活动。

（3）母公司以及集团最终母公司名称。

（4）财务报告的批准报出者和财务报告批准报出日，或者以签字人及其签字日期为准。

（5）营业期限有限的企业，还应当披露有关其营业期限的信息。

2. 财务报表的编制基础

企业财务报表的编制是以持续经营为基础还是以清算为基础？一般情况下，正常经营的企业编制财务报表都是以持续经营为基础。

3. 遵循企业会计准则的声明

企业应当声明编制的财务报表符合企业会计准则的要求，真实、完整地反映了企业的财务状况、经营成果和现金流量等信息。

4. 重要会计政策和会计估计

企业应当披露采用的重要会计政策和会计估计。在披露重要会计政策和会计估计时，应当披露重要会计政策的确定依据和财务报表的计量基础，以及会计估计中所采用的关键假设和不确定性因素。

5. 会计政策和会计估计变更以及会计差错更正的说明

(1) 会计政策变更。会计政策是企业在会计核算过程中所采用的原则、基础和会计处理方法。

提　示

企业采用的会计政策，在每一会计期间和前后各期应当保持一致，不得随意变更；如果变更，则必须符合法律、行政法规或者国家统一的会计制度等要求，或者能够提供更可靠、更相关的会计信息，否则不能随意变更。

(2) 会计估计变更。会计估计变更是由于资产和负债的当前状况及预期未来经济利益和义务发生了变化，从而对资产或负债的账面价值或者资产的定期消耗金额进行的重估和调整。企业应当按照《企业会计准则第28号——会计政策、会计估计变更和差错更正》的规定，披露会计政策和会计估计变更以及差错更正的情况。

(3) 会计差错更正。企业应当在重要的前期差错发现后的财务报表中，调整前期比较数据。企业应当在附注中披露与前期差错更正有关的信息包括：前期差错的性质；各个列报前期财务报表中受影响的项目名称和更正金额；无法进行追溯重述的，说明该事实和原因以及对前期差错开始进行更正的时点、具体更正情况。

6. 报表重要项目的说明

企业对报表重要项目的说明，应当按照资产负债表、利润表、现金流量表、所有者权益变动表及其项目列示的顺序，采用文字和数字描述相结合的方式进行披露。报表重要项目的明细金额合计，应当与报表项目金额相衔接。

对报表各重要项目进行说明，如交易性金融资产、应收账款、存货、可供出售金融资产、资产减值准备、持有至到期投资、长期股权投资、投资性房地产、固定资产、无形资产、商誉的形成来源、账面价值增减变动情况、所有权受到限制的资产、交易性金融负债、职工薪酬、应交税费、短期借款和长期借款、应付债券、投资收益、公允价值变动收益、资产减值损失、每股收益、非货币性资产交换、租赁、终止经营、分部报告等内容，便于会计报表使用者理解会计报表。

7. 或有事项

或有事项是指企业过去的交易或者事项形成的，其结果须由某些未来事项的发生或不发生才能决定的不确定事项，包括或有负债和或有资产。或有负债是指过去的交易或者事项形成的潜在义务，其存在须通过未来不确定事项的发生或不发生予以证实；或有资产是指过去的交易或事项形成的潜在资产，其存在须通过未来不确定事项的发生或不发生予以证实。企业应当在附注中披露与或有事项有关的下列事项：

(1) 预计负债。预计负债的种类、形成原因以及经济利益流出不确定性的说明；预计负债的期初余额、期末余额和本期变动情况；与预计负债有关的预期补偿金额和本期已确认的预期补偿金额。

(2) 或有负债。或有负债的种类及形成原因，包括已贴现商业承兑汇票、未决诉讼、未决仲裁、对外提供债务担保等形成的或有负债；经济利益流出不确定性的说明；或有负债预计产生的财务影响，以及获得补偿的可能性；无法预计的，应当说明原因。

【想一想】 企业的或有资产应当怎样披露？

企业通常不应当披露或有资产。但或有资产很可能会给企业带来经济利益的，应当披露其形成的原因、预计产生的财务影响等。

8. 资产负债表日后事项

资产负债表日后事项是指资产负债表日至财务报表批准报出日之间发生的有利或不利事项。资产负债表日后事项包括资产负债表日后调整事项和资产负债表日后非调整事项两类。企业应当在附注中披露与资产负债表日后事项有关的信息。

9. 关联方关系及其交易

企业财务报表中应当披露所有关联方关系及其交易的相关信息；对外提供合并财务报表的，对于已经包括在合并范围内各企业之间的交易不予披露，但是，应当披露在合并范围外各关联方的关系及其交易。

10. 现金流量表附注

根据《企业会计准则第 31 号——现金流量表》的要求，企业现金流量表应当采用直接法编制，同时要在附注中运用间接法，以本期净利润为起点，调整不涉及当期现金的收支项目，将净利润调整为经营活动现金流量的信息。

※ 任务设计 ※

阅读报表附注

［例 4－3］江南电子股份有限公司 2016 年度报表附注有关资料如下。

江南电子股份有限公司 2016 年度会计报表附注

（以下计价单位除注明的外，均为人民币元）

一、公司基本情况

江南电子股份有限公司（以下简称本公司或公司）系经××省人民政府企业上市工作领导小组"上市字〔20××〕××号"文批准，在原有电子有限公司基础上整体变更设立的股份有限公司，股本总额 4 600 万元（每股人民币 1 元）。公司于 20××年办理工商变更登记，领取注册号为×××××××××号的企业法人营业执照，注册资本 4 600 万元。

经中国证券监督管理委员会"证监发行字〔20××〕××号"文核准，公司于 20××年 12 月向社会公开发行人民币普通股（A 股）1 600 万股，增加注册资本 1 600 万元，增加后的注册资本为人民币 6 200 万元，并于 20××年××月××日办理工商变更登记，注册号变更为×××××××××号。公司于 20××年 12 月在深圳证券交易所挂牌上市，深圳证券交易所 A 股交易代码为××××××，A 股简称为××××。

根据 2012 年 4 月公司股东大会决议和修改后的章程，公司申请增加注册资本人民币 1 860 万元，以资本公积转增股本，转增后公司注册资本为人民币 8 060 万元。该次增资已经立信会计师事务所有限公司验证，并于 2012 年 6 月出具"信会师报字×第×号"验资报告。

根据 2013 年 4 月公司股东大会决议和修改后的章程规定，公司申请增加注册资本人民币 2 418 万元，以资本公积转增股本，转增后公司注册资本为人民币 10 478 万元。该次增资已经立信会计师事务所有限公司验证，并于 2013 年 5 月出具"信会师报字×第×号"验资报告。

根据公司2013年第二次临时股东大会决议和修改后的章程，并经中国证券监督管理委员会“证监许可〔2013〕××号”文核准，公司向社会定向增发人民币普通股（A股），增加注册资本人民币21 478 873.00元，变更后的注册资本为人民币126 258 873.00元。该次增资已经立信会计师事务所有限公司验证，并于2014年1月出具“信会师报字×第×号”验资报告。

截至2016年12月31日，公司累计发行股本总数126 258 873股，公司注册资本为126 258 873.00元。公司经营范围：电子元件、计算机及网络产品、通信产品的研发、设计、生产与销售。公司注册地：××。公司的基本组织架构如图4－1所示：

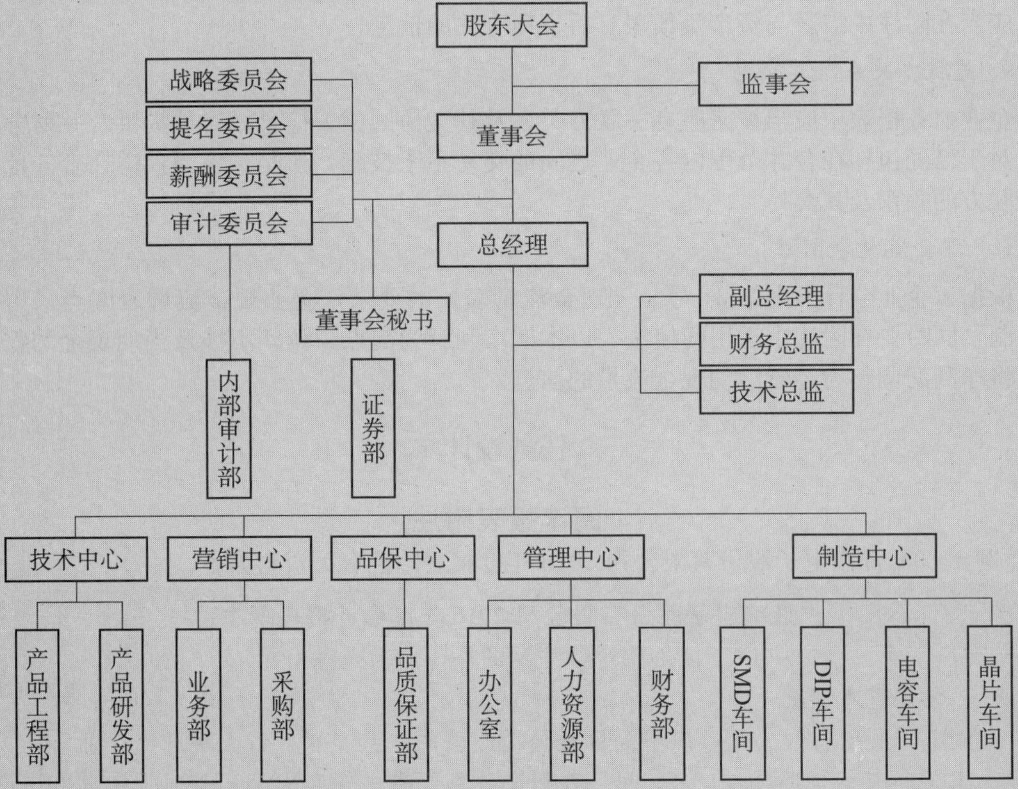

图4－1 江南电子股份有限公司基本组织架构

二、公司主要会计政策、会计估计和前期差错

（一）财务报表的编制基础

本公司以持续经营为基础，根据实际发生的交易和事项，按照财政部于2006年2月15日颁布的《企业会计准则——基本准则》和38项具体会计准则、其后颁布的企业会计准则应用指南、企业会计准则解释及其他相关规定（以下合称“企业会计准则”），以及中国证券监督管理委员会《公开发行证券的公司信息披露编报规则第15号——财务报告的一般规定》（2010年修订）的披露规定编制财务报表。

（二）遵循企业会计准则的声明

本公司所编制的财务报表符合企业会计准则的要求，真实、完整地反映了报告期公司的财务状况、经营成果、现金流量等有关信息。

（三）会计期间

自公历1月1日至12月31日止为一个会计年度。

（四）记账本位币

采用人民币为记账本位币。

（五）同一控制下和非同一控制下的企业合并的会计处理方法

1. 同一控制下的企业合并

本公司在企业合并中取得的资产和负债，按照合并日在被合并方的账面价值计量。被合并各方采用的会计政策与本公司不一致的，本公司在合并日按照本公司会计政策进行调整，在此基础上按照调整后的账面价值确认。

在合并中取得的净资产账面价值与支付的合并对价账面价值（或发行股份面值总额）的差额，调整资本公积中的股本溢价，资本公积中的股本溢价不足冲减的，调整留存收益。

本公司为进行企业合并而发生的各项直接相关费用，包括为进行企业合并而支付的审计费用、评估费用、法律服务费等，于发生时计入当期损益。

企业合并中发行权益性证券发生的手续费、佣金等，抵减权益性证券溢价收入，溢价收入不足冲减的，冲减留存收益。

2. 非同一控制下的企业合并

本公司在购买日对作为企业合并对价付出的资产、发生或承担的负债按照公允价值计量。公允价值与其账面价值的差额，计入当期损益。

本公司在购买日对合并成本进行分配，确认所取得的被购买方各项可辨认资产、负债及或有负债的公允价值。

本公司对合并成本大于合并中取得的被购买方可辨认净资产公允价值份额的差额，确认为商誉；合并成本小于合并中取得的被购买方可辨认净资产公允价值份额的差额，经复核后，计入当期损益。

企业合并中取得的被购买方除无形资产外的其他各项资产（不仅限于被购买方原已确认的资产），其所带来的经济利益很可能流入本公司且公允价值能够可靠计量的，单独确认并按公允价值计量；公允价值能够可靠计量的无形资产，单独确认为无形资产并按公允价值计量；取得的被购买方除或有负债以外的其他各项负债，履行有关义务很可能导致经济利益流出本公司且公允价值能够可靠计量的，单独确认并按照公允价值计量；取得的被购买方或有负债，其公允价值能够可靠计量的，单独确认为负债并按照公允价值计量。

本公司在企业合并中取得的被购买方的可抵扣暂时性差异，在购买日不符合递延所得税资产确认条件的，不予以确认。购买日后 12 个月内，如取得新的或进一步的信息表明购买日的相关情况已经存在，预期被购买方在购买日可抵扣暂时性差异带来的经济利益能够实现的，确认相关的递延所得税资产，同时减少商誉，商誉不足冲减的，差额部分确认为当期损益；除上述情况以外，确认与企业合并相关的递延所得税资产，计入当期损益。

非同一控制下的企业合并，购买方为企业合并发生的审计、法律服务、评估咨询等中介费用以及其他相关管理费用，应当于发生时计入当期损益；购买方作为合并对价发行的权益性证券或债务性证券的交易费用，应当计入权益性证券或债务性证券的初始确认金额。

（六）合并财务报表的编制方法

本公司合并财务报表的合并范围以控制为基础确定，所有子公司均纳入合并财务报表。

所有纳入合并财务报表合并范围的子公司所采用的会计政策、会计期间与本公司一致，如子公司采用的会计政策、会计期间与本公司不一致的，在编制合并财务报表时，按本公司的会计政策、会计期间进行必要的调整。对于非同一控制下的企业合并取得的子公司，以购买日可辨认净资产公允价值为基础对其财务报表进行调整。合并财务报表以本公司及子公司的财务报表为基础，根据其他有关资料，按照权益法调整对子公司的长期股权投资后，由本公司编制。

合并财务报表时抵消本公司与各子公司、各子公司相互之间发生的内部交易对合并资产负债表、合并利润表、合并现金流量表、合并所有者权益变动表的影响。

子公司少数股东应占的权益和损益分别在合并资产负债表中所有者权益项目下和合并利润表中净利润项目下单独列示。子公司少数股东分担的当期亏损超过了少数股东在该子公司期初所有者权益中所享有份额而形成的余额，冲减少数股东权益。

在报告期内，若因同一控制下的企业合并增加子公司的，则调整合并资产负债表的期初数；将子公司合并当期期初至报告期末的收入、费用、利润纳入合并利润表；将子公司合并当期期初至报告期末的现金流量纳入合并现金流量表，同时对比较报表的相关项目进行调整，视同合并后的报告主体在以前期间一直存在。

在报告期内，若因非同一控制下的企业合并增加子公司的，则不调整合并资产负债表期初数；将子公司自购买日至报告期末的收入、费用、利润纳入合并利润表；该子公司自购买日至报告期末的现金流量纳入合并现金流量表。通过多次交易分步实现非同一控制下的企业合并时，对于购买日之前持有的被购买方的股权，本公司按照该股权在购买日的公允价值进行重新计量，公允价值与其账面价值的差额计入当期投资收益。购买日之前持有的被购买方的股权涉及其他综合收益的，与其相关的其他综合收益转为购买日所属当期投资收益。

在报告期内，本公司处置子公司，则该子公司期初至处置日的收入、费用、利润纳入合并利润表；该子公司期初至处置日的现金流量纳入合并现金流量表。因处置部分股权投资或其他原因丧失了对原有子公司控制权时，对于处置后的剩余股权投资，本公司按照其在丧失控制权日的公允价值进行重新计量。处置股权取得的对价与剩余股权公允价值之和，减去按原持股比例计算应享有原有子公司自购买日开始持续计算的净资产的份额之间的差额，计入丧失控制权当期的投资收益。与原有子公司股权投资相关的其他综合收益，在丧失控制权时转为当期投资收益。

本公司因购买少数股权新取得的长期股权投资与按照新增持股比例计算应享有子公司的可辨认净资产份额之间的差额，以及在不丧失控制权的情况下因部分处置对子公司的股权投资而取得的处置价款与处置长期股权投资相对应享有子公司净资产份额的差额，均调整合并资产负债表中的资本公积中的股本溢价，资本公积中的股本溢价不足冲减的，调整留存收益。

（七）现金及现金等价物的确定标准

在编制现金流量表时，将本公司库存现金以及可以随时用于支付的存款确认为现金。将同时具备期限短（从购买日起三个月内到期）、流动性强、易于转换为已知现金、价值变动风险很小四个条件的投资，确定为现金等价物。

（八）外币业务和外币财务报表折算

1. 外币业务

外币业务采用交易发生日的即期汇率作为折算汇率将外币金额折合成人民币记账。

外币货币性项目余额按资产负债表日即期汇率折算，由此产生的汇兑差额，除属于与购建符合资本化条件的资产相关的外币专门借款产生的汇兑差额按照借款费用资本化的原则处理外，均计入当期损益。以历史成本计量的外币非货币性项目，仍采用交易发生日的即期汇率折算，不改变其记账本位币金额。以公允价值计量的外币非货币性项目，采用公允价值确定日的即期汇率折算，由此产生的汇兑差额计入当期损益或资本公积。

2. 外币财务报表折算

资产负债表中的资产和负债项目，采用资产负债表日的即期汇率折算；所有者权益项目除“未分配利润”项目外，其他项目采用发生时的即期汇率折算。利润表中的收入和费用项目，采用交易发生日的即期汇率折算。按照上述折算产生的外币财务报表折算差额，在资产负债表所有者权益项目下单独列示。

处置境外经营时，将资产负债表中所有者权益项目下列示的、与该境外经营相关的外币财务报表折算差额，自所有者权益项目转入处置当期损益；部分处置境外经营的，按处置的比例计算处置部分的外币财务报表折算差额，转入处置当期损益。

（九）金融工具

金融工具包括金融资产、金融负债和权益工具。

1. 金融工具的分类

管理层按照取得持有金融资产和承担金融负债的目的，将其划分为：以公允价值计量且其变动计入当期损益的金融资产或金融负债，包括交易性金融资产或金融负债（和直接指定为以公允价值计量且其变动计入当期损益的金融资产或金融负债）；持有至到期投资；应收款项；可供出售金融资产；其他金融负债；等等。

2. 金融工具的确认依据和计量方法

（1）以公允价值计量且其变动计入当期损益的金融资产（金融负债）取得时以公允价值（扣除已宣告但尚未发放的现金股利或已到付息期但尚未领取的债券利息）作为初始确认金额，相关的交易费用计入当期损益。

持有期间将取得的利息或现金股利确认为投资收益，期末将公允价值变动计入当期损益。

处置时，其公允价值与初始入账金额之间的差额确认为投资收益，同时调整公允价值变动损益。

（2）持有至到期投资。取得时按公允价值（扣除已到付息期但尚未领取的债券利息）和相关交易费用之和作为初始确认金额。持有期间按照摊余成本和实际利率计算确认利息收入，计入投资收益。实际利率在取得时确定，在该预期存续期间或适用的更短期间内保持不变。处置时，将所取得价款与该投资账面价值之间的差额计入投资收益。

（3）应收款项。公司对外销售商品或提供劳务形成的应收债权，以及公司持有的其他企业的不包括在活跃市场上有报价的债务工具的债权，包括应收账款、其他应收款等，以向购货方应收的合同或协议价款作为初始确认金额；具有融资性质的，按其现值进行初始确认。

收回或处置时，将取得的价款与该应收款项账面价值之间的差额计入当期损益。

（4）可供出售金融资产。取得时按公允价值（扣除已宣告但尚未发放的现金股利或已到付息期但尚未领取的债券利息）和相关交易费用之和作为初始确认金额。

持有期间将取得的利息或现金股利确认为投资收益。期末以公允价值计量且将公允价值变动计入资本公积（其他资本公积）。

处置时，将取得的价款与该金融资产账面价值之间的差额，计入投资损益；同时，将原直接计入所有者权益的公允价值变动累计额对应处置部分的金额转出，计入投资损益。

（5）其他金融负债。按其公允价值和相关交易费用之和作为初始确认金额。采用摊余成本进行后续计量。

3. 金融资产转移的确认依据和计量方法

公司发生金融资产转移时，如已将金融资产所有权上几乎所有的风险和报酬转移给转入方，则终止确认该金融资产；如保留了金融资产所有权上几乎所有的风险和报酬，则不终止确认该金融资产。

在判断金融资产转移是否满足上述金融资产终止确认条件时，采用实质重于形式的原则。公司将金融资产转移区分为金融资产整体转移和部分转移。金融资产整体转移满足终止确认条件的，将下列两项金额的差额计入当期损益：

（1）所转移金融资产的账面价值；

（2）因转移而收到的对价，与原直接计入所有者权益的公允价值变动累计额（涉及转移的金融资产为可供出售金融资产的情形）之和。

金融资产部分转移满足终止确认条件的，将所转移金融资产整体的账面价值，在终止确认部分和未终止确认部分之间，按照各自的相对公允价值进行分摊，并将下列两项金额的差额计入当期损益：

（1）终止确认部分的账面价值；

（2）终止确认部分的对价，与原直接计入所有者权益的公允价值变动累计额中对应终止确认部分的金额（涉及转移的金融资产为可供出售金融资产的情形）之和。

金融资产转移不满足终止确认条件的，继续确认该金融资产，所收到的对价确认为一项金融负债。

4. 金融负债终止确认条件

金融负债的现时义务全部或部分已经解除的，则终止确认该金融负债或其一部分；本公司若与债权人签订协议，以承担新金融负债方式替换现存金融负债，且新金融负债与现存金融负债的合同条款实质上是不同的，则终止确认现存金融负债，并同时确认新金融负债。

对现存金融负债全部或部分合同条款作出实质性修改的，则终止确认现存金融负债或其一部分，同时将修改条款后的金融负债确认为一项新金融负债。

金融负债全部或部分终止确认时，终止确认的金融负债账面价值与支付对价（包括转出的非现金资产或承担的新金融负债）之间的差额，计入当期损益。

本公司若回购部分金融负债，在回购日按照继续确认部分与终止确认部分的相对公允价值，将该金融负债整体的账面价值进行分配。分配给终止确认部分的账面价值与支付的对价（包括转出的非现金资产或承担的新金融负债）之间的差额，计入当期损益。

5. 金融资产和金融负债公允价值的确定方法

本公司采用公允价值计量的金融资产和金融负债全部直接参考活跃市场中的报价。

6. 金融资产（不含应收款项）减值准备计提

除以公允价值计量且其变动计入当期损益的金融资产外，本公司于资产负债表日对金融资产的账面价值进行检查，如果有客观证据表明某项金融资产发生减值的，计提减值准备。

（1）可供出售金融资产的减值准备：期末如果可供出售金融资产的公允价值发生较大幅度下降，或在综合考虑各种相关因素后，预期这种下降趋势属于非暂时性的，就认定其已发生减值，将原直接计入所有者权益的公允价值下降形成的累计损失一并转出，确认减值损失。

对于已确认减值损失的可供出售债务工具，在随后的会计期间公允价值已上升且客观上与原减值损失确认后发生的事项有关的，原确认的减值损失予以转回，计入当期损益。

可供出售权益工具投资发生的减值损失，不得通过损益转回。

（2）持有至到期投资的减值准备：持有至到期投资减值损失的计量比照应收款项减值损失计量方法处理。

（十）应收款项坏账准备

1. 单项金额重大的应收款项坏账准备计提

单项金额重大的判断依据或金额标准：应收款项余额前五名。

单项金额重大应收款项坏账准备的计提方法：单独进行减值测试，按预计未来现金流量现值低于其账面价值的差额计提坏账准备，计入当期损益。如经单独测试后未发现减值迹象的单项金额重大应收款项，则按账龄作为类似信用风险特征划分为若干组合，参照按组合计提坏账准备的计提方法计提坏账准备。

2. 按组合计提坏账准备应收款项

按组合计提坏账准备应收款项见表 4-7。

表 4-7　按组合计提坏账准备应收款项

确定组合的依据	
组合 1	其他不重大应收款项及经单独测试后未发现减值迹象的单项金额重大应收款项
按组合计提坏账准备的计提方法	
组合 1	账龄分析法

组合中，采用账龄分析法计提坏账准备比例见表 4-8。

表 4-8　采用账龄分析法计提坏账准备比例

账龄	应收账款计提比例（%）	其他应收款计提比例（%）
1 年以内（含 1 年）	5	5
1～2 年（含 2 年）	20	20
2～3 年（含 3 年）	40	40
3 年以上	100	100

3. 单项金额虽不重大但单项计提坏账准备的应收账款

单项计提坏账准备的理由：有客观证据表明单项金额虽不重大，但因其发生了特殊减值的应收款而应进行单项减值测试。

坏账准备的计提方法：结合现时情况分析法确定坏账准备计提的比例。

（十一）存货

1. 存货的分类

存货分为原材料、周转材料（包括低值易耗品和包装物等）、库存商品、在产品、委托加工物资等。

2. 发出存货的计价方法

存货发出时按加权平均法计价。

3. 存货可变现净值的确定依据及存货跌价准备的计提方法

期末对存货进行全面清查后，按存货的成本与可变现净值孰低提取或调整存货跌价准备。

产成品、库存商品和用于出售的材料等直接用于出售的商品存货，在正常生产经营过程中，以该存货的估计售价减去估计的销售费用和相关税费后的金额，确定其可变现净值；需要经过加工的材料存货，在正常生产经营过程中，以所生产的产成品的估计售价减去至完工时估计将要发生的成本、估计的销售费用和相关税费后的金额，确定其可变现净值；为执行销售合同或者劳务合同而持有的存货，其可变现净值以合同价格为基础计算，若持有存货的数量多于销售合同订购数量的，超出部分的存货的可变现净值以一般销售价格为基础计算。

期末按照单个存货项目计提存货跌价准备；但对于数量繁多、单价较低的存货，按照存货类别计提存货跌价准备；与在同一地区生产和销售的产品系列相关、具有相同或类似最终用途或目的，且难以与其他项目分开计量的存货，则合并计提存货跌价准备。

以前减记存货价值的影响因素已经消失的，减记的金额予以恢复，并在原已计提的存货跌价准备金额内转回，转回的金额计入当期损益。

4. 存货的盘存制度

采用永续盘存制。

5. 低值易耗品和包装物的摊销方法

（1）低值易耗品采用一次转销法。

（2）包装物采用一次转销法。

（十二）长期股权投资

1. 投资成本的确定

（1）企业合并形成的长期股权投资。

同一控制下的企业合并：公司以支付现金、转让非现金资产或承担债务方式以及以发行权益性证券作为合并对价的，在合并日按照取得被合并方所有者权益账面价值的份额作为长期股权投资的初始投资成本。长期股权投资初始投资成本与支付合并对价之间的差额，调整资本公积中的股本溢价；资本公积中的股本溢价不足冲减的，调整留存收益。合并发生的各项直接相关费用，包括为进行合并而支付的审计费用、评估费用、法律服务费用等，于发生时计入当期损益。

非同一控制下的企业合并：公司按照购买日确定的合并成本作为长期股权投资的初始投资成本。合并成本为购买日购买方为取得对被购买方的控制权而付出的资产、发生或承担的负债以及发行的权益性证券的公允价值。购买方为企业合并而发生的审计、法律服务、评估咨询等中介费用以及其他相关管理费用于发生时计入当期损益；购买方作为合并对价发行的权益性证券或债务性证券的交易费用，计入权益性证券或债务性证券的初始确认金额。通过多次交易分步实现的非同一控制下的企业合并，以购买日之前所持被购买方的股权投资的账面价值与购买日新增投资成本之和，作为该项投资的初始投资成本。本公司将合并协议约定的或有对价作为企业合并转移对价的一部分，按照其在购买日的公允价值计入企业合并成本。

（2）其他方式取得的长期股权投资。

以支付现金方式取得的长期股权投资，按照实际支付的购买价款作为初始投资成本。

以发行权益性证券取得的长期股权投资，按照发行权益性证券的公允价值作为初始投资成本。

投资者投入的长期股权投资，按照投资合同或协议约定的价值（扣除已宣告但尚未发放的现金股利或利润）作为初始投资成本，但合同或协议约定价值不公允的除外。

在非货币性资产交换具备商业实质和换入资产或换出资产的公允价值能够可靠计量的前提下，非货币性资产交换换入的长期股权投资以换出资产的公允价值为基础确定其初始投资成本，除非有确凿证据表明换入资产的公允价值更加可靠；不满足上述前提的非货币性资产交换，以换出资产的账面价值和应支付的相关税费作为换入长期股权投资的初始投资成本。

通过债务重组取得的长期股权投资，其初始投资成本按照公允价值为基础确定。

2. 后续计量及损益确认

（1）后续计量。

公司对子公司的长期股权投资，采用成本法核算，编制合并财务报表时按照权益法进行调整。

对被投资单位不具有共同控制或重大影响，并且在活跃市场中没有报价、公允价值不能可靠计量的长期股权投资，采用成本法核算。

对被投资单位具有共同控制或重大影响的长期股权投资，采用权益法核算。初始投资成本大于投资时应享有被投资单位可辨认净资产公允价值份额的差额，不调整长期股权投资的初始投资成本；初始投资成本小于投资时应享有被投资单位可辨认净资产公允价值份额的差额，计入当期损益。

被投资单位除净损益以外所有者权益其他变动的处理：对于被投资单位除净损益以外所有者权益的其他变动，在持股比例不变的情况下，公司按照持股比例计算应享有或承担的部分，调整长期股权投资的账面价值，同时增加或减少资本公积（其他资本公积）。

（2）损益确认。

成本法下，除取得投资时实际支付的价款或对价中包含的已宣告但尚未发放的现金股利或利润外，公司按照享有被投资单位宣告发放的现金股利或利润确认投资收益。

权益法下，在被投资单位账面净利润的基础上考虑：被投资单位与本公司采用的会计政策及会计期间不一致，按本公司的会计政策及会计期间对被投资单位财务报表进行调整；以取得投资时被投资单位固定资产、无形资产的公允价值为基础计提的折旧额或摊销额以及有关资产减值准备金额等对被投资单位净利润的影响；对本公司与联营企业及合营企业之间发生的未实现内部交易予以抵消等事项的适当调整后，确认应享有或应负担被投资单位的净利润或净亏损。

在公司确认应分担被投资单位发生的亏损时，按照以下顺序进行处理：首先，冲减长期股权投资的账面价值；其次，长期股权投资的账面价值不足以冲减的，以其他实质上构成对被投资单位净投资的长期权益账面价值为限继续确认投资损失，冲减长期应收项目等的账面价值；最后，经过上述处理，按照投资合同或协议约定企业仍承担额外义务的，按预计承担的义务确认预计负债，计入当期投资损失。被投资单位以后期间实现盈利的，公司在扣除未确认的亏损分担额后，按与上述相反的顺序处理，减记已确认预计负债的账面余额、恢复其他实质上构成对被投资单位净投资的长期权益及长期股权投资的账面价值，同时确认投资收益。

在持有投资期间，被投资单位能够提供合并财务报表的，应当以合并财务报表中的净利润和其他权益变动为基础进行核算。

3. 确定对被投资单位具有共同控制、重大影响的依据

共同控制是指按照合同约定对某项经济活动所共有的控制，仅在与该项经济活动相关的

重要财务和经营决策需要分享控制权的投资方一致同意时存在。投资企业与其他方对被投资单位实施共同控制的，被投资单位为其合营企业。

重大影响是指对一个企业的财务和经营决策有参与决策的权力，但并不能够控制或者与其他方一起共同控制这些政策的制定。投资企业能够对被投资单位施加重大影响的，被投资单位为其联营企业。

4. 减值测试方法及减值准备计提方法

重大影响以下的、在活跃市场中没有报价、公允价值不能可靠计量的长期股权投资，其减值损失是根据其账面价值与按类似金融资产当时市场收益率对未来现金流量折现确定的现值之间的差额进行确定。

除因企业合并形成的商誉以外的存在减值迹象的其他长期股权投资，如果可收回金额的计量结果表明，该长期股权投资的可收回金额低于其账面价值的，将差额确认为减值损失。

长期股权投资减值损失一经确认，不再转回。

（十三）投资性房地产

投资性房地产是指为赚取租金或资本增值，或两者兼有而持有的房地产，包括已出租的土地使用权、持有并准备增值后转让的土地使用权、已出租的建筑物（含自行建造或开发活动完成后用于出租的建筑物以及正在建造或开发过程中将来用于出租的建筑物）。

公司对现有投资性房地产采用成本模式计量。对于按照成本模式计量的投资性房地产，出租用建筑物采用与本公司固定资产相同的折旧政策，出租用土地使用权按与无形资产相同的摊销政策执行。

公司对存在减值迹象的、估计其可收回金额、可收回金额低于其账面价值的，确认相应的减值损失。

投资性房地产减值损失一经确认，不再转回。

（十四）固定资产

1. 固定资产确认条件

固定资产是指为生产商品、提供劳务、出租或经营管理而持有，并且使用寿命超过一个会计年度的有形资产。固定资产在同时满足下列条件时予以确认：

（1）与该固定资产有关的经济利益很可能流入企业；

（2）该固定资产的成本能够可靠地计量。

2. 各类固定资产的折旧方法

固定资产折旧采用年限平均法分类计提，根据固定资产类别、预计使用寿命和预计净残值率确定折旧率。如固定资产各组成部分的使用寿命不同或者以不同方式为企业提供经济利益，则选择不同的折旧率或折旧方法，分别计提折旧。各类固定资产折旧年限和年折旧率见表4-9。

表4-9　各类固定资产折旧年限和年折旧率

类别	折旧年限（年）	残值率（%）	年折旧率（%）
房屋及建筑物	30	5	3.17
专用设备	10	5	9.50
通用设备	5～10	5	9.50～19.00
运输设备	10	5	9.50

融资租赁方式租入的固定资产，能合理确定租赁期届满时将会取得租赁资产所有权的，

在租赁资产尚可使用年限内计提折旧；无法合理确定租赁期届满时能够取得租赁资产所有权的，在租赁期与租赁资产尚可使用年限两者中较短的期间内计提折旧。

3. 固定资产的减值测试方法、减值准备计提方法

公司在每期末判断固定资产是否存在可能发生减值的迹象。

固定资产存在减值迹象的，估计其可收回金额。可收回金额根据固定资产的公允价值减去处置费用后的净额与固定资产预计未来现金流量的现值两者之间较高者确定。

固定资产的可收回金额低于其账面价值的，将固定资产的账面价值减记至可收回金额，减记的金额确认为固定资产减值损失，计入当期损益，同时计提相应的固定资产减值准备。

固定资产减值损失确认后，减值固定资产的折旧在未来期间作相应调整，以使该固定资产在剩余使用寿命内，系统地分摊调整后的固定资产账面价值（扣除预计净残值）。

固定资产的减值损失一经确认，在以后会计期间不再转回。

有迹象表明，一项固定资产可能发生减值的，企业以单项固定资产为基础估计其可收回金额。企业难以对单项固定资产的可收回金额进行估计的，以该固定资产所属的资产组为基础确定资产组的可收回金额。

4. 融资租入固定资产的认定依据、计价方法

公司与租赁方所签订的租赁协议条款中规定了下列条件之一的，确认为融资租入资产：

（1）租赁期满后租赁资产的所有权归属于本公司；

（2）公司具有购买资产的选择权，购买价款远低于行使选择权时该资产的公允价值；

（3）租赁期占所租赁资产使用寿命的大部分；

（4）租赁开始日的最低租赁付款额现值，与该资产的公允价值不存在较大的差异。

公司在承租开始日，将租赁资产公允价值与最低租赁付款额现值两者中较低者作为租入资产的入账价值，将最低租赁付款额作为长期应付款的入账价值，其差额作为未确认的融资费。

（十五）在建工程

1. 在建工程的类别

在建工程以立项项目分类核算。

2. 在建工程结转为固定资产的标准和时点

在建工程项目按建造该项资产达到预定可使用状态前所发生的全部支出，作为固定资产的入账价值。所建造的固定资产在建工程已达到预定可使用状态，但尚未办理竣工决算的，自达到预定可使用状态之日起，根据工程预算、造价或者工程实际成本等，按估计的价值转入固定资产，并按本公司固定资产折旧政策计提固定资产的折旧，待办理竣工决算后，再按实际成本调整原来的暂估价值，但不调整原已计提的折旧额。

3. 在建工程的减值测试方法、减值准备计提方法

公司在每期末判断在建工程是否存在可能发生减值的迹象。

在建工程存在减值迹象的，估计其可收回金额。有迹象表明，一项在建工程可能发生减值的，企业以单项在建工程为基础估计其可收回金额。企业难以对单项在建工程的可收回金额进行估计的，以该在建工程所属的资产组为基础确定资产组的可收回金额。

可收回金额根据在建工程的公允价值减去处置费用后的净额与在建工程预计未来现金流量的现值两者之间较高者确定。

在建工程的可收回金额低于其账面价值的，将在建工程的账面价值减记至可收回金额，减记的金额确认为在建工程减值损失，计入当期损益，同时计提相应的在建工程减值准备。

在建工程的减值损失一经确认，在以后会计期间不再转回。

（十六）借款费用

1. 借款费用资本化的确认原则

借款费用，包括借款利息、折价或者溢价的摊销、辅助费用以及因外币借款而发生的汇兑差额等。

公司发生的借款费用，可直接归属于符合资本化条件的资产的购建或者生产的，予以资本化，计入相关资产成本；其他借款费用，在发生时根据其发生额确认为费用，计入当期损益。

符合资本化条件的资产，是指需要经过相当长时间的购建或者生产活动才能达到预定可使用或者可销售状态的固定资产、投资性房地产和存货等资产。

借款费用同时满足下列条件时开始资本化：

（1）资产支出已经发生，资产支出包括为购建或者生产符合资本化条件的资产而以支付现金、转移非现金资产或者承担带息债务形式发生的支出；

（2）借款费用已经发生；

（3）为使资产达到预定可使用或者可销售状态所必要的购建或者生产活动已经开始。

2. 借款费用资本化期间

资本化期间，指从借款费用开始资本化时点到停止资本化时点的期间，借款费用暂停资本化的期间不包括在内。

当购建或者生产符合资本化条件的资产达到预定可使用或者可销售状态时，借款费用停止资本化。

当购建或者生产符合资本化条件的资产中部分项目分别完工且可单独使用时，该部分资产借款费用停止资本化。

购建或者生产的资产的各部分分别完工，但必须等到整体完工后才可使用或可对外销售的，在该资产整体完工时停止借款费用资本化。

3. 暂停资本化期间

符合资本化条件的资产在购建或生产过程中发生的非正常中断，且中断时间连续超过3个月的，则借款费用暂停资本化；该项中断如是所购建或生产的符合资本化条件的资产达到预定可使用状态或者可销售状态必要的程序，则借款费用继续资本化。在中断期间发生的借款费用确认为当期损益，直至资产的购建或者生产活动重新开始后借款费用继续资本化。

4. 借款费用资本化金额的计算方法

对于为购建或者生产符合资本化条件的资产而借入的专门借款，以专门借款当期实际发生的借款费用，减去尚未动用的借款资金存入银行取得的利息收入或进行暂时性投资取得的投资收益后的金额，来确定借款费用的资本化金额。

对于为购建或者生产符合资本化条件的资产而占用的一般借款，根据累计资产支出超过专门借款部分的资产支出加权平均数乘以所占用一般借款的资本化率，计算确定一般借款应予资本化的利息金额。资本化率根据一般借款加权平均利率计算确定。

借款存在折价或者溢价的，按照实际利率法确定每一会计期间应摊销的折价或者溢价金额，调整每期利息金额。

（十七）无形资产

1. 无形资产的计价方法

（1）公司取得无形资产时按成本进行初始计量。

外购无形资产的成本，包括购买价款、相关税费以及直接归属于使该项资产达到预定用途所发生的其他支出。购买无形资产的价款超过正常信用条件延期支付，实质上具有融资性质的，无形资产的成本以购买价款的现值为基础确定。

债务重组取得债务人用以抵债的无形资产，以该无形资产的公允价值为基础确定其入账价值，并将重组债务的账面价值与该用以抵债的无形资产公允价值之间的差额，计入当期损益；在非货币性资产交换具备商业实质且换入资产或换出资产的公允价值能够可靠计量的前提下，非货币性资产交换换入的无形资产以换出资产的公允价值为基础确定其入账价值，除非有确凿证据表明换入资产的公允价值更加可靠；不满足上述前提的非货币性资产交换，以换出资产的账面价值和应支付的相关税费作为换入无形资产的成本，不确认损益。

以同一控制下的企业吸收合并方式取得的无形资产按被合并方的账面价值确定其入账价值；以非同一控制下的企业吸收合并方式取得的无形资产按公允价值确定其入账价值。

内部自行开发的无形资产，其成本包括：开发该无形资产时耗用的材料、劳务成本、注册费、在开发过程中使用的其他专利权和特许权的摊销以及满足资本化条件的利息费用，以及为使该无形资产达到预定用途前所发生的其他直接费用。

（2）后续计量。

在取得无形资产时分析判断其使用寿命。

对于使用寿命有限的无形资产，在为企业带来经济利益的期限内按直线法摊销；无法预见无形资产为企业带来经济利益期限的，视为使用寿命不确定的无形资产，不予摊销。

2. 使用寿命有限的无形资产的使用寿命估计情况

无形资产的使用寿命估计情况见表 4-10。

表 4-10　无形资产的使用寿命估计情况

项　目	预计使用寿命	依　据
软　件	5 年	使用年限
非专利技术	8/10 年	使用年限
土地使用权	土地证登记使用年限	土地证

每期末，对使用寿命有限的无形资产的使用寿命及摊销方法进行复核。

经复核，本年期末无形资产的使用寿命及摊销方法与以前估计未有不同。

3. 无形资产减值准备的计提

对于使用寿命确定的无形资产，如有明显减值迹象的，期末进行减值测试。

对于使用寿命不确定的无形资产，每期末进行减值测试。

对无形资产进行减值测试，估计其可收回金额。有迹象表明一项无形资产可能发生减值的，公司以单项无形资产为基础估计其可收回金额。公司难以对单项资产的可收回金额进行估计的，以该无形资产所属的资产组为基础确定无形资产组的可收回金额。

可收回金额根据无形资产的公允价值减去处置费用后的净额与无形资产预计未来现金流量的现值两者之间较高者确定。

当无形资产的可收回金额低于其账面价值的，将无形资产的账面价值减记至可收回金额，减记的金额确认为无形资产减值损失，计入当期损益，同时计提相应的无形资产减值准备。

无形资产减值损失确认后，减值无形资产的折耗或者摊销费用在未来期间作相应调整，以使该无形资产在剩余使用寿命内，系统地分摊调整后的无形资产账面价值（扣除预计净残值）。

无形资产的减值损失一经确认，在以后会计期间不再转回。

4. 划分公司内部研究开发项目的研究阶段和开发阶段具体标准

公司内部研究开发项目的支出分为研究阶段支出和开发阶段支出。

研究阶段：为获取并理解新的科学或技术知识等而进行的独创性的有计划调查、研究活动的阶段。

开发阶段：在进行商业性生产或使用前，将研究成果或其他知识应用于某项计划或设计，以生产出新的或具有实质性改进的材料、装置、产品等活动的阶段。

5. 开发阶段支出符合资本化的具体标准

内部研究开发项目开发阶段的支出，同时满足下列条件时确认为无形资产：

（1）完成该无形资产以使其能够使用或出售，在技术上具有可行性；

（2）具有完成该无形资产并使用或出售的意图；

（3）无形资产产生经济利益的方式，包括能够证明运用该无形资产生产的产品存在市场或无形资产自身存在市场，无形资产将在内部使用的，能够证明其有用性；

（4）有足够的技术、财务资源和其他资源支持，以完成该无形资产的开发，并有能力使用或出售该无形资产；

（5）归属于该无形资产开发阶段的支出能够可靠地计量。

开发阶段的支出，若不满足上列条件的，于发生时计入当期损益。研究阶段的支出，在发生时计入当期损益。

（十八）长期待摊费用

长期待摊费用为已经发生但应由本期和以后各期负担的分摊期限在一年以上的各项费用。

1. 摊销方法

长期待摊费用在受益期内平均摊销。

2. 摊销年限

预付经营租入固定资产的租金，按租赁合同规定的期限平均摊销。

经营租赁方式租入的固定资产改良支出，按剩余租赁期与租赁资产尚可使用年限两者中较短的期限平均摊销。

（十九）收入

1. 销售商品收入确认时间的具体判断标准

公司已将商品所有权上的主要风险和报酬转移给购买方；公司既没有保留与所有权相联系的继续管理权，也没有对已售出的商品实施有效控制；收入的金额能够可靠地计量；相关的经济利益很可能流入企业；相关的已发生或将发生的成本能够可靠地计量时，确认商品销售收入实现。

2. 确认让渡资产使用权收入的依据

与交易相关的经济利益很可能流入企业，收入的金额能够可靠地计量时，分别按下列情况确定让渡资产使用权收入金额：

（1）利息收入金额，按照他人使用本企业货币资金的时间和实际利率计算确定。

（2）使用费收入金额，按照有关合同或协议约定的收费时间和方法计算确定。

（二十）政府补助

1. 类型

政府补助，是本公司从政府无偿取得的货币性资产与非货币性资产，分为与资产相关的政府补助和与收益相关的政府补助。

2. 会计处理

与购建固定资产、无形资产等长期资产相关的政府补助，确认为递延收益，按照所建造或购买的资产使用年限分期计入营业外收入。

与收益相关的政府补助，用于补偿企业以后期间的相关费用或损失的，取得时确认为递延收益，在确认相关费用的期间计入当期营业外收入；用于补偿企业已发生的相关费用或损失的，取得时直接计入当期营业外收入。

（二十一）递延所得税资产和递延所得税负债

对于可抵扣暂时性差异确认递延所得税资产，以未来期间很可能取得的用来抵扣可抵扣暂时性差异的应纳税所得额为限。

对于应纳税暂时性差异，除特殊情况外，确认递延所得税负债。

不确认递延所得税资产或递延所得税负债的特殊情况包括：商誉的初始确认，除企业合并以外的发生时既不影响会计利润也不影响应纳税所得额（或可抵扣亏损）的其他交易或事项。

当拥有以净额结算的法定权利，且意图以净额结算或取得资产、清偿负债同时进行时，当期所得税资产及当期所得税负债以抵消后的净额列报。

当拥有以净额结算当期所得税资产及当期所得税负债的法定权利，且递延所得税资产及递延所得税负债是与同一税收征管部门对同一纳税主体征收的所得税相关或者是对不同的纳税主体相关，但在未来每一具有重要性的递延所得税资产及负债转回的期间内，涉及的纳税主体意图以净额结算当期所得税资产和负债或是同时取得资产、清偿负债时，递延所得税资产及递延所得税负债以抵消后的净额列报。

（二十二）关联方

一方控制、共同控制另一方或对另一方施加重大影响，以及两方或两方以上同受一方控制、共同控制的，构成关联方。关联方可为个人或企业。仅仅同受国家控制而不存在其他关联方关系的企业，不构成本公司的关联方。

本公司的关联方包括但不限于：

（1）本公司的母公司；

（2）本公司的子公司；

（3）与本公司受同一母公司控制的其他企业；

（4）对本公司实施共同控制的投资方；

（5）对本公司施加重大影响的投资方；

（6）本公司的合营企业，包括合营企业的子公司；

（7）本公司的联营企业，包括联营企业的子公司；

（8）本公司的主要投资者个人及与其关系密切的家庭成员；

（9）本公司或其母公司的关键管理人员及与其关系密切的家庭成员；

（10）本公司的主要投资者个人、关键管理人员或与其关系密切的家庭成员控制、共同控制的其他企业。

（二十三）主要会计政策、会计估计的变更

1. 会计政策变更

本报告期公司主要会计政策未发生变更。

2. 会计估计变更

本报告期公司主要会计估计未发生变更。

（二十四）前期会计差错更正

1. 追溯重述法

本报告期未发生采用追溯重述法的前期会计差错更正事项。

2. 未来适用法

本报告期未发生采用未来适用法的前期会计差错更正事项。

三、税项

（一）公司主要税种和税率

公司主要税种和税率见表4-11。

表4-11 公司主要税种和税率

税　种	计税依据	税率
增值税	按税法规定计算的销售货物和应税劳务收入为基础计算销项税额，在扣除当期允许抵扣的进项税额后，差额部分为应交增值税	17%
城市维护建设税	按实际缴纳的流转税额计征	7%
教育费附加	按实际缴纳的流转税额计征	3%
地方教育费附加	按实际缴纳的流转税额计征	2%
企业所得税*	按应纳税所得额计征	15%、25%
水利建设基金	按营业收入计征	0.1%

注：* 母公司企业所得税适用15%的税率；子公司企业所得税适用25%的税率。

（二）税收优惠及批文

根据省科学技术厅、省财政厅、省国家税务局、地方税务局“浙科发高〔20××〕××号”文件批准，公司被认定为高新技术企业，根据企业所得税法规定，公司2016年度企业所得税税率减按15%征收。

【阅读报表附注工作过程】

步骤1　看报表附注的总体情况

报表附注从公司基本情况，主要会计政策、会计估计和前期差错，以及税项三个方面进行解释和说明。而主要会计政策、会计估计和前期差错从财务报表的编制基础、遵循企业会计准则的声明等二十四项加以说明。税项主要披露公司主要税种和税率、税收优惠及批文的内容。

步骤2　看报表附注的重点项目

财务报表的编制以持续经营为基础，即根据实际发生的交易和事项，按照财政部、证监会的披露规定编制财务报表，并声明所编制的财务报表符合企业会计准则的要求，真实、完整地反映了报告期公司的财务状况、经营成果、现金流量等有关信息。

报表附注明确了现金及现金等价物的确定标准、外币业务和外币报表折算、金融工具、应收款项坏账准备、存货、长期股权投资、投资性房地产、固定资产、借款费用等重点项目。

步骤3　看报表附注对报表的说明

应收款项坏账准备计提分为单项金额重大的应收款项坏账准备计提、按组合计提坏账准备、单项金额虽不重大但单项计提坏账准备这三类情况，规定计提标准、计提比例、计提理由，判断附注说明是否符合谨慎性原则，结合坏账准备的计提情况，观察资产负债表中应收账款项目的合理性和风险性，同时结合利润表和现金流量表加以观察。各项说明需要仔细阅读，这里不再逐一说明。

※ 知识拓展 ※

其他应收款项目金额过大的判断

其他应收款是指企业发生的除销售商品和提供劳务以外的应收账款。正常情况下，其他应收款的金额不应过大。若其他应收款项目的金额过大，则可能出现的情况是：

（1）企业利用其他应收款虚构营业收入，把亏损变为盈利，将无法收回的坏账长期挂账；

（2）对应该确认或披露的或有负债不予处理，从而达到使资产保值、负债减值、利润增值的目的；

（3）隐藏应收账款的坏账风险，对不能收回的高额应收账款不作披露；

（4）投资者利用“其他应收款”抽走企业资金，严重影响企业的生产经营。

※ 思考练习 ※

一、判断（正确的在括号内打“√”，错误的打“×”）

（　　）1. 企业不应当在会计报表附注中披露与会计估计变更有关的信息。

（　　）2. 或有事项只包括或有资产，不包括或有负债。

（　　）3. 资产负债表日后事项是指资产负债表日至财务报表批准报出日之间发生的有利或不利事项。

（　　）4. 企业通常不应当披露或有资产。

（　　）5. 为防止泄露商业秘密，企业会计报表不应当披露所有关联方关系及其交易的相关信息。

二、选择（下列答案中有一项或多项是正确的，将符合题意选项前的英文字母填入括号内）

1. 报表附注中属于企业的基本情况的是（　　）。

A. 企业注册地　　B. 企业的性质

C. 遵循企业会计准则　　D. 主要经营活动

2. 企业应当在附注中披露的与或有事项有关的事项是（　　）。

A. 现时负债　　B. 预计负债

C. 应付融资租赁款　　D. 或有负债

3. 资产负债表日后事项包括资产负债表日后（　　）。

A. 调整事项　　B. 当期有利事项

C. 当期不利事项　　D. 非调整事项

4. 下列有可能是或有负债的有（　　）。

A. 已贴现商业承兑汇票　　B. 未决诉讼

C. 未决仲裁　　D. 对外提供债务担保

5. 其他应收款项目的金额过大，可能出现的情况是（　　）。

A. 利用其他应收款虚构营业收入

B. 将不能收回的高额应收账款转为其他应收款

C. 投资者抽走企业资金挂在其他应收款

D. 企业正常的赊销

三、学习领域情境实训

（1）实训目的：学会阅读报表附注。

（2）情境资料：

江北机电股份有限公司2016年度会计报表附注

一、公司基本情况

（一）公司概况

1. 江北机电股份有限公司（以下简称“本公司”，股票简称××××，股票代码××××××）是由江北机电有限公司变更设立的股份有限公司。

2. 本公司的注册地址为××省××市××镇科技园，注册资本为人民币壹亿肆仟贰佰柒拾万元，并持有省工商行政管理局核发的注册号为××××××的《企业法人营业执照》。法定代表人：×××。

（二）公司历史沿革及股份制改制情况

2011年10月7日，本公司通过董事会及股东会议决议，同意江北机电有限公司以经审计账面净资产折股方式整体变更为股份有限公司。全体股东决定以江北机电有限公司截至2011年7月31日经深圳市鹏城会计师事务所有限公司审计（深鹏所审字××号）的净资产人民币102 385 685.21元按1∶0.976 699的比例折为100 000 000股（每股面值为人民币1元），以该日在册的全体股东为发起人，全体发起人股东分别以其在江北机电有限公司中拥有的权益（以2011年7月31日为基准）折价入股，将江北机电有限公司整体变更为股份有限公司，股份公司设立后各发起人持股比例不变。2011年10月8日，深圳市鹏城会计师事务所有限公司出具“深鹏所验字××号”《验资报告》，对股份公司设立的注册资本进行了验证确认。根据公司2012年3月13日股东会决议和修改后的章程规定，××投资有限公司于2012年4月14日新增出资额人民币18 760 000.00元，其中股本为人民币7 000 000.00元，资本公积为人民币11 760 000.00元。2012年4月14日，深圳市鹏城会计师事务所有限公司出具“深鹏所验字××号”《验资报告》，对新增注册资本进行了验证确认。

2012年5月4日，公司在××市工商行政管理局办理了变更登记手续，领取了《企业法人营业执照》，注册号为××××××。股本结构见表4-12。

表 4-12　江北机电股本结构表　　单位：人民币元

投资者名称	投资金额（元）	比例
江北控股集团有限公司	81 550 000.00	76.22%
投资人 1	15 380 000.00	14.37%
投资人 2	3 070 000.00	2.87%
××投资有限公司	7 000 000.00	6.54%
合　计	107 000 000.00	100.00%

2012 年 12 月 7 日，中国证券监督管理委员会“证监许可〔2012〕××号”文件核准本公司向社会公开发行人民币普通股 3 570 万股（每股面值为人民币 1 元）。本公司于 2012 年 12 月 16 日在深圳证券交易所定价发行，2012 年 12 月×日挂牌交易。新股发行成功后，本公司注册资本为人民币 142 700 000.00 元，并经深圳市鹏城会计师事务所有限公司“深鹏所验字××号”验资报告验证。

2014 年 12 月 13 日—2014 年 12 月 22 日，控股股东江北控股集团有限公司通过股票二级市场增持本公司股份共计 1 451 842 股，占本公司总股本的 1.02%。本次增持后，江北控股集团有限公司共持有本公司股份 83 001 842 股，占本公司总股本的 58.17%。

截至 2016 年 12 月 31 日，公司股本结构见表 4-13。

表 4-13　江北机电股本结构表　　单位：人民币元

项　目	金　额（元）	股权比例
一、有限售条件股份		
境内法人持有股份	90 001 842.00	63.07%
境内自然人持有股份	18 450 000.00	12.93%
有限售条件股份合计	108 451 842.00	76.00%
二、无限售条件股份		
人民币普通股	34 248 158.00	24.00%
无限售条件股份合计	34 248 158.00	24.00%
合　计	142 700 000.00	100.00%

（三）公司行业性质、经营范围、主要产品及提供的劳务

本公司行业性质：电子元器件制造行业。

本公司主要经营范围：生产销售微电机和微电机组件、新型电子元器件及消费类电子；货物进出口和技术进出口（上述经营范围不含国家法律法规禁止、限制和许可经营的项目）。

主要产品及提供的劳务：微特马达。

本公司组织结构如图 4-2 所示。

（四）公司实际控制人

投资人 1 持有本公司控股股东江北控股集团有限公司（以下简称“江北控股”，直接持有本公司 83 001 842 万股，占总股本的 58.17%）70.37%的股权，为江北控股的控股股东。因此本公司的实际控制人为投资人 1。

（五）财务报告的批准报出者和财务报告批准报出日

公司财务报告业经公司法定代表人、主管会计工作的公司负责人、会计机构负责人签署，经公司 2015 年 4 月 20 日第二届董事会第七次会议审议批准。

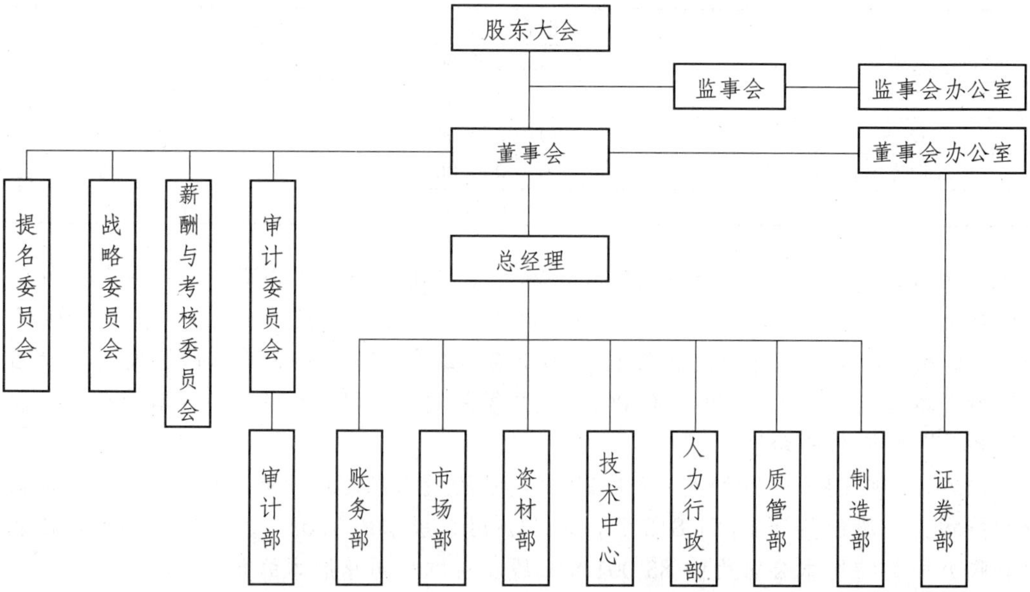

图 4－2　江北机电股份有限公司组织结构

二、公司主要会计政策、会计估计和前期差错

（一）财务报表的编制基础

本公司以持续经营为基础，根据实际发生的交易和事项，按照《企业会计准则——基本准则》和其他各项会计准则的规定进行确认和计量，在此基础上编制财务报表。

（二）遵循企业会计准则的声明

本公司基于上述编制基础编制的财务报表符合企业会计准则的要求，真实、完整地反映了本公司2016年12月31日的财务状况，以及2016年度经营成果和现金流量等有关信息。

（三）会计期间

采用公历年度，即从每年1月1日至12月31日为一个会计年度。

（四）记账本位币

以人民币为记账本位币。

（五）同一控制下和非同一控制下的企业合并的会计处理方法

（1）同一控制下的企业合并。在企业合并中取得的资产和负债，按照合并日在被合并方的账面价值计量。取得的净资产账面价值与支付的合并对价账面价值（或发行股份面值总额）的差额，调整资本公积；资本公积不足冲减的，调整留存收益。为进行企业合并发生的各项直接相关费用，包括为进行企业合并而支付的审计费用、评估费用、法律服务费用等，于发生时计入当期损益。企业合并形成母子公司关系的，母公司编制合并日的合并资产负债表、合并利润表和合并现金流量表。合并资产负债表中被合并方的各项资产、负债，按其账面价值计量。因被合并方采用的会计政策与合并方不一致，按照本准则规定进行调整的，以调整后的账面价值计量。合并利润表包括参与合并各方自合并当期期初至合并日所发生的收入、费用和利润。被合并方在合并前实现的净利润，在合并利润表中单列项目反映。合并现金流量表包括参与合并各方自合并当期期初至合并日的现金流量。

（2）非同一控制下的企业合并。在购买日为取得对被购买方的控制权而付出的资产、发生或承担的负债以及发行的权益性证券的公允价值加上各项直接相关费用为合并成本。在购买日对作为企业合并对价付出的资产、发生或承担的负债按照公允价值计量，公允价值与其账面价值的差额，计入当期损益。对合并成本大于合并中取得的被购买方可辨认净资产公允价值份额的差额，确认为商誉。对合并成本小于合并中取得的被购买方可辨认净资产公允价值份额的差额时，对取得的被购买方各项可辨认资产、负债及或有负债的公允价值以及合并成本的计量进行复核；经复核后合并成本仍小于合并中取得的被购买方可辨认净资产公允价值份额的，其差额计入当期损益。企业合并形成母子公司关系的，母公司编制购买日的合并资产负债表，因企业合并取得的被购买方各项可辨认资产、负债及或有负债以公允价值列示。

（六）合并财务报表的编制方法

(1) 合并财务报表的合并范围以控制为基础予以确定。合并财务报表以本公司和纳入合并财务报表范围的各子公司的财务报表及其他有关资料为合并依据，按照权益法调整对子公司的长期股权投资，将本公司和纳入合并财务报表范围的各子公司之间的投资、交易及往来等全部抵消，并计算少数股东损益及少数股东权益后合并编制而成。

(2) 合并时，若纳入合并范围的子公司与本公司会计政策不一致，则按本公司执行的会计政策对其进行调整后合并。

(3) 对于同一控制下企业合并取得的子公司，视同该企业合并于合并当期的期初已经发生，从合并当期的期初起将其资产、负债、经营成果和现金流量纳入合并财务报表。

(4) 同一控制下的企业合并事项的，被重组方合并前的净损益应计入非经常性损益，并在申报财务报表中单独列示。

(5) 重组属于同一公司控制人下的非企业合并事项，但被重组方重组前一个会计年度末的资产总额或前一个会计年度的营业收入或利润总额达到或超过重组前重组方相应项目20%的，从合并当期的期初起编制备考利润表。

(6) 对于因非同一控制下企业合并取得的子公司，在编制合并报表时，以购买日可辨认净资产公允价值为基础对个别财务报表进行调整。

（七）现金及现金等价物的确定标准

现金是指本公司的库存现金以及随时用于支付的存款。现金等价物为本公司持有的期限短（一般是指从购买日起三个月内到期）、流动性强、易于转换为已知金额现金且价值变动风险很小的投资。

（八）外币业务和外币财务报表折算

(1) 外币业务核算方法。本公司外币交易均按交易发生日的即期近似汇率折算为记账本位币，该即期近似汇率指交易发生日当月月初的汇率。在资产负债表日，按照下列规定对外币货币性项目和外币非货币性项目进行处理：

1) 外币货币性项目，采用资产负债表日即期汇率折算。因资产负债表日即期汇率与初始确认时或前一资产负债表日即期汇率不同而产生的汇兑差额，计入当期损益。

2) 以历史成本计量的外币非货币性项目，仍采用交易发生日的即期汇率折算，不改变其记账本位币金额。

3) 以公允价值计量的外币非货币性项目，采用公允价值确定日的即期汇率折算，折算后的记账本位币金额与原记账本位币金额的差额，作为公允价值变动处理，计入当期损益。

(2) 外币财务报表的折算方法。公司对境外经营的财务报表进行折算时，遵循下列规定：

1）资产负债表中的资产和负债项目，采用资产负债表日的即期汇率折算，所有者权益项目除“未分配利润”项目外，其他项目采用发生时的即期近似汇率折算。

2）利润表中的收入和费用项目，采用交易发生日的即期近似汇率折算。按照上述方法折算产生的外币财务报表折算差额，在资产负债表中所有者权益项目下单独列示。

（九）金融工具

（1）金融资产的分类。金融资产分为以公允价值计量且其变动计入当期损益的金融资产（包括交易性金融资产和指定为以公允价值计量且其变动计入当期损益的金融资产）、持有至到期投资、贷款和应收款项、可供出售金融资产四类。

（2）金融资产的计量。

1）初始确认金融资产按照公允价值计量。对于以公允价值计量且其变动计入当期损益的金融资产，相关交易费用直接计入当期损益；对于其他类别的金融资产，相关交易费用计入初始确认金额。

2）本公司按照公允价值对金融资产进行后续计量，且不扣除将来处置该金融资产时可能发生的交易费用。但是，下列情况除外：

a. 持有至到期投资以及贷款和应收款项，采用实际利率法，按摊余成本计量。

b. 在活跃市场中没有报价且其公允价值不能可靠计量的权益工具投资，以及与该权益工具挂钩并须通过交付该权益工具结算的衍生金融资产，按照成本计量。

（3）金融资产公允价值的确定。

1）存在活跃市场的金融资产，将活跃市场中的报价确定为公允价值。

2）金融资产不存在活跃市场的，采用估值技术确定公允价值。采用估值技术得出的结果，反映估值日在公平交易中可能采用的交易价格。

（4）金融资产转移。本公司在将金融资产所有权上几乎所有的风险和报酬转移给转入方或已放弃对该金融资产的控制时，终止确认该金融资产。

（5）金融资产减值。在资产负债表日对以公允价值计量且其变动计入当期损益的金融资产以外的金融资产的账面价值进行检查，有客观证据表明该金融资产发生减值的，计提减值准备。金融资产发生减值的客观证据，包括下列各项：

1）发行方或债务人发生严重财务困难。

2）债务人违反了合同条款，如偿付利息或本金发生违约或逾期等。

3）本公司出于经济或法律等方面因素的考虑，对发生困难的债务人作出让步。

4）债务人很可能倒闭或进行其他财务重组。

5）因发行方发生重大财务困难，该金融资产无法在活跃市场继续交易。

6）债务人经营所处的技术、市场、经济和法律环境等发生重大不利变化，使本公司可能无法收回投资成本。

7）无法辨认一组金融资产中的某项资产的现金流量是否已经减少，但根据公开的数据对其进行总体评价后发现，该组金融资产自初始确认以来的预计未来现金流量确已减少且可计量。

8）权益工具投资的公允价值发生严重或非暂时性下跌。

9）其他表明金融资产发生减值的客观证据。

（6）金融资产减值损失的计量。

1）以公允价值计量且其变动计入当期损益的金融资产不需要进行减值测试。

2）持有至到期投资的减值损失的计量：按预计未来现金流现值低于期末账面价值的差额计提减值准备。

3）应收款项坏账准备的确认标准、计提方法：单项金额重大的，单独进行减值测试，根据其未来现金流量现值低于其账面价值的差额，确认减值损失，计提坏账准备；单项金额不重大，经测试未减值的应收款项，采用账龄分析法，按应收款项的账龄和规定的提取比例确认减值损失，计提坏账准备；单项金额不重大但按信用风险特征组合法组合后风险较大的应收款项，单独进行测试，并计提个别坏账准备。经单独测试未减值的应收款项，采用账龄分析法，按应收款项的账龄和规定的提取比例确认减值损失。

4）可供出售金融资产减值的判断：若该项金融资产公允价值出现持续下降，且其下降属于非暂时性的，则可认定该项金融资产发生了减值。

（十）应收款项坏账准备

（1）单项金额重大并单项计提坏账准备的应收款项，见表4-14。

表4-14　单项金额重大并单项计提坏账准备的应收款项

单项金额重大的应收款项坏账准备的确认标准	应收款项期末余额为100万元以上（含）
单项金额重大的应收款项坏账准备的计提方法	对重大应收款项单独进行减值测试。除对列入合并范围内母公司与子公司之间应收款项不计提坏账准备之外，若有客观证据表明某笔金额重大的应收款项未来现金流量的现值低于其账面价值，则将其差额确认为减值损失并计提坏账准备；若经单独测试未发生减值，则以账龄为信用风险特征，根据账龄分析法计提坏账准备。

（2）按组合计提坏账准备应收款项，见表4-15。

表4-15　组合计提坏账准备应收款项

确定组合的依据	
组合1	按账龄组合
按组合计提坏账准备的计提方法（账龄分析法、余额百分比法、其他方法）	
组合1	账龄分析法

组合中，采用账龄分析法计提坏账准备的，计提坏账准备比例见表4-16。

表4-16　按账龄分析法计提坏账准备比例

账　龄	应收账款计提比例（%）	其他应收款计提比例（%）
1年以内（含1年）	5	5
1～2年（含2年）	10	10
2～3年（含3年）	30	30
3年以上	100	100
计提坏账准备的说明	单独测试未发生减值的应收款项（包括单项金额重大和不重大的应收款项），以账龄为信用风险特征进行组合并结合现实的实际损失率确定各组合计提坏账准备的比例。对于纳入合并范围的子公司的应收款项，不计提坏账准备。	

其他计提法说明	对有确凿证据表明可收回性存在明显差异的应收款项，单独进行减值测试，并根据其未来现金流量现值低于其账面价值的差额计提坏账准备；对于其他应收款项（包括应收票据、预付款项、应收利息、长期应收款等），根据其未来现金流量现值低于其账面价值的差额计提坏账准备。

（3）单项金额虽不重大但单项计提坏账准备的应收账款，见表4-17。

表4-17　单项金额虽不重大但单项计提坏账准备的应收账款

单项计提坏账准备的理由	
坏账准备的计提方法	单独进行减值测试，根据其未来现金流量现值低于其账面价值的差额计提坏账准备。

（十一）存货

（1）存货的分类。存货分为库存商品、原材料、在产品、自制半成品、低值易耗品、包装物六大类。

（2）发出存货的计价方法。各类存货的购入与入库按实际成本计价，发出采用加权平均法计价。

（3）存货可变现净值的确定依据及存货跌价准备的计提方法。存货可变现净值是根据本公司在正常经营过程中，以估计售价减去估计完工成本及销售所必需的估计费用后的价值。存货跌价准备的计提方法：本公司于每年中期期末及年度终了在对存货进行全面盘点的基础上，对遭受损失、全部或部分陈旧过时或销售价格低于成本的存货，根据存货成本与可变现净值孰低计量，按单个存货项目对同类存货项目的可变现净值低于存货成本的差额计提存货跌价准备，并计入当期损益。确定可变现净值时，除考虑持有目的和资产负债表日该存货的价格与成本波动外，还需要考虑未来事项的影响。

（4）存货的盘存制度。存货的盘存制度采用永续盘存法。

（5）低值易耗品和包装物的摊销方法。

1）低值易耗品：低值易耗品于其领用时采用一次性摊销法摊销。

2）包装物：包装物于其领用时采用一次性摊销法摊销。

（十二）长期股权投资

（1）投资成本的确定：

1）企业合并形成的长期股权投资，按照下列规定确定其投资成本。

A. 同一控制下的企业合并，合并方以支付现金、转让非现金资产或承担债务方式作为合并对价的，在合并日按照取得被合并方所有者权益账面价值的份额作为长期股权投资的投资成本。长期股权投资的成本与支付的现金、转让的非现金资产以及所承担债务账面价值之间的差额，调整资本公积；资本公积不足冲减的，调整留存收益。合并方以发行权益性证券作为合并对价的，在合并日按照取得被合并方所有者权益账面价值的份额作为长期股权投资的投资成本。按照发行股份的面值总额作为股本，长期股权投资投资成本与所发行股份面值总额之间的差额，调整资本公积；资本公积不足冲减的，调整留存收益。

B. 非同一控制下的企业合并，按照下列规定确定的合并成本作为长期股权投资的投资成本：

a. 一次交换交易实现的企业合并，合并成本为购买方在购买日为取得对被购买方的控制权而付出的资产、发生或承担的负债以及发行的权益性证券的公允价值。

b. 通过多次交换交易分步实现的企业合并，合并成本为每一单项交易成本之和。

c. 购买方为进行企业合并发生的各项直接相关费用也计入企业合并成本。

d. 在合并合同或协议中对可能影响合并成本的未来事项作出约定的，购买日如果估计未来事项很可能发生并且对合并成本的影响金额能够可靠计量的，购买方将其计入合并成本。

2）除企业合并形成的长期股权投资以外，其他方式取得的长期股权投资，按照下列规定确定其投资成本：

A. 以支付现金取得的长期股权投资，按照实际支付的购买价款作为投资成本。投资成本包括与取得长期股权投资直接相关的费用、税金及其他必要支出。

B. 以发行权益性证券取得的长期股权投资，按照发行权益性证券的公允价值作为投资成本。

C. 投资者投入的长期股权投资，按照投资合同或协议约定的价值作为投资成本，但合同或协议约定价值不公允的除外。

D. 通过非货币性资产交换取得的长期股权投资，若非货币性资产交换具有商业实质，则换入的长期股权投资按照公允价值和应支付的相关税费作为投资成本；若非货币资产交易不具有商业实质，则换入的长期股权投资以换出资产的账面价值和应支付的相关税费作为投资成本。

E. 通过债务重组取得的长期股权投资，其投资成本按照公允价值和应付的相关税费确定。

（2）后续计量及损益确认方法：

1）本公司能够对被投资单位实施控制的长期股权投资或本公司对被投资单位不具有共同控制或重大影响，并且在活跃市场中没有报价、公允价值不能可靠计量的长期股权投资采用成本法核算。采用成本法核算的长期股权投资按照投资成本计价。追加或收回投资时调整长期股权投资的成本。被投资单位宣告分派的现金股利或利润，除取得投资时实际支付的价款或对价中包含的已宣告但尚未发放的现金股利或利润外，本公司按照享有被投资单位宣告发放的现金股利或利润确认当期投资收益。

2）本公司对被投资单位具有共同控制或重大影响的长期股权投资，采用权益法核算。长期股权投资的投资成本大于投资时应享有被投资单位可辨认净资产公允价值份额的，不调整长期股权投资的投资成本；长期股权投资的投资成本小于投资时应享有被投资单位可辨认净资产公允价值份额的，其差额应当计入当期损益，同时调整长期股权投资的成本。

公司取得长期股权投资后，按照应享有或应分担的被投资单位实现的净损益的份额，确认投资损益并调整长期股权投资的账面价值；按照被投资单位宣告分派的利润或现金股利计算应分得的部分，相应减少长期股权投资的账面价值。公司确认被投资单位发生的净亏损，以长期股权投资的账面价值以及其他实质上构成对被投资单位净投资的长期权益减记至零为限，公司负有承担额外损失义务的除外。被投资单位以后实现净利润的，投资企业在其收益分享额弥补未确认的亏损分担额后，恢复确认收益分享额。在确认应享有被投资单位净损益的份额时，以取得投资时被投资单位各项可辨认资产等的公允价值为基础，对被投资单位的净利润进行调整后确认。被投资单位采用的会计政策及会计期间与投资企业不一致的，应当按照投资企业的会计政策及会计期间对被投资单位的财务报表进行调整，并据以确认投资损益。

3）处置长期股权投资，其账面价值与实际取得价款的差额，应当计入当期损益。

（3）确定对被投资单位具有共同控制、重大影响的依据。共同控制是指按照合同约定对某项经济活动所共有的控制，仅在与该项经济活动相关的重要财务和经营决策需要分享控制权的投资方一致同意时存在。重大影响是指对一个企业的财务和经营政策有参与决策的权利，但并不能够控制或者与其他方一起共同控制这些政策的制定。

(4) 减值测试方法及减值准备计提方法。资产负债表日对长期股权投资逐项进行检查，判断长期股权投资是否存在可能发生减值的迹象。如果存在被投资单位经营状况恶化等减值迹象的，则估计其可收回金额。可收回金额的计量结果表明，长期股权投资的可收回金额低于其账面价值的，将长期股权投资的账面价值减记至可收回金额，减记的金额确认为资产减值损失，计入当期损益，同时计提相应的长期投资减值准备。长期投资减值损失一经确认，在以后会计期间不再转回。

（十三）投资性房地产

本公司没有投资性房地产业务，尚未制定相关的会计政策。

（十四）固定资产

(1) 固定资产确认条件。固定资产是指为生产商品、提供劳务、出租或经营管理而持有的，使用寿命超过一个会计年度的有形资产。固定资产以实际成本进行初始计量。当与该固定资产有关的经济利益很可能流入企业，且该固定资产的成本能够可靠地计量时，确认固定资产。

(2) 各类固定资产的折旧方法及折旧率见表4-18。

表4-18　各类固定资产的折旧率

类　别	折旧年限（年）	残值率（%）	年折旧率（%）
房屋建筑物	20	10	4.5
机器设备	5～10	10	9～18
办公设备	5～10	10	9～18
运输工具	5	10	18

(3) 固定资产的减值测试方法、减值准备计提方法。资产负债表日判断固定资产是否存在可能发生减值的迹象。如果存在资产市价持续下跌，或技术陈旧、损坏、长期闲置等减值迹象的，则估计其可收回金额。可收回金额的计量结果表明，固定资产的可收回金额低于其账面价值的，将固定资产的账面价值减记至可收回金额，减记的金额确认为资产减值损失，计入当期损益，同时计提相应的固定资产减值准备。固定资产减值损失一经确认，在以后会计期间不再转回。

(4) 融资租入固定资产的认定依据、计价方法。如果与某项租入固定资产有关的全部风险和报酬实质上已经转移，本公司认定为融资租赁。融资租入固定资产需按租赁开始日租赁资产的公允价值与最低租赁付款额现值两者中的较低者，加上可直接归属于租赁项目的初始直接费用，作为租入资产的入账价值，将最低租赁付款额作为长期应付款的入账价值，其差额作为未确认融资费用。未确认融资费用采用实际利率法在租赁期内分摊。融资租入固定资产采用与自有固定资产相一致的折旧政策计提租赁资产折旧。

（十五）在建工程

(1) 在建工程的核算方法。在建工程包括施工前期准备、正在施工的建筑工程、安装工程、技术改造工程和大修理工程等。在建工程按照实际发生的支出分项目核算，并在工程达到预定可使用状态时结转为固定资产。与在建工程有关的借款费用（包括借款利息、溢折价摊销、汇兑损益等），在相关工程达到预定可使用状态前的计入工程成本，在相关工程达到预定可使用状态后的计入当期财务费用。

（2）在建工程减值准备。资产负债表日对在建工程进行全面检查，判断在建工程是否存在可能发生减值的迹象。如果存在：1）在建工程长期停建并且预计在未来3年内不会重新开工；2）所建项目在性能上、技术上已经落后并且所带来的经济效益具有很大的不确定性等减值迹象的，则估计其可收回金额。可收回金额的计量结果表明，在建工程的可收回金额低于其账面价值的，将在建工程的账面价值减记至可收回金额，减记的金额确认为资产减值损失，计入当期损益，同时计提相应的在建工程减值准备。在建工程减值损失一经确认，在以后会计期间不再转回。

（十六）借款费用

（1）本公司发生的借款费用，可直接归属于符合资本化条件的资产的购建或者生产的，予以资本化，计入相关资产成本；其他借款费用，在发生时根据其发生额确认为费用，计入当期损益。借款费用同时满足下列条件的，开始资本化：

1）资产支出已经发生，资产支出包括为购建或者生产符合资本化条件的资产而以支付现金、转移非现金资产或者承担带息债务形式发生的支出；

2）借款费用已经发生；

3）为使资产达到预定可使用或者可销售状态所必要的购建或者生产活动已经开始。

（2）购建或者生产符合资本化条件的资产达到预定可使用或者可销售状态时，借款费用停止资本化。在符合资本化条件的资产达到预定可使用或者可销售状态之后所发生的借款费用，在发生时根据其发生额确认为费用，计入当期损益。

（十七）无形资产

（1）无形资产的确认。无形资产是指企业拥有或控制的没有实物形态的可辨认非货币性资产，包括专有技术、土地使用权等。无形资产在取得时按照实际成本计价。

（2）无形资产的摊销。对使用寿命确定的无形资产，自无形资产可供使用时起，在使用寿命内采用直线法摊销，计入当期损益；对使用寿命不确定的无形资产不摊销。分类摊销率见表4-19。

表4-19　无形资产摊销率

类别	摊销年限（年）	年摊销率（%）
土地使用权	50	2
软件	10	10

本公司于年度终了对无形资产的使用寿命及摊销方法进行复核，使用寿命及摊销方法与以前估计不同的，则改变摊销期限和摊销方法。

（3）无形资产的减值测试方法、减值准备计提方法。期末检查各项无形资产预计给本公司带来未来经济利益的能力，当存在以下情形之一时：

1）某项无形资产已被其他新技术等所替代，使其为企业创造经济利益的能力受到重大不利影响；

2）某项无形资产的市价在当期大幅下跌，在剩余摊销年限内预期不会恢复；

3）某项无形资产已超过法律保护期限，但仍然具有部分使用价值等减值迹象的，则估计其可收回金额（可收回金额的计量结果表明，无形资产的可收回金额低于其账面价值的，将无形资产的账面价值减记至可收回金额，减记的金额确认为资产减值损失，计入当期损益，同时调整无形资产减值准备）；

4）其他足以证明某项无形资产实质上已发生了减值准备情形的情况，按预计可收回金额低于账面价值的差额计提无形资产减值准备。

无形资产减值损失一经确认，在以后会计期间不再转回。

（十八）长期待摊费用

（1）长期待摊费用指应由本期和以后各期负担的分摊期限在一年以上的各项费用。

（2）长期待摊费用在取得时按照实际成本计价，开办费在发生时计入当期损益；经营性租赁固定资产的装修费用在可使用年限和租赁期两者较低年限进行平均摊销，其他长期待摊费用按项目的受益期平均摊销。对于在以后会计期间已无法带来预期经济利益的长期待摊费用，本公司对其尚未摊销的摊余价值全部转入当期损益。

（十九）预计负债

（1）与或有事项相关的义务同时符合以下条件的，本公司将其确认为预计负债：该义务是本公司承担的现时义务，该义务的履行很可能导致经济利益流出企业，该义务的金额能够可靠地计量。

（2）本公司清偿预计负债所需支出全部或部分预期由第三方补偿的，补偿金额只有在基本确定能够收到时，才能作为资产单独确认，同时对该项单独核算的资产确认的补偿金额不超过对应的预计负债的账面金额。

（二十）收入

（1）销售商品收入。企业已将商品所有权上的主要风险和报酬转移给购货方；企业既没有保留通常与所有权相联系的继续管理权，也没有对已售出的商品实施有效控制；收入的金额能够可靠地计量；相关的经济利益很可能流入企业；相关的已发生或将发生的成本能够可靠地计量。

（2）提供劳务收入。对在同一会计年度内开始并完成的劳务，于完成劳务时确认收入；如果劳务的开始和完成分属不同的会计年度，则在提供劳务交易的结果能够可靠估计的情况下，于期末按完工百分比法确认相关的劳务收入。

（3）让渡资产使用权收入。让渡资产使用权收入包括利息收入和使用费收入等；利息收入金额，按照他人使用本公司货币资金的时间和实际利率计算确定；使用费收入金额，按照有关合同或协议约定的收费时间和方法计算确定。

（二十一）政府补助

政府补助包括财政拨款、财政贴息、税收返还和无偿划拨非货币性资产。本公司收到的与资产相关的政府补助，确认为递延收益，自相关资产达到预定可使用状态时起，在该资产使用寿命内平均计入各期损益。相关资产在使用寿命结束前被出售、转让、报废或发生毁损的，将递延收益余额一次性转入资产处置当期的损益。收到的与收益相关的政府补助，用于补偿以后期间的相关费用或损失的，确认为递延收益，在确认相关费用的期间计入当期损益；用于补偿已经发生的相关费用或损失的，取得时直接计入当期损益。

（二十二）递延所得税资产和递延所得税负债

（1）递延所得税资产的确认：

1）本公司以很可能取得用来抵扣可抵扣暂时性差异的应纳税所得额为限，确认由可抵扣暂时性差异产生的递延所得税资产。但是同时具有下列特征的交易中因资产或负债的初始确认所产生的递延所得税资产不予确认：

a. 该项交易不是企业合并；

b. 交易发生时既不影响会计利润也不影响应纳税所得额（或可抵扣亏损）。

2）本公司对与子公司、联营公司及合营企业投资相关的可抵扣暂时性差异，同时满足下列条件的，确认相应的递延所得税资产：

a. 暂时性差异在可预见的未来很可能转回；

b. 未来很可能获得用来抵扣暂时性差异的应纳税所得额。

3）本公司对于能够结转以后年度的可抵扣亏损和税款抵减，以很可能获得用来抵扣可抵扣亏损和税款抵减的未来应纳税所得额为限，确认相应的递延所得税资产。

（2）递延所得税负债的确认：

除下列情况产生的递延所得税负债以外，本公司确认所有应纳税暂时性差异产生的递延所得税负债：

1）商誉的初始确认。

2）同时满足具有下列特征的交易中产生的资产或负债的初始确认：

a. 该项交易不是企业合并；

b. 交易发生时既不影响会计利润也不影响应纳税所得额（或可抵扣亏损）。

3）本公司对与子公司、联营公司及合营企业投资产生相关的应纳税暂时性差异，同时满足下列条件的：

a. 投资企业能够控制暂时性差异的转回的时间；

b. 暂时性差异在可预见的未来很可能不会转回。

（二十三）主要会计政策、会计估计的变更

（1）会计政策变更。本报告期无会计政策变更。

（2）会计估计变更。本报告期无会计估计变更。

（二十四）前期会计差错更正

本报告期无前期会计差错更正。

三、税项

（一）公司主要税种及税率

公司主要税种及税率见表 4－20。

表 4－20　公司主要税种及税率

税　种	计税依据	税　率
增值税——内销销项税	销售收入	17%
出口退税率	（8517703000）手持式无线电话机用零件	17%
	（8501109990）其他微电机（输出功率不超过 37.5 瓦）	14%
	（8479899090）其他未列名机器及机械器具	13%
城市维护建设税	应交流转税额	5%
教育费附加	应交流转税额	3%
地方教育费附加	应交流转税额	2%
企业所得税	应纳税所得额	25%、15%

（二）税收优惠及批文

2014年10月14日本公司被认定为××省第四批高新技术企业，认定有效期为3年，自2014年度起，公司可依照《中华人民共和国企业所得税法》《中华人民共和国企业所得税法实施条例》《中华人民共和国税收征收管理法》《中华人民共和国税收征收管理法实施细则》和《高新技术企业认定管理办法》等有关规定，按照15%计算企业所得税。

（3）实训要求：将学生分成若干小组，每组4名学生，并推选一名学生为组长，在老师的指导下共同制定工作方案。各组成员阅读报表附注。15分钟后，各组汇报，老师点评，评定成绩。

任务2　分析报表附注

※ 任务描述 ※

熟悉报表附注项目的形成，掌握报表附注项目阅读的工作步骤，了解报表附注项目的真实性与可靠性。

※ 知识准备 ※

在分析的过程中，需要将会计报表和会计报表附注相结合，加深对会计报表上数字信息的了解，辨别会计报表的真实程度。会计报表附注内容较多，在此主要介绍几个重点项目的分析，为进一步进行会计报表附注分析提供思路。

一、会计政策变更、会计估计变更和会计差错更正的分析

1. 会计政策变更的分析

（1）会计政策变更的适用条件。会计政策是指企业在会计核算过程中所采用的原则、基础和会计处理方法。为了保证会计信息的可比性，使会计报表使用者在比较分析会计报表时，能够正确判断企业的财务状况、经营成果和现金流量的变化趋势，一般情况下，企业采用的会计政策，在每一会计期间和前后各期应当保持一致，不得随意变更。但是，满足下列条件之一的，可以变更会计政策：

1）法律、行政法规或者国家统一的会计制度等要求变更。

2）会计政策变更能够提供更可靠、更相关的会计信息。

（2）会计政策变更的会计处理。企业根据法律、行政法规或者国家统一的会计制度等要求变更会计政策的，应当按照国家相关会计规定执行。例如，2006年财政部颁布《企业会计准则——基本准则》，要求上市公司在2007年执行，对于首次执行企业会计准则的上市公司，资产、负债和所有者权益要按照企业会计准则的规定进行重新分类、确认、计量，这种情况就属于会计政策变更。

会计政策变更能够提供更可靠、更相关的会计信息的，应当采用追溯调整法进行处理。追溯调整法是指对某项交易或事项变更会计政策，视同该项交易或事项初次发生时即采用变

更后的会计政策，并以此对财务报表相关项目进行调整的方法。在当期期初确定会计政策变更对以前各期累积影响数不切实可行的，应当采用未来适用法进行处理。未来适用法是指将变更后的会计政策应用于变更日以后发生的交易或者事项，或者在会计估计变更当期和未来期间确认会计估计变更影响数的方法。

（3）会计政策变更的分析方法。会计政策变更的分析应从变更理由、会计处理方法和披露三个方面进行。

1）分析会计政策变更的理由是否充分。对于法律、行政法规或者国家统一的会计制度等要求的变更，重点分析其是否符合法律、法规和制度的要求，会计处理是否合法；对于会计政策变更能够提供更可靠、更相关的会计信息，重点分析会计政策变更是否能真实、公允地反映企业的财务状况、经营成果和现金流量，是否是企业利用会计政策变更粉饰会计报表。

2）分析会计政策变更的会计处理方法是否正确。对于法律、行政法规或者国家统一的会计制度等要求的变更，应该按照有关规定执行。

请注意

对于企业自愿变更会计政策的，一般要求采用追溯调整法；但若会计政策变更的累计影响数不能合理地确定，则应采取未来适用法。

3）分析会计政策变更披露的内容是否完整。企业应当在附注中披露会计政策变更的性质、内容和原因，当期和各个列报前期财务报表中受影响的项目名称和调整金额；无法进行追溯调整的，说明该事实和原因以及开始应用变更后的会计政策的时点和具体应用情况。

2. 会计估计变更的分析

（1）会计估计变更的定义。会计估计变更是指由于资产和负债的当前状况及预期未来经济利益和义务发生了变化，因此对资产或负债的账面价值或者资产的定期消耗金额进行的重估和调整。例如，固定资产折旧方法、存货发出计价方法、坏账准备计提方法等发生变化，企业赖以进行估计的基础发生变化，或者由于取得新信息、积累更多经验以及后来的发展变化，因此对资产或负债的账面价值进行的重估和调整。

（2）会计估计变更的会计处理。会计估计变更仅影响变更当期的，其影响数应当在变更当期予以确认；既影响变更当期又影响未来期间的，其影响数应当在变更当期和未来期间予以确认。

提　示

企业难以区分会计政策变更和会计估计变更的，应当将其作为会计估计变更进行处理。

（3）会计估计变更的分析方法。会计估计变更分析通常从变更的合理性、会计处理的正确性和变更披露的正确性三个方面进行。

1）分析会计估计变更的合理性。在对会计估计变更进行分析时，应重点分析会计估计变更的依据是否真实、可靠，主要通过与同行业类似企业的对比来分析判断，以证实真实的变更目的。

2）分析会计估计变更的正确性。对会计政策要求会计估计变更的会计处理主要采用未来适用法，不调整以前年度会计报表。

3）分析会计估计变更披露的正确性。企业应当在附注中披露会计估计变更的内容和原因、变更对当期和未来期间的影响数；会计估计变更的影响数不能确定的，披露这一事实和原因。

练一练

某企业在2016年度会计报表附注中披露，根据企业会计准则及其应用指南通过了根据该企业具体情况制定的会计政策和会计估计，自2016年1月起实施。根据该企业以前年度的历史经验数据和现时情况更改了应收款项的坏账准备估计比例。

2015年及以前年度，应收款项坏账损失采用备抵法核算。对个别出现明显回收困难的应收款项，根据款项的具体情况采用个别认定法计提。对于一般的应收款，按账龄分析法计提坏账准备。从2016年1月起，该企业应收款项的减值，按照《企业会计准则第22号——金融工具确认和计量》的规定执行。对于未单独计提坏账准备或未进行单独减值测试的应收款项的坏账估计比例，按账龄分析法计提坏账准备坏账提取比例的变更差异见表4-21，其会计估计变更对2016年报表项目的影响见表4-22。

表4-21　按账龄分析法计提坏账准备坏账提取比例的变更差异表

信用风险特征组	变更前估计坏账比例（%）	变更后估计坏账比例（%）	差异（%）
1年以内（含1年）	0	5	−5
1～2年（含2年）	10	15	−5
2～3年（含3年）	30	35	−5
3～4年（含4年）	50	55	−5
4～5年（含5年）	80	85	−5
5年以上	100	100	0

表4-21中，该企业将应收款项分为三大类：第一类是单项金额重大的应收款项，这一类又分为已计提坏账准备的应收款项和未计提坏账准备的应收款项；第二类是单项金额不重大但按信用风险特征组合后风险较大的应收款项，这一类又分账龄在1年以内、1～2年、2～3年、3～4年、4～5年、5年以上六类，此类为信用风险特征组；第三类是其他不重大应收款项。

表4-22是会计估计变更对2016年报表项目的影响数。由于坏账计提比例增加，坏账准备增加，应收账款减少，致使资产减少92 223 386.27元。此项会计估计变更体现了企业采取谨慎的会计处理原则，如实地反映了企业的财务状况。

表4-22　会计估计变更对2016年报表项目的影响

项　目	变化金额（元）	项　目	变化金额（元）
应收账款账面价值	−63 949 520.67	本年利润影响小计	−92 223 386.27
其他应收款账面价值	−23 936 849.49	其中：资产增值损失之坏账准备	−99 511 293.92
长期应收款账面价值	−11 624 923.76	所得税费用	7 287 907.65
递延所得税资产增加	7 287 907.65	对所有者权益的影响	
		其中：归属于母公司权益	−72 487 581.61
		归属于少数股东权益	−19 735 804.66
资产影响合计	−92 223 386.27	所有者权益影响合计	−92 223 386.27

此外，该企业还披露，应收关联方款项属于关联方交易往来结算款项，风险受到控制，不计提坏账准备；对长期股权投资暂借款等应收款项，由于将结转至长期股权投资等，因此不会形成坏账，不计提坏账准备。这项会计政策充分考虑了企业的实际情况。

综上所述，该企业对变更坏账准备计提方法的依据是充分的，是建立在能够提供更合理、更公允的会计信息基础上的，能够真实地反映企业的财务状况、经营成果和现金流量。

3. 会计差错更正的分析

（1）会计差错更正的含义。前期差错是指由于没有运用或错误运用以下两种信息，而对前期财务报表造成遗漏或误报：编报前期财务报表时能够合理预计取得并应当加以考虑的可靠信息，前期财务报表批准报出时能够取得的可靠信息。

（2）会计差错更正的会计处理。前期差错通常包括计算错误、应用会计政策错误、疏忽或曲解事实以及舞弊产生的影响和存货、固定资产盘盈等。采用追溯重述法更正重要的前期差错，在重要的前期差错发现后的财务报表中，调整前期比较数据。

请注意

企业应当在附注中披露与前期差错更正有关的下列信息：（1）前期差错的性质；（2）各个列报前期财务报表中受影响的项目名称和更正金额；（3）无法进行追溯重述的，说明该事实和原因以及对前期差错开始进行更正的时点、具体更正情况。

（3）会计差错更正的分析方法。会计差错会造成企业的会计信息不真实，分析的重点是判断差错的性质是否是故意造成的，如提前确认尚未实现的收入、不确认已实现的收入等都属于故意产生的差错。其他原因也会造成会计差错，如账户分类及计算错误、会计估计错误、漏计已经完成的交易、对事实的忽视和误用等。

二、报表附注重点项目分析

《企业会计准则第 30 号——财务报表列报》应用指南中规定，一般企业会计报表项目在会计报表附注中需要列示 42 项内容，会计报表使用者会根据其决策需要重点关注与决策相关的内容。本部分主要以应收款项为例介绍会计报表附注项目分析的思路和方法，为其他报表项目的分析提供分析思路。

应收款项的主要内容包括应收账款、应收票据和其他应收款，对应收款项的分析也按这三项内容进行。

1. 应收账款分析

应收账款是指企业因销售商品、提供劳务等经营活动应收取的款项。应收账款直接影响主营业务收入，进而影响企业的利润，因此成为个别企业创造利润的工具之一。应收账款分析重点包括以下内容：

（1）应收账款的真实性分析。应收账款产生于以赊销方式销售产品的业务。企业赊销时，进行的会计处理是借记“应收账款”，贷记“主营业务收入”和“应交税费——应交增值税（销项税额）”。通常，随着应收账款的增加，其主营业务收入和应交税费也会相应增加。如果企业的应收账款增加，而应交税费并没有增加，说明企业应收账款的增加是虚拟的，没有真正发生交易。虚拟应收账款的原因是增加了应收账款，对应主营业务收入增加，相应的企业利润增加；应交税费没有增加的原因是虚拟税费需要企业支付相应的税款，企业要付出代价。

（2）应收账款的坏账风险分析。即分析企业有无隐瞒应收账款的坏账风险，少提甚至不提坏账准备。账龄分析法是大多数上市公司采取的计提坏账准备的方法，其原理是欠账时间越长，发生坏账的可能性越大。该方法为个别上市公司操纵利润提供了空间。例如，有的上市公司在利润较多时，多提坏账准备，利润较少时，少提坏账准备，将坏账准备作为调节利润的手段，使企业提供的会计信息不能真实地反映企业的财务状况、经营成果和现金流量。

练一练

某企业2016年会计报表附注披露的应收账款项目，其主要资料见表4-23。

表4-23　应收账款按账龄结构披露年末账面余额表

项　目	年末账面余额		
	金额（元）	比例（%）	坏账准备（元）
1年以内（含1年）	1 777 105 818.59	38.17	72 900 044.54
1～2年（含2年）	107 476 427.39	2.31	14 422 197.29
2～3年（含3年）	13 232 350.94	0.28	4 408 733.83
3～4年（含4年）	265 117 877.01	5.69	2 701 283.39
4～5年（含5年）	2 483 658 911.00	53.36	2 293 380 861.35
5年以上	8 983 118.68	0.19	8 983 118.68
合计	4 655 574 503.61	100.00	2 396 796 239.08
账面价值			2 258 778 264.53

从表4-23可以看出，该企业1年以内的应收账款占总额的38.17%，4～5年的应收账款占总额的53.36%，两项合计占应收账款总额的91.53%。该公司4～5年的应收账款金额较大，此项应收账款主要是应收APEX公司的欠款，已经计提坏账准备92.34%（=2 293 380 861.35÷2 483 658 911.00）。关于此项应收账款，该公司一直与APEX公司协商，尽量避免重大损失。

该企业对应收款项的账面价值低于其预计未来现金流量的现值的，对低于部分计提坏账准备，计入当期损益。对单项金额重大和单项金额不重大但按信用风险特征组合后风险较大的应收款项单独进行减值测试，计提坏账准备；发生了减值的，单独计提坏账准备，不再划入具有类似信用风险特征的组合中。

该企业对第一、第二类中未单独计提坏账准备的款项，扣除员工备用金借款、投资借款、关联方往来款项后，再划入具有类似信用风险特征的组合中，按照同类信用风险特征的应收账款，按照同一比例估计计提坏账准备。

该企业的应收账款分为三大类：第一类是单项金额重大的应收款项，即期末余额在1 300万元以上的应收款项；第二类是单项金额不重大但按信用风险特征组合后该组合的风险较大的应收款项；第三类是其他不重大应收款项。应收账款按三类分类法披露年末账面余额见表4-24。

表4-24　应收账款按三类分类法披露年末账面余额表

项目	年末账面余额		
	金额（元）	比例（%）	坏账准备（元）
第一类	3 364 942 259.70	72.28	2 332 279 161.24
第二类			
第三类	1 290 632 243.91	27.72	64 517 077.84
合　计	4 655 574 503.61	100.00	2 396 796 239.08
账面价值			2 258 778 264.53

从表4-24中可以看出，第一类，即单项金额重大的应收款项占总额的72.28%，提取的坏账准备占总额的97.31%，其中的原因可能是有欠款单位进入破产或清算，因此计提金额较大。

2. 应收票据分析

应收票据是企业因销售商品、提供劳务而收到的商业汇票。商业汇票包括银行承兑汇票和商业承兑汇票，只有商业承兑汇票才有可能形成企业的或有负债。

如已贴现的商业承兑汇票金额，它是对资产负债表内"应收票据"项目的必要补充说明。商业汇票贴现是企业将未到期的商业承兑汇票交给银行，银行将票面金额扣除贴现日至汇票到期前一日的利息以后的款项支付给公司。已贴现的商业承兑汇票到期，付款人的银行账户不足以支付时，银行将按规定向贴现企业收取已贴现的票款，如已贴现票据票面值为100万元，则银行就要从公司账户里扣回100万元。因企业不可能有大量货币资金，如果贴现金额巨大，企业有破产的危险。

3. 其他应收款分析

其他应收款是指企业除存出保证金、买入返售金融资产、应收票据、应收账款、预付账款、应收股利、应收利息等以外的各种应收及暂付款项。其他应收款期末余额不应过大，过大可能存在大股东侵占公司资金问题，如上市公司的大股东通过贷款、上市公司提供担保的方式，最后大股东不还款，将还款的义务转嫁到上市公司身上。另外，还有假借合作投资，直接转移资产等情况，这些情况在会计处理上都是通过"其他应收款"科目来完成的，因此，其他应收款的金额构成和所占的比重是分析的重点。

练一练

某企业2016年会计报表附注披露其他应收款项目，其主要资料见表4-25、表4-26和表4-27。

表4-25　其他应收款按账龄结构披露年末账面余额表

项目	年末账面余额		
	金额（元）	比例（%）	坏账准备（元）
1年以内（含1年）	389 464 686.18	82.48	3 193 989.14
1～2年（含2年）	7 367 663.04	1.56	887 535.33
2～3年（含3年）	3 960 368.85	0.84	1 281 129.10
3～4年（含4年）	60 356 349.46	12.78	58 738 853.25
4～5年（含5年）	4 677 996.19	0.99	4 509 786.01
5年以上	6 357 693.73	1.35	6 357 693.73
合计	472 184 757.45	100.00	74 968 986.56
账面价值			397 215 770.89

表4-26　其他应收款按三类分类法披露年末账面余额表

项目	年末账面余额		
	金额（元）	比例（%）	坏账准备（元）
第一类	211 224 882.89	44.73	
第二类			
第三类	260 959 871.56	55.27	74 968 986.56
合　计	472 184 754.45	100.00	74 968 986.56
账面价值			397 215 770.89

表4-27　单项金额重大的其他应收款

单位名称	金额（元）	账龄	占期末余额比例（%）	性质
华意压缩机股份有限公司	195 000 000.00	1年以内（含1年）	41.30	
应收出口退税	16 224 882.89	1年以内（含1年）	3.44	应收出口退税
合计	211 224 882.89		44.74	

该企业将其他应收款分为三类：第一类是单项金额重大的应收款项，即期末余额在1 000万元以上的应收款项；第二类是单项金额不重大但按信用风险特征组合后该组合的风险较大的应收款项；第三类是其他不重大的应收款项。

从表4-25可以看出，该企业1年以内的其他应收款占总额的82.48%，说明该公司其他应收款基本正常。

从表4-26可以看出，该企业第一类，即单项金额重大的应收款项，也就是期末余额在1 000万元以上的其他应收款占总额的44.73%。结合表4-27，华意压缩机股份有限公司（简称华意压缩）的1.95亿元，占期末应收款总额的41.30%。该项交易是2016年12月27日，该企业与美菱股份签订还款协议，协议美菱股份将对华意压缩的预付款债权1.95亿元转让给该企业，以冲减美菱股份对该企业预收账款形成的债务。协议执行后，该企业减少了对美菱股份的预付账款债权1.95亿元，形成了对华意压缩的债权1.95亿元。此项交易属于关联方交易，按照该公司会计政策，关联方交易不计提坏账准备。

三、资产负债表日后事项的分析

资产负债表日后事项是指资产负债表日至财务报表批准报出日之间发生的有利或不利事项。财务报表批准报出日是指董事会或类似机构批准财务报表报出的日期。资产负债表日后事项包括资产负债表日后调整事项和资产负债表日后非调整事项两种：资产负债表日后调整事项是指对资产负债表日已经存在的情况提供了新的或进一步证据的事项；资产负债表日后非调整事项是指表明资产负债表日后发生的情况的事项。

1. 资产负债表日后事项的会计处理

（1）调整事项的会计处理。企业发生资产负债表日后调整事项，应当调整资产负债表日的财务报表。具体有以下几种情况：

1）资产负债表日后诉讼案件结案，法院判决证实了企业在资产负债表日已经存在现时义务，需要调整原先确认的与该诉讼案件相关的预计负债，或确认一项新负债；

2）资产负债表日后取得确凿证据，表明某项资产在资产负债表日发生了减值或者需要调整该项资产原先确认的减值金额；

3）资产负债表日后进一步确定了资产负债表日前购入资产的成本或售出资产的收入；

4）资产负债表日后发现了财务报表舞弊或差错。

（2）非调整事项的会计处理。企业发生的资产负债表日后非调整事项，不应当调整资产负债表日的财务报表。通常包括下列事项：

1）资产负债表日后发生重大诉讼、仲裁、承诺；

2）资产负债表日后资产价格、税收政策、外汇汇率发生重大变化；

3）资产负债表日后因自然灾害导致资产发生重大损失；

4）资产负债表日后发行股票和债券以及其他巨额举债；

5）资产负债表日后资本公积转增资本；

6）资产负债表日后发生巨额亏损；

7）资产负债表日后发生重大会计政策变更；

8）资产负债表日后发生企业合并或处置子公司。

【想一想】调整事项与非调整事项有什么区别？

2. 资产负债表日后事项的分析方法

（1）分析调整事项。重点是调整事项会计处理的正确性。调整事项对企业财务状况是否有影响，体现在相应的报表项目中。

（2）分析非调整事项。企业发生资产负债表日后非调整事项，不应当调整资产负债表日的财务报表，但应将其性质、内容及其对财务状况和经营成果的影响进行披露，无法作出估计的，应当说明原因。在分析时应对披露项目进行逐一分析。例如：股票和债券的发行会明显地影响企业资本结构，使企业的偿债能力发生变化，获利能力也会受到一定的影响；自然灾害导致的资产损失，会使企业的发展受到一定的影响。

四、公司关联方及其交易的分析

关联方是指一方控制、共同控制另一方或对另一方施加重大影响，以及两方或两方以上同受一方控制、共同控制或被施加重大影响。关联方交易是指关联方之间转移资源、劳务或义务的行为，而不论是否收取价款。

关联方交易的类型包括：购买或销售商品、购买或销售商品以外的其他资产、提供或接受劳务、担保和抵押、提供资金（贷款或权益性投资）、租赁、代理、研究与开发项目的转移、许可协议、代表企业或由企业代表另一方进行债务结算、关键管理人员报酬。

关联方交易的披露企业无论是否发生关联方交易，均应当在附注中披露母公司和子公司的名称，母公司和子公司的业务性质、注册地、注册资本（或实收资本、股本）及其变化，母公司对该企业或者该企业对子公司的持股比例和表决权比例等。企业与关联方发生关联方交易的，应当在附注中披露该关联方关系的性质、交易类型及其交易要素。披露的交易要素至少包括：交易的金额；未结算项目的金额、条款和条件，以及有关提供或取得担保的信息；未结算应收项目的坏账准备金额；定价政策。

企业关联方之间由于存在密切的关联关系，完全可以在不依赖正常市场交易的条件下，通过内部操纵而完成关联交易，以达到某种目的。例如，利用购买商品或销售商品进行利润操纵是个别公司粉饰业绩的一个手段，对于该类交易，应分析关联方交易价格的合理性，关注对财务状况和经营成果产生重大影响的关联方交易的价格，是否与交易对象的账面价值或其市场价格存在较大的差异，从而判断关联交易到底是正常的购销行为还是利润操纵的手段。应从以下几个方面进行分析：

（1）关注关联方及其交易的完整性。关联方交易尤其是大量非正常关联方交易，其信息披露的不完整不仅会造成公司的透明度低，而且会造成投资者不能正确地评价关联方交易的合理性，企业的财务状况和经营成果无法得到真实的反映，最终会导致社会资源配置的低效率，侵害广大投资者的利益。在完整性方面存在以下问题：

1）对关联方关系披露不完整。包括：隐瞒某些存在关联关系的关联方，或是没有披露存在控制关系的关联方的注册资金及其变化、权益资本及其变化和持股比例等，或是没有披露主要投资者个人、高层管理人员及其家属与相关企业的关系。

2）对关联方交易披露不完整。企业没有按照企业会计准则的要求进行披露，个别上市公司出于种种目的，隐瞒关联方交易的事项。其主要原因是这些关联交易缺乏公允性和真实性，如果完整地对外披露，势必对公司的当年利润或者社会形象产生影响。

（2）关注关联方及其交易的真实性。关联交易是否真实，是否有实际的资金流动，在分析时应特别关注。目前，我国上市公司关联方交易大部分通过非现金方式进行，关联方之间的交易因无须付现，对关联方的经营现金流量压力不大，因此，关联方交易可能纯粹是一种报表重组。

（3）关注关联方及其交易的可比性。关联方交易披露在可比性方面透明度较低，主要表现在定价政策的披露上。上市公司披露关联方交易的定价原则和有关费用收支标准差异较大，缺乏可比性。大多数上市公司往往只列示“按协议定价”“按市场价格”，而没有进一步加以明确，使投资者难以分清真实的交易价格，不排除个别上市公司以此达到粉饰报表的目的。

※ 任务设计 ※

分析报表附注

[例 4-4] 江南电子股份有限公司 2016 年度报表附注中有关应收账款（报表附注的其他项目分析与应收账款类似，不一一分析）的资料见表 4-28。

表 4-28　江南电子股份有限公司报表附注应收账款账龄表

2016 年　　单位：人民币元

账　龄	期末余额		年初余额	
	应收账款	坏账准备	应收账款	坏账准备
1 年以内（含 1 年）	53 910 612.31	2 695 530.61	37 028 991.79	1 851 449.58
1～2 年（含 2 年）	398 914.61	79 782.92	791 844.09	158 368.82
2～3 年（含 3 年）	734 294.56	293 717.82		
合　计	55 043 821.48	3 069 031.35	37 820 835.88	2 009 818.40

【分析报表附注工作过程】

步骤 1　计算应收账款账龄结构比重

江南电子股份有限公司报表附注应收账款账龄结构见表 4-29。

表 4-29　江南电子股份有限公司报表附注应收账款账龄结构表

2016 年

账　龄	期末余额		年初余额	
	应收账款（%）	坏账准备（%）	应收账款（%）	坏账准备（%）
1 年以内（含 1 年）	97.95	5.00	97.91	5.00
1～2 年（含 2 年）	0.72	20.00	2.09	20.00
2～3 年（含 3 年）	1.33	40.00		
合　计	100.00		100.00	

步骤 2　分析应收账款欠款前五名情况

应收账款中欠款金额前五名单位情况见表 4-30。

表 4-30　应收账款中欠款金额前五名单位情况　　单位：人民币元

排　名	与本公司关系	账面余额	账龄	占应收账款总额的比重（%）
第一名	客户	26 400 187.44	1 年以内（含 1 年）	47.96
第二名	客户	8 371 192.89	1 年以内（含 1 年）	15.21
第三名	客户	2 656 479.15	1 年以内（含 1 年）	4.83
第四名	客户	2 200 363.44	1 年以内（含 1 年）	4.00
第五名	客户	2 012 645.95	1 年以内（含 1 年）	3.66

从表 4-30 可知，江南电子股份有限公司应收账款前五名数额较大，占全部应收账款的 75.66%，且账龄都是 1 年以内（含 1 年）的，应该说，应收账款情况是正常的。

步骤 3　分析报表附注应收账款

江南电子股份有限公司本期无转回或收回应收账款；本期无实际核销的应收账款；期末

应收账款中无持本公司5%以上（含5%）表决权股份的股东单位欠款；期末无应收关联方账款；本期无金融资产转移而终止确认的应收款项；本期无未全部终止确认的被转移的应收账款；本期无以应收款项为标的进行证券化的，列示继续涉入形成的资产、负债的金额。

※ 知识拓展 ※

会计报表附注对比率指标的影响

会计报表附注会影响企业的会计分析，主要包括以下几方面：

（1）对偿债能力指标的影响。反映企业短期偿债能力指标中的流动负债、速动比率和现金比率，其分母为流动负债；反映企业长期偿债能力指标中的资产负债率、产权比率、有形净值债务率，其分母为负债。因此，在分析报表附注时，要关注或有负债项目，或有负债一旦成为事实上的负债，显然会减弱企业流动资产的变现能力，会加大企业的偿债负担。如果存在未作披露的或有负债，更会令变现能力指标的准确性大打折扣。同时，偿债能力指标的分子主要是资产，需要关注资产的质量，如果资产变现能力受影响，必然会影响偿债能力。

（2）对资产运营能力指标的影响。衡量企业资产运营能力的指标有应收账款周转率、存货周转率等。在分析报表附注时，要关注应收账款、存货所披露的内容：应收账款属于报表附注的重大事项；存货的计价方法不同直接影响期末存货的高低，进而影响运营能力的高低。

（3）对盈利能力指标的影响。反映企业盈利能力的指标有销售净利率、销售毛利率、资产净利率和净值报酬率等，其分子都是净利润，即企业的盈利水平。一般来说，正常营业状况所产生的利润才代表企业真正的盈利水平；非正常的营业状况，虽然也会给企业带来收益或损失，但只是特殊情况下的个别结果，不能说明企业的盈利能力。因此，要关注报表附注的内容分析。

※ 思考练习 ※

一、判断（正确的在括号内打“√”，错误的打“×”）

（　　）1. 一般情况下，企业采用的会计政策，在每一会计期间和前后各期可以不一致，根据需要而变更。

（　　）2. 会计估计变更既影响变更当期又影响未来期间的，其影响数只要在变更当期予以确认就可以了。

（　　）3. 非调整事项不应当调整资产负债表日的财务报表。

（　　）4. 关联方交易是指关联方之间转移资源、劳务或义务的行为，而不论是否收取价款。

（　　）5. 会计报表附注不会影响企业偿债能力指标的高低。

二、选择（下列答案中有一项或多项是正确的，将符合题意选项前的英文字母填入括号内）

1. 会计政策变更能够提供更可靠、更相关的会计信息的，应当采用（　　）进行处理。

A. 未来适用法　　B. 追溯调整法

C. 成本法　　D. 权益法

2. 会计政策变更的分析应从（　　）方面进行。

A. 存货发出计价方法　　B. 变更理由

C. 会计处理方法　　　　　　　　　D. 披露

3. 会计差错更正分析的内容包括(　　)。

A. 提前确认尚未实现的收入　　　　B. 不确认已实现的收入

C. 账户计算错误　　　　　　　　　D. 漏计已经完成的交易

4. 下列属于资产负债表日后调整事项的是(　　)。

A. 资产负债表日后发生重大诉讼、仲裁、承诺

B. 资产负债表日后资产价格、税收政策、外汇汇率发生重大变化

C. 资产负债表日后进一步确定了资产负债表日前购入资产的成本或售出资产的收入

D. 资产负债表日后发现了财务报表舞弊或差错

5. 企业与关联方发生关联方交易的，应当在附注中披露该关联方的(　　)。

A. 关系性质　　　　　　　　　　B. 交易类型

C. 交易要素　　　　　　　　　　D. 净利润

三、学习领域情境实训

(1) 实训目的：学会分析报表附注。

(2) 情境资料：江北机电股份有限公司报表附注应收账款账龄见表 4-31。

表 4-31　江北机电股份有限公司报表附注应收账款账龄表

2016 年　　　　单位：人民币元

账　龄	期末余额		年初余额	
	应收账款	坏账准备	应收账款	坏账准备
1 年以内（含 1 年）	7 894 899.31	789 489.93	6 005 332.34	600 533.23
1~2 年（含 2 年）	2 989 486.26	896 845.88	816 609.92	244 982.98
2~3 年（含 3 年）	1 177 443.88	1 177 443.88	1 038 115.66	1 038 115.66
合　计	12 061 829.45	2 863 779.69	7 860 057.92	1 883 631.87

应收账款中欠款金额前五名单位情况见表 4-32。

表 4-32　应收账款中欠款金额前五名单位情况　　　　单位：人民币元

排　名	与本公司关系	账面余额	账　龄	占应收账款总额的比重（%）
第一名（含 1 年）	客户	4 725 760.12	1 年以内（含 1 年）	5.71
第二名（含 1 年）	客户	4 527 721.89	1 年以内（含 1 年）	5.47
第三名（含 1 年）	客户	4 450 086.05	1 年以内（含 1 年）	5.37
第四名（含 1 年）	客户	4 130 986.40	1 年以内（含 1 年）	4.99
第五名（含 1 年）	客户	4 080 731.57	1 年以内（含 1 年）	4.93

(3) 实训要求：将学生分成若干小组，每组 4 名学生，并推选一名学生为组长，在老师的指导下共同制定工作方案。各组成员分析报表附注，并列出算式。15 分钟后，各组汇报，老师点评，评定成绩。

单元小结

- 第四单元
  - 阅读与分析所有者权益变动表
    - 阅读所有者权益变动表步骤
      - 看形成
      - 看变化
      - 看构成
    - 分析所有者权益变动表
      - 结构分析
      - 比率分析
    - 分析步骤
      - 计算与分析结构
      - 计算与分析比率
  - 阅读与分析报表附注
    - 阅读报表附注步骤
      - 看总体情况
      - 看重点项目
      - 看说明
    - 分析报表附注步骤
      - 计算比重
      - 分析重点项目
      - 评价附注

单元训练

一、知识巩固

1. 如何阅读所有者权益变动表？如何观察所有者权益变动的合理性？
2. 所有者权益变动表的结构是怎样的？如何观察所有者权益变动对企业的影响？
3. 如何分析所有者权益变动表？
4. 如何进行所有者权益变动的结构分析？
5. 如何进行所有者权益变动的比率分析？
6. 如何阅读报表附注？
7. 如何分析报表附注？
8. 你认为报表附注对财务比率指标有哪些影响？

二、实训项目

[项目一]

1. 实训目的

加强学生对所有者权益变动表、报表附注阅读与分析的实际操作训练，运用所学知识与分析方法，提高学生发现问题、分析问题和解决问题的能力，并培养学生团队协作意识，提高职业判断能力、语言表达能力、沟通能力和撰写分析报告能力。

2. 实训资料

一家中小板上市公司近三年的所有者权益变动表、报表附注及相关资料。

3. 实训组织

按4人为一个学习小组，选定小组长一人，负责制定小组工作计划书，组织小组讨论、实训和学习。所有者权益变动表、报表附注实训工作计划书通过小组成员讨论制定，并经指导老师审阅批准后实施。

4. 实训任务

（1）制定小组所有者权益变动表、报表附注实训工作计划；

（2）搜集一家中小板上市公司近三年的所有者权益变动表、报表附注及相关资料；

（3）阅读公司所有者权益变动表、报表附注；

（4）完成公司所有者权益变动表、报表附注的比较分析；

（5）完成公司所有者权益变动表、报表附注的比率分析；

（6）撰写所有者权益变动表、报表附注分析报告。

5. 实训要求

（1）能熟练利用网络搜集查阅所需的资料；

（2）能把握阅读利润表的关键点；

（3）能对公司财务状况作出客观、全面的分析评价；

（4）能撰写所有者权益变动表、报表附注分析报告，报告内容包括公司概况、所有者权益变动表和报表附注的基本情况、纵向比较分析、横向比较分析、盈利能力分析、发展能力分析、综合评价与结论、建议等；

（5）制作 PPT 汇报。

［项目二］

1. 实训目的

培养判断所有者权益变动表是否真实的能力。

2. 实训资料

如下图所示。

3. 实训要求

（1）根据图示调查并描述一个虚假所有者权益变动表事件。

（2）你认为应如何识别所有者权益变动报表的粉饰情况？

职业核心能力测评

职业核心能力测评表

（在□中打√，A表示通过，B表示基本通过，C表示未通过）

职业核心能力	评 估 标 准	自测结果
自我学习	1. 能进行时间管理 2. 能选择适合自己的学习和工作方式 3. 能随时修订计划并进行意外处理 4. 能将已经学到的东西用于新的工作任务	□A □B □C □A □B □C □A □B □C □A □B □C
信息处理	1. 能根据不同需要去搜寻、获取并选择信息 2. 能筛选信息，并进行信息分类 3. 能使用多媒体等手段来展示信息	□A □B □C □A □B □C □A □B □C
数字应用	1. 能从不同信息源获取相关信息 2. 能依据所给的数据信息，进行简单计算 3. 能用适当的方法展示数据信息和计算结果	□A □B □C □A □B □C □A □B □C
与人交流	1. 能把握交流的主题、时机和方式 2. 能理解对方谈话的内容，准确表达自己的观点 3. 能获取信息并反馈信息	□A □B □C □A □B □C □A □B □C
与人合作	1. 能挖掘合作资源，明确自己在合作中能够起到的作用 2. 能同合作者进行有效沟通，理解个性差异及文化差异	□A □B □C □A □B □C
解决问题	1. 能说明何时出现问题并指出其主要特征 2. 能作出解决问题的计划并组织实施计划 3. 能对解决问题的方法适时作出总结和修改	□A □B □C □A □B □C □A □B □C
革新创新	1. 能发现事物的不足并提出新的需要 2. 能创新性地提出改进事物的意见和具体方法 3. 能从多种方案中选择最佳方案，并在现有条件下实施	□A □B □C □A □B □C □A □B □C
学生签字：	教师签字：	年 月 日

第五单元

成本费用报表阅读与分析

【学习目标】

通过本项目学习，你应该能够：

- 阅读成本报表；
- 进行成本报表分析；
- 阅读费用报表；
- 进行费用报表分析；
- 了解成本费用的性质与作用、分类与特点；
- 熟悉企业成本费用与企业经济效益之间的内在关系。

【引导案例】

“三去一降一补”关键在经营决策

从企业经营角度来看，“三去一降一补”五大任务关键在企业经营决策。而经营决策离不开财务支撑，冀中能源通过一系列财务测算，细化任务指标，有效落实“三去一降一补”的改革任务。

“去产能”要去哪一部分产能？冀中能源在现有煤炭产品产量比重不变的情况下，详细测算、分析每种产品的毛利率和边际贡献，得出哪一类产品现金流亏损、哪一类产品还有边际贡献、哪一类产品还有盈利，进而确定去哪一部分产能。

“去库存”要限制哪一类产品的生产量？在库存管理方面，冀中能源每天统计各产品的库存量、销售量和生产量，同时结合各类产品的盈利情况，确定哪一类产品要加大生产，哪一类产品要限制生产。

“去杠杆”要如何调整好融资安排？就目前的煤炭行业形势看，企业既面临去产能、安置富余职工的压力，还面临转型升级、投资新项目的压力，提前偿还有息负债也不现实。对此，冀中能源主要是做好当前融资安排，保证有息负债不增加，确保资金链安全。一是抓紧完善资金管理制度，加强资金预算管理，对大额资金进一步明确使用规定。二是利用财务公司平台提高资金集中比例。三是积极推动多层次资本市场融资，开展资本运作，促进各类要素资源合理配置，优化债务结构，降低资金成本，防范财务风险。

“降成本”要如何实现切块经营？冀中能源一是深挖潜力，精打细算，大力推广“以收定支、量入为出、收支平衡、预算管控”的管理办法。二是以科技进步降成本，加大推广先进装备和先进工艺的推广应用，通过技术改造、沿空留巷、快速掘进、改革支护方式等先进技术和创新成果的应用，大幅提高生产效率。三是通过定编、定岗、定员，依法规范，精简各类用工，降低企业用工成本。四是进一步深化组织开展企业内部对标管理活动，通过对标先进堵塞漏洞。五是盘活闲置资产，通过多种形式，实现资产变现。

“补短板”要补在哪些项目上？仅靠开采有限煤炭资源不可能长期生存，冀中能源一方面通过瞄准建材行业发展方向，投资玻纤行业、实现转型，另一方面通过向第三产业，如社区管理、新农村建设、维修服务、农产品种植等服务性市场要利润。

资料来源：秦中艮、孙蕊、武献杰：《冀中能源供给侧结构改革实践》，载《财务与会计》，2017（02）。

这一案例表明，在供给侧结构改革背景下，如何将财务、业务和管理有效整合，不断挖掘潜在价值、节约成本、提高核心竞争力是企业亟须解决的问题。因此，会计报表的阅读与分析者要深刻领会案例内容，成本费用报表反映了成本管理的成效，很有必要学会成本费用报表的阅读与分析。

项目一

阅读成本费用报表

成本是反映企业工作质量的一个综合性指标。一般情况下，企业的产品成本越低，就意味着企业生产经营管理水平越高，经济效益越好。成本费用报表是反映企业在一定时期内所发生的成本及费用支出情况的报表。它是企业内部管理的一种报表，其具体的格式和种类由企业自行规定。通过阅读成本费用报表，能够查看成本费用计划的执行情况，能够查看成本费用节约或超支的情况，以便企业改善管理，降低消耗，提高经济效益。

任务1　阅读成本报表

※ 任务描述 ※

熟悉成本报表中成本项目的构成，掌握成本报表阅读的工作步骤，了解成本报表的性质与作用、分类与特点。

※ 知识准备 ※

一、产品生产成本表

产品生产成本表是反映一定时期内全部产品总成本和单位成本状况的报表。它既可以按照成本项目反映，也可以按照产品种类反映。通过产品生产成本表可以考核各种产品生产成本计划执行的结果，了解产品生产成本发生的全貌；利用产品生产成本表可以分析各成本项目的构成及其变化情况，揭示成本差异，挖掘潜力，降低产品生产成本；同时，产品生产成本表提供的成本信息资料，又是预测未来产品成本水平和制定合理目标成本的依据。

1. 产品生产成本表（按成本项目反映）

该表是按成本项目汇总反映企业在报告期内发生的全部生产费用以及产品生产成本合计数的报表。产品生产成本表（按成本项目反映）的基本格式见表5-1。

该表可以分为生产费用和产品生产成本两部分。表中，生产费用部分按成本项目反映报告期内发生的各项生产费用及其合计数；产品生产成本部分是在生产费用合计数的基础上，加上在产品、自制半成品期初余额，减去在产品、自制半成品期末余额，算出产品生产成本的合计数。这些费用和成本还可以按上年实际数、本年计划数、本月实际数和本年累计实际数分栏反映。

表5-1　产品生产成本表（按成本项目反映）

年　　月　　　　　　　　　　　　　　　　　单位：元

成本项目	行次	上年实际数	本年计划数	本月实际数	本年累计实际数
生产费用：					
直接材料					
直接人工					
制造费用					
生产费用合计					
加：在产品、自制半成品期初余额					
减：在产品、自制半成品期末余额					
产品生产成本合计					

阅读产品生产成本表（按成本项目反映），可以了解报告期内全部产品生产费用的支出情况和各种费用的构成情况，并据以进行生产费用支出的评价；本年累计生产费用与本年计划数和上年实际数相比较，可以考核和分析年度生产费用计划的执行结果，以及本年生产费用比上年的升降情况；本年累计实际的产品生产成本与本年计划数和上年实际数相比较，可以考核和分析年度产品生产成本计划的执行结果，以及本年产品生产成本比上年的升降情况。

【想一想】 成本与费用有何关系？

2. 产品生产成本表（按产品种类反映）

该表是按产品种类汇总反映企业在报告期内生产的全部产品的单位成本和总成本的报表。产品生产成本表（按产品种类反映）的基本格式见表5-2。

表5-2　产品生产成本表（按产品种类反映）

年　　月　　　　　　　　　　　　　　　　　单位：元

产品名称	计量单位	实际产量		单位成本				本月总成本			本年累计总成本		
		本月实际	本月累计	上年实际平均	本年计划	本月实际	本年累计实际平均	按上年实际平均单位成本计算	按本年计划单位成本计算	本月实际	按上年实际平均单位成本计算	按本年计划单位成本计算	本年实际
甲	件												
乙	件												
丙	件												
合计													

按产品种类反映的产品生产成本表在结构上是从左到右，横向分为几个部分，分别提供实际产量、单位成本、本月总成本和本年累计总成本的数据。

阅读提示

表中的“实际产量”部分给出了本月实际生产数和至本月为止的累计生产数，用于与计划产量数据加以比较，从而掌握产量计划的完成情况。

表中的“单位成本”部分分别给出了上年实际平均数、本年计划数、本月实际数以及本年累计实际平均数等，形成了直观的对比，也便于进行有关总成本的计算。

表中的“本月总成本”部分提供了本月实际总成本数据，以及需要进行比较的按上年实际和本年计划两个口径计算的总成本数据，以便于在每个月月末对当月生产总成本水平进行分析。

表中的“本年累计总成本”部分提供了本年度生产成本总水平的动态资料，便于企业结合时间进度，把握各种产品的成本发展态势和成本计划完成情况，及时发现问题，采取积极措施，加强日常的成本控制。

在按产品种类反映的产品生产成本表中，对于主要产品，应按产品品种反映实际产量和单位成本以及本月总成本和本年累计总成本；对于非主要产品，可以按照产品类别，汇总反映本月总成本和本年累计总成本。对于上一年度没有正式生产过、没有上年或本年资料的产品，一般称为不可比产品，不反映上年成本资料；对于上一年度正式生产过、具有上年成本资料的产品，一般称为可比产品，还应反映上年成本资料。

阅读按产品种类反映的产品生产成本表，可以了解各种类产品和全部产品本月和本年累计的成本计划的执行结果，对各种类产品成本和全部产品成本的节约或超支情况进行评价；可以了解各种可比产品和全部可比产品本月和本年累计的成本比上年的升降情况；可以了解哪些产品成本节约较多，哪些产品成本超支较多，为进一步进行产品单位成本分析指明方向。

提 示

产品生产成本表属于内部报表，企业可根据实际需要自行设计。在表式的设计上不像对外报表那样严格。

二、主要产品单位成本表

该表是反映企业在报告期内生产的各种主要产品成本构成及其变动情况的成本报表。该表是按主要产品反映的，是产品生产成本表（按产品种类反映）中某些主要产品成本的进一步反映。主要产品单位成本表的基本格式见表 5-3。

表 5-3 主要产品单位成本表

年 月

产品名称： 计量单位： 本月实际产量： 累计产量：

成本项目	历史先进水平	上年实际平均	本年计划	本月实际	本年累计实际平均
直接材料					
直接人工					
制造费用					

续前表

成本项目	历史先进水平	上年实际平均	本年计划	本月实际	本年累计实际平均
单位成本合计					
主要技术经济指标					
1. 主要材料					
2.					
3.					
4.					

阅读提示

主要产品是指企业经常生产，在企业全部产品中所占比重较大，能概括反映企业生产经营面貌的那些产品。由于在产品生产成本表中各种主要产品的成本只列示总数，无法据此分析构成情况，因此要编制该表作为产品生产成本表的补充说明。利用主要产品单位成本表，可以分析和考核主要产品成本计划的执行情况、单位成本的变动情况及各种主要产品的主要技术经济指标的执行情况，进而查明主要产品单位成本升降的具体原因。

主要产品单位成本表可以分为按成本项目反映的单位成本和主要技术经济指标两部分。该表的单位成本部分还可以分别反映历史先进水平、上年实际平均、本年计划、本月实际和本年累计实际平均的单位成本。该表的技术经济指标部分主要反映原料、主要材料、燃料和动力的消耗数量。

阅读主要产品单位成本表，可以按照成本项目了解主要产品单位成本计划的执行结果；可以按照成本项目将本月实际单位成本和本年累计实际平均成本与上年实际平均单位成本和历史先进单位成本进行对比，了解其比上年的升降情况，与历史先进水平是否有差距；可以了解主要产品的主要技术经济指标的执行情况。

三、制造费用明细表

制造费用是指企业生产车间为组织和管理生产而发生的间接生产费用，它是构成产品生产成本的重要组成项目。制造费用明细表的基本格式见表5-4。

表5-4 制造费用明细表

年 月　　　　单位：元

费用项目	上年同期实际	本月实际数	本年预算数	本年累计实际数
1. 职工薪酬				
2. 职工福利费				
3. 折旧费				
4. 修理费				
5. 办公费				
6. 水电费				

续前表

费用项目	上年同期实际	本月实际数	本年预算数	本年累计实际数
7. 机物料消耗				
8. 劳动保护费				
9. 差旅费				
10. 保险费				
11. 其他				
制造费用合计				

阅读制造费用明细表，可以了解本月制造费用实际数比上年同期制造费用实际数的增减变化情况；可以了解制造费用年度计划执行情况，以便采取措施，将制造费用控制在年度预算之内。

※ 任务设计 ※

阅读成本报表

［例 5－1］江南电子股份有限公司 2016 年成本报表有关资料见表 5－5。

表 5－5　产品成本表

编制单位：江南电子股份有限公司　　2016 年度　　金额单位：元

产品名称	本年产量	单位成本			总成本（按本年实际产量计算）		
		上年实际	本年计划	本年实际	上年实际	本年计划	本年实际
可比产品					400 000	368 000	360 000
甲	120	2 000	1 800	1 700	240 000	216 000	204 000
乙	160	1 000	950	975	160 000	152 000	156 000
不可比产品						264 000	240 000
丙	120		2 200	2 000		264 000	240 000
全部产品成本						632 000	600 000

【阅读成本报表项目工作过程】

步骤 1　看产品单位成本

可比产品甲的单位成本：本年实际为 1 700 元，比本年计划下降 100 元，比上年实际下降 300 元。可比产品乙的单位成本：本年实际为 975 元，比本年计划增加 25 元，比上年实际下降 25 元。不可比产品丙的单位成本：本年实际比本年计划下降 200 元。

步骤 2　看产品总成本

可比产品总成本本年实际为 360 000 元，比本年计划减少 8 000 元，比上年实际减少 40 000元。不可比产品总成本本年实际为 240 000 元，比本年计划减少 24 000 元。由此可见，该企业总成本控制得较好。

步骤 3　看可比产品成本与不可比产品成本构成

对于可比产品成本与不可比产品成本，本年计划分别占 58.23%、41.77%，而本年实际分别占 60%、40%，可比产品成本的比重上升，为进一步分析成本打下了基础。

※ 知识拓展 ※

作业成本

20世纪70年代初期，美国的乔治·斯坦伯斯教授首先提出了作业成本法。作业成本法是以“作业”为成本计算对象，归集和分配生产与经营费用的一种成本计算方法。作业就是一个单位对一项工程、一个规划或一个经营业务的各个具体活动所作的贡献。作业成本与产品生产成本既有区别又有联系。其区别主要体现在：成本内涵不同，作业成本是资源的耗用，而不是为获取资源而发生的支出；成本计算对象不同，作业成本将资源、作业、作业中心、制造中心等作为成本计算对象；成本经济内容不同，作业成本强调费用支出合理有效，而不论其是否与产出直接相关，其成本项目按作业类别设置；成本计算程序不同，作业成本要求首先确认从事什么作业，计算每种作业所发生的成本，然后以每种产品对作业的需求为基础，将成本追踪到产品；费用分配标准不同，作业成本下的间接费用分配标准是作业的数量化。作业成本与产品生产成本的联系在于：作业成本是责任成本与生产成本的结合点，二者的最终目的是计算最终产出成本。

※ 思考练习 ※

一、判断（正确的在括号内打“√”，错误的打“×”）

（　　）1. 产品生产成本表是反映企业在报告期内生产的全部产品的总成本的报表。

（　　）2. 企业编制的成本报表一般不对外公布，因此，成本报表的种类、项目和编制方法可由企业自行确定。

（　　）3. 企业编制的所有成本报表中，产品生产成本表是最主要的报表。

（　　）4. 成本报表属于对内还是对外由企业决定。

（　　）5. 主要产品单位成本表是产品生产成本表的补充说明。

二、选择（下列答案中有一项或多项是正确的，将符合题意选项前的英文字母填入括号内）

1. 下列不属于成本报表的是（　　）。

A. 产品生产成本表　　B. 主要产品单位成本表

C. 现金流量表　　D. 制造费用明细表

2. 成本报表属于（　　）。

A. 对外报表　　B. 对内报表

C. 既是对内报表，又是对外报表　　D. 是对内还是对外由企业决定

3. 产品生产成本表可以反映可比产品与不可比产品的（　　）。

A. 实际产量　　B. 单位成本　　C. 本月总成本　　D. 本年累计总成本

4. 工业企业编制的成本报表有（　　）。

A. 产品生产成本表　　B. 主要产品单位成本表

C. 制造费用明细表　　D. 成本计算单

5. 对可比产品成本降低率不产生影响的因素是（　　）。

A. 产品品种结构　　B. 产品产量

C. 产品单位成本　　D. 产品总成本

三、学习领域情境实训

（1）实训目的：学会阅读成本报表。

（2）情境资料：江北机电股份有限公司 2016 年产品生产成本表的有关资料见表 5-6。

表 5-6　产品生产成本表

编制单位：江北机电股份有限公司　　2016 年 12 月　　金额单位：人民币元　产量单位：件

产品名称	实际产量		单位成本				本月总成本			本年累计总成本		
	本月实际	本月累计	上年实际平均	本年计划	本月实际	本年累计实际平均	按上年实际平均单位成本计算	按本年计划单位成本计算	本月实际	按上年实际平均单位成本计算	按本年计划单位成本计算	本年实际
可比产品合计							151 000	149 200	143 700	1 740 000	1 696 000	1 667 000
A	100	900	800	780	750	760	80 000	78 000	75 000	720 000	675 000	684 000
B	30	500	500	480	450	470	15 000	14 400	13 500	250 000	240 000	235 000
C	80	1 100	700	710	690	680	56 000	56 800	55 200	770 000	781 000	748 000
不可比产品合计								1 233 000	1 269 000		15 224 000	14 596 000
D	300	3 200		1 150	1 250	1 100		345 000	375 000		3 680 000	3 520 000
E	600	7 800		1 480	1 490	1 420		888 000	894 000		11 544 000	11 076 000
全部产品								1 382 200	1 412 700		16 920 000	16 263 000

（3）实训要求：将学生分成若干小组，每组 4 名学生，并推选一名学生为组长，在老师的指导下共同制定工作方案。各组成员阅读成本报表，并列出阅读步骤。15 分钟后，各组汇报，老师点评，评定成绩。

任务 2　阅读费用报表

※ 任务描述 ※

熟悉费用报表中费用项目的构成，掌握费用报表阅读的工作步骤，了解费用报表的性质与作用、分类与特点。

※ 知识准备 ※

期间费用是与一定会计期间相联系，为保证生产经营活动顺利进行而发生的间接费用，包括管理费用、销售费用和财务费用。期间费用是影响企业利润水平和盈利能力的一个重要因素。期间费用的共同特点是没有明确的归属对象，而与一定的会计期间相联系，所以在发生时应列入当期利润表，在当期营业利润中扣除。

期间费用的大小一般并不与企业业务量成正比，多数属于固定成本或酌量性固定成本，少数属于变动成本和混合成本。因此，在考核企业期间费用完成情况的时候，首先，应注意各类期间费用的具体性质，将分析重点放在酌量性固定成本和混合成本等项目上；其次，应将期间费用的支出与企业营业收入和利润等产出效益指标联系起来进行分析，判断支出的合理性，而不能简单地认为期间费用越低越好。

一、阅读管理费用明细表

管理费用是指企业为组织和管理生产经营活动而发生的各项费用，包括企业各行政管理部门人员的工资及福利费、差旅费、办公费、折旧费、技术开发费、业务招待费等。管理费用明细表的基本格式见表5-7。

表5-7 管理费用明细表

年 月 单位：元

费用项目	上年同期实际数	本月实际数	本年预算数	本年累计实际数
公司经费				
其中：工资				
折旧费				
修理费				
低值易耗品摊销				
办公费				
差旅费				
工会经费				
职工教育经费				
劳动保险费				
失业保险费				
董事会费				
咨询费				
审计费				
诉讼费				
绿化费				
税金				
土地使用费				
土地损失补偿费				
技术转让费				
技术开发费				
无形资产摊销				
业务招待费				
其他				
合计				

二、阅读销售费用明细表

销售费用是指企业在销售商品、提供劳务过程中所发生的应由当期损益承担的费用，以及企业专设营销机构所发生的各项费用支出。销售费用明细表的基本格式见表5-8。

表 5-8　销售费用明细表

年　月　　　　单位：元

费用项目	上年同期实际数	本月实际数	本年预算数	本年累计实际数
工资及福利费				
折旧费				
修理费				
办公费				
水电费				
机物料消耗				
劳动保护费				
停工损失				
其他				
合计				

三、阅读财务费用明细表

财务费用是指企业在生产经营活动中为筹集所需要的资金而发生的相关费用，包括利息收支的净差额、汇兑净损失、支付给金融机构的手续费以及为筹集生产经营所需资金而发生的其他相关费用等。财务费用明细表的基本格式见表 5-9。

表 5-9　财务费用明细表

年　月　　　　单位：元

费用项目	上年同期实际数	本月实际数	本年预算数	本年累计实际数
一、利息费用				
减：利息收入				
小计				
二、汇兑损失				
减：汇兑收益				
小计				
三、手续费				
四、其他				
合计				

※ 任务设计 ※

阅读费用报表

[例 5-2] 江南电子股份有限公司 2016 年费用报表有关资料见表 5-10～表 5-12。

表5-10 管理费用明细表

2016年12月　　单位：元

费用项目	本年预算	本年实际	上年实际
公司经费		775 265	688 548
其中：工资		433 790	368 945
折旧费		110 964	105 846
修理费		69 768	6 311
低值易耗品摊销		8 124	14 492
办公费		54 828	61 878
差旅费		20 052	15 096
保险费		15 975	10 098
其他		61 764	105 882
工会经费		37 964	27 690
职工教育经费		4 914	1 775
董事会费		3 048	7 448
诉讼费		26 094	—
业务招待费		76 286	87 414
税金		24 932	29 255
研究开发费		12 000	—
坏账损失		424 377	—
技术转让费		70 080	7 950
其他		376 263	236 244
合计		1 831 223	1 086 324

表5-11 销售费用明细表

2016年12月　　单位：元

费用项目	本月预算	本月实际	实际比预算		各项目占总体比重（%）	
			增减金额	变动（%）	预算数	实际数
工资及福利费	93 300	93 927	627	0.67	54.30	53
运输费	12 900	14 805	1 905	14.77	7.50	8.40
装卸费	2 100	2 580	480	22.96	1.20	1.50
包装费	13 950	11 100	−2 850	−20.43	8.10	6.30
展览费	6 150	7 020	870	14.15	3.60	4
广告费	11 700	11 700	0	0	6.80	6.60
差旅费	12 900	14 184	1 284	9.95	7.50	8
其他	18 750	21 702	2 952	15.74	10.90	12.20
合计	171 750	177 018	5 268	3.07	100	100

表5-12 财务费用明细表

2016年12月　　单位：元

费用项目	上年同期实际数	本月实际数	本年预算数	本年累计实际数
一、利息费用	12 210	13 463	175 125	153 450
减：利息收入	1 215	1 872	12 750	10 992
小计	10 995	11 591	162 375	142 458
二、汇兑损失	10 436	12 581	123 000	126 606
减：汇兑收益	3 785	8 741	57 600	44 646
小计	6 651	3 840	65 400	81 960
三、手续费	7 827	6 468	93 000	95 178
四、其他	—	—	—	—
合计	25 473	21 899	320 775	319 596

【阅读费用报表项目工作过程】

步骤 1 阅读管理费用明细表

从表 5-10 可以看出，该企业对管理费用尚未实行预算管理，分析评价参照标准为上年实际发生额。

该企业本年管理费用比上年增加了 744 899（=1 831 223－1 086 324）元，增幅为 68.57%。如果当年企业在经营方针政策上比上年无太大的变化，管理费用发生如此大幅度的增加，则必然导致企业经营业绩的大幅度下降。

步骤 2 阅读销售费用明细表

从表 5-11 可以看出，从本月销售费用总额的预算执行情况看，实际超过预算 5 268 元并不是十分理想。是何原因所致，还需要作进一步的分析。

第一，从工资及福利费上看，实际比预算仅有小额增加，应属于正常的范围（应该注意的是，该项费用占全部费用的一半以上）。

第二，看运输、装卸和包装这三项变动性费用。其中，运输费、装卸费表现为费用上升，升幅分别为 14.77%和 22.96%，升幅较高，有必要进一步分析超支的原因。

第三，展览费超过预算标准，但因其绝对额不大，从比重上看，也不是主要项目，作一般分析即可。

第四，广告费的预算执行情况较好，但要与当期的销售业绩联系起来再作评价。

第五，对于差旅费，可以结合业务开展的需要了解超支原因。一般情况下，如果预算编制科学，考虑较为全面，当期的业务活动没有太大变化，这类费用的超支应该是很低的。

第六，对于其他销售费用，其所占的比重较高，而且超过预算的幅度较大，应予以关注。有必要深入分析该项目的具体内容是否应该发生或发生额是否正常。

步骤 3 阅读财务费用明细表

从表 5-12 可以看出，总体上本年度财务费用的实际发生额与本年预算基本保持平衡，总体管理水平尚可。

分项目看，该企业本年度利息收支及净额都比预算有所下降，很可能是因为企业在资金周转上作了努力，从而减少了短期借款的使用，节约了利息费用。

另外，从汇兑损益项目上看，本年的汇兑损失与预算相比有所增加，汇兑收益有所下降。

※ 知识拓展 ※

基于全面成本管理的“三维成本”

基于全面成本管理的“三维成本”是指产品从设计生产到售后使用至报废整个生命周期内发生的各项费用和支出，即表现为在“数量”“质量”和“更新”三维上的支出费用总和。第一维——数量成本，是生产一定种类和数量的产品所发生的各项费用，这是“三维成本”的基本部分，其内容与产品生产成本基本一致，但不包括纳入质量成本的“废品损失”和“三包费用”。第二维——质量成本，是为了保证和提高产品质量而投入的费用，以及未达到质量标准，不能满足用户对产品功能和可靠性的要求而发生的损失。质量成本包括两类：一类是由质量保证费用和质量预防费用构成的功能性质量成本，另一类是由内部故障损失和外部故障损失构成的损失性质量成本。第三维——更新成本，是开发研制新产品、新技术、新工艺，或引进国外先进技术而发生的各项费用。更新成本也包括对原有产品生产技术和生产设备的改造，使产品升级换代具有更强的市场竞争力。

※ 思考练习 ※

一、判断（正确的在括号内打“√”，错误的打“×”）

(　　)1. 运用连环替代法时要正确确定各因素的排列顺序，在分析相同问题时要按照同一排列顺序进行替换，否则会得出不同的计算结果。

(　　)2. 成本报表提供的实际产品成本和费用支出资料，不仅可满足企业内部的需要，而且可以满足国家宏观调控的需要。

(　　)3. 产品成本报表是反映企业在报告期内所生产的全部产品的总成本和各种主要产品单位成本及总成本的报表。利用产品成本报表，可以对企业成本工作进行一般评价。

(　　)4. 产品成本越低，则企业生产经营管理水平越高。

(　　)5. 产品成本上升，企业的收益水平也可能提高。

二、选择（下列答案中有一项或多项是正确的，将符合题意选项前的英文字母填入括号内）

1. 期间费用明细表包括(　　)。

A. 制造费用明细表　　B. 管理费用明细表

C. 销售费用明细表　　D. 财务费用明细表

2. 工业企业成本报表，总的来说，反映工业企业的(　　)。

A. 生产费用　　B. 生产经营费用

C. 经营管理费用　　D. 经营管理费用和产品生产成本

3. 既反映本期发生的生产费用，又反映本期完工产品成本的报表是(　　)。

A. 按成本项目反映的产品生产成本表

B. 按产品种类反映的产品生产成本表

C. 主要产品单位成本表

D. 制造费用明细表

4. 工业企业的成本费用报表一般包括(　　)。

A. 商品产品成本表　　B. 制造费用明细表

C. 主要产品单位成本表　　D. 期间费用明细表

5. 在采用因素分析法进行成本分析时，确定各因素替代顺序时，下列说法正确的是(　　)。

A. 先替代数量指标，后替代质量指标

B. 先替代质量指标，后替代数量指标

C. 先替代实物量指标，后替代价值量指标

D. 先替代主要指标，后替代次要指标

三、学习领域情境实训

（1）实训目的：学会阅读费用报表。

（2）情境资料：江北机电股份有限公司2016年管理费用明细表见表5-13。

表 5-13　管理费用明细表

2016 年 12 月　　单位：元

费用项目	本年计划	本年实际	上年实际
科研费	350 000	1 179 000	201 000
招待费	120 000	116 000	122 000
公司经费	710 000	818 000	707 000
其中：职工教育经费	12 000	118 000	11 000
仓库经费	12 000	13 000	13 000
其他	8 000	7 000	9 000
合计	1 200 000	2 133 000	1 052 000

(3) 实训要求：将学生分成若干小组，每组 4 名学生，并推选一名学生为组长，在老师的指导下共同制定工作方案。各组成员阅读管理费用报表，并列出阅读步骤，撰写讨论发言稿。15 分钟后，各组汇报，老师点评，评定成绩。

项目二

分析成本费用报表

成本费用报表分析是指利用企业成本费用计划、成本费用报表等资料，来揭示成本费用计划的完成情况，查明引起成本费用升降的因素，以便寻求控制成本费用途径的分析方法。它是企业管理的一个重要组成部分。通过成本费用报表分析，作出比较准确的评价，不仅可以考核各责任部门的工作业绩，而且能为进一步确定和编制企业成本费用计划提供依据，有利于推动企业整体成本管理水平的提高；通过成本费用报表分析，用科学的方法，从指标、数字入手，在各项经济指标相互联系中系统地进行对比分析，揭露其中的矛盾，找出其中的差距，就可以查明影响成本费用变动的各种因素及原因，从而采取必要的措施，不断地提高企业的经营管理水平；通过成本费用报表分析，查明引起成本费用升降的原因，可以挖掘潜力，寻找降低企业成本费用水平的途径和方法。

任务 1　分析成本报表

※ 任务描述 ※

熟悉成本报表项目的构成状况，掌握成本报表分析的工作步骤，了解成本报表项目的真实性与可靠性。

※ 知识准备 ※

成本报表分析是将全部产品本年实际总成本与按本年实际产量计算的上年（或计划）总成本进行比较，通过计算降低额和降低率指标，借以分析全部产品成本的升降情况。

一、按成本项目进行分析（采用比较分析法）

通过成本项目分析，可以确定全部产品成本实际水平脱离计划的差异，以及是由哪些成本项目的升降引起的，从而抓住重点项目来研究全部产品总成本的变动。分析程序如下：

（1）按成本项目计算全部产品的实际总成本（计算是以实际产量计算）。计划总成本与实际总成本的计算公式分别为：

计划总成本＝∑实际产量×计划单位成本

实际总成本＝∑实际产量×实际单位成本

（2）将实际总成本与计划总成本进行比较。

（3）确定各成本项目的差异额和差异率。计算公式分别为：

各成本项目的差异额＝各成本项目实际总成本－各成本项目计划总成本

各成本项目的差异率＝各成本项目的差异额÷各成本项目计划总成本

（4）计算各成本项目的差异额占计划总成本的份额。计算公式为：

各成本项目的差异额占计划总成本的份额＝各成本项目的差异额÷计划总成本

（5）根据分析结果作出评价。

二、按产品类别进行分析

按产品类别将本期实际总成本与按本期实际产量调整的计划（或上期）总成本进行比较，确定其成本降低额和降低率，进而找出全部产品成本实际脱离计划的差异是由哪些产品造成的。分析程序如下：

（1）确定总成本降低额和降低率，计算公式分别为：

总成本降低额＝∑（实际产量×计划单位成本）－∑（实际产量×实际单位成本）

$$总成本降低率=\frac{总成本降低额}{\sum（实际产量\times计划单位成本）}\times100\%$$

（2）分别计算可比产品和不可比产品的降低额和降低率，考核其计划完成情况。

练一练

某企业可比产品按上年实际平均单位成本计算的本年累计总成本为894 250元，本年累计实际总成本为886 555元，则可比产品成本比上年降低额和降低率分别是多少？

解答：可比产品成本比上年降低额＝894 250－886 555＝7 695（元）

$$可比产品成本比上年降低率=\frac{7\ 695}{894\ 250}\times100\%=0.86\%$$

提　示

可比产品成本比上年降低额和降低率如果是负数，说明可比产品成本比上年不是降低了，而是升高了。

（3）分别计算各个产品的降低额和降低率，考核其计划完成情况。

（4）根据分析结果作出评价。

三、可比产品成本降低计划完成情况分析

对可比产品成本降低计划完成情况的分析，是将实际降低额和降低率与计划降低额和降低率进行比较，从而确定可比产品成本降低计划的完成情况，并查明影响可比产品成本降低的因素及影响程度，为进一步挖掘降低成本的潜力提供帮助。

可比产品成本降低计划完成情况的分析程序如下：

（1）确定分析对象（计算降低额和降低率的差异）。

$$\text{计划成本降低额}=\sum(\text{计划产量}\times\text{上年实际单位成本})-\sum(\text{计划产量}\times\text{本年计划单位成本})$$

$$\text{计划成本降低率}=\frac{\text{计划成本降低额}}{\sum(\text{计划产量}\times\text{上年实际单位成本})}\times 100\%$$

$$\text{实际成本降低额}=\sum(\text{实际产量}\times\text{上年实际单位成本})-\sum(\text{实际产量}\times\text{本年实际单位成本})$$

$$\text{实际成本降低率}=\frac{\text{实际成本降低额}}{\sum(\text{实际产量}\times\text{上年实际单位成本})}\times 100\%$$

提　示

在上面的公式中，可比产品计划成本降低额和降低率是以本年计划产量为基础计算的，而实际成本降低额和降低率则是以本年实际产量为基础计算的。

（2）进行因素分析。影响可比产品成本降低计划完成情况的因素主要有三个，即产品产量、品种结构和单位成本。其中，单纯的产量变动只对成本降低额有影响，对成本降低率无影响（产品的品种结构和单位成本不变时，产品产量的变动会引起成本降低额发生同比例变动，因此，产量的变动不会影响成本降低率的变动）；品种结构和单位成本的变动，对成本降低额和降低率均有影响。因此，对于产量变动，要分析成本降低额；对于品种结构变动，要分析成本降低额和成本降低率；对于单位成本变动，要分析成本降低额和成本降低率。

（3）根据分析结果作出评价。

四、产品单位成本（主要产品单位成本）降低计划完成情况分析（采用因素分析法）

对产品单位成本（主要产品单位成本）降低计划完成情况的分析在于揭示各种产品单位成本及其各个成本项目的变动情况，查明单位成本升降的具体原因。

请注意

典型的制造企业购买原材料并通过生产将这些原材料转化成完工产品。这一从原材料到完工产品的转化产生于对工人和机器的使用。依照公认会计原则，一件产品的成本包括：(1) 原材料成本；(2) 直接生产过程中发生的人工成本；(3) 其他生产成本（即间接生产成本或产品制造费用）的合理分摊。总之，原材料成本、人工成本、产品制造费用构成了一件产品的完全生产成本。

分析程序如下：

(1) 主要产品单位成本降低额和降低率的分析。即分析主要产品单位成本实际数与计划数的差异，确定各单位成本是升高了还是降低了，升降幅度是多少。

降低额与降低率的计算公式为：

降低额＝实际单位成本－计划单位成本

降低率＝降低额÷计划成本×100％

(2) 对主要产品单位成本项目分别进行比较分析。即考察每个项目的升降情况，作进一步深入的分析，查明引起项目成本升降的原因。

1) 直接材料成本项目的分析：

直接材料成本＝单耗（单位耗用量）×单价

单耗变动的影响程度＝∑［（实际单耗－计划单耗）×计划单价］

单价变动的影响程度＝∑［实际单耗×（实际单价－计划单价）］

2) 直接人工成本项目的分析：

直接人工成本项目的分析与企业采取的职工薪酬制度（计件、计时）有一定的关系。在计时职工薪酬制度下：

单位产品人工成本＝单位产品生产工时×小时职工薪酬率

小时职工薪酬率＝直接人工成本÷生产工时

效率（工时）变动的影响程度＝（实际工时－计划工时）×计划小时职工薪酬率

工资率变动的影响程度＝实际工时×（实际小时职工薪酬率－计划小时职工薪酬率）

3) 制造费用成本项目的分析：

制造费用成本＝效率（单位产品所耗工时）×制造费用率

制造费用率＝制造费用÷生产工时

效率（工时）变动的影响程度＝（实际工时－计划工时）×计划小时制造费用率

费用率变动的影响程度＝实际工时×（实际小时制造费用率－计划小时制造费用率）

※ 任务设计 ※

分析成本报表（按产品类别进行分析）

［例5－3］（采用比较分析法）江南电子股份有限公司2016年成本报表有关资料见表5－14。

表 5－14　产品生产成本表

编制单位：江南电子股份有限公司　　2016 年度　　单位：元

产品名称	本年产量	单位成本			总成本（按本年实际产量计算）		
		上年实际	本年计划	本年实际	上年实际	本年计划	本年实际
可比产品					400 000	368 000	360 000
甲	120	2 000	1 800	1 700	240 000	216 000	204 000
乙	160	1 000	950	975	160 000	152 000	156 000
不可比产品						264 000	240 000
丙	120		2 200	2 000		264 000	240 000
全部产品成本						632 000	600 000

【分析成本报表项目工作过程（采用比较分析法）】

步骤 1　确定总成本降低额和降低率

全部产品成本计划完成情况见表 5－15。

表 5－15　全部产品成本计划完成情况表

单位：元

产品名称	总成本（按本年实际产量计算）			本年比上年		本年比计划		各产品成本差异对总成本降低的影响（%）
	上年实际	本年计划	本年实际	降低额	降低率（%）	降低额	降低率（%）	
可比产品	400 000	368 000	360 000	40 000	10.0	8 000	2.17	1.26
甲	240 000	216 000	204 000	36 000	15.0	12 000	5.56	1.90
乙	160 000	152 000	156 000	4 000	2.5	－4 000	－2.63	－0.63
不可比产品		264 000	240 000			24 000	9.09	3.80
丙		264 000	240 000			24 000	9.09	3.80
全部产品成本		632 000	600 000			32 000	5.06	5.06

从表 5－15 中可以看出，企业全部产品生产成本实际比计划降低了 32 000 元，降低率为 5.06%。

步骤 2　分析可比产品和不可比产品的成本计划完成情况

在总成本降低的 32 000 元中，可比产品成本降低了 8 000 元，降低率为 2.17%，使总成本降低了 1.26%；不可比产品成本降低了 24 000 元，降低率为 9.09%，使总成本降低了 3.80%。

步骤 3　按各个产品类别考核其成本计划的完成情况

从产品类别来看，甲产品成本降低了 12 000 元，乙产品成本升高了 4 000 元，丙产品成本降低了 24 000 元，降低率分别为 5.56%、－2.63%和 9.09%（降低率为负表示成本上升）。三种产品对总成本的影响分别为：甲产品使总成本降低了 1.90%，乙产品使总成本上升了 0.63%，丙产品使总成本降低了 3.80%。

步骤 4　分析评价

从产品的类别来看，甲产品和丙产品的实际成本与计划成本相比都有所降低，应初步给予好评。但甲产品和丙产品还应区别对待：由于丙产品是不可比产品，其成本较计划下降

9.09%，幅度很大，因此必须考虑其计划的科学性。此外，对于成本超支的乙产品，应分析原因，采取措施，尽快降低成本。

[例5-4]（采用因素分析法）江南电子股份有限公司2016年度生产的甲产品是一个主要产品，该产品对可比产品成本降低计划的完成起到了决定性的作用。甲产品的单位成本资料见表5-16。

表5-16 主要产品单位成本表

编制单位：江南电子股份有限公司　　2016年度　　金额单位：元

产品名称：甲产品　　计量单位：件　　计划产量：90件　　实际产量：120件

成本项目	上年实际平均单位成本		本年计划平均单位成本		本年实际平均单位成本	
直接材料	1 400		1 296		1 200	
直接人工	290		280		260	
制造费用	310		224		240	
合计	2 000		1 800		1 700	
明细项目	上年实际		本年计划		本年实际	
原材料	单位用量	金额	单位用量	金额	单位用量	金额
A（千克）	80	800	76	760	75	600
B（千克）	30	600	25	536	30	600
工时	110		100		64	

【分析成本报表项目工作过程（采用因素分析法）】

步骤1　分析单位成本降低额和降低率

分析主要产品单位成本实际数与计划数的差异，确定单位成本是升高了还是降低了，并计算升降幅度：

降低额=实际单位成本-计划单位成本=1 200-1 296=-96（元）

降低率=降低额÷计划单位成本×100%=96÷1 296×100%=7.41%

步骤2　分析直接材料成本项目变动情况

编制甲产品单位产品直接材料成本分析表，见表5-17。

表5-17　单位产品直接材料成本分析表

材料名称	耗用量（千克）		单价（元）		材料成本（元）		
	计划	实际	计划	实际	计划	实际	降低额
A	76	75	10	8	760	600	160
B	25	30	21.44	20	536	600	-64
合计	—	—	—	—	1 296	1 200	96

从表5-17可以看出，单位产品直接材料成本实际比计划降低了96元，其中A材料成本降低了160元，B材料成本升高了64元，具体分析如下：

A材料：

材料单耗（量差）的影响程度=（75-76）×10=-10（元）

材料单价（价差）的影响程度=75×（8-10）=-150（元）

B 材料：

材料单耗（量差）的影响程度＝（30－25）×21.44＝107.20（元）

材料单价（价差）的影响程度＝30×（20－21.44）＝－43.20（元）

由上面的计算过程可知：A 材料单位耗用量的降低使单位产品成本降低了 10 元，单价的降低使单位产品成本降低了 150 元，二者共同影响，使产品单位成本降低了 160 元；B 材料单位耗用量的增加使单位产品成本升高了 107.20 元，单价的降低使单位产品成本降低了 43.20 元，二者共同影响，使产品单位成本升高了 64 元。A 材料与 B 材料共同影响，材料成本共降低了 96 元。

步骤 3　分析直接人工成本项目

编制甲产品单位产品直接人工成本分析表，见表 5－18。

表 5－18　单位产品直接人工成本分析表

项目	计划	实际	降低额
单位产品生产工时	100	64	36
小时工资率（元/小时）	2.80	4.062 5	－1.262 5
单位产品直接人工成本（元）	280	260	20

说明：小时工资率的计算公式为：小时工资率＝直接人工成本÷生产工时。

从表 5－18 可以看出，单位产品直接人工成本实际比计划降低了 20 元，是由两个因素共同影响的结果：

效率差异的影响程度＝（64－100）×2.80＝－100.80（元）

工资率差异的影响程度＝64×（4.062 5－2.80）＝80.80（元）

以上计算结果说明：由于生产效率的提高，实际单位产品生产工时比计划少耗用 36 小时，使单位产品的直接人工成本降低了 100.80 元；由于小时工资率实际比计划提高了 1.262 5元，单位产品直接人工成本上升了 80.80 元。两者共同作用，使甲产品直接人工成本降低了 20 元。

步骤 4　分析制造费用成本项目

编制甲产品单位产品制造费用分析表，见表 5－19。

表 5－19　单位产品制造费用分析表

项目	计划	实际	降低额
单位产品生产工时	100	64	36
小时制造费用率（元/小时）	2.24	3.75	－1.51
单位产品制造费用（元）	224	24	－16

说明：小时制造费用率的计算公式为：小时制造费用率＝制造费用÷生产工时。

从表 5－19 可以看出，单位产品制造费用实际比计划上升了 16 元，是由以下两个因素造成的：

效率差异的影响程度＝（64－100）×2.24＝－80.64（元）

分配率差异的影响程度＝64×（3.75－2.24）＝96.64（元）

以上计算结果表明：由于生产效率的提高，实际单位产品生产工时比计划节约了 36 小时，使单位产品的制造费用降低了 80.64 元；由于小时制造费用率实际比计划提高了 1.51 元，单位产品制造费用上升了 96.64 元。两者共同作用，使甲产品单位制造费用上升了 16 元。

※ 知识拓展 ※

柔性成本管理

柔性成本（Flexible Cost Management）是指企业为建立柔性所付出的全部费用之和。柔性成本管理则是与刚性成本管理相对应的概念。刚性成本管理是根据成文的规章制度，依靠组织的职权对企业的各种成本进行程式化的管理，又可称为准则导向型成本管理。柔性成本管理则是在此基础上，将环境这一外生变量导入组织的决策模型中，并将其作为显著影响企业经济行为和经济后果的重要参数之一，以此实现对企业的各种成本进行柔性化的管理，属于原则导向型成本管理。柔性成本管理有利于改善成本信息质量、加强成本控制和提高产品的市场竞争能力。柔性管理追求的目标是企业的整体柔性，这一整体柔性不仅包括企业“软件”方面的柔性，而且包括企业“硬件”方面的柔性。因此，与之相对应的企业柔性成本管理不仅包括组织结构、技术、生产等方面的柔性成本管理，而且包括人员、文化、战略等方面的柔性成本管理。柔性成本管理的应用包括：成本管理决策的柔性化，即成本决策目标从最优化准则向满意性准则转变；成本管理信息的柔性化；民主化柔性成本管理——作业成本管理。

※ 思考练习 ※

一、判断（正确的在括号内打“√”，错误的打“×”）

(　　)1. 在进行全部产品成本分析时，需要计算成本降低率，该项指标是用成本降低额除以实际产量的实际总成本计算得来的。

(　　)2. 在进行可比产品成本降低任务完成情况分析时，由于产品产量因素的变动，只影响成本降低额，不影响成本降低率。

(　　)3. 可比产品成本实际降低额是用实际产量按上年实际单位成本计算的总成本与实际产量按本年实际单位成本计算的总成本计算得来的。

(　　)4. 不可比产品是指上年没有正式生产过，没有上年成本资料的产品。

(　　)5. 本年累计实际产量与本年计划单位成本之积，称为按本年实际产量计算的本年累计总成本。

二、选择（下列答案中有一项或多项是正确的，将符合题意选项前的英文字母填入括号内）

1. 在主要产品单位成本表中，不需要反映的指标是（　　）。

A. 上年实际平均单位成本　　B. 本年计划单位成本

C. 本月实际单位成本　　D. 本月实际总成本

2. 在进行全部产品成本分析时，计算成本降低率是用成本降低额除以（　　）。

A. 按计划产量计算的计划总成本　　B. 按计划产量计算的实际总成本

C. 按实际产量计算的计划总成本　　D. 按实际产量计算的实际总成本

3. 在进行可比产品成本降低任务完成情况分析时，对于产品单位成本的变动，下列说法正确的有(　　)。

A. 产品单位成本的变动影响成本降低额

B. 产品单位成本的变动影响成本降低率

C. 产品单位成本的变动不影响成本降低额
D. 产品单位成本的变动不影响成本降低率
4. 在计算可比产品成本计划降低额时，需要计算的指标有（　　）。
A. 实际产量按上年实际单位成本计算的总成本
B. 实际产量按本年实际单位成本计算的总成本
C. 计划产量按上年实际单位成本计算的总成本
D. 计划产量按本年计划单位成本计算的总成本
5. 影响可比产品成本降低率变动的因素可能有(　　)。
A. 产品产量　　B. 产品单位成本　　C. 产品价格　　D. 产品品种结构

三、学习领域情境实训

(1) 实训目的：学会分析成本报表。

(2) 情境资料：江北机电股份有限公司 2016 年度生产甲、乙两种可比产品，有关资料见表 5-20 和表 5-21。

表 5-20　可比产品成本计划降低任务　　单位：元

产品名称	计划产量	单位成本		总成本		计划降低任务	
		上年实际	本年计划	上年实际	本年计划	降低额	降低率（%）
甲	90	2 000	1 800	180 000	162 000	18 000	10.0
乙	180	1 000	950	180 000	171 000	9 000	5.0
合计	—	—	—	360 000	333 000	27 000	7.5

表 5-21　可比产品成本计划降低任务实际完成情况　　单位：元

产品名称	实际产量	单位成本			总成本			计划降低任务	
		上年实际	本年计划	本年实际	上年实际	本年计划	本年实际	降低额	降低率（%）
甲	120	2 000	1 800	1 700	240 000	216 000	204 000	36 000	15.0
乙	160	1 000	950	975	160 000	152 000	156 000	4 000	2.5
合计	—	—	—	—	400 000	368 000	360 000	40 000	10.0

(3) 实训要求：将学生分成若干小组，每组 4 名学生，并推选一名学生为组长，在老师的指导下共同制定工作方案。各组成员对可比产品成本计划降低任务完成情况进行分析。15 分钟后，各组汇报，老师点评，评定成绩。

任务 2　分析费用报表

※ 任务描述 ※

熟悉费用报表的内容，掌握费用报表分析工作步骤，了解费用报表分析的意义。

※ 知识准备 ※

费用报表通常是指期间费用报表，包括管理费用明细表、销售费用明细表和财务费用明细表。

费用报表的特点是：没有明确的归属对象，直接在当期利润中扣除，多数属于固定成本或酌量性固定成本。

请注意

分析重点是酌量性固定成本和混合成本项目；与收入和利润联系起来，判断支出的合理性；与对外报表结合起来分析；与企业经营方针或政策的变化结合起来分析，而不能简单地认为期间费用越低越好。

提　示

对各项费用明细表的分析主要采用对比分析法和构成比率分析法。

首先，采用对比分析法。视分析的目的，选择表中的某项数字为基数，将本期实际数与基数进行对比，确定各个项目本期实际数与对比基数的差异。分析时，可以将各项费用的本期实际数与本期计划数进行对比，分析计划的执行结果；可以将各项费用的本期实际数与上期实际数进行对比，了解其增减变化，分析发展趋势。

其次，采用构成比率分析法。以各项费用的总额为基数，分别用各项费用的各个项目与总额进行计算，求出所占比重，以找出影响费用总额的重点项目，确定管理的重点环节。

一、分析管理费用明细表

管理费用基本属于固定性费用。在企业业务量一定、收入一定的情况下，有效地控制、压缩固定性行政费用，会给企业带来更多的利润。对管理费用分析的目的也可以归纳为两个方面：一方面是对本期预算（计划）执行情况进行评价与考核，明确有关责任；另一方面是为下期预算（计划）的编制提供有用的信息，最终促进企业增收节支，取得更好的经济效益。

在进行管理费用分析时，应对费用进行分类，分析不同类别费用的发生是否正常，超支或节约的原因是什么，进而有针对性地进行管理和控制。

（1）对管理性费用，如工资及福利费、办公费、差旅费、修理费、业务招待费等，其高低一般反映企业的管理水平，应从管理上找原因。

（2）对发展性费用，如研究开发费、职工教育经费等，其高低与企业的未来发展相关，不能简单地与管理水平挂钩，应将费用支出与带来的效益相比较进行分析。属长线投入，在有条件的情况下应尽量满足。

（3）对保护性费用，如保险费、待业保险费、劳动保险费等，其高低与企业防范生产经营风险和职工劳动保障的改善相关。属中线支出，多用于防范风险，必须足额列支；也不能简单地与管理水平挂钩，应将费用支出与带来的效益相比较进行分析。

（4）对不良性费用，如存货盘亏和毁损的净损失等，其直接冲减效益，其发生与管理有直接的关系，必须从管理上找原因，杜绝发生。

另外，具体的分析还要结合业务情况或实际经营背景分别而论，特别是从企业经营方针及政策的变化来分析。

提　示

对管理费用明细表进行分析，可以用实际执行数与计划数或预算数进行比较，了解计划或预算的执行情况；也可以用实际执行数与上年数进行比较，分析管理费用的变动趋势，并在此基础上对企业管理水平作出评价。

二、分析销售费用明细表

销售费用是企业销售商品过程中发生的费用，费用的高低与销售数量密切相关。因此，在分析销售费用时，必须联系当期市场需求变化情况和企业销售业务的开展、销售规模等业务背景，必须注意结合不同性质的销售费用与销售数量的关系。

（1）对随着销售数量的变化而变化的销售费用，如运输费、装卸费和包装费等项目，分析时应将其增减变动同销售数量的增减变动结合起来，以考核这些费用的发生和变动是否合理、正常。

（2）销售费用中有相当一部分费用的效益要在未来反映出来，如展览费、广告费等，分析时应将连续几个时期的销售费用与销售收入进行对比：如果销售收入的增长大于销售费用的增长，即使销售费用的绝对数是上升的，也属于正常情况；反之，则应强化费用的控制和管理。

提　示

通过对产品销售费用进行分析，既能对已经发生费用的功效、销售人员的业绩以及产品质量进行评价考核，又能为今后改善销售工作提供借鉴依据，从而更好地为实现企业整个经营战略目标提供信息服务。

三、分析财务费用明细表

财务费用是为筹集企业生产经营资金而发生的，费用的高低直接取决于企业负债的高低，特别是银行借款。只有在掌握了企业有关背景资料的情况下，分析才能够比较深入、透彻。因此，在进行财务费用分析时，必须结合企业生产经营对资金的需求程度以及外汇市场上汇率变化的风险情况。需要注意以下两点：

（1）注意分析负债结构、借款利率、借款期限，以及与生产经营需要的相关度，看能否通过调整负债结构控制财务费用。

（2）注意分析资本结构、筹资成本、筹资效益，看能否通过改变筹资渠道控制财务费用。

提 示

对财务费用进行分析，其目的是评价考核企业在财务费用方面的开支是否与预算（计划）相符合，超支或节约的原因是什么。从分析中还可以了解掌握企业的财务方针政策，是否满足了生产经营资金的需要；当前面临多大的外汇风险（有外币业务的企业），对此是否采取了一定的防范措施；所负担利率与经营利润率孰高孰低等。通过财务费用分析，为企业本期财务费用的考核和下期的预算提供依据。

※ 任务设计 ※

分析费用报表（按产品类别进行分析）

［例5-5］江南电子股份有限公司2016年费用报表有关资料见表5-22～表5-24。

表5-22 管理费用明细表

2016年12月　　单位：元

项　目	本年预算	本年实际	上年实际
公司经费		775 265	688 548
其中：工资		433 790	368 945
折旧费		110 964	105 846
修理费		69 768	6 311
低值易耗品摊销		8 124	14 492
办公费		54 828	61 878
差旅费		20 052	15 096
保险费		15 975	10 098
其他		61 764	105 882
工会经费		37 964	27 690
职工教育经费		4 914	1 775
董事会费		3 048	7 448
诉讼费		26 094	—
业务招待费		76 286	87 414
税金		24 932	29 255
研究开发费		12 000	—
坏账损失		424 377	—
技术转让费		70 080	7 950
其他		376 263	376 244
合计		1 831 223	1 086 324

表 5-23　销售费用明细表

2016 年 12 月

单位：元

费用项目	本月预算	本月实际	实际比预算		各项目占总体比重（%）	
			增减金额	变动（%）	预算数	实际数
工资及福利费	93 300	93 927	627	0.67	54.30	53
运输费	12 900	14 805	1 905	14.80	7.5	8.40
装卸费	2 100	2 580	480	22.90	1.20	1.50
包装费	13 950	11 100	−2 850	−20.40	8.10	6.30
展览费	6 150	7 020	870	14.10	3.60	4
广告费	11 700	11 700	0	0	6.80	6.60
差旅费	12 900	14 184	1 284	10	7.50	8
其他	18 750	21 702	2 952	15.70	10.90	12.20
合计	171 750	177 018	5 268	3.10	100	100

表 5-24　财务费用明细表

2016 年 12 月

单位：元

项　目	上年同期实际	本月实际数	本年预算数	本年累计实际数
一、利息费用	12 210	13 463	175 125	153 450
减：利息收入	1 215	1 872	12 750	10 992
小计	10 995	11 591	162 375	142 458
二、汇兑损失	10 436	12 581	123 000	126 606
减：汇兑收益	3 785	8 741	57 600	44 646
小计	6 651	3 840	65 400	81 960
三、手续费	7 827	6 468	93 000	95 178
四、其他	—	—	—	—
合计	25 473	21 899	320 775	319 596

【分析费用报表项目工作过程】

步骤 1　分析管理费用明细表

管理费用的分析，首先是对管理费用的实际数与计划（预算）数进行比较分析，其次是管理费用的结构分析，再次是管理费用的重点项目分析。从表 5-22 可以看出，该企业坏账损失、诉讼费、修理费等项目大额超支是导致管理费用超支的主要不利因素，也暴露出企业在资产管理、费用控制上存在问题。对此，必须作深入的分析，找出具体原因，从而有针对性地制定改进措施，提高管理水平。技术转让费的增长，表明企业本期引进了先进的生产技术，有助于提高企业产品的档次和质量，提高企业的竞争力。研究开发费的大量投入，表明企业正在进行新产品的研发工作，如果进展顺利，将成为企业未来的利润增长点，对提高企业的知名度和市场占有率、实现企业的可持续发展具有重要意义。

因此，对管理费用的分析，一定要结合企业的实际经营背景，特别是企业经营方针及政策的变化来进行。

提 示

对费用报表的分析还应该将企业对外报表（如资产负债表、利润表、现金流量表、所有者权益变动表及附注等）结合起来进行，而且要参考财务情况说明书等文字报告，以便客观、公正、全面、准确地评价企业的经营管理情况。

步骤2 分析销售费用明细表

从表5-23可以看出：从销售费用总额的预算执行情况看，实际超出预算5 268元，上升幅度为3.10%，并不是十分理想。是何原因所致，还需要作进一步的分析。

首先，从工资及福利费上看，实际比预算仅有小额增加，应属于正常的范围（应该注意的是，该项费用占全部费用的一半以上）。

阅读提示

在企业员工数量、职工薪酬标准和政策相对稳定，并采用计时职工薪酬制的情况下，工资及福利费就是固定性费用。但如果企业采用销售提成的做法，这项费用就成为半变动费用，在分析其数额增减变化时，必须结合销售数量的变化来进行。

其次，运输费、装卸费上升。要查明具体是销售数量发生变化引起的，还是运输价格变化所致。就本例来看，运输费用比重相对较大，如果有销量、价格等相关资料，应作进一步的定量分析。装卸费虽然上升幅度比较大，但在费用总额中比重很低，超支的绝对数额也不高，如果在定性分析后能够明确并落实责任，就没有必要对其影响因素再作定量分析了。包装费比重较高，实际发生额呈下降的趋势，降幅达到20.40%，虽然表现为费用减少，但还不能简单下结论，应考虑销售数量变化的影响，同时还要查明其他原因。

最后，展览费、广告费、差旅费、其他销售费用等应视项目重要程度进行深入分析。

综上所述，可以得出总的评价：从总额上看，预算的执行情况不够理想，超过预算指标。分项目看，也的确存在一定的问题，运输费、差旅费及其他销售费用超支较大。对与销售数量变动和开展业务有关的费用项目，还要结合销售业务情况进行分析。企业必须在满足开展业务、扩大销售的前提下考虑节支问题。

步骤3 分析财务费用明细表

从表5-24可以看出，总体上本年度财务费用的实际发生额与本年预算基本保持平衡，总体管理水平尚可。

分项目看，该企业本年度利息收支及净额都比预算有所下降，按净额计算的下降幅度为12.27%，很可能是因为企业在资金周转上作了努力，从而减少了短期借款的使用，节约了利息费用。

另外，从汇兑损益项目上看，本年的汇兑损失与预算相比有所增加，汇兑收益有所下降。按净损失计算，上升了25.32%。这应该与企业业务中所使用的外币种类以及各自的汇率变化有直接关系。也就是说，企业在外币的管理和运作上还有不足之处，今后应妥善运作，以减少汇率变化带来的损失。

※ 知识拓展 ※

贾思勰的费用观

贾思勰，北魏时期山东益都人，曾担任北魏高阳郡太守，著有我国古代最早、最全的农学著作《齐民要术》。其费用的观点主要有：勤俭节约以致富的观点，如“人生在勤，勤则不匮”，“力能胜贫，谨能胜祸”，“夫财货之生，既艰难矣，用之以节”；顺天时，量地力以降低人力耗费的观点，如“顺天时，量地力，则用力少而成功多；任情返性，劳而无获”，“入泉伐木，登山求鱼，手必虚；迎风散水，逆板走丸，其势难”等；改进劳动工具以降低成本的观点，如“欲善其事，先利其器；悦以使人，人忘其劳”；多种经营以降低耗费的观点；等等。这些观点对分析费用、降低耗费仍具有指导意义。

※ 思考练习 ※

一、判断（正确的在括号内打“√”，错误的打“×”）

(　　)1. 在分析某个指标时，将与该指标相关但又不同的指标加以对比，分析其相互关系的方法称为对比分析法。

(　　)2. 采用因素分析法进行成本分析时，各因素变动对经济指标影响程度的数额相加，应与该项经济指标实际数与基数的差额相等。

(　　)3. 如果企业的负债资金的利息率低于其资产报酬率，则提高资产负债率可以增加所有者权益报酬率。

(　　)4. 企业费用总额的增加并不一定意味着利润的下降和企业管理水平的下降。

(　　)5. 在企业员工数量、工资标准和政策相对稳定，并采用计时工资制的情况下，工资及福利费属于变动性费用。

二、选择（下列答案中有一项或多项是正确的，将符合题意选项前的英文字母填入括号内）

1. 成本报表分析常用的方法有（　　）。

A. 比较分析法　　B. 比率分析法　　C. 因素分析法　　D. 趋势分析法

2. 财务费用项目分析的内容包括(　　)。

A. 借款总额　　B. 利息支出　　C. 利息收入　　D. 汇兑收益

3. 产品的销售费用、管理费用和财务费用构成企业的(　　)。

A. 生产费用　　B. 期间费用　　C. 直接费用　　D. 间接费用

4. 分析成本费用报表时应注意的问题主要有(　　)。

A. 了解企业成本费用计划的执行情况

B. 分析成本费用计划完成或未完成的原因，找出主要影响因素

C. 分析有关指标及成本费用的发展趋势

D. 了解企业在成本费用管理中存在哪些问题

5. 成本费用报表分析的一般程序是(　　)。

A. 掌握情况，拟定分析内容和步骤　　B. 研究比较，查找差距

C. 分析差距原因　　D. 提出改进措施

三、学习领域情境实训

（1）实训目的：学会分析费用报表。

（2）情境资料：江北机电股份有限公司2016年管理费用明细表见表5-25。

表5-25 管理费用明细表

2016年12月 单位：元

费用项目	本年计划	本年实际	上年实际
科研费	350 000	1 179 000	201 000
招待费	120 000	116 000	122 000
公司经费	710 000	818 000	707 000
其中：职工教育经费	12 000	118 000	11 000
仓库经费	12 000	13 000	13 000
其他	8 000	7 000	9 000
合计	1 200 000	2 133 000	1 052 000

（3）实训要求：将学生分成若干小组，每组4名学生，并推选一名学生为组长，在老师的指导下共同制定工作方案。各组成员根据案例资料，计算有关分析指标，撰写讨论发言稿。15分钟后，各组汇报，老师点评，评定成绩。

单元小结

- 第五单元
  - 阅读成本费用报表
    - 阅读成本报表
      - 产品生产成本表
        - 按成本项目反映
        - 按产品种类反映
      - 主要产品单位成本表
      - 制造费用明细表
      - 阅读步骤
        - 看计划执行情况
        - 看成本构成
        - 评价
    - 阅读费用报表
      - 阅读管理费用明细表
      - 阅读销售费用明细表
      - 阅读财务费用明细表
      - 阅读步骤
        - 看计划执行情况
        - 看成本构成
        - 评价
  - 分析成本费用报表
    - 分析成本报表
      - 按成本项目进行分析
      - 按产品类别进行分析
      - 可比产品成本降低计划完成情况分析
      - 产品单位成本降低计划完成情况分析
      - 分析步骤
        - 分析成本降低额和降低率
        - 分析成本计划完成情况
        - 分析评价
    - 分析费用报表
      - 分析管理费用明细表
      - 分析销售费用明细表
      - 分析财务费用明细表
      - 分析步骤
        - 计算费用率
        - 计算费用率的增减变化
        - 分析评价

单元训练

一、知识巩固

1. 产品生产成本表有哪些反映的形式?
2. 阅读产品生产成本表可以了解哪些成本信息?
3. 主要产品单位成本表主要反映哪些内容?
4. 成本降低额和成本降低率是怎样计算的?
5. 如何分析可比产品成本降低计划完成情况?
6. 如何分析产品单位成本降低计划完成情况?
7. 如何分析管理费用明细表?
8. 如何分析销售费用明细表?

二、实训项目

[项目一]

1. 实训目的

加强学生成本费用报表阅读与分析的实际操作训练，运用所学知识与分析方法，提高学生发现问题、分析问题和解决问题的能力，并培养学生团队协作意识，提高职业判断能力、语言表达能力、沟通能力和撰写分析报告能力。

2. 实训资料

一家中小企业近三年的成本费用报表及相关资料。

3. 实训组织

按4人为一个学习小组，选定小组长一人，负责制定小组工作计划书，组织小组讨论、实训和学习。成本费用报表实训工作计划书通过小组成员讨论制定，并经指导老师审阅批准后实施。

4. 实训任务

（1）制定小组成本费用报表实训工作计划；

（2）调查一家中小企业近三年的成本费用报表及相关资料；

（3）阅读企业成本费用报表；

（4）完成企业成本报表的分析；

（5）完成企业费用报表的分析；

（6）撰写成本费用报表分析报告。

5. 实训要求

（1）能熟练运用沟通技巧调查阅读所需的资料；

（2）能把握阅读成本费用报表的关键点；

（3）能对企业成本费用作出客观、全面的分析评价；

（4）能撰写成本费用报表分析报告，报告内容包括公司概况、成本费用报表的基本情况、成本降低额和降低率分析、成本费用比较分析、成本费用因素分析、综合评价与结论、建议等。

（5）制作PPT汇报。

［项目二］

1. 实训目的

培养判断成本费用报表是否真实的能力。

2. 实训资料

如右图所示。

3. 实训要求

（1）根据图示调查并描述一个虚假成本费用报表事件。

（2）你认为应如何识别成本费用报表的粉饰情况？

职业核心能力测评

职业核心能力测评表

（在□中打√，A 表示通过，B 表示基本通过，C 表示未通过）

职业核心能力	评 估 标 准	自测结果
自我学习	1. 能进行时间管理 2. 能选择适合自己的学习和工作方式 3. 能随时修订计划并进行意外处理 4. 能将已经学到的东西用于新的工作任务	□A □B □C □A □B □C □A □B □C □A □B □C
信息处理	1. 能根据不同需要去搜寻、获取并选择信息 2. 能筛选信息，并进行信息分类 3. 能使用多媒体等手段来展示信息	□A □B □C □A □B □C □A □B □C
数字应用	1. 能从不同信息源获取相关信息 2. 能依据所给的数据信息，进行简单计算 3. 能用适当的方法展示数据信息和计算结果	□A □B □C □A □B □C □A □B □C
与人交流	1. 能把握交流的主题、时机和方式 2. 能理解对方谈话的内容，准确表达自己的观点 3. 能获取信息并反馈信息	□A □B □C □A □B □C □A □B □C
与人合作	1. 能挖掘合作资源，明确自己在合作中能够起到的作用 2. 能同合作者进行有效沟通，理解个性差异及文化差异	□A □B □C □A □B □C
解决问题	1. 能说明何时出现问题并指出其主要特征 2. 能作出解决问题的计划并组织实施计划 3. 能对解决问题的方法适时作出总结和修改	□A □B □C □A □B □C □A □B □C
革新创新	1. 能发现事物的不足并提出新的需要 2. 能创新性地提出改进事物的意见和具体方法 3. 能从多种方案中选择最佳方案，并在现有条件下实施	□A □B □C □A □B □C □A □B □C
学生签字：	教师签字：	年　　月　　日

第六单元

合并会计报表阅读与分析

【学习目标】

通过本项目学习，你应该能够：

- 看懂合并报表；
- 进行合并报表的增减分析；
- 理解合并倍数指标和比较分析指标的意义；
- 进行合并倍数的分析；
- 进行合并报表的比较分析。

【引导案例】

2012年合并报表营业收入下滑

在对外宣传的材料中，华西村村办集体企业——华西集团2012年收入达到524.5亿元，但这实际上是按税务口径统计的开票销售收入。按照企业会计准则编制的财务报表显示，华西集团2012年合并报表后的营业总收入只有276.7亿元，并且较2011年的308.4亿元出现约一成的下滑。

钢铁板块疲软的表现，成为拖累华西集团整体业绩的直接原因。2012年，钢铁行业为华西集团带来276.3亿元的营业收入，同比减少53亿元，且连续两年营收仅与成本持平。

据华西集团子公司——江阴华西钢铁有限公司董事长杨永昌回忆，华西钢铁最繁荣的时候是2005年到2007年。但2008年金融海啸后政府的刺激政策促使钢铁行业盲目扩张。到2010年，全国钢铁生产总量已经偏高，国内钢材市场供大于求，产能过剩、价格疲软，在这样的大环境下华西村钢铁产业亦陷入低谷。

陷入困境的不仅是钢铁产业。华西集团旗下主业为化纤制造的华西股份（股票代码：000936），2013年上半年业绩也大幅度下滑，营收11.02亿元，同比减少22.88%，净利润为1 521万元，同比下降82.04%。就像整个中国面临转型升级课题一样，在工业化的轨道上，依靠重化工、纺织业完成原始积累的华西村走到了十字路口，亟须注入新的发展动力。

资料来源：王肖邦、程靖峰：《华西村：转型之艰》，载《第一财经日报》，2013-10-08。

这一案例表明，华西集团钢铁、化纤制造陷入困境，从合并报表中反映出来的是营业收入2012年比2011年减少31.7亿元。因此，合并报表的阅读者，要深刻领会案例内容，很有必要阅读与分析合并报表。

项目一

阅读合并会计报表

作为企业集团成员的母公司和子公司都是独立法人，但“企业集团”却不是独立法人，而是多个独立法人的“联合体”，是一个“虚拟合并”的集团。在企业集团发展的早期，并不要求编制合并会计报表，只需提供母公司和子公司等独立法人的个别会计报表。但随着经济的发展，人们越来越意识到，企业集团虽然不是独立法人，但确实是一个“经济实体”。作为企业集团母公司的股东，如果只关注母公司自身的会计报表，而忽视整个企业集团的合并报表，那么，对母公司以及整个集团财务状况和收益的理解是不全面的，因此，合并报表应运而生。合并会计报表是反映母公司和子公司组成的企业集团这一个会计主体财务状况、经营成果及现金流量合并情况的会计报表，主要包括合并资产负债表、合并利润表、合并所有者权益变动表和合并现金流量表。本项目分为认识合并会计报表和阅读合并会计报表两项任务。

任务1　认识合并会计报表

※ 任务描述 ※

熟悉合并会计报表的构成，掌握合并会计报表合并准备的工作步骤，了解个别会计报表项目的真实性与可靠性。

※ 知识准备 ※

一、企业合并的原因与方式

1. 企业合并的原因

企业是国民经济的细胞，是国民收入的源泉。在市场经济条件下，企业必须遵循优胜劣汰、适者生存的竞争法则。但由于不同企业所处的外部环境和内部经营管理水平存在诸多差异，一些处境危难的企业，为避免遭受更大的损失而不得不转让企业；一些目前境况较好的企业，为了谋求更大的发展，主动寻求被更好的企业合并的机会；一些外部环境好、经营管理得当、在市场竞争中处于优势地位的企业，为了进一步扩大市场份额，提高企业的资信力，也有招兵买马、扩张势力的主观愿望，以尽可能低的成本获取尽可能多的经济资源。因此，企业合并是市场经济发展的必然产物。

企业合并的原因是多方面的，从微观经济角度看，企业合并的主要原因包括：

（1）节约成本。通常，一家企业通过企业合并取得所需设备和生产能力，比自己购建同样设备、形成同样生产能力所需要的费用要省。

（2）降低风险。购买已有的产品生产线，接纳现有的市场，通常要比开发新的产品、拓展新的市场风险小。当企业以分散风险为目标来实施企业合并时，尤其如此。

（3）能较早地利用生产能力。通过企业合并取得的固定资产，有望在短期内投入运行，较早地转化为生产能力。而企业新建设备需要政府有关部门的批准，并且会耗用几年的建造时间，从而延误生产时机。

（4）取得无形资产。企业合并可能是为了取得有形的经济资源，但更可能是为了取得无形资产，如专利权、专营权、管理技术、优越的地理位置，甚至进出口特许权等。

（5）税收优惠。通过企业合并，组建企业集团，可以得到税收上的优惠。我国和有些国家的税法、税收条例，对企业集团的增值税、所得税都给予了优惠条件，如在计算应纳税所得额时，企业集团内某一企业的亏损可抵消其他企业的盈利。

企业合并的实质就是通过某种方式把两家或两家以上的具有法律独立地位的企业合成一个经济实体。企业仅通过自身的内部积累来扩大经营规模是缓慢的，直接而有效的方式是通过收购、兼并其他企业，实现迅速成长，建立可靠的原材料供应基地，开辟新的市场，开展多种经营。可以说，在现代市场经济中，企业合并是司空见惯的现象。

2. 企业合并的方式

企业合并的方式一般有三种：

（1）新设合并。由两家或两家以上的企业合并成立一家新的企业，参与合并的各方的法人资格在合并后均被注销。比如，两家在法律上独立的企业A公司和B公司合并成一家新的企业——C公司，那么，当C公司成立后，A公司和B公司将会随即注销。

（2）吸收合并。由一家企业兼并另一家或一家以上的企业，被兼并的企业宣告解散，失去法人资格，并予以注销。吸收合并后，其中一家企业继续存在，其他企业随即解散。比如，A公司购买了B公司的全部股份，A公司继续存在，B公司宣告解散。

（3）控股合并。一家企业通过合并取得另一家企业的控制权，前者取得控制地位，称为母公司或控股公司，也称为合并方（或购买方），合并方确认企业合并形成的对被合并方的投资；后者为子公司，也称为被合并方，在合并后仍保持其法人资格，并继续经营。

在前两种合并方式下，在合并当初需要处理有关企业的会计业务，合并完成之后，实际上就是一家公司，所属公司不具备法人地位，而只是一个或若干个分支机构或分公司，在进行日常会计处理时作为一家公司对待。而控股合并则不同，尽管母公司具有控股地位，但母公司和子公司仍是相互独立的法律实体，各自的会计核算也是相互独立的，各自都编制自身单独的财务报表。但由于母公司已经控制了子公司的经营，实际上，母公司和子公司是一个经济实体。作为一个经济实体，就必须把母公司与子公司的会计报表合并起来，编制一套反映母公司与子公司作为一个经济实体的合并会计报表。对于母公司的股东来说，合并会计报表比母公司自身单独的会计报表更有意义。

二、合并会计报表与个别会计报表、汇总会计报表的区别

合并会计报表又称合并财务报表，它是以母公司和子公司组成的企业集团为一个会计主体，以母公司和子公司单独编制的个别会计报表为基础，由母公司编制的综合反映企业集团整体财务状况、经营成果及其现金流量的财务报表。

【想一想】什么是母公司和子公司？

母公司是指拥有一家或一家以上子公司的企业（或主体），子公司是指被母公司控制的企业。

阅读提示

《企业会计准则第33号——合并财务报表》第三条规定：

合并财务报表至少应当包括下列组成部分：

1. 合并资产负债表；
2. 合并利润表；
3. 合并现金流量表；
4. 合并所有者权益（或股东权益）变动表；
5. 附注。

1. 合并会计报表与个别会计报表的区别

由于合并会计报表是以母公司与子公司组成的企业集团作为一个会计主体，以母公司与子公司各自的个别会计报表为基础编制的，因此它不同于个别会计报表。二者的主要区别如下：

（1）反映的对象不同。合并会计报表反映的对象是由若干个法人组成的会计主体（是经济意义上而不是法律意义上的主体）；个别会计报表反映的对象是单个的企业法人。

（2）编制的原则不同。合并会计报表只是由对其他企业有控制权的控股公司（母公司）编制，而不是所有企业都要编制（即便在集团公司内部也是如此）；个别会计报表是由独立法人编制，而且所有企业都必须编制。

（3）编制的基础不同。合并会计报表是以纳入合并范围的个别会计报表为基础，通过抵消有关会计事项对会计报表的影响编制的，不需要设置账簿体系；个别会计报表的编制则必须从设置账簿、审核凭证直至编制会计报表都必须完全按照完整的会计核算体系来进行，方法固定。

2. 合并会计报表与汇总会计报表的区别

如果说，汇总会计报表的概念如同“1＋1＝2”，那么合并会计报表的概念就如同“1＋1≠2”。二者的主要区别如下：

（1）编制的目的不同。合并会计报表编制的目的是满足集团公司的所有者、债权人以及其他方面的利益关系主体了解企业集团整体财务状况、经营成果和现金流量的需要；汇总会计报表则是为了满足国家或行政管理部门了解和掌握某一行业或下属企业财务状况、经营成果及现金流量的需要。

（2）编制的范围不同。合并会计报表只是以母公司对另一家（或多家）企业的控制关系作为编报范围的依据；汇总会计报表以财务上的隶属关系作为确定编报范围的依据。

（3）编制的方法不同。合并会计报表必须在抵消内部投资、债权债务以及内部销售等集团内部交易对个别会计报表的影响后编制；汇总会计报表通过项目的简单加总进行编制。

请注意

合并会计报表的作用在于能够对外提供反映由母公司与子公司组成的企业集团整体情况的财务会计信息，能够避免一些企业集团利用内部控股关系操纵利润，人为地粉饰会计报表。

在编制合并会计报表时，子公司除了应当向母公司提供报表外，还应当向母公司提供下列有关资料：

（1）采用的与母公司不一致的会计政策及其影响金额；

（2）对与母公司不一致的会计期间的说明；

（3）与母公司、其他子公司之间发生的所有内部交易的相关资料；

（4）所有者权益变动的有关资料；

（5）编制合并会计报表所需要的其他资料。

三、合并会计报表的合并范围

合并会计报表的编制主体是企业集团中的母公司，而母公司在编制合并会计报表时，首先要确定合并范围。

合并会计报表的合并范围是指纳入合并会计报表编报的子公司的范围，主要明确哪些子公司应当包括在合并会计报表的编报范围之内，哪些子公司不应当包括在合并会计报表的编报范围之内。

合并范围“应当以控制为基础予以确定”，即不论拥有权益性资本的比例为多少，只要能够控制，均应纳入合并范围。

提　示

控制是指一家企业能够决定另一家企业的财务和经营政策，并能据以从另一家企业的经营活动中获得利益的权力。

控制的方式主要有两种：

（1）以所有权方式达到控制的目的。这是指一方拥有另一方半数以上有表决权的资本，包括直接拥有、间接拥有、直接拥有加间接拥有。例如：

直接拥有：A→B（51%）

间接拥有：A→B（60%）、B→C（70%），则A→C（42%）

直接拥有加间接拥有：A→B（51%）、A→C（35%）、B→C（30%），则A→C（65%）

（2）以所有权加其他方式达到控制的目的。这是指一方拥有另一方有表决权资本的比例虽然不超过半数，但通过其拥有表决权资本和其他方式达到控制。比如，通过与被投资单位其他投资者之间达成的协议，拥有被投资单位半数以上的表决权；根据公司章程或协议，有权决定被投资单位的财务和经营政策；有权任免被投资单位的董事会或类似机构的多数成员；在被投资单位的董事会或类似机构中占多数表决权。

请注意

合并范围确定的原则可简单概括为“投资＋控制”，只有同时满足这两个条件，才能纳入合并范围。以控制为基础确定合并会计报表的合并范围，应当强调“实质重于形式”的原则，要综合考虑所有相关事实和因素来进行判断，如投资者的持股情况、投资者之间的相互关系、公司治理结构、潜在表决权等。在编制合并会计报表时，对于企业集团内部的业务，必须进行抵消，而且“只调表、不调账”。

※ 任务设计 ※

认识合并会计报表

[例 6－1] 江南电子股份有限公司和利通科技公司均为增值税一般纳税人，适用的增值税税率为 17%，适用的企业所得税税率为 15%。2016 年度发生的部分交易和事项如下：

(1) 2016 年 1 月 1 日，江南电子股份有限公司通过向利通科技公司控股股东定向发行股票 1 000 万股（股票面值为 1 元），取得利通科技公司 90%的股权，并取得对利通科技公司的控制权。2016 年 1 月 1 日，江南电子股份有限公司股票市场价格（公允价值）为每股 9 元。江南电子股份有限公司本次收购发生并支付相关费用 1 000 万元，其中股票发行手续费为 100 万元，审计等中介费用为 900 万元。

利通科技公司 2016 年 1 月 1 日的相关资料见表 6－1。

表 6－1　资产负债表资料　　单位：万元

项　目	账面价值	公允价值	项　目	账面价值	公允价值
货币资金	200	200	短期借款	500	500
应收账款①	1 300	1 300	应付账款	700	700
固定资产	3 000	3 000	或有负债②	0	100
无形资产③	2 000	6 000	其他负债	200	200
			负债合计	1 400	1 500
			股本	1 000	
			资本公积	2 000	
			盈余公积	1 000	
			未分配利润	1 100	
资产合计	6 500	10 500	所有者权益合计	5 100	9 000

注：①应收账款已计提坏账准备 200 万元。
②或有负债是某客户对利通科技公司提起诉讼所产生的。
③无形资产为一项专利权，该专利权的剩余使用年限为 5 年，预计净残值为 0。利通科技公司对该专利采用直线法摊销（与江南电子股份有限公司摊销政策一致）。

江南电子股份有限公司取得其控制权后，利通科技公司仍按原账面价值进行核算。利通科技公司各项资产、负债的计税基础与账面价值一致。

2016 年度，利通科技公司计提坏账准备 200 万元（其中 50 万元是对应收江南电子股份有限公司账款计提的）、因债务人财务状况好转而转回坏账准备 100 万元（均是转回合并日已存在的坏账准备）。导致或有负债产生的诉讼事项于 2016 年末终审完结，诉讼判决利通科技公司赔偿 120 万元。利通科技公司已如数支付 120 万元赔款。

(2) 2016 年 1 月 1 日，江南电子股份有限公司向其 20 名管理人员和全资子公司——华新公司的 10 名管理人员发行股票，每人认购 10 万股，认购价格为每股 3 元。上述全部管理人员在当日均全部认购并支付款项。当日，江南电子股份有限公司股票公允价值为每股 9 元。

【认识合并报表工作过程】

步骤1　计算江南电子股份有限公司对利通科技公司的合并成本，并计算该收购对江南电子股份有限公司2016年利润总额、所有者权益相关项目的影响金额

江南电子股份有限公司对利通科技公司的合并成本＝9×1 000＝9 000万元。

审计等中介费用计入管理费用，本次收购减少利润金额为900万元，增加股本1 000万元，增加资本（资本公积——股本溢价）金额为7 900（＝9 000－1 000－100）万元。

步骤2　计算江南电子股份有限公司合并利通科技公司形成的商誉以及合并日少数股东权益金额（要求考虑相关的递延所得税影响）

合并会计报表中应确认的递延所得税负债＝（6 000－2 000）×15％＝600万元。

合并会计报表中应确认的递延所得税资产＝100×15％＝15万元。

商誉＝9 000－（9 000－600＋15）×90％＝1 426.50万元。

合并日少数股东权益金额＝（9 000－600＋15）×10％＝841.50万元。

步骤3　计算江南电子股份有限公司合并利通科技公司对2016年度合并净利润的调整金额（要求考虑相关的递延所得税影响）

坏账损失的调整金额＝50－100＝ －50万元（负号表示调减利润，下同）。

无形资产公允价值与账面价值差额摊销的调整金额＝（2 000－6 000）÷5＝－800万元。

诉讼损失的调整金额＝100万元。

以上各项调整合并净利润金额合计＝（－50－800＋100）×（1－15％）＝－637.50万元。

步骤4　分别编制江南电子股份有限公司、华新公司2016年度股份支付的相关会计分录，并计算其对江南电子股份有限公司2016年度合并利润的影响金额（不考虑所得税影响）

江南电子股份有限公司：

借：管理费用	1 200［20×10×（9－3）］	
贷：资本公积——其他公积		1 200
借：长期股权投资	600［10×（9－3）×10］	
贷：资本公积——其他资本公积		600
借：银行存款	900	
资本公积——其他资本公积	1 800	
贷：股本		300
资本公积——股本溢价		2 400

华新公司：

借：管理费用	600	
贷：资本公积——股本溢价		600

合并会计报表中确认的管理费用＝600＋1 200＝1 800万元，该项费用减少合并利润1 800万元。

※ 知识拓展 ※

母公司理论、实体理论与当代理论的对比

三种企业合并理论对比情况见表 6-2。

表 6-2 三种企业合并理论对比表

项目＼理论	母公司理论	实体理论	当代理论
服务对象	母公司股东	全体股东	母公司股东
对待子公司少数股东的立场	视为债权人	视为股东	视为股东
少数股东权益如何进入合并报表	列入负债	列入权益	列入权益
少数股东收益如何进入合并报表	列入费用	列入利润	列入费用
少数股东权益的计量属性	账面价值	公允价值	账面价值
确认合并商誉的方式	母公司部分	全额	母公司部分

※ 思考练习 ※

一、判断（正确的在括号内打“√”，错误的打“×”）

(　　)1. A公司购买了B公司的全部股份进行合并属于新设合并。

(　　)2. 合并会计报表的编制主体是母公司和子公司。

(　　)3. 控制是指一家企业能够决定另一家企业的财务和经营政策，并能据以从另一家企业的经营活动中获得利益的权力。

(　　)4. A公司虽在B公司的董事会或类似机构中拥有多数表决权，但不应将B公司纳入A公司的合并范围。

(　　)5. 母公司理论的服务对象是母公司股东。

二、选择（下列答案中有一项或多项是正确的，将符合题意选项前的英文字母填入括号内）

1. 企业合并的主要原因是(　　)。

A. 节约成本　B. 降低风险　C. 取得无形资产　D. 税收优惠

2. 合并会计报表与个别会计报表的区别是(　　)。

A. 反映的对象不同　B. 编制的原则不同　C. 会计期间不同　D. 编制的基础不同

3. 合并会计报表与汇总报表的区别是(　　)。

A. 计量单位不同　B. 编制的目的不同　C. 编制的范围不同　D. 编制的方法不同

4. A公司拥有B公司60%股份，而B公司又拥有C公司80%股份，在这种情况下，A公司编制合并报表时(　　)。

A. 不应将B公司纳入合并范围　B. 应将B公司纳入合并范围

C. 不应将C公司纳入合并范围　D. 应将C公司纳入合并范围

5. 下列子公司应当纳入合并会计报表范围的有(　　)。

A. 通过与被投资单位其他投资者之间达成的协议，拥有被投资单位半数以上的表决权

B. 根据公司章程或协议，有权决定被投资单位的财务和经营政策

C. 有权任免被投资单位的董事会或类似机构的多数成员

D. 在被投资单位的董事会或类似机构中占多数表决权

三、学习领域情境实训

（1）实训目的：学会合并报表的合并判断。

（2）情境资料：甲公司为上市公司。2015年至2017年，甲公司及其子公司发生的有关交易或事项如下：

2015年1月1日，甲公司以30 500万元从非关联方购入乙公司60%的股权，购买日乙公司可辨认净资产的公允价值为50 000万元（含原未确认的无形资产公允价值3 000万元），除原未确认的无形资产外，其余各项可辨认资产、负债的公允价值与其账面价值相同。上述无形资产按10年采用直线法摊销，预计净残值为零。甲公司取得乙公司60%的股权后，能够对乙公司的财务和经营政策实施控制。

2017年1月10日，甲公司与乙公司的其他股东签订协议，甲公司从乙公司其他股东处购买乙公司60%股权后，甲公司以向乙公司其他股东发行本公司普通股股票作为对价，发行的普通股数量以乙公司2017年3月31日经评估确认的净资产公允价值为基础确定。甲公司股东大会、乙公司股东大会于2017年1月20日同时批准上述协议。

乙公司2017年3月31日经评估确认的净资产公允价值为62 000万元。经与乙公司其他股东协商，甲公司确定发行2 500万股本公司普通股股票作为购买乙公司40%股权的对价。

2017年6月20日，甲公司定向发行本公司普通股购买乙公司40%股权的方案经相关监管部门批准。2017年6月30日，甲公司向乙公司其他股东定向发行本公司普通股2 500万股，并已办理完成定向发行股票的登记手续和乙公司股东的变更登记手续。同日，甲公司股票的市场价格为每股10.50元。

2015年1月1日至2017年6月30日，乙公司实现净利润9 500万元，在此期间未分配现金股利；乙公司因可供出售金融资产公允价值变动增加资本公积1 200万元；除上述外，乙公司无其他影响所有者权益变动的事项。

（3）实训要求：将学生分成若干小组，每组4名学生，并推选一名学生为组长，在老师的指导下共同制定工作方案。各组成员进行合并报表的合并判断（提示：判断40%股权交易性质、计算该项交易对甲公司2017年6月30日合并股东权益的影响、计算甲公司2017年12月31日合并资产负债表应当列示的商誉金额），并列出算式。15分钟后，各组汇报，老师点评，评定成绩。

任务2 阅读合并会计报表

※ 任务描述 ※

熟悉合并资产负债表、合并利润表、合并现金流量表、合并所有者权益变动表的特殊项目，了解其项目的真实性与可靠性。

※ 知识准备 ※

一、阅读合并资产负债表

合并资产负债表是将母公司与纳入合并范围的子公司作为一个会计实体，合并反映该实体在某一日期财务状况的报表。合并资产负债表与个别资产负债表不同的项目主要包括：少数股东权益和外币报表折算差额。

1. “少数股东权益”项目

“少数股东权益”项目反映除母公司以外的其他投资者在子公司的权益，表示其他投资者在子公司所有者权益中所拥有的份额。

母公司采用购买法取得子公司股份时，既可能购买子公司的全部股份，也可能只购买子公司的部分股份。当母公司拥有子公司的全部股份时，子公司就没有其他投资者，因而也不存在少数股东权益；当母公司对子公司的持股比例低于100%时，有部分股票就不为母公司所掌握。当母公司掌握的控制股权占多数时，剩余的少数股东所拥有的股东权益就叫“少数股权”。少数股东在数量上未必占少数，有时甚至在子公司中占多数股份。

例如，A公司拥有B公司75%的股权，B公司又持有C公司60%的股权，那么A公司实际上只间接持有C公司45%的股权，其余55%的股权由A公司以外的其他股东掌握，但是A公司可以通过B公司有效地控制C公司。因此，“少数股东权益”实质上应指未被控制的股东所持有的股权。

请注意

“少数股东权益”具有特殊的性质，它既不属于母公司的债务，又不属于母公司的股权。“少数股东权益”在数量上等于子公司的所有者权益总额与少数股东持股比例的乘积。

2. “外币报表折算差额”项目

我国相关制度规定：对以外币表示的资产负债表进行折算时，所有“资产”“负债”类项目，都必须按照合并会计报表决算日的市场汇率折算为母公司记账本位币；“所有者权益”类项目，除“未分配利润”项目外，均按照发生时的市场汇率折算为母公司的记账本位币，折算后的资产类项目与负债类项目和所有者权益类项目合计数的差额，作为“外币报表折算差额”在“未分配利润”项目后单独列示。

“外币报表折算差额”项目，是专门用于反映将以母公司记账本位币以外的货币编制的子公司会计报表，折算为母公司记账本位币时所产生的折算差额。

具体来说，企业集团的子公司如果设在中国境外，其所编报的会计报表是用当地的货币作为记账本位币编制的，而国内母公司所编报的会计报表是以人民币作为记账本位币编制的，不同货币的会计报表不能直接合并。因此，在编制合并资产负债表时，必须将其子公司所编制的资产负债表中各项外币余额按相应汇率折合为人民币后，再进行汇编。但母公司与其子公司之间需要相互抵消的项目，由于不同时期的汇率浮动，在编制合并会计报表时将外币金额按年末汇率折合的人民币数额，往往与相关项目原先折合的人民币数额出现差额，以致无法抵消差额，其差额一般在合并资产负债表中的“外币报表折算差额”中反映。

练一练

某境外公司采用美元记账，其资产负债表中列明“资产”为10万美元，“负债”为4万美元，“所有者权益”为6万美元，其中“未分配利润”为0，合并会计报表决算日汇率为8.3，所有者权益发生日汇率为8.2。则外币折算差额是多少？

解答：资产折算为人民币＝10×8.3＝83（万元）

负债折算为人民币＝4×8.3＝33.2（万元）

所有者权益折算为人民币＝6×8.2＝49.2（万元）

外币折算差额＝83－（33.2＋49.2）＝0.6（万元）

3. 合并资产负债表抵消项目的分析

（1）合并企业之间的投资项目，主要是指母公司对子公司的长期股权投资与母公司在子公司所有者权益中所享有的份额，应相互抵消，同时抵消相应的长期股权投资减值准备。因为母公司对子公司的投资形成子公司的资本，成员企业在编制各自的报表时，已将这部分资本包括在各自的资本总额内，如果在合并时，只是将母公司资产负债表上的资本数额与子公司资产负债表的资本数额简单相加，就会造成资本总额的虚增，所以企业集团在编制合并财务报表时，应将这种业务通过特定方法相互抵消，以剔除其对资产负债表的影响。

（2）合并企业之间的债权与债务项目，主要包括应收账款与应付账款、应收票据与应付票据、预付账款与预收账款、持有至到期投资与应付债券、应收股利与应付股利、其他应收款与其他应付款。如果债券投资计提有减值准备，也应一并抵消。因为母公司与子公司以及子公司与分公司之间的应收应付、预收预付款项属于企业集团的内部往来，从整个企业集团的角度看，这些款项并不属于集团整体的债权债务，如果将这些款项简单相加，就会造成重复计算，所以母公司在编制合并财务报表时，也要将这些项目相互抵消，以剔除其对资产负债表的影响。

（3）合并企业之间的进销交易项目，主要是指母公司与子公司之间通过销售商品、提供劳务或其他方式形成的存货、固定资产、工程物资、在建工程、无形资产等交易项目，因为这些交易项目会相应增加个体的营业收入或营业成本，以及形成某一方的营业利润。但从企业集团整体来看，这是资产在企业集团内部之间所进行的等额流转，而并非对外实现购销业务，对企业实际利润不会产生任何影响，因此，不应作为企业集团销售收入的一部分，而应该相互抵消，以剔除其对资产负债表的影响。对存货、固定资产、工程物资、在建工程和无形资产等计提的跌价准备或减值准备，与未实现内部销售损益相关的部分也应当抵消。

（4）合并企业之间发生的其他对合并资产负债表有影响的内部交易项目，如母公司与子公司之间提取的盈余公积等，理由同上，此不赘述。

二、阅读合并利润表

合并利润表是反映母公司与纳入合并范围的子公司作为一个会计实体，在某一会计期间所取得的经营成果的会计报表。

1. “少数股东损益”项目

合并利润表的项目与单个利润表不同的是，在合并利润表中，要求将“归属于母公司所有者的净利润”和“少数股东损益”在净利润项下单独列示。同“少数股东权益”类似，“少数股东损益”项目也是用来反映少数股东对子公司当期经营成果所享有的部分，其金额等于子公司的净利润与少数股东持股比例的乘积。

在阅读合并利润表时，应将合并利润表与个别利润表进行对比分析，判断企业集团内部之间形成的损益是否完全抵消，以防止企业集团通过内部往来转移资产或负债等途径达到改变当期损益的目的。

比如，母公司存货中有 1 000 件商品是从子公司购买的，其买价为 13 000 元，而子公司销售这些商品的成本仅为 10 000 元，则在母公司账面上存货增加了 13 000 元，银行存款减少了 13 000 元，而子公司账面上表现为实现销售（营业）收入 13 000 元，结转销售（营业）成本 10 000 元，其差额为子公司实现的利润 3 000 元。但如果编制合并会计报表，母公司与子公司的组合体才是会计主体，商品并没有脱离这一组合体，所以相对于整个主体来看，商品尚未实现销售，而对这个主体来说，没有卖出的商品成本（即存货成本）应是真正所耗用的成本，即子公司的成本 10 000 元。因此，母公司的存货价值应减去 3 000 元。同样的道理，商品尚未实现销售，也就不应出现销售（营业）利润。从合并主体的角度看，子公司收到的 13 000 元银行存款正好与母公司支付的 13 000 元相互抵消，企业集团并没有形成实际利润。因而，合并利润表中也应从子公司的收益中减去 3 000 元。

上述例子比较简单，是单一方向销货，在实际工作中，企业集团内部各企业之间往往存在互相售货给对方，或发生内部费用收支等业务，尤其是还存在少数股权问题。因此，报表阅读者一定要留意合并利润表是否真实地反映了企业集团当期的经营成果。

由于合并财务报表的基本前提是母公司与子公司应是一个完整的经济实体，在经济实体内部发生的购销等业务，不能视为该实体的购销业务，因此不能确认这些业务。正如一家企业的部门与部门之间的材料、商品转移不会实现利润一样，否则，材料、商品在集团内部转移次数越多，它们的存货价值也会越高，内部未实现利润也越多，这明显不合情理。

2. 合并利润表抵消项目的分析

（1）合并企业之间的商品购销项目，主要是指母公司与子公司、子公司与子公司之间销售商品，期末全部实现对外销售的，应当将购买方的营业成本与销售方的营业收入相互抵消。母公司与子公司、子公司与子公司相互之间销售商品，期末未实现对外销售而形成的存货、固定资产、工程物资、在建工程、无形资产等，在抵消销售商品的营业成本和营业收入的同时，应当将各项资产所包含的未实现内部销售损益予以抵消。

因为这些交易项目虽然会增加集团内部个体企业的营业收入或营业成本，以及形成某一方的营业利润，但从企业集团整体来看，它只不过是资产在企业集团内部进行的等额流转，并未实现对外销售，因此应当抵消，以剔除其对利润表的影响。

提　示

对合并企业之间销售商品形成的固定资产或无形资产所包含的未实现内部销售损益也应进行抵消，方法同上。所不同的是，还应当同时对固定资产折旧额或无形资产摊销额，与未实现内部销售损益相关的部分进行抵消。

（2）合并企业之间的投资收益项目，主要包括母公司与子公司、子公司与子公司之间持有对方长期股权投资的投资收益，应当与其相对应的应付利润相互抵消；持有对方债券所产生的投资收益，应当与其相对应的发行方利息费用相互抵消。

因为集团公司内部投资产生的投资收益或相互持有债券产生的利息收入均不能增加集团公司整体的净利润水平，所以为避免重复计算以及由此带来的虚假盈利，必须对其进行抵消处理，以剔除其对利润表的影响。

（3）合并企业之间发生的费用收支项目，企业集团成员在内部往来时，经常会伴随着发生费用收付。如子公司向母公司购买产品时支付运输费，从表面上看，子公司发生了费用支出，母公司增加了运输收入，但从企业集团整体来看，既没有增加费用支出，也没有增加运输收入，反映在合并资产负债表中的“银行存款”项目的合并数并无增减。诸如此类的内部之间的费用、收支，均不会影响企业总体的利润。因此，在编制合并利润表时，这类项目也应相互抵消，以免产生假象。

（4）合并企业之间发生的其他对合并利润表有影响的内部交易项目。

三、阅读合并现金流量表

与个别现金流量表相比，合并现金流量表需要解决的一个特殊问题是有关少数股东权益项目的反映，即在子公司为非全资子公司的情况下，涉及子公司与其少数股东之间的现金流入和现金流出的处理问题。

1. 合并现金流量表增加项目的分析

对于子公司与少数股东之间发生的现金流入和现金流出，从整个企业集团来看，影响其整体的现金流入和流出数量的增减变动，必须在合并现金流量表中予以反映。子公司少数股东之间发生的影响现金流入和现金流出的经济业务包括：少数股东对子公司增加权益性投资、子公司向其少数股东支付现金股利或利润等。为了便于合并会计报表的使用者了解掌握企业集团整体现金流量的情况，必须将与子公司少数股东之间的现金流入和现金流出的情况单独予以反映。

对于子公司的少数股东增加在子公司中的权益性资本投资，在合并现金流量表中应当在“筹资活动产生的现金流量——吸收投资收到的现金”项目下“其中：子公司吸收少数股东投资收到的现金”项目中反映。

对于子公司向少数股东支付现金股利或利润，在合并现金流量表中应当在“筹资活动产生的现金流量——分配股利、利润或偿付利息支付的现金”项目下“其中：子公司支付给少数股东的股利、利润”项目中反映。

2. 合并现金流量表抵消项目的分析

合并现金流量表是新准则中增加编报的内容，因此下面将更详尽、细致地介绍相关内容。

（1）合并企业之间发生的现金投资项目。由母公司与子公司、子公司相互之间当期以现金投资或收购股权增加的投资所产生的现金流量，应当抵消。

练一练

母公司经董事会同意向子公司追加投资额 20 000 元，2016 年 11 月 20 日，以银行转账方式注入资金。应当怎样抵消？

解答：借：投资活动产生的现金流量——投资支付的现金　　20 000

　　　贷：筹资活动产生的现金流量——吸收投资收到的现金　　20 000

（2）合并企业之间发生的以现金形式收到的投资收益项目。母公司与子公司、子公司相互之间当期取得投资收益收到的现金，应当与分配股利、利润或偿付利息支付的现金相互抵消。

练一练

母公司拥有某子公司80%的股份。假设该子公司2016年实现净利润40 000元，经股东大会同意于2017年4月30日按净利润的10%向投资者分派现金股利，母公司收到现金股利3 200元。应当怎样抵消？

解答：借：筹资活动产生的现金流量

——分配股利、利润或偿付利息支付的现金　　3 200

贷：投资活动产生的现金流量——取得投资收益收到的现金　　3 200

（3）合并企业之间发生的以现金结算的债权债务项目。母公司与子公司、子公司相互之间以现金结算债权债务所产生的现金流量，应当抵消。

（4）合并企业之间发生的当期销售商品产生的现金流量项目。母公司与子公司、子公司相互之间当期销售商品所产生的现金流量，应当抵消。

练一练

某子公司个别资产负债表存货项目中，有20 000元为本期从母公司购进的存货。母公司本期销售该商品的销售收入为20 000元（不考虑增值税），销售成本为14 000元，销售毛利率为30%，该笔销售在当期全部收到现金。应当怎样抵消？

解答：借：经营活动产生的现金流量——购买商品支付的现金　　20 000

贷：经营活动产生的现金流量——销售商品收到的现金　　20 000

（5）合并企业之间发生的处置固定资产等收回的现金项目。母公司与子公司、子公司相互之间处置固定资产、无形资产和其他长期资产收回的现金净额，应当与购建固定资产、无形资产和其他长期资产支付的现金相互抵消。

练一练

母公司向其子公司销售母公司生产的设备，取得收入50 000元，该设备生产成本为40 000元。母公司在本期收到该笔款项。应当怎样抵消？

解答：借：投资活动产生的现金流量——购建固定资产支付的现金　　50 000

贷：经营活动产生的现金流量——销售商品收到的现金　　50 000

（6）合并企业之间发生的其他产生现金流量的交易项目。

四、阅读合并所有者权益变动表

合并所有者权益变动表是反映构成企业集团所有者权益的各组成部分当期的增减变动情况的会计报表。

合并所有者权益变动表需要进行抵消处理的主要有：母公司对子公司的长期股权投资项目与母公司在子公司所有者权益中享有的份额的抵消；母公司对子公司、子公司相互之间持有对方长期股权投资取得的投资收益与被投资方利润分配项目的抵消。

提 示

合并资产负债表或合并利润表也进行上述抵消处理。这些抵消处理一方面涉及合并资产负债表或合并利润表中的项目，另一方面涉及合并所有者权益变动表中的项目，因此合并所有者权益变动表与合并资产负债表或合并利润表是不能截然分开的。

合并所有者权益变动表的格式与个别所有者权益变动表的格式基本相同。在存在少数股东的情况下，合并所有者权益变动表增加“少数股东权益”栏目，用于反映少数股东权益变动的情况。

请注意

合并会计报表是关于企业集团的财务状况和经营成果等信息的全面汇总报表。就了解这一整体财务状况和经营成果等而言，合并会计报表具有非常重大的作用。但也应看到合并会计报表所反映的会计信息存在一定的局限性：合并会计报表无法提供母公司与子公司本身的财务状况和经营成果；根据合并会计报表资料进行比率分析，有时无法作出准确的财务判断；母公司的股东仅从合并会计报表中取得的资料十分有限；有境外子公司的企业集团所编制的合并会计报表数据不能反映真实的经济信息；等等。了解这些局限性，对于报表使用者正确作出决策会有很大的帮助。

※ 任务设计 ※

阅读合并会计报表

［例6-2］江南电子股份有限公司2016年末合并资产负债表中有关资产资料见表6-3。

表6-3　合并资产负债表资产部分

2016年12月31日

编制单位：江南电子股份有限公司　　金额单位：人民币元

资　产	期末余额	年初余额	资　产	期末余额	年初余额
流动资产：			非流动资产：		
货币资金	264 632 256.41	82 669 171.86	长期股权投资	32 646 334.56	17 507 480.09
应收票据	1 662 067.19		固定资产	304 155 555.62	291 457 684.49
应收账款	51 974 790.13	35 811 017.48	在建工程	176 065 125.12	544 441.69
预付款项	74 471 739.46	5 984 611.56	无形资产	23 419 795.72	6 104 944.51
其他应收款	82 916.65	1 383 673.19	长期待摊费用	3 126 866.67	905 666.67
存货	81 625 788.94	85 640 989.69	递延所得税资产	1 778 421.44	1 673 339.00
			非流动资产合计	541 192 099.13	318 193 556.45
流动资产合计	474 449 558.78	211 489 463.78	资产总计	1 015 641 657.91	529 683 020.23

【阅读合并资产负债表资产项目工作过程】

步骤 1　看资产布局

江南电子股份有限公司 2016 年末合并报表资产总计为 1 015 641 657.91 元，流动资产为 474 449 558.78元，非流动资产为 541 192 099.13 元。然后观看流动资产和非流动资产的具体分布，初步了解公司资产的总体情况。

步骤 2　看资产变化数

通过期末余额与年初余额比较，看合并报表资产项目变动情况，为进一步分析资产构成打下基础。江南电子股份有限公司合并报表资产变动情况见表 6－4。

表 6－4　江南电子股份有限公司合并报表资产变动情况表　金额单位：人民币元

资　产	期末余额－年初余额	资　产	期末余额－年初余额
流动资产：		非流动资产：	
货币资金	＋181 963 084.55	长期股权投资	＋15 138 854.47
应收票据	＋1 662 067.19	固定资产	＋12 697 871.13
应收账款	＋16 163 772.65	在建工程	＋175 520 683.43
预付款项	＋68 487 127.90	无形资产	＋17 314 851.21
其他应收款	－1 300 756.54	长期待摊费用	＋2 221 200.00
存货	－4 015 200.75	递延所得税资产	＋105 082.44
		非流动资产合计	＋222 998 542.68
流动资产合计	＋262 960 095.00	资产总计	＋485 958 637.68

从资产变化情况看，资产总计期末比年初多 485 958 637.68 元，其中流动资产为＋262 960 095.00 元，非流动资产为＋222 998 542.68 元。但流动资产中的货币资金、应收票据、应收账款和预付款项为增加数，而其他应收款和存货为减少数；非流动资产中的长期股权投资、固定资产、在建工程、无形资产、长期待摊费用和递延所得税资产均为增加数。

步骤 3　看合并报表资产附注

现以存货为例说明。

（1）存货分类情况，见表 6－5。

表 6－5　存货分类情况

项目	期末余额			年初余额		
	账面余额	跌价准备	账面价值	账面余额	跌价准备	账面价值
原材料	23 337 472.22	203 593.44	23 133 878.78	39 908 800.31		39 908 800.31
在产品	43 895 771.05		43 895 771.05	29 920 746.27		29 920 746.27
库存商品	14 723 054.28	153 144.79	14 569 909.49	15 289 751.51		15 289 751.51
委托加工物资	26 229.62		26 229.62	521 691.60		521 691.60
合计	81 982 527.17	356 738.23	81 625 788.94	85 640 989.69		85 640 989.69

（2）存货跌价准备情况，见表 6－6。

表6-6 存货跌价准备情况

存货种类	年初余额	本期计提额	本期减少额		期末余额
			转回	转销	
原材料		203 593.44			203 593.44
库存商品		153 144.79			153 144.79
合 计		356 738.23			356 738.23

（3）存货跌价准备转回情况分析，见表6-7。

表6-7 存货跌价准备转回情况分析表

项 目	计提存货跌价准备的依据	本期转回存货跌价准备的原因	本期转回金额占该项存货期末余额的比例
原材料	按成本高于可变现净值的差额计提		
库存商品	按成本高于可变现净值的差额计提		

其他项目都要关注，在此不再说明。

※ 知识拓展 ※

不同的企业合并理论对合并商誉的影响

将控股企业和被控股企业视为一个整体编制合并报表时，存在一系列问题，诸如向谁提供会计信息、合并范围如何确定以及采取什么样的会计合并方法等。这些问题的解决在很大程度上依赖于编制合并报表所采用的理论。不同的合并理论和不同的企业合并会计方法都会对合并商誉产生不同的影响。如A公司于2017年1月1日收购B公司80%的股权，支付现金100 000元，收购日B公司净资产的账面价值为80 000元，公允市价为90 000元。则母公司理论、实体理论和当代理论下的商誉分别为：

在母公司理论下的商誉＝100 000－80 000×80%－（90 000－80 000）×80%

＝28 000（元）

在实体理论下的商誉＝100 000÷80%－80 000－（90 000－80 000）

＝35 000（元）

当代理论下商誉的计算过程与母公司理论相同。三种理论计算结果比较见表6-8。

表6-8 不同的合并理论对商誉的影响　　单位：元

项目＼合并理论	母公司理论	实体理论	当代理论
B公司净资产账面价值	80 000	80 000	80 000
B公司净资产升值	8 000	10 000	8 000
商誉	28 000	35 000	28 000

※ 思考练习 ※

一、判断（正确的在括号内打“√”，错误的打“×”）

（　　）1. “少数股东权益”具有特殊的性质，它既属于母公司的债务，也属于母公司的股权。

（　　）2. 合并企业之间的进销交易项目抵消的原因是资产在企业集团内部所进行的等额

流转，并对外实现购销业务。

(　　)3. “少数股东损益”项目金额等于子公司的净利润与少数股东持股比例的乘积。

(　　)4. 不同的合并理论和不同的企业合并会计方法对合并商誉产生相同的影响。

(　　)5. 在存在少数股东的情况下，合并所有者权益变动表增加“少数股东权益”栏目，用于反映少数股东权益变动的情况。

二、选择（下列答案中有一项或多项是正确的，将符合题意选项前的英文字母填入括号内）

1. 合并资产负债表与个别资产负债表不同的项目主要包括(　　)。

A. 少数股东损益　　B. 少数股东权益

C. 往来款项　　D. 外币报表折算差额

2. 合并企业之间的债权与债务项目主要包括(　　)。

A. 应收账款与应付账款　　B. 应收票据与应付票据

C. 预付款项与预收账款　　D. 持有至到期投资与应付债券

3. 合并企业之间的投资收益项目主要包括(　　)的相互抵消。

A. 母公司与子公司持有对方长期股权投资的投资收益与其相对应的应付利润

B. 子公司之间持有对方长期股权投资的投资收益与其相对应的应付利润

C. 母公司与子公司应交所得税

D. 母公司与子公司持有对方债券所产生的投资收益与其相对应的发行方利息费用

4. 合并现金流量表比个别现金流量表增加的项目是(　　)。

A. 子公司支付少数股东投资的现金　　B. 子公司吸收少数股东投资收到的现金

C. 子公司收到少数股东的股利、利润　　D. 子公司支付给少数股东的股利、利润

5. 合并会计报表所反映的会计信息存在一定的局限性，其表现是（　　）。

A. 合并会计报表无法提供母公司与子公司本身的财务状况和经营成果

B. 根据合并会计报表资料进行比率分析，有时无法作出准确的财务判断

C. 母公司的股东仅从合并会计报表中取得的资料十分有限

D. 有境外子公司的企业集团所编制的合并会计报表数据不能反映真实的经济信息

三、学习领域情境实训

（1）实训目的：学会阅读合并资产负债表资产项目。

（2）情境资料：合并资产负债表资产部分见表 6－9。

表 6－9　合并资产负债表资产部分

2016 年 12 月 31 日

编制单位：江北机电股份有限公司　　金额单位：人民币元

资　产	期末余额	年初余额	资　产	期末余额	年初余额
流动资产：			非流动资产：		
货币资金	532 616 235.79	616 253 434.32	可供出售金融资产	107 783.06	29 567.42
应收票据	19 658 372.72	13 828 471.03	长期股权投资		
应收账款	76 421 805.82	72 659 292.58	固定资产	107 996 425.21	108 828 011.91
预付款项	34 823 753.72	9 984 300.20	在建工程	14 234 662.97	3 894 997.90
应收利息	7 715 992.29	7 664 721.23	无形资产	12 723 907.25	12 712 696.38

续前表

资　产	期末余额	年初余额	资　产	期末余额	年初余额
其他应收款	651 684.36	457 310.47	长期待摊费用	6 262 095.74	2 908 517.43
存货	75 869 227.02	29 387 638.11	递延所得税资产	1 105 811.26	903 361.38
			非流动资产合计	142 430 685.49	129 277 152.42
流动资产合计	747 757 071.72	750 235 167.94	资产总计	890 187 757.21	879 512 320.36

（3）实训要求：将学生分成若干小组，每组4名学生，并推选一名学生为组长，在老师的指导下共同制定工作方案。各组成员阅读合并资产负债表资产项目，并列出算式。15分钟后，各组汇报，老师点评，评定成绩。

项目二

分析合并会计报表

合并会计报表分析的方法与个别会计报表分析的方法基本相同。分析指标的计算方法以及应用方法几乎没有大的差异。但由于合并会计报表是以个别会计报表为基础，经过复杂的合并程序编制而成的，因此在分析时还要关注合并报表形成过程。

企业集团的形态与合并财务报表的数据有很大关系。比如，集团内部企业间的融资会影响合并资产负债表的数据。因此，在进行合并财务报表分析时，掌握被分析企业集团的实际状况和特点非常重要，如母公司、子公司的业务内容，母公司持有子公司的股份比率，母公司与子公司间的交易内容和资金借贷关系，母公司向子公司派遣管理人员的情况等。

对多个企业集团进行合并财务报表分析时，应注意各个集团的合并原则可能存在差异，特别是当母公司、子公司遵循不同国家的不同合并会计准则时，合共财务报表所反映的内容也不相同。在我国，发行外资股的公司，“可以提供按国际会计准则或者境外主要募集行为发生地会计准则调整的财务报告”。对发行外资股的企业集团，应注意所利用的分析资料在会计准则的应用上是否同质。

由于编制合并会计报表时要对合并企业之间的债权债务以及内部交易进行抵消，与个别会计报表比较起来看，经营成果的变动幅度会比较明显，经营状况的变化比较容易读解，这可以为母公司的会计报表分析提供有用的信息。而且，通过对合并会计报表与个别会计报表的比较，还可能发现是否有利用合并报表进行利润操纵的行为。

任务1　合并会计报表增减分析

※ 任务描述 ※

熟悉合并会计报表增减项目的形成，掌握合并会计报表增减分析的工作步骤，了解合并会计报表项目增减的真实性与可靠性。

※ 知识准备 ※

增减分析是比较母公司的个别会计报表与合并会计报表的各个项目的金额，对其增减金额进行调查的分析方法。增减分析方法可以用来分析如下事项：

（1）与母公司的规模相比较，子公司群的规模；

（2）合并对母公司的经营成果、财务状况和现金流量带来什么影响；

（3）有无利用企业集团间的交易进行财务数据操纵的行为；

（4）企业集团的经营管理体制如何等。

主要报表项目的增减分析以及分析要点如下：

一、合并资产负债表主要项目增减分析

1. 总资产的增减

合并会计报表的总资产金额与母公司个别会计报表的总资产金额相比，如果增加额很小，可能存在如下情况：一是集团内部存在大量累计损失的企业，二是集团内部存在大额未实现损益的内部交易，三是母公司与子公司之间存在大量的债权债务。

2. 应收、应付账款的增减

一般情况下，在横向合并的企业集团里，母公司与子公司之间的交易不会太多。因此，母公司与子公司之间的债权债务抵消金额不会很大，合并会计报表所反映的应收、应付账款金额应该比母公司个别会计报表所反映的金额大。

在纵向合并的企业集团里，母公司与子公司之间的交易会比较多。由于母公司与子公司之间的债权债务抵消金额比较大，因此合并会计报表所反映的应收、应付账款金额应该比母公司个别会计报表所反映的金额小。

3. 存货的增减

合并会计报表所反映的存货金额与母公司个别会计报表所反映的存货金额相比，如果增加很多，可能存在如下情况：一是子公司的销售有困难，二是母公司将存货转移给了子公司，三是存货内部销售未抵消。

4. 债权债务的增减

因为集团内部的资金借贷产生的债权债务，在编制合并会计报表时会被抵消，所以合并会计报表所反映的金额与母公司个别会计报表所反映的金额相比会减少。但如果减少额异常，则应该考虑母公司是否给予了子公司很多的资金援助。

5. 固定资产的增减

合并会计报表所反映的固定资产金额应该比母公司的固定资产总额多，但是，增加的程度因被合并子公司的企业形态而异。如果制造行业的子公司多，那么固定资产的增加额就会比较大。

6. 未分配利润的增减

合并会计报表与母公司个别会计报表相比，如果未分配利润增加，说明被合并子公司的盈利能力比较强；如果未分配利润减少，说明被合并子公司中有亏损企业。

二、合并利润表主要项目增减分析

1. 营业损益项目的增减

合并会计报表与母公司个别会计报表相比，如果营业收入的增加很小，则应该考虑母公司与子公司之间的内部交易很大。

2. 期间费用项目的增减

合并会计报表与母公司个别会计报表相比，如果期间费用的增减很小，则应该考虑母公司与子公司之间是否存在固定资产的租赁交易。此外，母公司与子公司之间的广告代理、业务委托等交易也会导致上述结果。

三、合并现金流量表主要项目增减分析

1. 经营活动现金流量增减

合并现金流量表经营活动现金流量抵消了母公司与子公司、子公司与子公司之间因经营活动引起的现金流量。如果经营活动现金流量增加，说明企业集团经营业务在增长；如果经营活动现金流量减少，说明企业集团经营业务出现变化。

2. 投资活动现金流量增减

投资活动现金流量的增减，需要结合企业集团发展战略进行分析，从而判断投资活动现金流量是否合理。

3. 筹资活动现金流量增减

筹资活动现金流量的增减，需要结合企业集团经营情况、投资业务等进行分析，从而判断筹资活动现金流量是否合理。

四、合并所有者权益变动表主要项目增减分析

在分析企业集团合并财务信息的过程中，将合并所有者权益变动表作为衔接合并资产负债表和合并利润表的桥梁，解析合并所有者权益变动表的关注重点，有助于诠释合并所有者权益变动表的项目内涵。

1. 归属于母公司所有者权益

与单独所有者权益变动表的关注点不同的是，对于合并所有者权益变动表，更要注意归属于母公司所有者权益的本年与上年的增减变动，说明母公司所有者权益变动情况。

2. 少数股东权益

对于合并所有者权益变动表的分析，要关注少数股东权益的本年与上年的增减变动，说明少数股东权益的变动情况。

在有境外子公司的情况下，还要注意分析外币折算差额的产生及其在归属于母公司所有者权益和少数股东权益两者之间的分配情况。

※ 任务设计 ※

合并会计报表增减分析

［例 6－3］江南电子股份有限公司 2016 年度合并资产负债表中有关资料见表 6－10 和表 6－11。

表 6－10　合并资产负债表主要项目

编制单位：江南电子股份有限公司　　　　金额单位：人民币元

项　目	2015 年末	2016 年末
流动资产合计	211 489 463.78	474 449 558.78
非流动资产合计	318 193 556.45	541 192 099.13
资产总计	529 683 020.23	1 015 641 657.91
流动负债合计	141 429 966.21	307 851 861.57
非流动负债总计	118 614 628.59	159 803 242.39
负债总计	260 044 594.80	467 655 103.96
所有者权益总计	269 638 425.43	547 986 553.95
负债及所有者权益总计	529 683 020.23	1 015 641 657.91

表 6－11　合并资产负债表与母公司主要项目

编制单位：江南电子股份有限公司　　　　金额单位：人民币元

项　目	母公司	合并
流动资产合计	354 090 596.61	474 449 558.78
非流动资产合计	513 117 103.38	541 192 099.13
资产总计	867 207 699.99	1 015 641 657.91
流动负债合计	306 739 944.27	307 851 861.57
非流动负债合计	9 803 242.39	159 803 242.39
负债总计	316 543 186.66	467 655 103.96
所有者权益总计	550 664 513.33	547 986 553.95
负债及所有者权益总计	867 207 699.99	1 015 641 657.91

【合并会计报表增减分析工作过程】

步骤 1　计算合并资产负债表增减情况

合并资产负债表主要项目增减情况见表 6－12。

表 6－12　合并资产负债表主要项目增减情况

编制单位：江南电子股份有限公司　　　　金额单位：人民币元

项　目	2015 年末	2016 年末	金额	变动幅度（%）
流动资产合计	211 489 463.78	474 449 558.78	＋262 960 095.00	＋124.34
非流动资产合计	318 193 556.45	541 192 099.13	＋222 998 542.68	＋70.08
资产总计	529 683 020.23	1 015 641 657.91	＋485 958 637.68	＋91.75
流动负债合计	141 429 966.21	307 851 861.57	＋166 421 895.36	＋117.67
非流动负债合计	118 614 628.59	159 803 242.39	＋41 188 613.80	＋34.72
负债总计	260 044 594.80	467 655 103.96	＋207 610 509.16	＋79.84
所有者权益总计	269 638 425.43	547 986 553.95	＋278 348 128.52	＋103.23
负债及所有者权益总计	529 683 020.23	1 015 641 657.91	＋485 958 637.68	＋91.75

步骤2　绘制合并资产负债表主要项目结构图

流动资产与非流动资产变动幅度如图6-1所示。

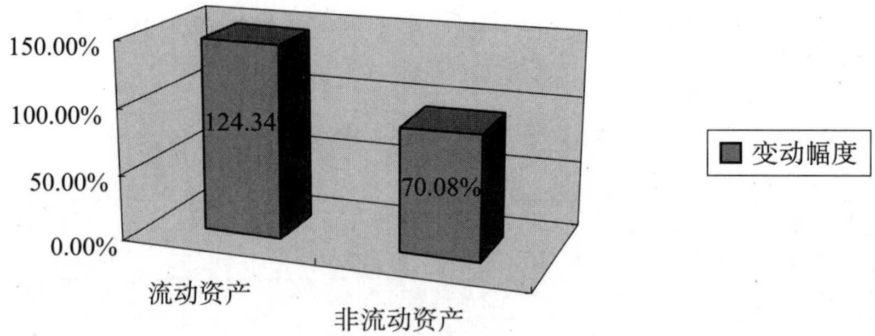

图6-1　流动资产与非流动资产变动幅度图

步骤3　评价资产负债表结构的合理性与安全性

从2016年与2015年资产负债表比较情况看，资产规模不断扩大，其中流动资产增长幅度为124.34%，非流动资产增长幅度为70.08%。判断这样的资产分布是否合理，需要了解企业集团整体规模的变化情况。负债中，流动负债增长了117.67%，非流动负债增长了34.72%，需要关注短期偿债风险。所有者权益比重不断提高，形成了较好的趋势。

步骤4　计算合并数与母公司的增减差异

合并资产负债表与母公司主要项目差异情况见表6-13。

表6-13　合并资产负债表与母公司主要项目差异

项　目	母公司	合并	合并—母公司
流动资产合计	354 090 596.61	474 449 558.78	+120 358 962.17
非流动资产合计	513 117 103.38	541 192 099.13	+28 074 995.75
资产总计	867 207 699.99	1 015 641 657.91	+148 433 957.92
流动负债合计	306 739 944.27	307 851 861.57	+1 111 917.30
非流动负债总计	9 803 242.39	159 803 242.39	+150 000 000.00
负债总计	316 543 186.66	467 655 103.96	+151 111 917.30
所有者权益总计	550 664 513.33	547 986 553.95	−2 677 959.38
负债及所有者权益总计	867 207 699.99	1 015 641 657.91	+148 433 957.92

※ 知识拓展 ※

韦斯顿协同效应

韦斯顿协同效应理论认为，并购会带来企业生产经营效率的提高，最明显的作用表现为规模经济效益的取得，常称为1+1>2的效应。

※ 思考练习 ※

一、判断（正确的在括号内打“√”，错误的打“×”）

（　　）1. 一般情况下，在横向合并的企业集团里，合并会计报表所反映的应收、应付账款金额应该比母公司个别会计报表所反映的金额小。

(　　)2. 对于制造行业企业集团，如果子公司多，那么固定资产的增加额就会较小。

(　　)3. 合并会计报表与母公司个别会计报表相比，如果未分配利润增加，说明被合并子公司的盈利能力比较强。

(　　)4. 合并会计报表与母公司个别会计报表相比，如果营业收入的增加很小，应该考虑母公司与子公司之间的内部交易很小。

(　　)5. 韦斯顿协同效应理论认为并购会给企业带来 1＋1＞2 的效应。

二、选择（下列答案中有一项或多项是正确的，将符合题意选项前的英文字母填入括号内）

1. 合并报表增减分析方法可用来分析的主要事项有(　　)。

A. 与母公司的规模相比较，子公司群的规模

B. 合并对母公司的经营成果、财务状况和现金流量带来什么影响

C. 有无利用企业集团间的交易进行财务数据操纵的行为

D. 企业集团的经营管理体制如何

2. 合并会计报表的总资产金额与母公司个别会计报表的总资产金额相比，如果增加额很小，则可能存在的情况是(　　)。

A. 集团内部母公司与子公司间存在很少的债权债务

B. 集团内部存在大量累计损失的企业

C. 集团内部存在大额未实现损益的内部交易

D. 母公司与子公司间存在大量的债权债务

3. 合并会计报表所反映的存货金额与母公司个别会计报表所反映的存货金额相比，如果增加很多，可能存在的情况是(　　)。

A. 子公司的销售有困难

B. 子公司的销售很旺盛

C. 母公司将存货转移给了子公司

D. 存货内部销售未抵消

4. 韦斯顿协同效应理论认为并购会给企业带来的是(　　)。

A. 降低生产经营效率

B. 取得规模经济效益

C. 提高生产经营效率

D. 失去规模经济效益

5. 合并会计报表与母公司个别会计报表相比，如果期间费用的增减很小，可能存在的情况是(　　)。

A. 母公司与子公司之间存在固定资产的租赁交易

B. 母公司与子公司之间存在广告代理

C. 母公司与子公司之间存在业务委托

D. 母公司与子公司之间存在商品交易

三、学习领域情境实训

(1) 实训目的：学会分析合并资产负债表。

(2) 情境资料：合并资产负债表主要项目见表 6－14。

表 6－14　合并资产负债表不同时期主要项目

编制单位：江北机电股份有限公司　　　　金额单位：人民币元

项　目	2015 年末	2016 年末
流动资产合计	750 235 167.94	747 757 071.72
非流动资产合计	129 277 152.42	142 430 685.49

续前表

项　目	2015年末	2016年末
资产总计	879 512 320.36	890 187 757.21
流动负债合计	52 935 491.47	58 279 784.02
非流动负债合计		
负债总计	52 935 491.47	58 279 784.02
所有者权益总计	826 576 828.89	831 907 973.19
负债及所有者权益总计	879 512 320.36	890 187 757.21

合并资产负债表主要项目见表6-15。

表6-15　合并资产负债表母子公司主要项目

编制单位：江北机电股份有限公司　　　　金额单位：人民币元

项　目	母公司	合并
流动资产合计	706 186 750.65	747 757 071.72
非流动资产合计	191 986 030.70	142 430 685.49
资产总计	898 172 781.35	890 187 757.21
流动负债合计	68 918 255.61	58 279 784.02
非流动负债合计		
负债总计	68 918 255.61	58 279 784.02
所有者权益总计	829 254 525.74	831 907 973.19
负债及所有者权益总计	898 172 781.35	890 187 757.21

（3）实训要求：将学生分成若干小组，每组4名学生，并推选一名学生为组长，在老师的指导下共同制定工作方案。各组成员分析合并资产负债表，并列出算式。15分钟后，各组汇报，老师点评，评定成绩。

任务2　合并会计报表比率分析

※ 任务描述 ※

熟悉合并会计报表比率分析的内容，掌握合并会计报表比率分析的工作步骤，了解合并会计报表比率分析指标的真实性与可靠性。

※ 知识准备 ※

比率分析包括倍数分析和比较分析两种。这两种方法的分析要点介绍如下。

一、倍数分析

倍数分析是以母公司个别会计报表的数据为分母，以合并会计报表的数据为分子，计算合并对个别的倍数，据以分析判断的方法。其计算公式为：

$$合并倍数=\frac{合并报表项目数据}{个别报表项目数据}$$

在这个公式中，可以代入各种项目进行计算，比较典型的项目有资产总计、营业收入、净利润等。倍数分析是用比率反映的增减分析，即将绝对数的比较转换为相对数的比较，这种指数化可以使判断变得容易一些。由于倍数分析是增减分析的指数化，因此倍数分析的要点可以参考增减分析。

提 示

应用合并倍数进行分析时，合并倍数高并不一定意味着合并子公司群的业绩优良。因为在母公司经营恶化、利润减少时，也会产生合并倍数高的结果。

二、比较分析

比较分析是分别计算合并会计报表与个别会计报表的比率指标，对其进行比较判断的方法。

1. 总资产收益率的比较

总资产收益率的计算公式为：

$$总资产收益率=\frac{净利润}{总资产平均余额}\times 100\%$$

一般情况下，对于采用权益结合法的企业集团，其合并会计报表的总资产收益率往往比较高。而在被合并子公司的少数股东较多的情况下，总资产收益率往往比较低。

2. 销售利润率的比较

销售利润率的计算公式为：

$$销售利润率=\frac{净利润}{营业收入}\times 100\%$$

一般情况下，对于纵向系列的企业集团，其合并会计报表的销售利润率往往比较高。

3. 总资产周转率的比较

总资产周转率的计算公式为：

$$总资产周转率=\frac{营业收入净额}{总资产平均余额}$$

一般情况下，对于横向系列的企业集团，其合并会计报表的总资产周转率往往比较高；对于纵向系列的企业集团，其合并会计报表的总资产周转率往往比较低。

4. 流动比率的比较

流动比率的计算公式为：

$$流动比率=\frac{流动资产}{流动负债}\times 100\%$$

根据被合并子公司的企业形态对债权债务抵消程度的影响，母公司与企业集团的流动资产、流动负债的金额增减可能发生较大的变化。但是在流动比率上，一般没有很大的差异。

5. 固定长期适合率的比较

固定长期适合率的计算公式为：

$$固定长期适合率=\frac{固定资产}{所有者权益+长期负债}\times 100\%$$

固定长期适合率是反映企业自有资本和长期负债可以支付取得固定资产成本的程度。通过该指标，可以了解企业对固定资产的投资有无稳定的资金来源。同流动比率一样，该指标无论是合并的还是个别的，都没有很大的差异。

※ 任务设计 ※

合并会计报表比率分析

[例6-4] 江南电子股份有限公司2016年度合并会计报表中有关资料见表6-16和表6-17。

表6-16 合并资产负债表主要项目

编制单位：江南电子股份有限公司　　金额单位：人民币元

项　目	母公司	合并
流动资产合计	354 090 596.61	474 449 558.78
固定资产	273 694 142.52	304 155 555.62
非流动资产合计	513 117 103.38	541 192 099.13
资产总计	867 207 699.99	1 015 641 657.91
流动负债合计	306 739 944.27	307 851 861.57
非流动负债合计	9 803 242.39	159 803 242.39
负债总计	316 543 186.66	467 655 103.96
所有者权益总计	550 664 513.33	547 986 553.95
负债及所有者权益总计	867 207 699.99	1 015 641 657.91

表6-17 合并利润表主要项目

编制单位：江南电子股份有限公司　　金额单位：人民币元

项　目	母公司	合并
营业收入	252 725 670.76	252 115 032.59
营业成本	219 674 908.84	260 704 372.39
营业利润	—4 261 267.06	—6 450 485.33
利润总额	7 959 196.07	5 769 976.93
净利润	7 764 848.54	5 619 311.98

【合并报表比率分析工作过程】

步骤1 计算合并倍数

合并资产负债表见表6-18。

表6-18 合并资产负债表

编制单位：江南电子股份有限公司　　金额单位：人民币元

项　目	母公司	合并	合并倍数
流动资产合计	354 090 596.61	474 449 558.78	1.34
固定资产	273 694 142.52	304 155 555.62	1.11
非流动资产合计	513 117 103.38	541 192 099.13	1.05
资产总计	867 207 699.99	1 015 641 657.91	1.17
流动负债合计	306 739 944.27	307 851 861.57	1.004
非流动负债合计	9 803 242.39	159 803 242.39	16.30
负债总计	316 543 186.66	467 655 103.96	1.48
所有者权益总计	550 664 513.33	547 986 553.95	0.995
负债及所有者权益总计	867 207 699.99	1 015 641 657.91	1.17

合并利润表见表 6－19。

表 6－19 合并利润表

编制单位：江南电子股份有限公司 金额单位：人民币元

项 目	母公司	合并	合并倍数
营业收入	252 725 670.76	252 115 032.59	0.998
营业成本	219 674 908.84	260 704 372.39	1.19
营业利润	－4 261 267.06	－6 450 485.33	1.51
利润总额	7 959 196.07	5 769 976.93	0.73
净利润	7 764 848.54	5 619 311.98	0.72

步骤 2 分析合并倍数

纵观合并倍数，除了非流动负债情况特殊外，普遍偏低。母公司个别报表与合并会计报表金额之间的增减额非常小。这说明，与母公司的规模相比较，子公司群的规模较小；合并对母公司的经营成果、财务状况和现金流量并没有很大的影响。

总资产的合并倍数为 1.17。有可能存在集团内部有累计损失的企业、未实现损益的内部交易以及较多的债权债务。需进一步查看报表附注，以便了解详细情况。

营业收入的合并倍数为 0.998，说明母公司与子公司之间的内部交易占子公司营业额的比重大，合并后不但没有增加，反而减少。对于营业利润，母公司和合并后均为负数，合并倍数达到 1.51，这是由于抵消母公司与子公司之间的内部交易形成的。净利润的合并倍数为 0.72，这是由母公司与子公司之间销售形成的未实现利润及资产减值损失增加等影响所致。

步骤 3 计算比较指标

江南电子股份有限公司 2016 年度合并后的相关比率分析情况见表 6－20。

表 6－20 江南电子股份有限公司 2016 年度合并后的相关比率分析表

项 目	母公司	合并后
净利润	7 764 848.54	5 619 311.98
营业收入	252 725 670.76	252 115 032.59
销售利润率	3.07%	2.23%
净利润	7 764 848.54	5 619 311.98
总资产平均额	698 533 498.41	772 662 339.07
总资产收益率	1.11%	0.73%
总资产平均额	698 533 498.41	772 662 339.07
营业收入	252 725 670.76	252 115 032.59
总资产周转率（次数）	0.36	0.33
总资产周转率（天数）	1 000	1 091
流动资产	354 090 596.61	474 449 558.78
流动负债	306 739 944.27	307 851 861.57
流动比率	115.44%	154.12%
固定资产	273 694 142.52	304 155 555.62
股东权益加长期负债加少数股东权益	560 467 755.72	707 789 796.34
固定长期适合率	48.83%	42.97%

步骤4　分析比较指标

合并销售利润率为2.23%，母公司销售利润率为3.07%，原因参见营业利润合并倍数分析。

合并总资产收益率为0.73%，母公司总资产收益率为1.11%。这说明合并子公司的总资产收益率比母公司总资产收益率低。总资产收益率可分解为销售利润率和总资产周转率。合并总资产周转率为0.33，而母公司总资产周转率为0.36，在效率方面母公司略好于子公司。

合并流动比率为154.12%，母公司流动比率为115.44%。对照200%的要求，资产的流动性一般，合并流动比率高于母公司流动比率。

合并固定长期适合率为42.97%，母公司固定长期适合率为48.83%。该比率低于100%，说明取得固定资产的资金来自自有资本和长期负债，不占用流动资金，这表示企业的财务安全性较高。

※ 知识拓展 ※

市场份额效应

通过并购可以提高企业对市场的控制力。通过横向并购，可以达到行业特定的最低限度的规模，改善行业结构，提高行业的集中程度，使行业内的企业保持较高的利润水平；纵向并购是通过对原材料和销售渠道的控制，有力地控制竞争对手的活动；混合并购对市场的影响是以间接的方式实现的，并购后企业的绝对规模和充足的财力对其相关领域中的企业形成了较大的竞争威胁。

※ 思考练习 ※

一、判断（正确的在括号内打“√”，错误的打“×”）

（　　）1. 倍数分析是以母公司个别会计报表的数据为分子，以合并会计报表的数据为分母，计算合并倍数，据以分析判断的方法。

（　　）2. 一般情况下，在被合并子公司的少数股东较多的情况下，总资产收益率往往比较高。

（　　）3. 一般情况下，对于纵向系列的企业集团，其合并会计报表的销售利润率往往比较高。

（　　）4. 一般情况下，对于横向系列的企业集团，其合并会计报表的总资产周转率往往比较低。

（　　）5. 从固定长期适合率可以了解企业对固定资产的投资有无稳定的资金来源。

二、选择（下列答案中有一项或多项是正确的，将符合题意选项前的英文字母填入括号内）

1. 合并倍数普遍出现等于或小于1的情况时，这说明（　　）。

A. 子公司群的规模较大　　B. 子公司群的规模较小

C. 合并对母公司的经营成果影响很大　　D. 合并对母公司的财务状况影响不大

2. 应收账款合并倍数小于1，说明母公司和子公司之间的（　　）。

A. 交易比较少　　B. 债权债务抵消金额比较大

C. 交易比较多　　D. 债权债务抵消金额比较小

3. 存货合并倍数小于 1，有可能存在的情况是(　　)。

A. 母公司的销售有困难　　B. 母公司的销售很好

C. 母公司将存货转移给子公司　　D. 存货不存在内部抵消

4. 合并流动比率与个别流动比率均超过 2 时，说明资产的(　　)。

A. 流动性不好　　B. 流动性较好

C. 盈利性不好　　D. 盈利性较好

5. 市场份额效应认为，通过并购可以提高企业对市场的控制力，下列说法正确的有(　　)。

A. 通过横向并购可以改善行业结构，提高行业的集中程度

B. 通过纵向并购有利于控制竞争对手的活动

C. 通过纵向并购不利于控制竞争对手的活动

D. 混合并购对市场的影响是以间接的方式实现的

三、学习领域情境实训

(1) 实训目的：学会分析合并报表。

(2) 情境资料：合并资产负债表主要项目见表 6－21。

表 6－21　合并资产负债表主要项目

编制单位：江北机电股份有限公司　　金额单位：人民币元

项　目	母公司	合并
流动资产合计	706 186 750.65	747 757 071.72
固定资产	90 056 340.18	107 996 425.21
非流动资产合计	191 986 030.70	142 430 685.49
资产总计	898 172 781.35	890 187 757.21
流动负债合计	68 918 255.61	58 279 784.02
非流动负债合计		
负债总计	68 918 255.61	58 279 784.02
所有者权益总计	829 254 525.74	831 907 973.19
负债及所有者权益总计	898 172 781.35	890 187 757.21

合并利润表主要项目见表 6－22。

表 6－22　合并利润表主要项目

编制单位：江北机电股份有限公司　　金额单位：人民币元

项　目	母公司	合并
营业收入	264 426 178.67	275 745 762.43
营业成本	183 545 766.81	227 858 435.40
营业利润	50 646 013.14	47 887 327.03
利润总额	50 964 013.14	48 498 708.03
净利润	43 772 467.23	41 007 692.66

(3) 实训要求：将学生分成若干小组，每组 4 名学生，并推选一名学生为组长，在老师的指导下共同制定工作方案。各组成员分析合并会计报表，并列出算式。15 分钟后，各组汇报，老师点评，评定成绩。

单元小结

- 第六单元
  - 阅读合并会计报表
    - 认识合并报表
      - 企业合并的原因与方式
      - 合并会计报表与个别会计报表的区别
      - 合并会计报表的合并范围
    - 阅读合并报表
      - 阅读合并资产负债表
      - 阅读合并利润表
      - 阅读合并现金流量表
      - 阅读合并所有者权益变动表
      - 阅读步骤
        - 看总体
        - 看变化
        - 看合并会计报表附注
  - 分析会计合并会计报表
    - 合并会计报表增减分析
      - 合并资产负债表增减分析
      - 合并利润表增减分析
      - 合并现金流量表增减分析
      - 合并所有者权益变动表增减分析
      - 分析步骤
        - 计算增减情况
        - 绘制结构图
        - 计算合并数与母公司的增减差异
    - 合并会计报表比率分析
      - 倍数分析
        - 合并倍数
        - 分析步骤
          - 计算合并倍数
          - 分析合并倍数
      - 比较分析
        - 总资产收益率
        - 销售利润率
        - 总资产周转率
        - 流动比率
        - 固定长期适合率
        - 分析步骤
          - 计算比较指标
          - 分析比较指标

单元训练

一、知识巩固

1. 从微观经济角度看，企业合并的主要原因是什么？
2. 企业合并的方式一般有哪些？
3. 合并会计报表与个别会计报表的主要区别有哪些？
4. 合并会计报表的合并范围是什么？
5. 怎样阅读“少数股东权益”和“外币报表折算差额”项目？
6. 怎样阅读“少数股东损益”项目？
7. 怎样进行合并会计报表主要项目的增减分析？
8. 怎样计算与分析合并倍数？

9. 怎样进行合并会计报表的比较分析？

二、实训项目

[项目一]

1. 实训目的

加强学生合并会计报表阅读与分析的实际操作训练，运用所学知识与分析方法，提高学生发现问题、分析问题和解决问题的能力，并培养学生团队协作意识，提高职业判断能力、语言表达能力、沟通能力和撰写分析报告能力。

2. 实训资料

一家中小板上市公司近三年的合并会计报表、合并会计报表附注及相关资料。

3. 实训组织

按4人为一个学习小组，选定小组长一人，负责制定小组工作计划书，组织小组讨论、实训和学习。合并会计报表阅读与分析实训工作计划书通过小组成员讨论制定，并经指导老师审阅批准后实施。

4. 实训任务

（1）制定小组合并会计报表阅读与分析实训工作计划；

（2）搜集一家中小板上市公司近三年的合并会计报表、合并会计报表附注及相关资料；

（3）阅读公司合并会计报表和合并会计报表附注；

（4）完成公司合并会计报表的比较分析；

（5）完成公司合并会计报表的比率分析；

（6）撰写合并会计报表阅读与分析报告。

5. 实训要求

（1）能熟练利用网络搜集、查阅所需的资料；

（2）能把握分析合并会计报表的关键点；

（3）能对公司财务状况、经营成果和现金流量作出客观、全面的分析评价；

（4）能撰写合并会计报表分析报告，报告内容包括公司概况、合并会计报表的基本情况、合并会计报表阅读、合并会计报表增减分析、合并会计报表比率分析、综合评价与结论、建议等。

（5）制作PPT汇报。

[项目二]

1. 实训目的

培养判断合并会计报表是否真实的能力。

2. 实训资料

如右图所示。

3. 实训要求

（1）根据图示调查并描述一个虚假合并会计报表事件。

（2）你认为应如何识别合并会计报表的粉饰情况？

职业核心能力测评

职业核心能力测评表

（在□中打√，A表示通过，B表示基本通过，C表示未通过）

职业核心能力	评 估 标 准	自测结果
自我学习	1. 能进行时间管理 2. 能选择适合自己的学习和工作方式 3. 能随时修订计划并进行意外处理 4. 能将已经学到的东西用于新的工作任务	□A □B □C □A □B □C □A □B □C □A □B □C
信息处理	1. 能根据不同需要去搜寻、获取并选择信息 2. 能筛选信息，并进行信息分类 3. 能使用多媒体等手段来展示信息	□A □B □C □A □B □C □A □B □C
数字应用	1. 能从不同信息源获取相关信息 2. 能依据所给的数据信息，进行简单计算 3. 能用适当的方法展示数据信息和计算结果	□A □B □C □A □B □C □A □B □C
与人交流	1. 能把握交流的主题、时机和方式 2. 能理解对方谈话的内容，准确表达自己的观点 3. 能获取信息并反馈信息	□A □B □C □A □B □C □A □B □C
与人合作	1. 能挖掘合作资源，明确自己在合作中能够起到的作用 2. 能同合作者进行有效沟通，理解个性差异及文化差异	□A □B □C □A □B □C
解决问题	1. 能说明何时出现问题并指出其主要特征 2. 能作出解决问题的计划并组织实施计划 3. 能对解决问题的方法适时作出总结和修改	□A □B □C □A □B □C □A □B □C
革新创新	1. 能发现事物的不足并提出新的需要 2. 能创新性地提出改进事物的意见和具体方法 3. 能从多种方案中选择最佳方案，并在现有条件下实施	□A □B □C □A □B □C □A □B □C
学生签字：	教师签字：	年 月 日

第七单元

会计报表综合分析

【学习目标】

通过本项目学习，你应该能够：

- 进行杜邦财务分析；
- 理解帕利普财务分析；
- 进行沃尔评分；
- 进行企业绩效评价分析；
- 理解财务预警分析。

【引导案例】

几家欢喜几家愁

作为曾经A股市场上的五朵金花中的两朵，火电和煤炭两个行业在2013年交出的中考成绩单，却截然不同。从已发布的2013年上半年年报的10家上市煤企的业绩情况来看，虽然各公司在过去的半年里均实现了一定程度的盈利，但其盈利能力已较去年同期明显降低。以大有能源为例，2013年上半年，公司实现煤炭产量总共1 232.56万吨，销量1 151.65万吨，营业收入60.7亿元，其中，公司主营业务中煤炭销售额达43.88亿元，比上年同期下降8.84%。大有能源同时预计，年初至下一报告期期末累计净利润与上年同期相比将会大幅降低。

恒源煤电、昊华能源、西山煤电、露天煤业四家上市煤企上半年的净利润也均上亿元，分别实现净利润1.03亿元、3.79亿元、10.46亿元、4.10亿元，较去年同期分别下滑82.30%、44.65%、46%、43%。新大洲A上半年则实现盈利5 992.21万元，与去年同期相比下降43.14%。

煤价的下跌，“瘦”了煤企，却“肥”了众多上市火电企业。得益于煤价下跌，火电企业上半年燃料成本压力得到明显缓解，盈利能力也由此得到大幅度提升。7月22日，建设能源发布了2013年火电企业的首份半年报，该公司在上半年共实现营业收入37.67亿元，同比增长18.57%，归属于上市公司股东的净利润2.48亿元，同比增长高达330.06%。而长源电力2013年中报业绩预报显示，公司上半年扭亏为盈，实现净利润2.18亿～2.68亿元，去年同期亏损1.07亿元。自2012年5月煤价下行以来，该公司从三季度开始扭亏为盈，四季度电力业务贡献净利润1.5亿元。而2013年上半年煤价持续走低，公司标煤单价与去年同期相比下降约170元/吨，降幅约18%。

在对外宣传的材料中，华西村村办集体企业——华西集团2012年收入达到524.5亿元，但这实际上是按税务口径统计的开票销售收入。按照企业会计准则编制的财务报表显示，华西集团2012年合并报表后的营业总收入只有276.7亿元，并且较2011年的308.4亿元出现约一成的下滑。

资料来源：秦长城：《煤炭、火电“冰火两重天”》，载《新理财》，2013（9）。

这一案例表明，由于宏观经济持续低速运行，煤炭市场供大于求的情况越来越明显，产业链下游火电企业因煤价下跌而得益。因此，会计报表的分析者要深刻领会案例内容，很有必要学会会计报表的综合分析。

项目一

会计报表综合比率分析

企业的财务状况是一个完整的有机整体，内部的各种因素都是相互依存、相互作用的，任何一项因素的变动都会引起企业整体财务状况的变化。因此，会计报表分析人员在进行报表综合分析时，应深入了解企业会计报表的各项因素及其相互之间的关系，这样才能比较全面地揭示企业会计报表的全貌。

杜邦财务分析体系是利用主要财务比率之间的内在联系，对企业财务状况和经营成果进行综合系统评价的方法。但其指标体系较为机械，只能是若干财务指标的集合，而一些比较有代表性的指标则不在分析体系范围内，对企业未来的发展能力也没有予以说明。帕利普财务分析体系针对杜邦财务分析体系的缺陷，进行加工、补充和发展，并以可持续增长率为核心，将反映企业盈利能力、营运能力及偿债能力的指标联系在一起，使财务综合分析的方法体系更加完善。

任务 1　杜邦财务分析

※ 任务描述 ※

熟悉杜邦财务分析体系的基本框架，掌握杜邦财务分析指标体系中主要财务指标之间的相互关系，了解杜邦财务分析体系的整体思路。

※ 知识准备 ※

杜邦财务分析体系又称杜邦分析法，简称杜邦体系，是利用若干主要财务指标之间的内在联系，对企业财务状况及经济效益进行综合分析评价的一种综合财务分析方法。由于这种分析法由美国著名的化学制品生产商杜邦公司的财务经理创造出来，故命名为杜邦财务分析体系。

提　示

杜邦财务分析体系以权益净利率为中心，以资产净利率和权益乘数为基本点，重点揭示企业各相关指标之间的相互关系，以及获利能力及权益乘数对净资产报酬率的影响，从而深入分析造成这种影响的内部原因。

一、杜邦财务分析体系基本原理

在一家企业内部，企业各项财务活动、财务指标不是孤立存在的，因此要求财务人员在进行财务分析时，将企业的财务活动看作一个大的系统，对系统内部相互依存、相互作用的各种因素进行分析。而杜邦财务分析法是以盈利能力为企业的核心能力，以权益净利率为核心财务指标，根据盈利能力、资产管理比率和债务管理比率三者之间的内在联系，对企业的财务状况和经营成果进行全面、系统而又实用的分析和评价的一种方法。该方法需要将核心指标——权益净利益率分解为上述三组重要财务比率中的各项较关键的财务比率，并将其相互结合为一体形成一个完整的财务综合分析体系，并最终通过所有者权益净利率（即净资产收益率）来进行综合反映。杜邦财务分析法的核心指标是权益净利率，也就是净资产收益率。

二、杜邦财务分析指标体系图

杜邦财务分析指标体系图，简称杜邦图，是根据权益净利率这一核心指标与各项分解指标之间的内在联系，以及所涉及的各项会计要素，按照一定的规律有序排列的指标体系图。这个体系图可以使杜邦分析法更直观、更清晰、更便于理解。杜邦财务分析指标体系图如图7-1所示。

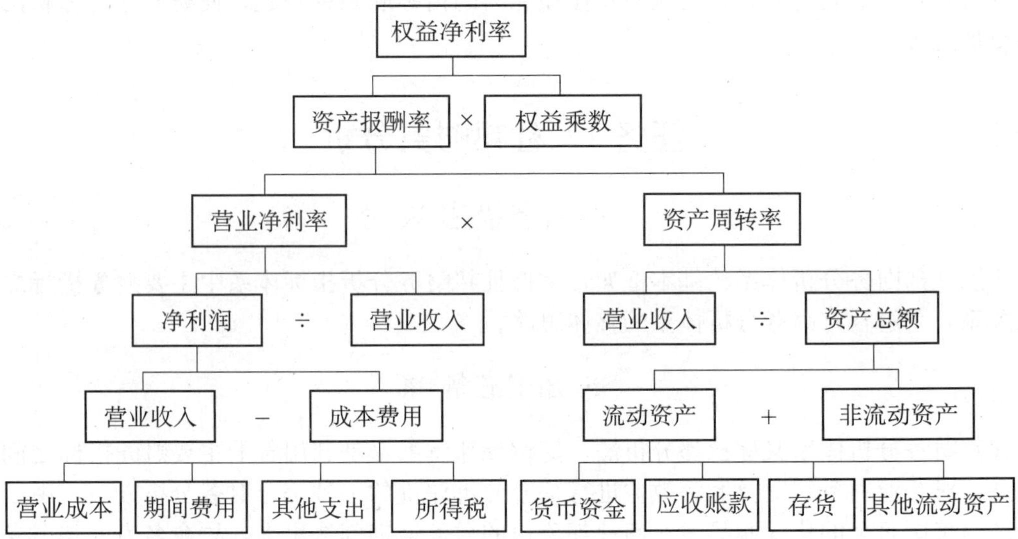

图7-1 杜邦财务分析指标体系图

杜邦财务分析指标体系是一个多层次的财务比率分析体系。各项财务比率可在每个层次上与本企业历史或同行业财务比率进行比较，比较后向下一级进行分解，逐步覆盖企业经营活动的每个环节，以实现系统、全面地评价企业经营成果和财务状况的目的。

三、杜邦财务分析体系的基本比率

杜邦财务分析体系的基本比率有以下几个。

（1）权益净利率是综合性最强的财务分析指标，是杜邦财务分析体系的起点。

权益净利率反映了企业所有者投入资本的获得能力，是股东财富最大化的具体体现，说明了企业筹资、投资、资产运营等各项财务及其管理活动的效率，而不断提高权益净利率是使所有者权益最大化的基本保证。因此，权益净利率这一指标是企业所有者、经营者都十分关注的。

权益净利率在不同企业之间具有很好的可比性，是杜邦分析体系的核心比率。由于逐利性，资本总是流向投资报酬率高的行业和企业，因此各企业的权益净利率会比较接近；如果一家企业的权益净利率经常高于其他企业，就会引来竞争者，迫使该企业的权益净利率回到平均水平；如果一家企业的权益净利率低于其他企业，就得不到资金，从而被市场驱逐，使得幸存企业的权益净利率提升到平均水平。

请注意

权益净利率不仅有很好的可比性，而且有很强的综合性。

权益净利率的计算公式为：

$$\text{权益净利率}=\frac{\text{净利润}}{\text{所有者权益总额}}=\frac{\text{净利润}}{\text{营业收入}}\times\frac{\text{营业收入}}{\text{资产总额}}\times\frac{\text{资产总额}}{\text{所有者权益总额}}$$

$$=\text{营业净利率}\times\text{资产周转率}\times\text{权益乘数}$$

公式中将权益净利率的决定因素分解成营业净利率、资产周转率和权益乘数三个部分。无论提高其中哪个比率，权益净利率都会提高。其中，营业净利率是利润表的概括，营业收入在利润表的第一行，净利润在利润表的最后一行，两者相除可以概括全部经营成果；权益乘数是资产负债表的概括，表明资产、负债和所有者权益的比例关系，可以反映企业最基本的财务状况；资产周转率把利润表和资产负债表联系起来，使权益净利率可以综合整个企业经营活动和财务活动的业绩。

（2）营业净利率反映了企业净利润与营业收入的关系，它的高低取决于营业收入与总成本的高低。

【想一想】提高营业净利率主要有哪些途径？

营业净利率的提高，一是要扩大营业收入，二是要降低成本费用。扩大营业收入既有利于提高营业净利率，又有利于提高资产周转率。降低成本费用是提高营业净利率的一个重要因素，从杜邦财务分析指标体系图可以看出成本费用的基本结构是否合理，从而找出降低成本费用的途径和加强成本费用控制的办法。如果企业财务费用支出过高，就要进一步分析其负债比率是否过高；如果管理费用过高，就要进一步分析其资产周转情况等。从权益净利率的计算公式中还可以看出，提高营业净利率的另一条途径是提高其他利润。为了详细地了解企业成本费用的发生情况，在具体列示成本总额时，还可以根据重要性原则，将影响较大的费用单独列示，以便为降低成本的途径提供依据。

（3）影响资产周转率的一个重要因素是资产总额。

【想一想】影响资产周转率的因素有哪些？

资产总额由流动资产和非流动资产组成，其结构是否合理将直接影响资产的周转速度。一般来说，流动资产直接体现企业的偿债能力和变现能力，而非流动资产体现了企业的经营规模和发展潜力。流动资产与非流动资产之间应该有一个合理的比例关系。如果发现某项资产比重过大，影响资金周转，就应该深入分析其原因。例如，如果企业持有的货币资金超过其业务需要，则虽然提高了资产的安全性，但会影响企业的盈利能力；如果企业占有过多的存货和应收账款，则既会影响获得能力，又会影响偿债能力。因此，还应进一步分析各项资产的占用数额和周转速度。

（4）权益乘数主要受资产负债率指标的影响。其计算公式为：

$$权益乘数=\frac{资产总额}{所有者权益总额}=\frac{负债总额+所有者权益总额}{所有者权益总额}=\frac{1}{1-资产负债率}$$

资产负债率越高，权益乘数就越高，说明企业的负债程度比较高，给企业带来了较多的杠杆利益，也带来了较大的风险。如何配置财务杠杆是企业最重要的财务政策。一般来说，资产净利率高的企业，财务杠杆较低，反之则相反。这种现象也不是偶然的，可以设想，为了提高资产净利率，企业倾向于尽可能提高财务杠杆。但是，贷款提供者不一定会同意这种做法。贷款提供者不分享超过利息的收益，更倾向于给预期未来经营现金流量比较稳定的企业提供贷款。为了稳定现金流量，企业的一种选择是降低价格以减少竞争，另一种选择是增加净营运资本以防止现金流中断，这都会导致资产净利率的下降。这就是说，为了提高流动性，只能降低营利性。因此，实际看到的是，经营风险低的企业可以得到较多的贷款，其财务杠杆较高；经营风险高的企业，只能得到较少的贷款，其财务杠杆较低。资产净利率与财务杠杆负相关，共同决定了企业的权益净利率。企业必须使其经营战略和财务政策相匹配。

提　示

在杜邦财务分析指标体系中，资产负债率是指全年平均资产负债率，是企业全年平均负债总额与全年平均资产总额的百分比。计算资产负债率是为了便于与其他指标进行对比分析。

四、杜邦财务分析体系的优缺点

（1）优点。企业的各项财务活动、财务指标是相互联系、相互影响的，这就要求财务分析人员系统地分析各项指标。杜邦财务分析体系就是对企业财务状况的综合分析，它把不同种类的指标通过某种关系联系起来，建立金字塔分析体系，对核心指标的变动进行分析，从而全面、直观、系统地反映企业的财务状况，可大大提高对财务报表分析的效率。杜邦财务分析体系是通过综合性指标——权益净利率的分解图来完成的，该体系最大的特点就是简洁、操作性强。它把有关指标的内在联系显示出来，通过层层分解，把权益净利率这一综合性指标发生升降变化的原因具体化，找出企业财务问题的症结之所在。

（2）缺点。杜邦财务分析体系偏重于企业所有者的利益角度。从杜邦财务分析指标体系来看，在其他因素不变的情况下，资产负债率越高，权益净利率就越高。这是因为利用较多负债可以产生财务杠杆作用。但这样的角度没有考虑财务风险的因素，负债越多，财务风险越大，偿债压力就越大。因此，还要结合其他指标进行综合分析。

※ 任务设计 ※

杜邦财务分析

[例7-1] 甲企业有关会计报表资料见表7-1。

表 7-1 甲企业会计报表有关资料 单位：万元

项 目	2015 年	2016 年
平均资产总额	306 222.94	330 580.21
平均负债总额	205 677.07	215 659.54
所有者权益	100 545.87	114 920.67
营业收入	411 224.01	757 613.81
营业成本	373 534.53	688 256.59
销售费用	10 203.05	21 740.96
管理费用	12 212.30	25 718.20
财务费用	1 562.08	5 026.17
利润总额	13 712.05	16 871.89
所得税	3 428.01	4 217.97
净利润	10 284.04	12 653.92

【杜邦财务分析项目工作过程】

步骤 1 计算分析指标

甲企业 2015—2016 年部分分析比率见表 7-2。

表 7-2 甲企业 2015—2016 年部分分析比率

指标	2015 年	2016 年
权益净利率	$\frac{10\,284.04}{100\,545.87}\times100\%=10.23\%$	$\frac{12\,653.92}{114\,920.67}\times100\%=11.01\%$
资产负债率	$\frac{205\,677.07}{306\,222.94}\times100\%=67.17\%$	$\frac{215\,659.54}{330\,580.21}\times100\%=65.24\%$
权益乘数	$\frac{1}{1-67.17\%}=3.05$	$\frac{1}{1-65.24\%}=2.88$
资产净利率	$\frac{10\,284.04}{306\,222.94}\times100\%=3.36\%$	$\frac{12\,653.92}{330\,580.21}\times100\%=3.83\%$
营业净利率	$\frac{10\,284.04}{411\,224.01}\times100\%=2.50\%$	$\frac{12\,653.92}{757\,613.81}\times100\%=1.67\%$
资产周转率（次）	$\frac{411\,224.01}{306\,222.94}=1.34$	$\frac{757\,613.81}{330\,580.21}=2.29$

步骤 2 绘制杜邦财务分析指标体系图

甲企业杜邦财务分析指标体系图如图 7-2 所示。

步骤 3 分析主要指标

（1）对权益净利率的分析。甲企业的权益净利率在 2015 年至 2016 年间出现了一定程度的好转，从 2015 年的 10.23%增加至 2016 年的 11.01%，企业的投资者在很大程度上依据这个指标来判断是否投资或是否转让股份，考察经营者业绩和决定股利分配政策。该指标对企业的管理者也至关重要。2015 年和 2016 年权益净利率分别为：

2015 年权益净利率$=3.05\times3.36\%=10.23\%$

2016 年权益净利率$=2.88\times3.83\%=11.01\%$

通过分解可以明显地看出，甲企业权益净利率的变动是资本结构（权益乘数）的变动和

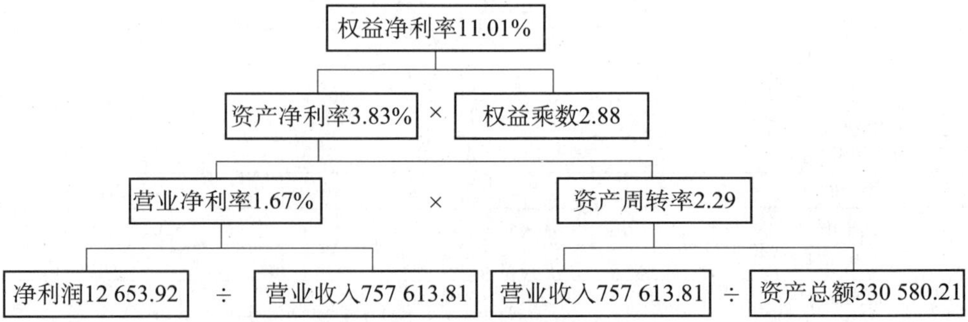

图7-2 甲企业杜邦财务分析指标体系图

资产利用效果（资产净利率）的变动两方面共同作用的结果。而甲企业的资产净利率太低，显示出资产利用效果不理想。

（2）对资产净利率的分析。2015年和2016年资产净利率分别为：

2015年资产净利率＝2.5%×1.34＝3.36%

2016年资产净利率＝1.67%×2.29＝3.83%

通过分解可以看出，2016年甲企业的资产周转率有所提高，说明资产的利用得到了比较好的控制，显示出比前一年较好的效果，表明甲企业利用其总资产产生营业收入的效率在增加，在资产周转率提高的同时营业净利率的减少阻碍了资产净利率的增加。

（3）对营业净利率的分析。甲企业2016年大幅度地提高了营业收入，但是净利润的提高幅度却很小，分析其原因是成本费用增加，全部成本从2015年的397 511.96万元增加到2016年的740 741.92万元，与营业收入的增加幅度大致相当。

（4）对全部成本的分析。导致甲企业权益净利率低的主要原因是全部成本过大，也正是因为全部成本的大幅度提高导致了净利润提高幅度不大，而营业收入大幅度增加，就引起了营业净利率的降低，显示出甲企业营业盈利能力的降低。资产净利率的提高应当归功于资产周转率的提高，营业净利率的减少却起到了阻碍的作用。

（5）对权益乘数的分析。甲企业权益乘数下降，说明企业的资本结构在2015年至2016年间发生了变动。权益乘数越小，说明企业负债程度越低，偿还债务能力越强，财务风险程度越低。这个指标同时反映了财务杠杆对利润水平的影响。甲企业的权益乘数一直处于2与5之间，即负债率为50%～80%，属于激进战略型企业。管理者应该准确把握企业所处的环境，准确预测利润，合理控制负债带来的风险。

（6）结论。对于甲企业，最为重要的就是努力降低各项成本，在控制成本上下工夫。同时要保持较高的资产周转率，这样可以使营业净利率得到提高，进而使资产净利率有大幅提高。

※ 知识拓展 ※

经济增加值

经济增加值（Economic Value Added，EVA）是从税后净营业利润中提取包括股权和债务的所有资金成本后的经济利润，是综合利润表和资产负债表得出的公司业绩衡量指标。

EVA用来衡量企业创造的股东财富，能够比较准确地反映公司在一定时期内为股东创造的价值。EVA的计算公式为：

经济增加值（EVA）＝税后净营业利润－资本总额 × 加权平均资本成本（单位成本）

EVA由思腾思特咨询公司（Stern Stewart & Co.）创导，已在可口可乐、西门子、索尼、美国邮政总局、新加坡航空公司等应用。思腾思特咨询公司每年计算全美1 000家上市公司的市场增加值（MVA），并在《财富》杂志上刊登。

EVA的基本理念是，资本获得的收益至少要能补偿投资者承担的风险，股东必须赚取至少相当于资本市场上类似风险投资回报的收益率；EVA＞0，被视为公司价值创造能力强，EVA＜0，被视为股东价值遭到破坏。在EVA标准下，投资收益率高低并非企业经营状况好坏和价值创造能力的评估标准，关键在于投资是否超过资本成本。

※ 思考练习 ※

一、判断（正确的在括号内打“√”，错误的打“×”）

（　　）1. 利用各主要财务比率指标间的内在联系，对企业财务状况及经济效益进行综合系统分析评价的方法是沃尔评分法。

（　　）2. 负债比率越高，则权益乘数越大，财务风险越大。

（　　）3. 净资产收益率是指净利润与净资产平均数的比率，反映平均每1元投资所创造的利润。

（　　）4. 在采用因素分析法进行净资产收益率的分析时，可以随意颠倒销售净利率、总资产周转率和权益乘数的顺序。

（　　）5. 用于评价企业获利能力的总资产报酬率指标中的“报酬”，是指净利润。

二、选择（下列答案中有一项或多项是正确的，将符合题意选项前的英文字母填入括号内）

1. 权益乘数的计算公式是（　　）。

A. 总资产/净资产　B. 净资产/总资产　C. 负债率　D. 1/资产负债率

2. 在上市公司杜邦财务分析指标体系中，最具有综合性的财务指标是（　　）。

A. 营业净利率　B. 权益净利率　C. 资产净利率　D. 资产周转率

3. 根据杜邦财务分析指标体系，影响权益净利率的因素有（　　）。

A. 营业利润率　B. 资产周转率　C. 资产增长率　D. 权益乘数

4. 甲企业2016年流动资产平均余额为200万元，流动资产周转率（次数）为8次，净利润为420万元，则营业净利率为（　　）。

A. 26.25%　B. 30%　C. 35%　D. 28.25%

5. 某企业2015年和2016年的营业净利率分别为7%和8%，资产周转率（次数）分别为2和1.5，两年的资产负债率相同。与2015年相比，2016年的净资产收益率变动趋势为（　　）。

A. 上升　B. 下降　C. 不变　D. 无法确定

三、学习领域情境实训

（1）实训目的：学会杜邦财务分析法。

（2）情境资料：江北机电股份有限公司会计报表有关资料见表7-3。

表7-3 会计报表有关资料 单位：人民币元

项 目	2014年	2015年	2016年
资产总额	692 912 714.04	888 349 633.39	898 172 781.35
负债总额	82 391 024.63	67 191 026.52	68 918 255.61
所有者权益	610 521 689.41	821 158 606.87	829 254 525.74
营业收入		249 267 697.10	264 426 178.67
净利润		37 648 033.97	43 772 467.23

（3）实训要求：将学生分成若干小组，每组4名学生，并推选一名学生为组长，在老师的指导下共同制定工作方案。各组成员列出算式计算杜邦财务分析体系指标，绘制两年的杜邦分析图，并进行分析。15分钟后，各组汇报，老师点评，评定成绩。

任务2 帕利普财务分析

※ 任务描述 ※

熟悉帕利普分析体系的基本框架，掌握帕利普分析体系中主要财务指标之间的相互关系，了解帕利普分析体系的整体思路。

※ 知识准备 ※

帕利普财务分析是以杜邦财务分析法为基础，以可持续增长率为核心指标，以盈利能力为企业的核心能力，以良好的股利政策为依托，根据盈利能力比率、资产管理比率和债务管理比率三者之间的内在联系，对企业的财务状况和经营成果以及利润分配进行综合、系统的分析和评价的一种方法。

提 示

杜邦财务分析法自产生以来在实践中得到广泛应用与好评。随着经济与环境的发展以及人们对企业目标认识的进一步升华，许多人意识到杜邦财务分析体系的局限性并对此进行了变形、补充，使其不断完善和发展。美国哈佛大学教授帕利普等在其所著的《企业分析评价》一书中，提出了以可持续增长率为核心指标的财务综合分析指标体系。由于这个分析体系是帕利普教授首先提出来的，因此又称为帕利普财务分析法。

一、帕利普财务分析法的基本原理

从长远看，企业的价值取决于企业的盈利和增长能力。这两项能力又取决于其产品市场战略和资本市场战略，而产品市场战略包括企业的经营战略和投资战略，资本市场战略包括融资战略和股利政策。财务分析的目的就是评价企业在经营管理、投资管理、融资战略和股利政策四个领域的管理效果。可持续增长率是企业在保持利润能力和财务政策不变的情况下能够达到的增长率，它取决于权益净利率和股利政策。因此，可持续增长率将企业的各种财务比率统一起来，以评估企业的增长战略是否可持续。

可持续增长率的计算公式为：

可持续增长率＝权益净利率×（1－股利支付率）

＝营业净利率×资产周转率×权益乘数×留存收益比率

【想一想】与可持续增长率相关的指标包括哪些？

提　示

与可持续增长率相关的指标可以从以下三个方面分析：

（1）与营业净利率相关的指标有：营业收入成本率、营业毛利率、营业收入期间费用率、营业息税前利润率等。

（2）与资产周转率相关的指标有：流动资产周转率、流动资产垫支周转率、固定资产周转率、应收账款周转率、存货周转率等。

（3）与权益乘数相关的指标有：流动比率、速动比率、资产负债率、利息保障倍数等。

二、帕利普财务分析指标体系图

与杜邦财务分析体系一样，帕利普财务分析体系也采用指标分解的方法，通过数学变换，将核心指标——可持续增长率逐项推移分解为营业净利率、资产周转率、权益乘数和留存收益比率四者的乘积，形成一组指标体系，以综合反映企业的盈利能力、营运能力、偿债能力、资本结构和股利政策的共同作用对企业的可持续发展的影响。帕利普财务分析体系的内容如图 7－3 所示。

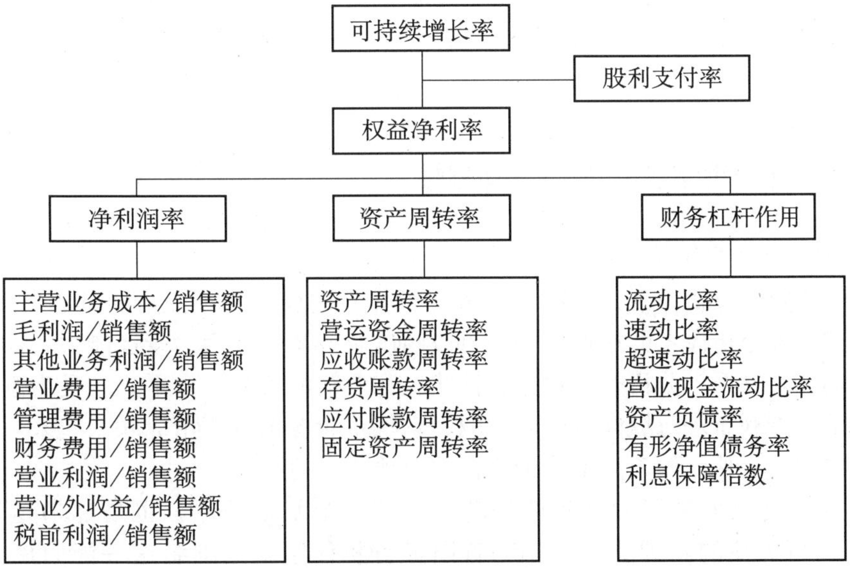

图 7－3　帕利普财务分析指标体系图

1. 分析利润动因——分解权益净利率

企业的权益净利率受两个因素影响：企业利用资产的有效性、与股东的投资相比企业的资产基础有多大。权益净利率的计算公式为：

权益净利率＝资产净利率×财务杠杆作用

为了更直观地了解利润的动因，将权益净利率进一步分解为：

权益净利率＝净利润率×资产周转率×财务杠杆作用

分解后的公式表明：影响企业权益净利率的动因是净利润率、资产周转率和财务杠杆作用。

2. 评估经营管理——分解净利润率

净利润率表明企业经营活动的盈利能力，因此，对净利润率进行分解能够评估企业的经营管理效率。常用的分析工具是共同尺度损益表，即该表中的所有项目都用一个营业收入比率表示。共同尺度损益表可用于企业一段时间内损益表各项目的纵向比较，也可用于行业内企业间的横向比较。通过分析共同尺度损益表，我们可以了解企业的毛利率与其竞争战略的关系、变动的主要原因、期间费用率与其竞争关系、变动的原因、企业的经营管理的效率等。

3. 评估投资管理——分解资产周转率

对资产周转率的详细分析可以评估企业投资管理的效率。资产管理分为流动资金管理和长期资产管理。其中，流动资金管理分析的重点在应收账款、存货和应付账款。评估资产管理效率的主要财务指标有：资产周转率、存货周转率、应收账款周转率、应付账款周转率、固定资产周转率、营运资金周转率。

4. 评估财务管理——检验财务杠杆作用

财务杠杆使企业拥有大于其产权的资产基础，即企业通过借款和一些不计息债务等来增加资本。只要债务的成本低于资产收益率，财务杠杆就可以提高企业的权益净利率，但也加大了企业的风险。评估企业财务杠杆风险程度的财务指标有流动比率、速动比率、超速动比率和营业现金流动比率等流动性比率以及资产负债率、有形净值负债率和利息保障倍数等长期偿债比率。

三、帕利普财务分析体系的优点与局限性

1. 帕利普财务分析体系的优点

（1）帕利普财务分析体系是对杜邦财务分析体系的变形和补充，使其不断完善与发展。它继承了杜邦财务分析体系的优点：一是可以明确企业盈利能力、营运能力、偿债能力与发展能力之间的相互联系，分析企业财务总体状况和业绩的关联性水平；二是为进行财务综合评价提供基础，有利于进行纵向及横向比较。它把企业各个重要指标联系起来，考察每个重要指标的影响因素，从而便于因素分析法在综合评价中的运用。

（2）企业可持续发展能力是企业长期存在的一个基本条件，也是越来越多的所有者和相关利益人所关注的一种能力。帕利普财务分析体系就是围绕这一能力展开，层层分析影响这一综合能力的各种因素，便于企业和决策者评价其可持续发展能力。

（3）帕利普财务分析体系中，考虑了股利支付率对可持续增长率的影响，这是原有杜邦财务分析体系中未曾考虑的因素。一家上市公司，在当期盈利的情况下，会面临股利分配方

案的选择：不支付股利会引起所有者的不满，可能会增加再次利用股票融资的难度；发放股利，会影响企业利用自由资金进一步发展的能力，不利于投资决策的实行。因此，分析股利支付率对可持续增长率的影响，有利于在综合评价中进一步评价股东权益的实现能力，并为股利分配政策提供理论依据。

2. 帕利普财务分析体系的局限性

帕利普财务分析体系应用到上市公司中是可行的，但也有其局限性：一是鉴于自身的特点，比较适合预测企业清算发生的可能性；二是各个指标对财务失败的影响权重不同，而这一分析方法却没考虑到这点；三是不能预测因宏观环境的变化而导致的财务失败。

帕利普财务分析体系可以变形为：

可持续增长率＝权益净利率×（1－股利支付率）

＝营业净利率×资产周转率×财务杠杆作用

＝(安全边际率×贡献毛益率）×（1－所得税率）

×资产周转率×财务杠杆作用

这样可以将管理会计与财务失败预测结合起来，分析贡献毛益率对权益净利率的影响，也就是纯收入对利润总额的贡献程度，有利于进一步从销售角度分析导致净利润降低的原因。总之，在上市公司提供的财务报表真实可靠的基础上，帕利普财务分析体系不失为一种简便、有效的财务失败预测方法。

※ 任务设计 ※

帕利普财务分析

［例 7－2］某企业会计报表有关资料整理见表 7－4、表 7－5。

表 7－4　利润表百分比

项目名称	2015 年	2016 年
一、主营业务收入	100%	100%
减：主营业务成本	87.05%	85.32%
主营业务税金及附加	0.06%	0.15%
毛利	12.88%	14.53%
加：其他业务利润	0.50%	0.37%
减：销售费用	3.16%	5.40%
管理费用	4.41%	4.13%
财务费用	0.17%	0.17%
二、营业利润	5.64%	5.20%
加：投资收益	－1.20%	－1.02%
营业外收入	0.21%	0.06%
减：营业外支出	0.01%	0.01%
三、利润总额	4.65%	4.23%
减：所得税	0.93%	0.85%
少数股东损益	0.28%	0.22%
四、净利润	3.44%	3.16%

表7-5 有关报表分析指标

项目名称	2015年	2016年
资产周转率	1.56	1.58
财务杠杆作用	1.45	1.37
营运资金周转率	7.26	4.45
应收账款周转率	15.61	16.51
存货周转率	16.47	16.51
应付账款周转率	26.42	42.84
固定资产周转率	7.03	7.30
流动比率	1.84	2.89
速动比率	0.99	2.46
现金比率	0.31	0.61
资产负债率	0.26	0.21
股利支付率	60%	10.87%
利息保障倍数	23.69	22.28

【帕利普财务分析项目工作过程】

步骤1 分析利润动因——分解权益净利率

为了对资产收益率高低的动因有更好的理解，将资产收益率进一步分解为净利润率和资产周转率，进而得出权益净利率（净资产收益率）的主要动因，见表7-6。

表7-6 权益净利率的主要动因

项 目	序号	计算过程	2015年	2016年
净利润率（%）	①		3.44%	3.16%
资产周转率	②		1.56	1.58
资产收益率（%）	③	①×②	5.37%	5.0%
财务杠杆作用	④		1.45	1.37
权益净利率（净资产收益率）（%）	⑤	③×④	7.80%	6.85%

从表7-6的计算结果可知，公司2016年权益净利率下降的原因是净利润率和财务杠杆作用下降，虽然资产周转率有一定程度的上升，但权益净利率还是下降了0.95个百分点。为了对净利润率高低的产生有更好的理解，将净利润率进行分解，以评估企业的经营管理效率。

步骤2 评估经营管理——分解净利润率

从公司利润表可以看出：公司的销售费用大幅提高，有可能是因为广告费、运输费、销售费和科研开发费等较高，需要进一步查明原因。

步骤3 评估投资管理——分解资产周转率

公司利润表已初步揭示了利润率的差异原因，为进一步了解公司资产管理效率的高低，可分析公司的资产管理比率。公司的营运资金周转率在2016年大幅度下降，应收账款周转率在2016年虽然有小幅度的提高但依然管理效率较低。公司的应付账款周转率大幅度提高，说明公司没有充分利用应付账款这一廉价的筹资工具。

步骤4 评估财务管理——检验财务杠杆作用

财务管理水平主要体现在财务杠杆带来的效益和风险上。当债务成本低于这些资金产生的收益时，财务杠杆就可以提高企业的权益净利率，但也提高了企业的风险。公司财务杠杆作用较上年有所下降，虽然财务风险有所降低，但也降低了权益净利率，从而造成财务管理效率较低。

步骤 5　评价可持续增长率

在了解了企业权益净利率的主要动因后，采用可持续增长率来评价企业的发展前景。有关指标计算见表 7－7。

表 7－7　可持续增长率财务指标计算表

项目	2015 年	2016 年
权益净利率	7.8%	6.85%
股利支付率	60%	10.87%
可持续增长率	3.12%	6.11%

从表 7－7 的计算结果可知，公司 2016 年的可持续增长率比 2015 年有大幅度的提高，其提高的主要原因为股利支付率大大降低。这表明：虽然可持续增长率上升，但并不是由实质性的盈利能力提高引起的，只是由股利分配政策改变引起的。引起盈利能力下降的主要原因是营运费用周转率、应付账款周转率的提高，此外，还受到应收账款周转率、存货周转率和固定资产周转率提高的影响。

※ 知识拓展 ※

柔道战略

柔道战略就是避其锋芒、放弃硬碰硬的竞争思维模式。现代管理学之父彼得·德鲁克认为，在获得某一个产业或市场的领导和控制地位的战略中，企业家的柔道战略是风险最低、成功率最高的战略。柔道战略的精髓有三个方面：移动——让自己处于最佳位置；平衡——梳理进攻战略，保持进攻的姿态；杠杆借力——将竞争对手的力量转化为自己的竞争优势。移动原则就是不要引发冲突，要界定竞争范围，并快速进入阵地。平衡原则就是要在竞争中努力处于一种既能反击又能进攻的状态，其有三个方面的技巧：一是和对手（潜在的、现实的）展开不同层次的合作，或者作出一定程度的退让，限制对手的活动范围；二是避免针锋相对，针锋相对会将弱势企业拖入一场拉锯战的消耗中，同时要研究对手的每一次进攻，找到可以利用的地方；三是推拉制衡，找到能够将对手的热能转化为自身优势的方法，这样就可以削弱对手的攻势。杠杆借力原则就是通过最小的努力发挥最大的效率，对手的优势往往从另一个方面来看就是它的弱势，对手的资产同时也可以成为它行动的障碍，所以可以利用对手的资产、合作伙伴及其竞争对手等作为自身企业的行动杠杆。

※ 思考练习 ※

一、判断（正确的在括号内打“√”，错误的打“×”）

（　　）1. 在财务分析中，企业经营者应对企业财务状况进行全面的综合分析，并关注企业财务风险和经营风险。

（　　）2. 财务分析中的效率指标，是某项财务活动中所费与所得之间的比率，反映投入与产出的关系。

(　　)3. 资本保值增值率是企业年末所有者权益总额与年初所有者权益总额的比值，该指标也是衡量企业盈利能力的重要指标。

(　　)4. 无论是经营杠杆系数变大，还是财务杠杆系数变大，都可能导致企业的总杠杆系数变大。

(　　)5. 如果销售具有较强的周期性，则企业在筹集资金时不适宜过多采取负债筹资。

二、选择（下列答案中有一项或多项是正确的，将符合题意选项前的英文字母填入括号内）

1. 根据帕利普财务分析体系，下列选项中影响可持续增长率的因素有（　　）。

A. 营业净利率　　B. 资产周转率　　C. 财务杠杆作用　　D. 现金股利支付率

2. 可持续增长率的计算公式是(　　)。

A. 总资产报酬率×（1－股利支付率）　　B. 总资产报酬率×（1＋股利支付率）

C. 净资产收益率×（1－股利支付率）　　D. 净资产收益率×（1＋股利支付率）

3. 某企业2015年末与年初所有者权益分别为500万元和400万元，则资本积累率为（　　）。

A. 17%　　B. 83%　　C. 120%　　D. 25%

4. 下列各项中，会导致经营杠杆效应最大的情况是(　　)。

A. 实际销售额等于目标销售额　　B. 实际销售额大于目标销售额

C. 实际销售额等于盈亏临界点销售额　　D. 实际销售额大于盈亏临界点销售额

5. 在通常情况下，适宜采用较高负债比例的企业发展阶段是(　　)。

A. 初创阶段　　B. 破产清算阶段　　C. 收缩阶段　　D. 发展成熟阶段

6. 股利支付率是上市公司财务分析的重要指标，下列关于股利支付率的表述中，正确的有（　　）。

A. 股利支付率越高，盈利能力越强　　B. 是每股股利和每股净资产之间的比率

C. 可以评价公司的股利分配政策　　D. 反映每股股利和每股收益之间的关系

三、学习领域情境实训

（1）实训目的：学会帕利普财务分析法。

（2）情境资料：某企业可持续增长率指标见表7－8。

表7－8　某企业可持续增长率指标资料　　单位：万元

项　　目	2015年	2016年
平均总资产	68 520	74 002
平均净资产	41 112	40 701
营业收入	51 390	57 722
净利润	3 083	3 215
现金股利支付额	1 233	1 125

（3）实训要求：将学生分成若干小组，每组4名学生，并推选一名学生为组长，在老师的指导下共同制定工作方案。各组成员根据资料，列出算式计算帕利普财务分析体系指标，利用因素分析法依次测算营业净利率、资产周转率和权益乘数的变动对企业2016年可持续增长率的影响并对变动原因进行分析。15分钟后，各组汇报，老师点评，评定成绩。

项目二

会计报表综合评价分析

会计报表综合评价是在会计报表综合分析的基础上，利用科学的评价方法，对企业的财务状况、经营成果和发展潜能进行客观、公正的综合评价。单项或某一类指标的分析与评价，只能对企业的某点或某一方面给出结论。但点和面都不能代表企业的整体状况，所以只有综合评价才能得出企业整体情况的结论。综合评价的需求者可能是企业利益的不同相关者，如投资者、债权人、企业经营者或政府职能部门等。科学地评价企业经营成果，不但有助于正确引导企业经营行为，帮助企业寻找经营差距及产生原因，促进企业加强基础管理和提高经营效益，同时也为各级政府加强宏观调控、制定经济政策提供参考依据。会计报表综合评价分析的方法主要有沃尔评分法、企业绩效评价分析和财务预警分析等。

任务 1　沃尔评分法

※ 任务描述 ※

了解沃尔评分法的含义及指标的选择，掌握评价指标的计算，熟悉分析方法。

※ 知识准备 ※

沃尔评分法是指将选定的财务比率用线性关系结合起来，并分别给定各自的分数比重，然后通过与标准比率进行比较，确定各项指标的得分及总体指标的累计分数，从而对企业的财务状况作出评价的方法。

提　示

企业财务综合分析的先驱者之一是亚历山大·沃尔。他在 20 世纪初出版的《信用晴雨表研究》和《财务报表比率分析》中提出了信用能力指数的概念，把若干财务比率用线性关系结合起来，以此来评价企业的信用水平，被称为沃尔评分法。他首先选择 7 种财务比率，即流动比率、产权比率、固定资产比率、存货周转率、应收账款周转率、固定资产周转率和所有者权益周转率，分别给定其在总评价中所占的比重，总和为 100 分。然后，确定标准比率（以行业平均数为基础），将实际比率与标准比率进行对比，得出相对比率，将此相对比率与各指标比重相乘，得出总评分。

一、沃尔评分法的内容

沃尔评分法的内容包括以下几个方面：

（1）选定评价企业财务状况的财务比率。选择财务比率的原则：一是具有全面性，反映企业财务能力的各大财务比率都应考虑在内；二是具有代表性，即要选择能够说明问题的重要财务比率；三是具有变化方向的一致性，即当财务比率增加时，表示财务状况的改善，反之表示财务状况的恶化。

（2）根据各项财务比率的重要程度确定其标准评分。各项财务比率的标准评分之和为100分，其分值是：流动比率为25分，产权比率为25分，固定资产比率为15分，存货周转率为10分，应收账款周转率为10分，固定资产周转率为10分，所有者权益周转率为5分。各项财务比率重要程度的判断，应根据企业经营活动的性质、生产经营规模、市场形象和分析者的分析目的等因素来确定。

（3）规定各项财务比率标准评分的上限和下限，即最高评分和最低评分，这主要是为了避免个别财务比率的异常给总分造成不合理的影响。

提　示

标准比率以本行业平均数为基础，在给每个指标评分时，应规定其上限和下限，以减少个别指标异常对总分造成不合理的影响。上限可定为正常评分值的1.5倍，下限可定为正常评分值的0.5倍。此外，给分不是采用“乘”的关系，而是采用“加”或“减”的关系处理，以克服沃尔评分法的缺点。

（4）确定各项财务比率的标准比率。各项财务比率的标准比率是在本企业现实条件下最理想的数值，亦即最优值。财务标准比率通常可以参照同行业的平均水平，并经过调整后确定。

（5）计算企业在一定时期内各项财务指标的实际比率。

（6）计算各项财务指标实际比率与标准比率的相对比率，其公式为：

$$相对比率=\frac{实际比率}{标准比率}$$

（7）计算各项财务指标的实际得分。各项财务指标的实际得分是相对比率和标准评分的乘积，其公式为：

$$实际得分=相对比率\times标准评分$$

每项财务指标的得分都不得超过上限或低于下限，各项财务指标实际得分合计数就是企业财务状况的综合得分。企业财务状况综合得分的高低反映了企业综合财务状况是否良好。如果综合得分等于或接近100分，说明企业的财务状况良好，达到了预先确定的标准；如果综合得分远远低于100分，说明企业的财务状况较差，应当采取适当的措施加以改善；如果综合得分远远超过100分，说明企业财务状况很理想。

二、沃尔评分法的优缺点

沃尔评分法将彼此孤立的偿债能力和营运能力指标进行了组合，作出了较为系统的评价。它的优点可概括为简单、扼要、便于操作。各财务指标权重，根据定性分析及过去的评价经验主观给出，并通过几项财务评价指标的线性组合，确定财务综合评价结果。这给实际评价工作带来了很大的方便，评价指标体系较为完整，基本上能反映企业的财务状况，能较好地反映企业的获利能力、偿债能力和营运能力，便于分析，揭示原因。通过财务指标实际值与标准值的对比分析，便于找出影响企业财务状况的主要因素，以明确改善企业财务状况的方向。

但是，沃尔评分法从理论上讲有一个明显的缺点，就是未能证明为什么要选择这 7 个指标，而不是更多或更少，或者选择别的财务比率，以及未能证明每个指标所占比重的合理性。沃尔评分法从技术上讲也有一个问题，就是当某一个指标严重异常时，会对总评分产生不合逻辑的重大影响。这个缺陷是由财务比率与其比重相“乘”引起的。财务比率提高 1 倍，评分增加 100%；而缩小 1/2，其评分只减少 50%。

现代社会与沃尔的时代相比，已有很大变化。一般认为企业财务评价的内容首先是盈利能力，其次是偿债能力，再次是成长能力，一共 10 个指标，它们之间大致可按 5∶3∶2 的比重来分配。盈利能力的主要指标是总资产报酬率、销售净利率和净资产收益率，它们可按 2∶2∶1 的比重来安排；偿债能力有 4 个常用指标；成长能力有 3 个常用指标（都是本年增量与上年实际量的比值）。假定仍以 100 分为总评分。

※ 任务设计 ※

沃尔评分法

[例 7-3] 某企业 2016 年会计报表有关资料见表 7-9。

表 7-9　某企业 2016 年会计报表部分资料

项　目	金　额（元）	备　注
应收账款	608 712 208.06	
存货	354 604 837.57	
流动资产	762 759 875.39	
固定资产	1 276 332 049.17	
资产	3 446 096 532.78	
流动负债	333 564 748.77	
负债	1 336 347 965.43	
所有者权益	2 109 748 567.35	
营业收入	3 956 629 352.42	
营业成本	2 927 905 720.79	

7 个财务比率的标准评分与标准比率见表 7-10。

表 7-10　7 个财务比率的标准评分与标准比率

财务比率	标准评分	标准比率
流动比率	25	2.00
产权比率	25	1.50
固定资产比率	15	2.50
存货周转率	10	8
应收账款周转率	10	6
固定资产周转率	10	4
所有者权益周转率	5	3
合计	100	

【沃尔评分法项目工作过程】

步骤 1　计算实际财务比率

实际财务比率的计算结果为：

流动比率＝762 759 875.39÷333 564 748.77＝2.29
产权比率＝2 109 748 567.35÷1 336 347 965.43＝1.59
固定资产比率＝3 446 096 532.78÷1 276 332 049.17＝2.70
存货周转率＝2 927 905 720.79÷354 604 837.57＝8.26
应收账款周转率＝3 956 629 352.42÷608 712 208.06＝6.50
固定资产周转率＝3 956 629 352.42÷1 276 332 049.17＝3.10
所有者权益周转率＝3 956 629 352.42÷2 109 748 567.35＝1.88

步骤2　计算相对财务比率

相对财务比率的计算结果为：

流动比率＝2.29÷2＝1.145
产权比率＝1.59÷1.5＝1.06
固定资产比率＝2.70÷2.5＝1.08
存货周转率＝8.26÷8＝1.032 5
应收账款周转率＝6.50÷6＝1.083
固定资产周转率＝3.10÷4＝0.775
所有者权益周转率＝1.88÷3＝0.63

步骤3　计算实际评分

实际评分的计算过程为：

流动比率＝25×1.145＝28.625
产权比率＝25×1.06＝26.5
固定资产比率＝15×1.08＝16.2
存货周转率＝10×1.0325＝10.325
应收账款周转率＝10×1.083＝10.83
固定资产周转率＝10×0.775＝7.75
所有者权益周转率＝5×0.63＝3.15
实际评分＝28.625＋26.5＋16.2＋10.325＋10.83＋7.75＋3.15＝103.38

步骤4　对实际评分的评价

沃尔综合评分情况见表7－11。

表7－11　沃尔综合评分表

财务比率	标准评分	标准比率	实际比率	相对比率	实际评分
	①	②	③	④＝③÷②	⑤＝①×④
流动比率	25	2	2.29	1.145	28.625
产权比率	25	1.5	1.59	1.06	26.5
固定资产比率	15	2.5	2.70	1.08	16.2
存货周转率	10	8	8.26	1.032 5	10.325
应收账款周转率	10	6	6.50	1.083	10.83
固定资产周转率	10	4	3.10	0.775	7.75
所有者权益周转率	5	3	1.88	0.63	3.15
合计	100				103.38

该企业的综合指数为103.38，说明总体财务状况是不错的，实际评分比标准要求高

3.38 分，主要是流动比率比标准评分增加了 3.625 分、产权比率增加了 1.5 分、固定资产比率增加了 1.2 分，而固定资产周转率减少了 2.25 分、所有者权益周转率减少了 1.85 分等因素共影响的结果。

※ 知识拓展 ※

彩色报告模式

彩色报告模式是将财务报告的内容根据会计信息质量特征划分为五个不同的层次，分别对应五种不同的颜色，并据此灵活披露会计信息的一种报告模式。传统的财务报告是一种非黑即白的模式，只限于确认会计报表中的事项，对其他事项不予确认，然而这些不能确认的事项往往又是许多公司核心竞争之所在。针对黑白报告模式的弊端，美国会计学家沃尔曼提出了彩色报告模式，其层次及具体内容如下：(1) 报告相关性、可靠性、可定义性和可计量性都符合要求的信息，为核心信息层，相当于传统财务报告的披露内容；(2) 报告相关性、可计量性和可定义性均符合标准但可靠性有问题的信息，如自创商誉；(3) 报告相关性与可计量性符合要求但可定义性和可靠性有问题的信息，如顾客满意程度；(4) 报告除不符合可定义性外其他标准都符合要求的信息，如对于风险的计量；(5) 报告除相关性外，其他三项标准均有问题的信息，如企业的持续经营价值和知识产权资本。按照这个模式，财务报告既提供财务信息，又提示非财务信息，如顾客满意程度、环境保护等；既反映历史信息，又提供预测性信息，如企业未来的经济利益和风险；既包括有形资产信息，又包括无形资产和人力资源信息，如自创商誉、知识产权等。可见，彩色报告模式可全面地报告与企业相关的各类信息，极大地拓展了财务报告的内容，提高了财务报告的信息含量，能够满足财务报告使用者多层次的会计信息需求，能够为报告使用者提供更相关和更有用的信息，因而更有利于财务报告使用者作出正确的决策。

※ 思考练习 ※

一、判断（正确的在括号内打“√”，错误的打“×”）

(　　)1. 在现代的沃尔评分法中，总资产报酬率的评分值为 18 分，标准比率为 5.5%，行业最高比率为 15.8%，最高评分为 30 分，最低评分为 10 分。A 企业的总资产报酬率的实际值为 10%，则 A 企业的该项得分为 24.37 分。

(　　)2. 营运资金为 0 时，表明全部流动资产均由长期资本提供资金来源。

(　　)3. 营运资本＝长期资本－长期资产，长期资本的增加量超过长期资产的增加量可以使营运资本增加，会提高短期偿债能力。

(　　)4. 公司当年度税后营业净利润很多，却不能偿还到期债务，说明企业的短期偿债能力存在问题，所以主要分析的指标是流动比率，但流动比率可信性的影响因素是存货周转率和应收账款周转率。

(　　)5. 用于评价企业获利能力的总资产报酬率指标中的“报酬”是指净利润。

二、选择（下列答案中有一项或多项是正确的，将符合题意选项前的英文字母填入括号内）

1. 一般认为在综合评价体系中，企业财务评价的内容首先是（　　）。

A. 偿债能力　　B. 营运能力　　C. 盈利能力　　D. 成长能力

2. 在现在使用的沃尔评分法中，共计选用了7个财务指标，下列指标中没有被选用的是(　　)。

A. 总资产报酬率　B. 资产负债率　　C. 自有资本比率　D. 速动比率

3. 甲公司当年度税后营业净利润很多，却不能偿还到期债务。为查清其原因，应检查的财务比率包括（　　）。

A. 资产负债率　　B. 流动比率　　C. 存货周转率　　D. 应收账款周转率

4. 下列关于营运资金的说法正确的有（　　）。

A. 营运资金为负数，表明有部分非流动资产由流动负债提供资金来源

B. 营运资金为正数，表明有部分流动资产由长期资本提供资金来源

C. 营运资金的数额越大，财务状况越稳定

D. 营运资金为0时，表明全部流动资产均由长期资本提供资金来源

5. 下列事项中，有助于提高企业短期偿债能力的是（　　）。

A. 减少营运资金

B. 扩大营业面积，与租赁公司签订一项新的长期房屋租赁合同

C. 补充长期资本，使长期资本的增加量超过长期资产的增加量

D. 提高流动负债中的无息负债比率

三、学习领域情境实训

（1）实训目的：学会沃尔评分法。

（2）情境资料：某企业2016年会计报表有关资料见表7-12。

表7-12　某企业2016年会计报表部分资料

项　目	金　额（元）	备　注
应收账款	503 712 208.15	
存货	354 604 837.57	
流动资产	662 789 863.82	
固定资产	1 276 332 049.17	
资产	3 340 096 532.78	
流动负债	603 654 748.07	
负债	1 139 347 965.10	
所有者权益	2 200 748 567.68	
营业收入	3 456 692 352.24	
营业成本	2 627 905 270.70	

标准评分与标准比率见表7-10。根据2016年的会计报表实际数据，标准比率按照行业平均水平确定。假设企业规定最低相对比率不低于0.5，最高相对比率不超过1.5，低于0.5、超过1.5的要进行调整。

（3）实训要求：将学生分成若干小组，每组4名学生，并推选一名学生为组长，在老师的指导下共同制定工作方案。各组成员用沃尔评分法对公司的业绩进行评价。15分钟后，各组汇报，老师点评，评定成绩。

任务 2　企业绩效评价分析

※ 任务描述 ※

熟悉企业绩效评价指标体系及标准，掌握企业绩效评价分析方法，了解企业绩效评价与会计报表分析的关系。

※ 知识准备 ※

一、企业绩效评价相关概念

（1）企业绩效。企业绩效是指企业在一定时期的经营效益和经营业绩。企业经营效益水平主要表现在盈利能力状况、资产质量状况、债务风险状况和经营增长状况等方面。企业经营业绩主要通过管理者在管理过程中取得的经营成果和对企业成长、发展作出的贡献来体现。

（2）企业绩效评价。企业绩效评价是指运用数理统计和运筹学的方法，采用特定的指标体系，依照统一的评价标准，按照一定的程序，通过定量、定性对比分析，对企业一定期间的经营效益和经营业绩，作出客观、公正和准确的综合评价。

企业绩效评价以企业作为具体评价对象，以盈利能力、资产质量、债务风险和经营增长四个方面的内容作为评价重点，以能准确反映评价内容的定量和定性指标作为评价依据，并将各项指标与全国行业平均水平进行对比，以期求得对企业公正、客观的评价结果。

【想一想】企业绩效评价与会计报表分析是什么关系？

会计报表分析是对有关报表指标进行纵向、横向比较，分析其变化及变化原因。企业绩效评价是对反映企业绩效指标完成情况进行打分，评价结果是一个“标识”。企业绩效评价是建立在会计报表分析基础之上的，绩效评价结果反映了企业经营绩效，通过评价结果，可以对企业经营状况进行深入分析，发现企业经营和管理中存在的问题。可以说，企业绩效评价是对会计报表分析的深化与升华，它弥补了单纯会计报表分析难以得出综合结论的不足。但是企业绩效评价不能替代会计报表分析。

请注意

通过企业绩效评价结果看不出企业存在的具体问题以及产生问题的症结。

（3）企业绩效评价体系。企业绩效评价体系是指由一系列与绩效评价相关的评价制度、评价指标体系、评价方法、评价标准以及评价机构等形成的有机整体。企业绩效评价体系由绩效评价制度体系、绩效评价组织体系和绩效评价指标体系三个子体系组成。

二、企业绩效评价的基本要素

企业绩效评价有三个基本要素，即评价指标、评价标准和评价方法，这是保证评价活动得以开展的重要条件。

（1）评价指标是企业绩效评价的基础。任何评价行为都要使用一定的指标来进行，有的采用定量指标，有的采用定性指标，有的将定量指标与定性指标相结合。如果没有反映企业绩效的盈利能力、资产质量、债务风险和经营增长等指标，评价就失去了依据，就不可能得出准确的绩效评价结论。

（2）评价标准是企业绩效评价的尺度。评价标准是对评价对象进行分析评价的标尺，是衡量评价指标优劣的重要依据。如果没有评价标准，就会使评价结果失去可比性，评价工作就难以正常有序地开展。因此，确定评价标准，提供评价标尺，是开展企业绩效评价的关键环节。

（3）评价方法是企业绩效评价的手段。评价方法是对评价指标和评价标准的实际运用，以便有序地开展评价工作，取得公正的评价结果。

三、企业绩效评价指标

企业绩效评价指标包括定量评价指标和定性评价指标。

企业绩效评价指标及其权重见表7－13。

表7－13 企业绩效评价指标及其权重表

评价内容与权重		财务绩效（70%）				管理绩效（30%）	
		基本指标	权重	修正指标	权重	评价指标	权重
盈利能力	34	1. 净资产收益率 2. 总资产报酬率	20 14	1. 主营业务利润率 2. 盈余现金保障倍数 3. 成本费用利润率 4. 资本收益率	10 9 8 7	1. 战略管理 2. 发展创新 3. 经营决策 4. 风险控制 5. 基础管理 6. 人力资源 7. 行业影响 8. 社会贡献	18 15 16 13 14 8 8 8
资产质量	22	1. 总资产周转率 2. 应收账款周转率	10 12	1. 不良资产比率 2. 流动资产周转率 3. 资产现金回收率	9 7 6		
债务风险	22	1. 资产负债率 2. 已获利息倍数	12 10	1. 速动比率 2. 现金流动负债比率 3. 带息负债比率 4. 或有负债比率	6 6 5 5		
经营增长	22	1. 销售（营业）收入增长率 2. 资本保值增值率	12 10	1. 销售（营业）利润增长率 2. 总资产增长率 3. 技术投入比率	10 7 5		

1. 企业绩效定量评价指标

企业绩效定量评价是指对企业一定期间的盈利能力、资产质量、债务风险和经营增长四个方面进行定量对比分析和评判。定量分析法是指通过数据的对比、换算等，来查找预算差异原因的方法。

表7－13中的财务绩效指标分为基本指标和修正指标。基本指标是评价企业绩效的核心指标，由反映四部分内容的8项计量指标构成，用以形成企业绩效评价的初步结论。修正指标用以对盈利能力、资产质量、债务风险和经营增长的初步评价结果进行修正，以形成较为全面、准确的企业绩效基本评价结果，具体由14项计量指标构成。

2. 企业绩效定性评价指标

企业绩效定性评价是指在企业绩效定量评价的基础上，通过采取专家评议的方式，对企业一定期间的经营管理水平进行定性分析与综合评判。定性分析法主要是通过直接观察、实地调查、与相关人员座谈等形式达到收集相关资料、了解实际情况、查找原因等目的。

（1）战略管理评价主要反映企业所制定战略规划的科学性、战略规划是否符合企业实际、员工对战略规划的认知程度、战略规划的保障措施及其执行力，以及战略规划的实施效果等方面的情况。

（2）发展创新评价主要反映企业在经营管理创新、工艺革新、技术改造、新产品开发、品牌培育、市场拓展、专利申请及核心技术研发等方面的措施及成效。

（3）经营决策评价主要反映企业在决策管理、决策程序、决策方法、决策执行、决策监督、责任追究等方面采取的措施及实施效果，重点反映企业是否存在重大经营决策失误。

（4）风险控制评价主要反映企业在财务风险、市场风险、技术风险、管理风险、信用风险和道德风险等方面的管理与控制措施及效果，包括风险控制标准、风险评估程序、风险防范与化解措施等。

（5）基础管理评价主要反映企业在制度建设、内部控制、重大事项管理、信息化建设、标准化管理等方面的情况，包括财务管理、对外投资、采购与销售、存货管理、质量管理、安全管理、法律事务等。

（6）人力资源评价主要反映企业人才结构、人才培养、人才引进、人才储备、人事调配、员工绩效管理、分配与激励、企业文化建设、员工工作热情等方面的情况。

（7）行业影响评价主要反映企业主管业务的市场占有率、对国民经济及区域经济的影响与带动力、主要产品的市场认可程度、是否具有核心竞争能力以及产业引导能力等方面的情况。

（8）社会贡献评价主要反映企业在资源节约、环境保护、吸纳就业、工资福利、安全生产、上缴税收、商业诚信、和谐社会建设等方面的贡献程度和社会责任的履行情况。

四、企业绩效评价标准

评价标准包括计量指标评价标准和评议指标参考标准两类。

1. 计量指标评价标准

计量指标评价标准是基本指标和修正指标评价的依据，由标准值和标准系数构成。

计量指标全国评价标准值由国家财政主管部门根据全国企业会计报表数据资料及有关统计信息，在剔除有关企业不合理数据的基础上，结合国民经济近期发展水平，运用移动加权平均等数理统计方法统一制定。

（1）根据《国民经济行业分类与代码》和《企业划型标准》等国家标准，按照行业重要程度和样本数量，企业绩效评价计量指标评价标准值划分为四个层次约 150 个行业，在各行业标准值下又划分为大型、中型和小型三种规模。具体见《企业绩效评价行业基本分类》。

（2）为了提高评价计分的准确性，每个计量指标评价值划分为五个等级，分别为优（A）、良（B）、中（C）、低（D）、差（E）。每个等级的具体含义详见《企业绩效评价评议指标参考标准》。

标准系数是评价标准值所对应的水平系数，反映评价指标实际值对应评价标准值所达到的水平档次。与优（A）、良（B）、中（C）、低（D）、差（E）五档评价标准值相对应的标准系数分别为 1.0、0.8、0.6、0.4、0.2，差（E）以下为 0。以电子元器件制造业企业为例，其评价标准见表 7－14。

表7-14 电子元器件制造业企业绩效评价标准值

范围：中型企业

项目 \ 档次（标准系数）	优（A）(1.0)	良（B）(0.8)	中（C）(0.6)	低（D）(0.4)	差（E）(0.2)
一、盈利能力状况					
净资产收益率（%）	10.4	5.1	2.3	−3.1	−10.2
总资产报酬率（%）	9.3	4.6	2.0	0.2	−3.3
主营业务利润率（%）	19.9	15.9	9.4	1.5	−5.2
盈余现金保障倍数	5.4	1.1	−0.9	−1.0	−3.3
成本费用利润率（%）	14.8	8.5	2.7	−6.5	−10.5
资本收益率（%）	19.7	14.2	3.0	−6.1	−13.1
二、资产质量状况					
总资产周转率（次）	0.8	0.5	0.3	0.2	0.1
应收账款周转率（次）	4.7	3.5	2.2	1.0	0.7
不良资产比率（%）	0.8	1.3	4.1	9.4	21.8
流动资产周转率（次）	1.8	1.4	0.9	0.6	0.5
资产现金回收率（%）	13.1	8.6	3.4	−0.7	−7.3
三、债务风险状况					
资产负债率（%）	49.6	57.6	65.4	76.1	87.2
已获利息倍数	5.2	3.7	0.8	−0.4	−1.5
速动比率（%）	145.0	118.7	85.3	62.7	50.6
现金流动负债比率（%）	23.4	13.4	3.5	−3.1	−11.4
带息负债比率（%）	29.8	44.8	55.5	73.4	91.5
或有负债比率（%）	1.6	3.2	5.1	12.4	23.9
四、经营增长状况					
销售（营业）收入增长率（%）	15.0	6.0	−2.1	−13.5	−22.5
资本保值增值率（%）	109.2	104.1	101.8	97.5	91.1
销售（营业）利润增长率（%）	13.1	6.1	−1.2	−9.5	−19.9
总资产增长率（%）	18.2	10.3	0.4	−6.4	−11.0
技术投入比率（%）	2.2	1.9	1.3	0.9	0.3
五、补充资料					
存货周转率（次）	8.2	5.3	2.9	1.7	1.4
资本积累率（%）	8.3	5.8	2.9	−1.8	−14.0
三年资本平均增长率（%）	11.7	8.5	3.6	−1.7	−13.9
三年销售平均增长率（%）	17.4	8.2	0.1	−11.5	−20.4

2. 评议指标参考标准

评议指标参考标准以国家的有关经济政策、法律法规、制度等为基础，结合企业发展和企业管理实际，按照重要性原则具体制定。

五、企业绩效评价计分

企业绩效评价计分方法采用功能系数法和综合分析判断法，功能系数法用于财务绩效定量评价指标的计分，综合分析判断法用于管理绩效定性评价指标的计分。

1. 基本指标计分

基本指标计分是指运用企业绩效评价基本指标，将评价指标实际值对照行业评价标准值，按照规定的计分公式计算各项基本指标得分。其计算公式为：

$$基本指标总得分=\sum 单项基本指标得分$$

$$单项基本指标得分=本档基础分+调整分$$

$$本档基础分=指标权数\times本档标准系数$$

$$调整分=功能系数\times(上档基础分-本档基础分)$$

$$上档基础分=指标权数\times本档标准系数$$

$$功能系数=\frac{实际值-本档标准值}{上档标准值-本档标准值}$$

本档标准值是指上下两档标准值居于较低等级的一档。

提　示

当有关指标的分母为0或为负数时，作如下具体处理：

(1) 对于净资产收益率、资本积累率指标，当分母为0或小于0时，该指标得0分。

(2) 对于已获利息倍数指标，当分母为0时，则按以下两种情况处理：如果利润总额大于0，则指标得满分；如果利润总额小于或等于0，则指标得0分。

计算出每一部分指标评价分数之后，要计算该部分指标的分析系数。分析系数是指企业盈利能力、资产质量、债务风险和经营增长这四部分评价内容各自的评价分数与该部分权数的比率。基本指标分析系数的计算公式为：

$$某部分基本指标分析系数=\frac{某部分指标得分}{某部分权数}$$

练一练

某电子元器件制造业中型企业净资产收益率为4.8%，则该指标的得分和分析系数是多少？

解答：经查标准，该基本指标的权重为20；本档标准值为2.3%，系数为0.60；上档标准值为5.1%，系数为0.80。则：

$$本档基础分=20\times0.60=12$$

$$上档基础分=20\times0.80=16$$

$$调整分=\frac{4.8\%-2.3\%}{5.1\%-2.3\%}\times(16-12)=3.57$$

$$净资产收益率得分=12+3.57=15.57$$

$$净资产收益率分析系数=\frac{15.57}{20}=0.78$$

2. 修正指标计分

修正指标计分是指在基本指标计分结果的基础上，运用功能系数法原理，分别计算盈利能力、资产质量、债务风险和经营增长四个部分的综合修正系数，再据此计算出修正后的分数。其计算公式为：

修正后总得分＝∑各部分修正得分

某部分修正后得分＝某部分基本指标分数×该部分综合修正系数

某部分综合修正系数＝∑该部分各修正指标加权修正系数

$$某指标加权修正系数=\frac{修正指标权数}{该部分权数}\times该指标单项修正系数$$

某指标单项修正系数＝1.0＋（本档标准系数＋功能系数×0.2－该部分基本指标分析系数）

练一练

某电子元器件制造业中型企业净资产收益率为4.8%，总资产报酬率为9.4%，主营业务利润率为16.3%，则该主营业务利润率加权修正系数是多少？

解答：经查标准，盈利能力基本指标权重为34分，得分为29.57分；主营业务利润率的权重为10，本档标准值为15.9%，系数为0.80；上档标准值为19.9%，系数为1。则：

$$主营业务利润率功能系数=\frac{16.3\%-15.9\%}{19.9\%-15.9\%}=0.1$$

$$盈利能力基本指标分析系数=\frac{29.57}{34}=0.87$$

主营业务利润率修正系数＝1.0＋（0.80＋0.1×0.2－0.87）＝0.95

$$主营业务利润率指标加权修正系数=0.95\times\frac{10}{34}=0.28$$

在计算修正指标的修正系数时，对有关指标的单项修正系数作如下特殊规定：

（1）当盈余现金保障倍数的分母为0或负数时，如果分子为正，则其单项修正系数确定为1.0；如果分子也为负，则其单项修正系数确定为0.9。

（2）当资本增值保值率和三年资本平均增长率指标的分子、分母出现负数或分母为0时，则按如下方法确定其单项修正系数：

1）如果分母为负数，分子为正数，则其单项修正系数确定为1.1。

2）如果分母及分子都为负数，但分子的绝对值小于分母的绝对值，则其单项修正系数确定为1.0；反之，分子的绝对值大于分母的绝对值，则其单项修正系数确定为0.8。

3）如果分母为正数，分子为负数，则其单项修正系数确定为0.9。

4）如果分母为0，分子为正数，则其单项修正系数确定为1.0；如果分子为负数，则其单项修正系数确定为0.9。

（3）当不良资产比率指标实际值低于或等于行业平均值时，其单项修正系数确定为1.0；当高于行业平均值时，用以上计算公式计算。

（4）当技术投入比率指标没有行业标准时，其单项修正系数确定为1.0。

在计算出每一部分修正后的评价分数之后，要计算该部分修正后的分析系数，用于分析每部分的得分情况。其计算公式为：

$$某部分修正后分析系数=\frac{该部分修正后分数}{该部分权数}$$

3. 评议指标计分

评议指标计分是指根据评价工作的需要，运用评议指标对影响企业经营绩效相关的非计量因素进行深入分析，作出企业经营状况的定性分析判断。具体要根据评议指标所考核的内容，由不少于 5 名评议人员依据表 7－15 列示的评价参考标准，判定指标达到的等级，然后计算评议指标得分。

表 7－15 评议指标得分表

评议指标	权数	等 级（参数）				
		优（1.0）	良（0.8）	中（0.6）	低（0.4）	差（0.2）
1. 战略管理	18					
2. 发展创新	15					
3. 经营决策	16					
4. 风险控制	13					
5. 基础管理	14					
6. 人力资源	8					
7. 行业影响	8					
8. 社会贡献	8					

其计算公式为：

$$评议指标总分=\sum 单项指标分数$$

$$单项指标分数=\frac{\sum（单项指标权数\times 每位评议人员选定的等级参数）}{评议人员总数}$$

请注意

当被评价企业的会计信息发生严重失真、丢失，或因客观原因无法提供真实、合法的会计数据资料等异常情况，以及受国家政策、市场环境等因素的重大影响，利用企业提供的会计数据已无法形成客观、公正的评价结论时，经相关的评价组织机构批准，可单独运用评议指标进行定性评价，得出评价结论。

4. 定量与定性结合计分

定量与定性结合计分是将定量指标评价分数和定性指标评议分数按照规定的权重耦合形成综合绩效评价分数。其计算公式为：

$$定量与定性结合评价得分=定量指标分数\times 70\%+定性指标分数\times 30\%$$

在得出评价分数以后，应当计算年度之间的绩效改进度，以反映企业年度之间经营绩效的变化状况。其计算公式为：

$$绩效改进度=\frac{本期绩效评价分数}{基期绩效评价分数}$$

绩效改进度大于 1，说明经营绩效上升；绩效改进度小于 1，说明经营绩效下滑。

六、企业绩效评价结果

企业综合绩效评价结果以评价得分、评价类型和评价级别表示。评价类型是根据评价得分对企业综合绩效所划分的水平档次，用文字和字母表示，分为优（A）、良（B）、中（C）、低（D）、差（E）五种类型。评价级别是对每种类型再划分级次，以体现同一评价类型的不同差异，采用在字母后标注“+”“-”号的方式表示，见表 7-16 的五等十级。

表 7-16　评价等级划表

等级	级别	分数
优（A）	A^{++}	100～95
	A^{+}	94～90
	A	89～85
良（B）	B^{+}	84～80
	B^{+}	79～75
	B^{-}	74～70
中（C）	C	69～60
	C^{-}	59～50
低（D）	D	49～40
差（E）	E	39 以下

七、企业绩效评价报告

评价报告是反映企业绩效的综合性评述文件，参照《评价文体格式》的规定编制。具体要求如下：

（1）报告内容应包括被评价企业基本概况及企业盈利能力状况、资产质量状况、债务风险状况和经营增长状况四个主要方面绩效的文字描述。

（2）评价报告应明确评价年限、工作范围及所采用的评价标准值，评价结论要有充分的说服力。

（3）语言应简洁、规范，字数在 2 000 字左右。

（4）评语表达应含义明确，尽量避免产生歧义。

（5）对影响企业经营绩效评价结果的有关重要事项应进行充分披露。

（6）评价报告应标明评价时间和评价实施单位，并由评价负责人签名、盖章。

※ 任务设计 ※

评价企业绩效

［例 7-4］江南食品加工公司 2016 年有关企业绩效评价指标权重实际值见表 7-17，食品加工业企业绩效评价标准值见表 7-18。评议人员为 5 人。定量指标占 70%，定性指标占 30%。

表 7-17　江南食品加工公司绩效评价指标权重及实际值

评价内容与权重		基本指标	权重	实际值	修正指标	权重	实际值
盈利能力	34	净资产收益率	20	12.0	主营业务利润率	10	15.1
		总资产报酬率	14	8.5	盈余现金保障倍数	9	6.2
					成本费用利润率	8	4.6
					资本收益率	7	10.1
资产质量	22	总资产周转率	10	2.4	不良资产比率	9	0.4
		应收账款周转率	12	20.0	流动资产周转率	7	4.8
					资产现金回收率	6	10.2

续前表

评价内容与权重		基本指标	权重	实际值	修正指标	权重	实际值
债务风险	22	资产负债率 已获利息倍数	12 10	37.2 3.8	速动比率 现金流动负债比率 带息负债比率 或有负债比率	6 6 5 5	110.3 15.9 18.2 1.3
经营增长	22	销售（营业）收入增长率 资本保值增值率	12 10	29.0 110.5	销售（营业）利润增长率 总资产增长率 技术投入比率	10 7 5	25.0 20.1 1.7

表 7-18　食品加工业企业绩效评价标准值

范围：全行业

项　目 \ 档次（标准系数）	优（A）（1.0）	良（B）（0.8）	中（C）（0.6）	低（D）（0.4）	差（E）（0.2）
一、盈利能力状况					
净资产收益率（%）	11.9	9.8	4.7	−0.9	−8.7
总资产报酬率（%）	8.3	7.4	3.5	−0.3	−2.4
主营业务利润率（%）	20.2	14.6	7.8	1.9	−7.3
盈余现金保障倍数	8.8	3.8	1.4	−0.2	−2.9
成本费用利润率（%）	6.9	4.8	3.4	−4.5	−14.6
资本收益率（%）	12.1	9.9	5.2	−5.7	−10.3
二、资产质量状况					
总资产周转率（次）	2.6	1.8	1.3	0.8	0.6
应收账款周转率（次）	22.8	13.9	12.0	5.3	3.8
不良资产比率（%）	0.3	0.7	1.1	6.8	15.9
流动资产周转率（次）	5.0	3.5	2.4	1.3	1.0
资产现金回收率（%）	11.1	7.4	3.2	−2.4	−4.7
三、债务风险状况					
资产负债率（%）	35.9	47.2	64.9	74.3	80.6
已获利息倍数	4.0	3.3	2.0	−0.1	−3.8
速动比率（%）	109.0	86.2	59.4	46.0	27.4
现金流动负债比率（%）	16.6	12.0	6.9	−2.9	−5.8
带息负债比率（%）	21.1	28.8	52.6	69.5	78.1
或有负债比率（%）	0.1	0.8	5.6	13.8	21.6
四、经营增长状况					
销售（营业）收入增长率（%）	28.6	17.7	10.2	−1.2	−12.1
资本保值增值率（%）	111.8	109.6	104.5	99.4	91.8
销售（营业）利润增长率（%）	24.3	14.9	7.2	5.3	−14.8
总资产增长率（%）	26.2	19.0	7.9	−4.4	−12.0
技术投入比率（%）	1.8	1.2	0.8	0.6	0.1
五、补充资料					
存货周转率（次）	15.7	9.6	6.2	3.7	1.6
资本积累率（%）	13.5	10.6	5.0	−3.7	−12.1
三年资本平均增长率（%）	13.5	10.6	5.0	−3.7	−12.1
三年销售平均增长率（%）	27.9	17.0	9.4	−2.0	−12.9

【企业绩效评价工作过程】

步骤1　计算企业绩效评价基本指标得分

（1）确定实际值档次与本档系数。江南食品加工公司基本指标实际值与标准值表见表7-19。

表7-19　江南食品加工公司基本指标实际值与标准值表

指标项目	权重	实际值	本档标准值	上档标准值	实际值档次	本档系数
净资产收益率	20	12.0	11.9		优秀	1.0
总资产报酬率	14	8.5	8.3		优秀	1.0
总资产周转率	10	2.4	1.8	2.6	良好	0.8
应收账款周转率	12	20.0	13.9	22.8	良好	0.8
资产负债率	12	37.2	47.2	35.9	良好	0.8
已获利息倍数	10	3.8	3.3	4.0	良好	0.8
销售（营业）收入增长率	12	29.0	28.6		优秀	1.0
资本保值增值率	10	110.5	109.6	111.8	良好	0.8

（2）计算基本指标得分，见表7-20。

表7-20　江南食品加工公司基本指标得分

指标类别	指标项目	本档基础分	调整分	单项得分	分类得分
盈利能力	净资产收益率	20	0	20	34
	总资产报酬率	14	0	14	
资产质量	总资产周转率	8	1.5	9.5	20.74
	应收账款周转率	9.6	1.64	11.24	
债务风险	资产负债率	9.6	2.12	11.72	21.15
	已获利息倍数	8	1.43	9.43	
经营增长	销售（营业）收入增长率	12	0	12	20.82
	资本保值增值率	8	0.82	8.82	
基本指标总分				96.71	96.71

说明：

$$总资产周转率本档基础分=10\times0.8=8$$

$$总资产周转率上档基础分=10\times1=10$$

$$总资产周转率调整分=\frac{2.4-1.8}{2.6-1.8}\times(10-8)=1.5$$

$$总资产周转率得分=8+1.5=9.5$$

其他指标计算同上，计算过程略。

步骤2　计算企业绩效评价修正指标得分

（1）确定修正指标本档标准值系数，见表7-21。

表7-21　江南食品加工公司修正指标本档标准值系数

指标类别	指标项目	权重	实际值	上档值	本档值	本档系数
盈利能力	主营业务利润率	10	15.1	20.2	14.6	0.8
	盈余现金保障倍数	9	6.2	8.8	3.8	0.8
	成本费用利润率	8	4.6	4.8	3.4	0.6
	资本收益率	7	10.1	12.1	9.9	0.8

续前表

指标类别	指标项目	权重	实际值	上档值	本档值	本档系数
资产质量	不良资产比率	9	0.4	0.3	0.7	0.8
	流动资产周转率	7	4.8	5.0	3.5	0.8
	资产现金回收率	6	10.2	11.1	7.4	0.8
债务风险	速动比率	6	110.3		109.0	1.0
	现金流动负债比率	6	15.9	16.6	12.0	0.8
	带息负债比率	5	18.2		21.1	1.0
	或有负债比率	5	1.3	0.8	5.6	0.6
经营增长	销售（营业）利润增长率	10	25.0		24.3	1.0
	总资产增长率	7	20.1	26.2	19.0	0.8
	技术投入比率	5	1.7	1.8	1.2	0.8

（2）计算修正指标修正系数，见表 7－22。

表 7－22　江南食品加工公司修正指标修正系数计算表

修正指标	本档标准系数	功能系数	基本指标分析系数	单项修正系数	单项指标加权修正系数	分类综合修正系数
主营业务利润率	0.8	0.18	1.0	0.84	0.25	0.91
盈余现金保障倍数	0.8	0.86	1.0	0.97	0.26	
成本费用利润率	0.6	1.89	1.0	0.98	0.23	
资本收益率	0.8	0.09	1.0	0.82	0.17	
不良资产比率	0.8	1.35	0.94	1.13	0.46	1.07
流动资产周转率	0.8	0.87	0.94	1.03	0.33	
资产现金回收率	0.8	0.91	0.94	1.04	0.28	
速动比率	1.0	0	0.96	1.04	0.28	0.99
现金流动负债比率	0.8	1.02	0.96	1.04	0.28	
带息负债比率	1.0	0	0.96	1.04	0.24	
或有负债比率	0.6	0.90	0.96	0.82	0.19	
销售（营业）利润增长率	1.0	0	0.95	1.05	0.48	0.99
总资产增长率	0.8	0.21	0.95	0.89	0.28	
技术投入比率	0.8	0.83	0.95	1.02	0.23	

说明：

$$主营业务利润率功能系数=\frac{15.1\%-14.6\%}{20.2\%-14.6\%}\times(10-8)=0.18$$

$$主营业务利润率基本指标分析系数=\frac{34}{34}=1.0$$

$$主营业务利润率修正系数=1.0+(0.8+0.18\times0.2-1)=0.84$$

$$主营业务利润率加权修正系数=\frac{10}{34}\times0.84=0.25$$

其他指标计算过程略。

（3）计算修正后分类指标得分与总得分，见表 7－23。

表 7-23 江南食品加工公司修正后分类指标得分与总得分

指标类别	分类指标得分	分类综合修正系数	分类指标修正后得分
盈利能力	34	0.91	30.94
资产质量	20.74	1.07	22.19
债务风险	21.15	0.99	20.94
经营增长	20.82	0.99	20.61
修正后定量指标总得分			94.68

步骤 3　计算企业绩效评价评议指标得分

按表 7-15 打"√"后，计分汇总见表 7-24。

表 7-24 评议指标得分表

评议指标	权数	评议人及评议分数					单项指标分数
		评议人 1	评议人 2	评议人 3	评议人 4	评议人 5	
1. 战略管理	18	18	18	14.4	18	18	17.28
2. 发展创新	15	12	15	15	15	15	14.4
3. 经营决策	16	16	12.8	16	9.6	16	14.08
4. 风险控制	13	10.4	13	13	13	7.8	11.44
5. 基础管理	14	14	11.2	8.4	14	14	12.32
6. 人力资源	8	8	8	8	4.8	8	7.36
7. 行业影响	8	8	6.4	8	8	4.8	7.04
8. 社会贡献	8	8	8	8	8	6.4	7.68
评议指标总分		94.4	92.4	90.8	90.4	90	91.6

步骤 4　计算企业绩效评价综合得分

综合评价得分为：

江南食品加工公司定量与定性综合评价得分＝94.68×70%＋91.6×30%＝93.76（分）

步骤 5　计算企业绩效评价结论

根据定量与定性结合计分结果，利用功能系数法对江南食品加工公司经营绩效的综合评价得分为 93.76 分。依据表 7-16 中的类型与级别，江南食品加工公司的经营绩效应为 A^{+}级。

※ 知识拓展 ※

平衡计分法

平衡计分法即平衡计分卡方法，是绩效管理中的一种新思路，适用于对部门的团队考核。

平衡计分卡是 1992 年由哈佛大学商学院教授罗伯特·S. 卡普兰和复兴国际战略集团总裁戴维·P. 诺顿设计的，是一种全方位的、财务指标和非财务指标相结合的策略性评价指标体系。平衡计分法最突出的特点是：将企业的愿景、使命和发展战略与企业的业绩评价系统联系起来，将企业的使命和战略转变为具体的目标和评测指标，以实现战略和绩效的有机结合。

自平衡计分卡方法提出之后，其对企业全方位的考核及关注企业长远发展的观念受到学术界与企业界的充分重视，许多企业尝试引入平衡计分卡作为企业管理的工具。根据高德纳咨询公司的调查，到 2000 年，在《财富》杂志公布的世界前 1 000 名公司中，有 40%的公司采用了平衡计分卡系统。

平衡计分卡的指标体系如下：(1) 财务：净资产收益率、总资产周转率、资本增值率；(2) 顾客：顾客满意率、合同准时率、优质项目率、投诉降低率；(3) 内部经营过程：技术、生产效率、设备利用率、学习与创新（产品与服务的创新与员工能力提高）、员工满意率、员工保持率、创新数目、合理化建议数。然后进行综合评价，即将每一个指标的实际值与目标值相比较，得到个体指数，加权平均后，算出综合指数。

平衡记分卡的特点主要体现在它的平衡性，其目的在于确保企业的均衡发展，包括财务指标和非财务指标的平衡、企业长期战略目标和短期经营目标之间的平衡、企业外部和企业内部之间的平衡、领先指标与滞后指标之间的平衡。

※ 思考练习 ※

一、判断（正确的在括号内打“√”，错误的打“×”）

(　　)1. 企业绩效评价与会计报表分析完全是一致的。

(　　)2. 管理绩效定性评价是指在企业绩效定量评价的基础上，通过采取专家评议的方式，对企业一定期间的经营管理水平进行定性分析与综合评判。

(　　)3. 企业绩效评价功能绩效法用于财务绩效定性评价指标的计分。

(　　)4. 对于净资产收益率、资本积累率指标，当分母为 0 时，该指标得满分。

(　　)5. 绩效改进度大于 1，说明经营绩效上升；绩效改进度小于 1，说明经营绩效下滑。

二、选择（下列答案中有一项或多项是正确的，将符合题意选项前的英文字母填入括号内）

1. 企业绩效评价的基本要素是(　　)。

A. 评价指标　　B. 评价标准　　C. 评价组织　　D. 评价方法

2. 企业绩效定量评价的内容一般包括(　　)。

A. 盈利能力　　B. 资产质量　　C. 债务风险　　D. 经营增长

3. 企业绩效评价计量指标评价标准值划分层次是(　　)。

A. 全行业　　B. 大型企业　　C. 中型企业　　D. 小型企业

4. 企业综合绩效评价结果表示形式是(　　)。

A. 评价系数　　B. 评价得分　　C. 评价类型　　D. 评价级别

5. 评价等级为优（A）时，则评价的分数应为（　　）。

A. 80～84　　B. 85～89　　C. 90～94　　D. 95～100

三、学习领域情境实训

(1) 实训目的：学会评价企业绩效。

(2) 情境资料：江北家用电器制造公司属于中型企业，2016 年有关企业绩效评价指标权重实际值见表 7－25，家用电器制造业企业绩效评价标准值见表 7－26。评议人员至少 5 人，评议表见表 7－15。定量指标占 70%，定性指标占 30%。

表7-25　企业绩效评价指标权重及实际值

评价内容与权重		基本指标	权重	实际值	修正指标	权重	实际值
盈利能力	34	净资产收益率	20	12.5	销售（营业）利润率	10	14.1
		总资产报酬率	14	5.8	盈余现金保障倍数	9	5.2
					成本费用利润率	8	5.9
					资本收益率	7	8.9
资产质量	22	总资产周转率	10	2.5	不良资产比率	9	0.9
		应收账款周转率	12	11.2	流动资产周转率	7	2.7
					资产现金回收率	6	7.2
债务风险	22	资产负债率	12	53.1	速动比率	6	96.5
		已获利息倍数	10	4.6	现金流动负债比率	6	11.2
					带息负债比率	5	18.2
					或有负债比率	5	0.8
经营增长	22	销售（营业）收入增长率	12	20.2	销售（营业）利润增长率	10	20.5
		资本保值增值率	10	107.3	总资产增长率	7	5.9
					技术投入比率	5	0.8

表7-26　家用电器制造业企业绩效评价标准值

范围：中型企业

项目 \ 档次（标准系数）	优（A）（1.0）	良（B）（0.8）	中（C）（0.6）	低（D）（0.4）	差（E）（0.2）
一、盈利能力状况					
净资产收益率（%）	15.6	11.7	8.9	−2.5	−9.0
总资产报酬率（%）	8.6	6.7	4.2	−0.7	−3.5
主营业务利润率（%）	19.1	15.3	12.7	6.5	2.3
盈余现金保障倍数	8.8	4.2	2.0	0.3	−1.2
成本费用利润率（%）	6.1	4.9	2.3	−7.4	−12.9
资本收益率（%）	16.9	12.1	9.1	−3.9	−9.0
二、资产质量状况					
总资产周转率（次）	2.4	1.9	1.5	1.2	0.9
应收账款周转率（次）	13.6	9.7	5.9	3.0	2.0
不良资产比率（%）	0.5	1.5	3.0	4.4	6.1
流动资产周转率（次）	3.3	2.8	1.8	1.4	1.1
资产现金回收率（%）	12.5	6.5	3.2	−1.9	−4.0
三、债务风险状况					
资产负债率（%）	52.8	63.6	73.5	80.1	90.7
已获利息倍数	5.7	4.8	1.5	−0.9	−3.3
速动比率（%）	115.3	97.4	73.6	56.4	29.5
现金流动负债比率（%）	15.8	10.1	3.4	−2.4	−7.7
带息负债比率（%）	10.0	17.7	34.1	54.0	63.5
或有负债比率（%）	0.1	1.0	5.7	14.2	23.5
四、经营增长状况					
销售（营业）收入增长率（%）	27.2	18.9	12.2	−9.3	−20.7

续前表

档次（标准系数） 项　目	优（A） （1.0）	良（B） （0.8）	中（C） （0.6）	低（D） （0.4）	差（E） （0.2）
资本保值增值率（%）	114.1	109.0	105.1	98.0	91.1
销售（营业）利润增长率（%）	28.3	22.8	18.2	−8.4	−16.3
总资产增长率（%）	15.1	10.4	6.2	0.8	−9.0
技术投入比率（%）	1.9	1.3	0.9	0.5	0.2
五、补充资料					
存货周转率（次）	9.7	6.1	4.6	3.1	2.4
资本积累率（%）	15.6	11.7	5.9	−3.4	−10.6
三年资本平均增长率（%）	13.9	8.3	4.0	−5.1	−10.3
三年销售平均增长率（%）	25.4	17.6	10.6	−9.2	−20.0

（3）实训要求：将学生分成若干小组，每组4名学生，并推选一名学生为组长，在老师的指导下共同制定工作方案。各组成员利用企业绩效评价法评价江北家用电器制造公司的绩效。15分钟后，各组汇报，老师点评，评定成绩。

任务3　财务预警分析

※ 任务描述 ※

熟悉资产负债表项目中资产项目的分布状况，掌握资产项目阅读的工作步骤，了解企业财务预警分析的方法。

※ 知识准备 ※

一家公司在实际倒闭或关门之前，总会呈现财务危机的迹象。企业发生财务危机大多是企业经营不善的结果。而引起经营不善的原因很多，它们同样都会使企业发生财务危机。作为企业经营者，平日除了要有正确的经营理念并持续付诸行动之外，还要对容易引起企业财务危机的事项进行深入研究，形成财务危机管理意识，对容易引起企业财务状况产生重大变化的决策及行为，要三思而后行。

提　示

关于财务危机的定义，有不同的观点。卡米舍尔认为，财务危机是企业履行义务时受阻，具体表现为流动性不足、权益不足、债务拖欠及资金不足四种形式。罗斯等人则认为可从四个方面定义企业的财务危机：第一，企业失败，即企业清算后仍无力支付债权人的债务；第二，法定破产，即企业和债权人向法院申请企业破产；第三，技术破产，即企业无法按期履行债务合约付息还本；第四，会计破产，即企业的账面净资产出现负数，资不抵债。从防范财务危机的角度看，“财务危机是指一个企业处于经营性现金流量不足以抵偿现有到期债务”，即技术破产。

一、财务预警的含义

财务预警是指企业组织或者个人通过危机检测、危机预警和危机决策，达到避免、减少危机的产生，甚至将危机转化为机会的目的。财务预警包括在危机爆发前所进行的一切预警工作。因为事先避免危机爆发是危机管理的最佳途径，所以财务预警就显得特别重要。如果把危机比喻成生病，那么危机预警就是指平日锻炼身体，注意饮食营养和足够的休息。对于现代企业而言，如果没有起码的危机预警能力，在日趋激烈的市场竞争中，危机就会接踵而来，企业将很难生存。而如果没有起码的危机处理能力，当危机爆发时，企业将毫无招架之力。之所以强调财务预警的重要性，是因为危机管理的一个重要特性是预防，即在危机爆发前进行预警，防止危机爆发。危机爆发之后，往往只可能尽量减少一些损失，很难挽回危机的重大危害。最好的危机管理是对财务危机进行预警，避免危机发生。

阅读提示

《企业财务通则》第六十三条规定：

企业应当建立财务预警机制，自行确定财务危机警戒标准，重点监测经营性净现金流量与到期债务、企业资产与负债的适配性，及时沟通企业有关财务危机预警的信息，提出解决财务危机的措施和方案。

二、建立财务预警机制的必要性

美国《危机管理》一书的作者、著名的管理咨询顾问史蒂文·菲克对《财富》杂志500强的高层人士进行过一次调查，调查结果显示：

（1）高达80%的被访者认为，现代企业不可避免地要面临危机，就如人不可避免地要面对死亡。

（2）在寄回调查问卷的公司中，有14%认为曾遭受过严重危机的挑战。

（3）被调查者中有57%认为，过去的一年在组织内潜伏的危机最近有爆发的可能；38%认为，过去的一年在组织内潜伏的危机已经爆发了。他们所讲的这些已爆发的危机中有72%日益严重，日益受到大众传媒的关注；有32%受到政府关注。就其结果而言，有55%影响公司正常运转，有5%使公司利益和利润受到损失。另外，70%的被调查者在危机发生时已任现职，其中，4%的人认为危机的发生损害了他们个人的名誉。

提　示

受危机困扰的时间平均为8周半，没有应变计划的公司受到困扰的时间比有应变计划的公司长2.5倍。危机后遗症的涉及时间平均为8周，没有应变计划的公司要比有应变计划的公司长2.5倍。

阅读提示

史蒂文·菲克的这项调查说明：危机是企业不可避免的，几乎所有的组织都可能遇到危机。即使企业运行得非常好，但内部潜伏的危机同样会给企业以致命打击。危机的爆发对组织和企业的损害都是十分巨大的，而且危机对企业的影响只会越来越大。这就要求企业建立健全财务危机预警机制，因为在面对危机时，有应变计划的企业遭受的损失总要小些。

学会预防和处理危机对企业来说是一堂“必修课”。医院除了有一般的门诊室，还要专门设一个急诊室，以及时医治白天或晚上来的危急病人。企业当然很难像医院那样常设一个危机管理机构，但具有危机意识及建立一套危机管理体系是应具备的。在充满变数的市场经济社会中，危机管理已成为企业管理的重要一环。

三、财务预警分析的方法

财务预警分析的方法有定性预警分析法和定量预警分析法。

1. 定性预警分析法

（1）标准化调查法。又称风险分析调查法，是指通过专业人员、咨询公司、协会等，就企业可能遇到的问题加以详细调查与分析，形成报告文件供企业经营者使用的方法。之所以称其为标准化，并不是指这些报告文件或调查表格具有统一的格式，而是指它们所提出的问题具有共性，对所有企业或组织都有意义且普遍适用。

（2）“四阶段症状”分析法。“四阶段症状”分析法是指把企业财务危机的发生分成四个阶段，即财务危机潜伏期、财务危机发作期、财务危机恶化期、财务危机实现期，然后根据每个阶段的财务特征采取不同的措施来摆脱财务困境。

（3）“三个月资金周转表”分析法。该方法认为企业面临变幻莫测的理财环境，要避免发生不能支付的危机，就应当仔细计划，准备好安全度较高的资金周转表。如果制定不出三个月的资金周转表，这本身就已经是个问题了；倘若已经制好了表，就要查明转入下一个月的结转额是否占总收入的20%以上，付款票据的支付额是否在销售额的60%以下（对于批发商）或40%以下（对于制造商）。

（4）流程图分析法。运用企业的资金运动流程图，找到一些财务控制关键点，关注哪些关键点上容易发生故障、损失程度如何、有无预先防范的措施，从而对企业潜在的风险进行判断和分析。

（5）管理评分法。由美国的约翰·阿根蒂发明，认为企业失败源于企业的高级管理层。由于管理不善所导致的企业灾难，其管理不善的种种表现比财务反映提前若干年就可以发现。这种管理评分法试图把定性分析判断定量化，基本思路是：分析可能导致企业发生危机的三个方面，即企业经营管理缺点、经营错误和破产征兆，并列出具体表现，然后分别进行打分。

评分标准：每一项要么是0分要么是满分，不容许给中间分，所给分数就表明了经营管理不善的程度；分数越高，表明企业的处境越差；如果评价的分数总计超过25分，表明企业正面临失败的危险；如果得分总数超过35分，表明企业处于严重的危机之中；企业安全的得分一般小于18分。18～35分构成企业管理的“黑色区域”，如果得分位于“黑色区域”，企业就必须提高警惕，迅速采取有效措施，使得分降到18分以下的安全区域。

2. 定量预警分析法

（1）单一财务比率模式分析法。对企业的财务危机能够事先进行预警的财务比率主要有现金债务总额比、资产净利率和资产负债率等。陷入财务危机的企业，这三个比率的特征包括三点：一是低于行业平均水平，二是不断下降，三是具有长期趋势而非偶然。

此外，陷入财务危机的企业有一个共同特征，即现金和存货不断减少，而应收账款不断增加。

提　示

综合分析若干财务比率以判断危机程度的原理，是有普遍意义的。但预警制度的建立，需要长期、完整的资料，不断地修正、执行，长久实施方能见到成效，切不可半途而废。

（2）危机测定法。危机测定法是从利润表和资产负债表中提炼出四个基本要素，即增长性、综合收益性、短期流动性和长期安全性，来预警目标企业的危险度。这四个要素分别采用的指标是：人均销售额、总资产正常利润率、流动比率、固定长期适合率。前三个比率越高则安全性越好，长期安全性比率越低则安全性越好。

（3）多元线性函数模型分析法。多元线性函数模型是一个经验模型。美国的奥尔特曼根据大量破产企业的会计报表，用统计方法建立了一个类似回归方程式的鉴别函数——Z Score多因素判别模型。该模型是通过五个变量（五种财务比率）将反映企业偿债能力的指标（X_1，X_2）、获利能力指标（X_3，X_4）和营运能力指标（X_5）有机联系起来，综合分析预测企业财务失败或破产的可能性，其计算公式为：

$$Z=1.2X_1+1.4X_2+3.3X_3+0.6X_4+0.999X_5$$

式中，Z为判别函数值；X_1，X_2，X_3，X_4，X_5的计算公式分别为：

X_1＝营运资金÷资产总额

X_2＝留存收益÷资产总额

X_3＝息税前利润÷资产总额

X_4＝股东权益÷负债总额

X_5＝销售收入÷资产总额

一般而言，如果Z值大于2.675，表明企业的财务状况良好，发生财务危机的可能性较小；如果Z值小于1.81，表明企业存在财务危机的可能性很大，与破产企业有共同特征；如果Z值介于1.81～2.675，表明企业进入“灰色地带”，财务状况极不稳定，风险较大。

从这个模型可以看出，增加营运资金、留存收益、息税前利润、销售收入和提高股东权益，或者减少负债、节约资产占用，可以降低破产的可能性。

Z Score多因素判别模型综合考虑了企业的资产规模、变现能力、获利能力、财务结构、偿债能力等方面的因素。该模型在企业失败前一两年的预测准确率很高；预测期变长，准确率会有所降低，距失败前5年的预测准确率仅为36%。

Z Score多因素判别模型的优点是：该模型给企业一个定量的标准，从总体角度检查企业的财务状况，而且有利于不同时期财务状况的比较；采用的都是财务数据的比率而非具体的数值，因此该模型对企业风险判断有很强的指示作用，利于企业设计符合自身特点的总体财务失败预警系统。其缺点是：由于企业规模、行业、地域等诸多差异，其评价结果并不具有横向可比性；该模型通过西方证券市场的上市公司进行验证，我国企业很难直接运用。

※ 任务设计 ※

财务预警分析

［例 7-5］新桥公司 2013—2016 年会计报表有关资料见表 7-27。

表 7-27　新桥公司 2013—2016 年会计报表有关项目表　　单位：元

指标	2013 年	2014 年	2015 年	2016 年
资产总额	1 161 830 022.09	1 245 957 842.77	1 219 438 056.14	1 110 226 136.43
其中：流动资产	630 155 979.72	707 054 865.01	698 117 712.90	650 279 604.95
负债总额	523 280 469.82	758 090 026.82	802 770 804.23	804 159 886.37
其中：流动负债	510 775 465.95	758 090 026.82	802 770 804.23	804 159 886.37
股东权益	638 549 552.27	480 302 247.18	411 041 072.92	301 168 983.91
其中：留存收益	39 673 764.34	−120 634 142.88	−189 895 317.14	−301 657 016.33
息税前利润	30 405 671.43	−143 339 783.05	−59 370 211.30	−96 427 260.83
股票市价	7.90	5.72	3.91	2.45
期末股东权益市价	910 902 325.24	671 827 853.33	515 838 628.84	35 3062 988.99
销售收入	876 543 604.73	798 720 285.01	795 288 770.95	787 529 753.86
净利润	21 298 565.13	−147 557 580.62	−69 261 174.26	−111 761 699.19
折旧	21 261 495.97	19 258 273.10	20 809 092.95	20 327 967.15
利息	−3 325 504.86	−5 720 335.50	−9 879 382.34	−14 641 507.47
经营活动净现金流量	−111 409 463.81	−137 249 226.43	−47 764 596.31	−112 428 655.05

【财务预警分析项目工作过程】

步骤 1　计算各年的 Z 值

Z 值计算见表 7-28。

表 7-28　Z 值计算表

项目	2013 年	2014 年	2015 年	2016 年
第一项	0.102 8	−0.041	−0.085 8	−0.138 6
第二项	0.034 1	−0.096 8	−0.155 7	−0.271 7
第三项	0.026 1	−0.115	−0.048 7	−0.086 9
第四项	1.740 8	0.088 6	0.642 6	0.439
第五项	0.754 5	0.641	0.652 2	0.709 3
Z 值	2.056 2	0.608 5	0.556 1	0.139 2

步骤2 财务预警分析

从表7－28计算得出的数据，并结合Z Score多因素判别模型的具体判断标准，可以看出2013年的Z值处于“灰色地带”，财务状况很不稳定，有可能发生财务危机。而到了2014年，Z值下降幅度很大，其值为0.608 5，企业处于破产可能性很高的区间。之后，Z值继续下降，最终导致公司无法持续经营。

※ 知识拓展 ※

蓝海战略

蓝海战略（Blue Ocean Strategy）是由欧洲工商管理学院的W. 钱·金和勒妮·莫博涅在其合著的《蓝海战略》一书中提出的。蓝海战略认为，聚焦于红海等于接受了商战的限制性因素，即在有限的市场空间里，通过打败竞争对手来获取胜利，却忽视了开拓新市场、新需求的可能。而运用蓝海战略，则将视线超越竞争对手而移向买方需求，跨越现有竞争边界，将不同市场的买方价值元素筛选并重新排序，从而向改变市场结构的本身转变。价值创新是蓝海战略的基石。价值创新将创新与效用、价格与成本整合为一体，不是比照现有产业最佳实践去赶超对手，而是改变产业框架重新设定游戏规则；不是瞄准现有市场的“高端”或“低端”客户，而是面向潜在需求的买方大众；不是一味地细分市场满足顾客偏好，而是合并细分市场以融合需求。构思蓝海战略需要回答四个问题：(1) 哪些被产业认定为理所当然的元素需要剔除；(2) 哪些元素的含量应该被降至产业标准之下；(3) 哪些元素的含量应该被升至产业标准之上；(4) 哪些产业从未有过的元素需要创造。蓝海战略有六项原则：重建市场边界、注重全局而非数字、超越现有需求、遵循合理的战略顺序、克服关键组织障碍、将战略执行建成战略的一部分。其中，前四项为战略制定原则，后两项为战略执行原则。

※ 思考练习 ※

一、判断（正确的在括号内打“√”，错误的打“×”）

(　　)1. 企业发生财务危机，表明这家企业即将陷入破产境地。

(　　)2. 陷入财务危机的企业必然面临较大的财务风险，而具有财务风险的企业不一定陷入了财务危机。

(　　)3. 企业财务危机极其复杂，没有一个模型能够宣称可以预测一切。

(　　)4. 企业财务危机预警是企业管理层的主要工作，企业员工并不关注。

(　　)5. 财务危机预警监测应是一个动态的分析监测，而不是一种静态的反映。

二、选择（下列答案中有一项或多项是正确的，将符合题意选项前的英文字母填入括号内）

1. 财务危机是(　　)聚集到一定程度的产物。

A. 财务风险　　B. 政治风险　　C. 自然环境风险　　D. 道德风险

2. 实施财务危机预警的主要目的在于(　　)。

A. 激发公司全体成员的危机感　　B. 更好地发挥激励机制的功能效应

C. 发现危机信号，提早着手预控　　D. 更好地发挥约束机制的功能效应

3. 当危机真正发生后，财务预警系统能对症下药，通过更正公司运行中的偏差或过失，控制其进一步扩大，使公司回归到正常运转轨道。上述描述的是财务危机预警系统的(　　)。

A. 信息采集功能　B. 检测功能　C. 诊断功能　D. 治疗功能

4. 根据企业财务危机的定义，财务危机主要包括（　　）几种类型。

A. 企业失败　B. 法定破产　C. 技术破产　D. 会计破产

5. 管理评分法的主要风险因素包括（　　）。

A. 经营缺陷　B. 经营错误　C. 破产征兆　D. 个案特征

三、学习领域情境实训

（1）实训目的：学会财务预警分析。

（2）情境资料：甲、乙公司 2016 年会计报表有关项目见表 7－29。

表 7－29　甲、乙公司 2016 年会计报表有关项目表　　单位：万元

项　目	甲公司	乙公司
营业收入	5 500	2 700
息税前利润	510	80
资产总额	3 400	5 500
营运资金	1 250	650
负债总额	2 400	3 800
留存收益	220	120
股票市值总额	3 050	1 500

（3）实训要求：将学生分成若干小组，每组 4 名学生，并推选一名学生为组长，在老师的指导下共同制定工作方案。各组成员对甲、乙公司进行财务预警分析。15 分钟后，各组汇报，老师点评，评定成绩。

单元小结

- 第七单元
  - 会计报表综合比率分析
    - 杜邦财务分析
      - 杜邦财务分析基本原理
      - 杜邦财务分析指标体系图
      - 杜邦财务分析基本比率
      - 杜邦财务分析优缺点
      - 杜邦财务分析步骤
        - 计算分析指标
        - 绘制分析图
        - 分析主要指标
    - 帕利普财务分析
      - 帕利普财务分析基本原理
      - 帕利普财务分析指标体系图
      - 帕利普财务分析优点与局限性
      - 帕利普财务分析步骤
        - 计算分析指标
        - 分析主要指标
  - 会计报表综合评价分析
    - 沃尔评分法
      - 沃尔评分法的内容
      - 沃尔评分法的优缺点
      - 沃尔评分法分析步骤
        - 计算财务比率
        - 计算指标得分
        - 对实际评分进行评价
    - 企业绩效评价分析
      - 企业绩效评价分析基本要素
      - 企业绩效评价分析评价指标
      - 企业绩效评价分析评价标准
      - 企业绩效评价分析评价计分
      - 企业绩效评价结果与报告
      - 企业绩效评价分析步骤
        - 计算基本指标得分
        - 计算修正指标得分
        - 计算评议指标得分
        - 计算综合评分与评价
    - 财务预警分析
      - 财务预警分析的必要性
      - 财务预警分析的方法
      - 财务预警分析步骤
        - 计算预警指标
        - 判断预警区间

单元训练

一、知识巩固

1. 杜邦分析法的基本比率有哪些？
2. 杜邦分析法的优缺点是什么？
3. 帕利普财务分析体系的内容有哪些？
4. 沃尔评分法的内容有哪些？
5. 沃尔评分法的优缺点有哪些？

6. 企业绩效评价的基本要素有哪些？

7. 怎样计算企业绩效基本指标与修正指标得分？

8. 财务预警定性分析的方法有哪些？

9. 财务预警定量分析的方法有哪些？

二、实训项目

[项目一]

1. 实训目的

加强学生会计报表综合分析的实际操作训练，运用所学知识与分析方法，提高学生发现问题、分析问题和解决问题的能力，并培养学生团队协作意识，提高职业判断能力、语言表达能力、沟通能力和撰写分析报告能力。

2. 实训资料

一家中小板上市公司近三年的会计报表年报。

3. 实训组织

按4人为一个学习小组，选定小组长一人，负责制定小组工作计划书，组织小组讨论、实训和学习。企业绩效评价分析与财务预警分析实训工作计划书通过小组成员讨论制定，并经指导老师审阅批准后实施。

4. 实训任务

（1）制定小组企业绩效评价分析与财务预警分析实训工作计划；

（2）搜集一家中小板上市公司近三年的会计报表年报；

（3）计算企业绩效评价与财务预警的相关指标；

（4）完成企业绩效评价分析；

（5）完成财务预警分析；

（6）撰写企业绩效评价分析与财务预警分析报告。

5. 实训要求

（1）能熟练利用网络搜集查阅所需的资料；

（2）能把握分析企业绩效评价分析与财务预警分析的关键点；

（3）能对企业绩效评价与财务预警作出分析评价；

（4）能撰写企业绩效评价与财务预警的分析报告，报告内容包括公司概况、企业绩效的基本情况，基本指标、修正指标、评议指标的得分计算，财务预警指标计算，综合评价与结论、建议等。

（5）制作PPT汇报。

[项目二]

1. 实训目的

培养判断会计报表综合分析是否真实的能力。

2. 实训资料

如右图所示。

3. 实训要求

（1）根据图示调查并描述一个虚假会计报表综合分析事件。

（2）你认为应如何识别会计报表综合分析的客观真实情况？

职业核心能力测评

职业核心能力测评表

（在□中打√，A表示通过，B表示基本通过，C表示未通过）

职业核心能力	评 估 标 准	自测结果
自我学习	1. 能进行时间管理 2. 能选择适合自己的学习和工作方式 3. 能随时修订计划并进行意外处理 4. 能将已经学到的东西用于新的工作任务	□A □B □C □A □B □C □A □B □C □A □B □C
信息处理	1. 能根据不同需要去搜寻、获取并选择信息 2. 能筛选信息，并进行信息分类 3. 能使用多媒体等手段来展示信息	□A □B □C □A □B □C □A □B □C
数字应用	1. 能从不同信息源获取相关信息 2. 能依据所给的数据信息，进行简单计算 3. 能用适当的方法展示数据信息和计算结果	□A □B □C □A □B □C □A □B □C
与人交流	1. 能把握交流的主题、时机和方式 2. 能理解对方谈话的内容，准确表达自己的观点 3. 能获取信息并反馈信息	□A □B □C □A □B □C □A □B □C
与人合作	1. 能挖掘合作资源，明确自己在合作中能够起到的作用 2. 能同合作者进行有效沟通，理解个性差异及文化差异	□A □B □C □A □B □C
解决问题	1. 能说明何时出现问题并指出其主要特征 2. 能作出解决问题的计划并组织实施计划 3. 能对解决问题的方法适时作出总结和修改	□A □B □C □A □B □C □A □B □C
革新创新	1. 能发现事物的不足并提出新的需要 2. 能创新性地提出改进事物的意见和具体方法 3. 能从多种方案中选择最佳方案，并在现有条件下实施	□A □B □C □A □B □C □A □B □C
学生签字：	教师签字：	年 月 日

参考文献

1. 代国义．单位负责人看报表实战步步通（图解版）．广州：广东经济出版社，2009.

2. 廖丽娟．财务报表魔法书．北京：企业管理出版社，2011.

3. 温亚丽．财务报表的阅读与分析．北京：民主与建设出版社，2010.

4. 黄磊．上市公司财务报表解读技巧．上海：上海财经大学出版社，1999.

5. 周凤．财务报表分析．北京：机械工业出版社，2009.

6. 中华人民共和国财政部．企业会计准则．北京：经济科学出版社，2006.

7. 中华人民共和国财政部．企业会计准则——应用指南．北京：中国财政经济出版社，2006.

8. 赵国忠．会计报表编制与分析．北京：北京大学出版社，2005.

9. 叶传财，潘连乡．财务报表分析．西安：西北工业大学出版社，2012.

10. 裴淑琴．财务会计报告分析．北京：北京师范大学出版社，2011.

11. 张小溪．跟巴菲特学看上市公司财务报表．北京：企业管理出版社，2010.

12. 刘峰，葛家澍．会计职能•财务报告性质•财务报告体系重构．会计研究，2012（3）.

13. 洪荭，胡华夏，郭春飞．基于GONE理论的上市公司财务报告舞弊识别研究．会计研究，2012（8）.

14. 张金昌．偿债能力评价新方法．财务与会计（理财版），2013（7）.

15. 余坤和，马会起．基于风险视角的企业资产负债表分析研究．会计之友，2013（21）.

图书在版编目（CIP）数据

会计报表阅读与分析/楼土明主编．—2版．—北京：中国人民大学出版社，2018.1
ISBN 978-7-300-24695-6

Ⅰ.①会… Ⅱ.①楼… Ⅲ.①会计报表—会计分析—高等职业教育—教材 Ⅳ.①F231.6

中国版本图书馆CIP数据核字（2017）第170025号

"十二五"职业教育国家规划教材
21世纪高职高专会计专业项目课程系列教材
中国人民大学教材研究与开发中心立项精品系列教材
会计报表阅读与分析（第2版）
主编 楼土明
Kuaiji Baobiao Yuedu yu Fenxi

出版发行	中国人民大学出版社		
社　　址	北京中关村大街31号	**邮政编码**	100080
电　　话	010—62511242（总编室）		010—62511770（质管部）
	010—82501766（邮购部）		010—62514148（门市部）
	010—62515195（发行公司）		010—62515275（盗版举报）
网　　址	http://www.crup.com.cn		
	http://www.ttrnet.com（人大教研网）		
经　　销	新华书店		
印　　刷	北京密兴印刷有限公司	**版　　次**	2014年6月第1版
规　　格	185 mm×260 mm　16开本		2018年1月第2版
印　　张	22.25 插页1	**印　　次**	2022年12月第5次印刷
字　　数	525 000	**定　　价**	43.80元

信息反馈表

尊敬的老师：

您好！为了更好地为您的教学、科研服务，我们希望通过这张反馈表来获取您更多的建议和意见，以进一步完善我们的工作。

请您填好下表后以电子邮件、信件或传真的形式反馈给我们，十分感谢！

一、您使用的我社教材情况

您使用的我社教材名称			
您所讲授的课程		学生人数	
您希望获得哪些相关教学资源			
您对本书有哪些建议			

二、您目前使用的教材及计划编写的教材

您目前使用的教材	书名	作者	出版社
您计划编写的教材	书名	预计交稿时间	本校开课学生数量

三、请留下您的联系方式，以便我们为您赠送样书（限1本）

您的通信地址			
您的姓名		联系电话	
电子邮件（必填）			

我们的联系方式：

地　址：苏州工业园区仁爱路158号中国人民大学苏州校区修远楼

电　话：0512-68839319　　传　真：0512-68839316

E-mail：huadong@crup.com.cn　　邮　编：215123

网　址：www.crup.com.cn/hdfs